中华人民共和国地方志

福建省志

铁路志(1996—2005)

福建省地方志编纂委员会 编

图书在版编目(CIP)数据

福建省志.铁路志:1996-2005/福建省地方志编纂委员会编 .—武汉:武汉大学出版社,2019.6
ISBN 978-7-307-18804-4

Ⅰ.福… Ⅱ.福… Ⅲ.①福建省—地方志 ②铁路运输—交通运输史—福建—1996-2005 Ⅳ.K295.7

中国版本图书馆 CIP 数据核字(2018)第 295980 号

出版发行:武汉大学出版社 (430072 武昌 珞珈山)
(电子邮箱:whu_publish@163.com 网址:www.stmpress.cn)
印刷:武汉市金港彩印有限公司
开本:880×1230 1/16 印张:19.5 字数:414 千字 插页:14
版次:2019 年 6 月第 1 版 2019 年 6 月第 1 次印刷
ISBN 978-7-307-18804-4 定价:380.00 元

1996年，列车行驶在经过电气化改造的鹰厦线上

1996年，福州—北京的46次列车被评为铁道部“红旗列车”

1996年，福州铁路分局领导在现场指挥外福线提速试验前准备工作

1996年，鹰厦线接触网检修

1996年，鹰厦、外福铁路行驶的蒸汽机车（左）和内燃机车（右）

1997年7月11日，鹰厦线K78千米处水害抢修

1997年12月30日，泉州铁路有限责任公司成立

1998年12月，横南铁路建成通车后，列车行驶在横南线的北溪铁路桥

1998年12月1日，漳泉铁路建成通车

1999年12月28日，梅坎铁路福建段铺通。这是连接福建、广东两省的铁路通道，也是福建省继鹰厦铁路、横南铁路后的第三条出省通道

1999年，铁道部领导到福州东站计划室调研

1999年，福州供电段增加一批变电进线设备

2000年2月27日，福州铁路分局召开行车安全3000天总结表彰大会

2000年7月19日，邵武线路大修段引进QQS-3000A中型清筛机上线作业

2000年9月，福州客运段厦门客运分段举行公开招聘列车长演讲答辩会

2000年12月26日，外福铁路电气化改造完成并通车

2000年，建阳市民带着102岁的爷爷到建阳车站看火车

2000年，外福线电气化改造后的闽江双塔桥

2000年，永安车辆段电工姚闽永获全国五一劳动奖章

2001年3月1日，由福州经龙岩至深圳的首趟直达旅客列车开行，在龙岩受到各界人士的热烈欢迎

2001年12月8日，铁道部、福建省在龙岩上杭县联合举行赣龙铁路福建段开工动员大会

2002年春运，南平站青年志愿者引导旅客进站上车

2002年，MJ 50吨集装箱门轨道式起重机在福州东站投入使用

2003年3月8日，闽南至沪、浙城际快速直达货物列车在厦门北站首发

2003年，外福线小半径曲线改造，福州工务段职工在拨道作业

2003年，永安机务段技术人员研究处理电力机车齿轮箱漏油惯性难题

2004年8月，福州火车站新站房投入使用

2004年，福州客运段福州—深圳列车获福建省“青年文明号”称号

2004年12月24日，经国家批准，温福铁路（福建段）全线开工，这标志着东南沿海铁路大通道建设大幕从此拉开

温福铁路：福建铁路梦想与希望

“必获大利”的黄金通道

温福铁路是我国铁路中长期路网规划中沿海快速铁路的重要组成部分，也是国家重点建设项目和福建铁路发展规划中最早开工建设的标志性工程。铁路线跨2省、3地市、11个县市，北起温州市，南至福州市，全长298.4公里，投资概算174.8亿元，为国家Ⅰ级干线，属双线电气化铁路。建成后可满足开行时速200公里旅客列车的需要。总工期4年半，计划于2009年建成通车。

温福铁路的建成，将构成闽浙两省间便捷的运输通道，大大缩短两省之间以及与上海方向的运输距离和时间。与福厦、厦深等5条高等级铁路连接，逐步形成我国东南沿海铁路大通道，从根本上解决我国东南沿海地区铁路“瓶颈”。

对于温福铁路的出炉，可以说是历经挫折而后诞生。

最早提及建造温福铁路，是孙中山的《建国方略》。孙中山将温福铁路纳入建造上海港至广州港铁路沿线的一部分。《建国方略》这样记述：“自南方大港广州起，至…潮州，经饶平出广东界，入福建诏安。自诏安经云霄、漳浦、漳州以及厦门。由厦门，历泉州、兴化，而至福州省城。自福州以后，用与福州镇江线同一之方向（指经连江、罗源、宁德）抵福安，至福宁，又转而北，至福鼎。过福鼎后，出福建界，入浙江界，经平阳，至温州……”

孙中山认为这是一条“必获大利”的黄金通道。这条线路的路径与一个世纪之后，铁道部在2003年提出的未来二十年路网发展规划中快速客运网的沪深通道完全相同，它包含了正在建造的温福铁路、福厦铁路和厦深铁路。

造价高，温福线被否决

1949年前，福建全省只有1条名存实亡的漳厦铁路。中华人民共和国……

当时在福州铁路分局任职的王麟书提出五条出省通道设想。这五个方案……

省领导卢展工、黄小晶，铁道部副部长陆东福，海军某基地副司令员赫敏昆同时为温福铁路（福建段）开工启动电闸。

郑杰 林增光 摄于2004年12月24日

【相关链接】

部省携手 打造海西铁路网

2004年12月17日，铁道部和福建省人民政府签订《关于加快福建铁路建设有关问题会议纪要》，这是海峡西岸经济区发展战略提出后第一个签订的部省会谈纪要。

部省会谈后仅7天，温福铁路就开工建设。此后，在短短的三年多时间里，温福、福厦、厦深、龙厦、向莆等5条快速铁路，福州南、厦门西综合交通枢纽和宁德、莆田、泉州和漳州南车站以及湄洲湾北岸、福州江阴、可门等疏港铁路项目已陆续开工建设，成为铁道部与各省会谈后落实最快的会议纪要。以上5条干线铁路均为双线，时速200公里及以上，总投资超过1000亿元，至2008年底累计完成投资约350亿元，超过我省2004年之前铁路建设投资总和。

2007年11月23日，铁道部和福建省人民政府签订《关于加快海峡西岸经济区铁路建设的会议纪要》，首次明确提出要积极落实中央关于支持海峡西岸经济区发展等战略部署，确定建设京台、昆台高速铁路等12条干线铁路及一批疏港铁路项目，绘就了我省新一轮铁路建设宏伟蓝图。

2004年12月24日，温福铁路开工（《福建日报》报道）

2005年4月1日，赣龙铁路开通运营

2005年9月30日，福厦铁路开工动员大会

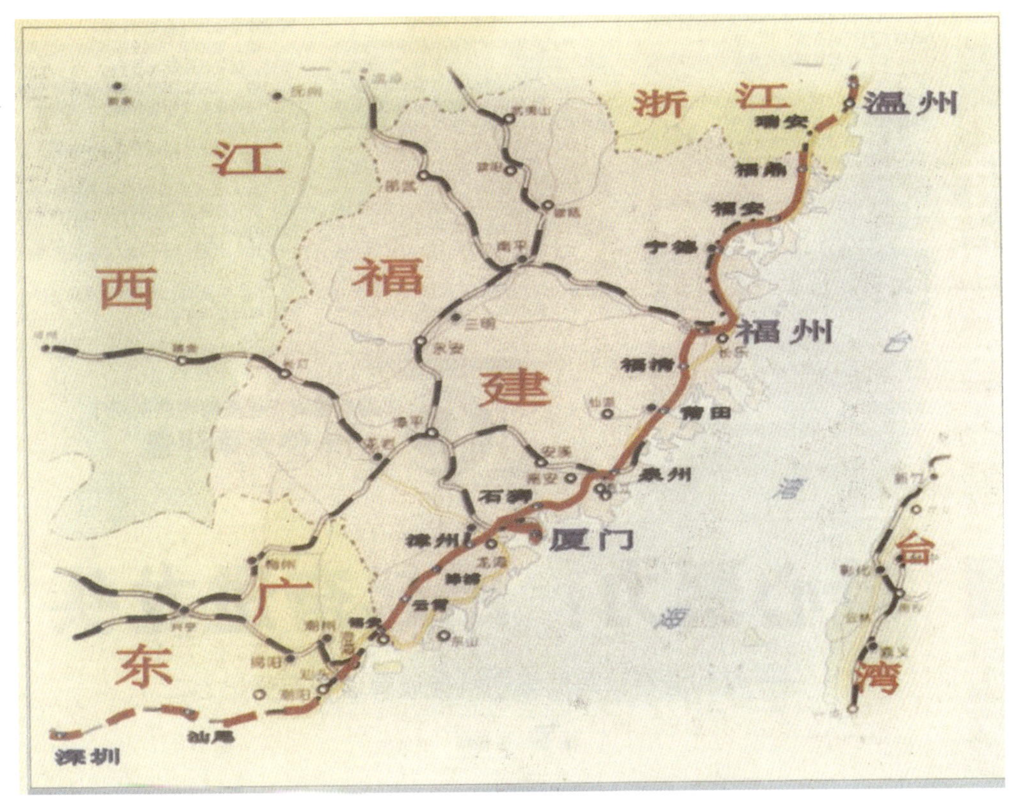

2005年在建东南沿海铁路示意图

2005年，福州车站被评为全国精神文明建设先进单位(图为福州火车站客运人员服务旅客)

2005年，来舟站行车组织标准化作业

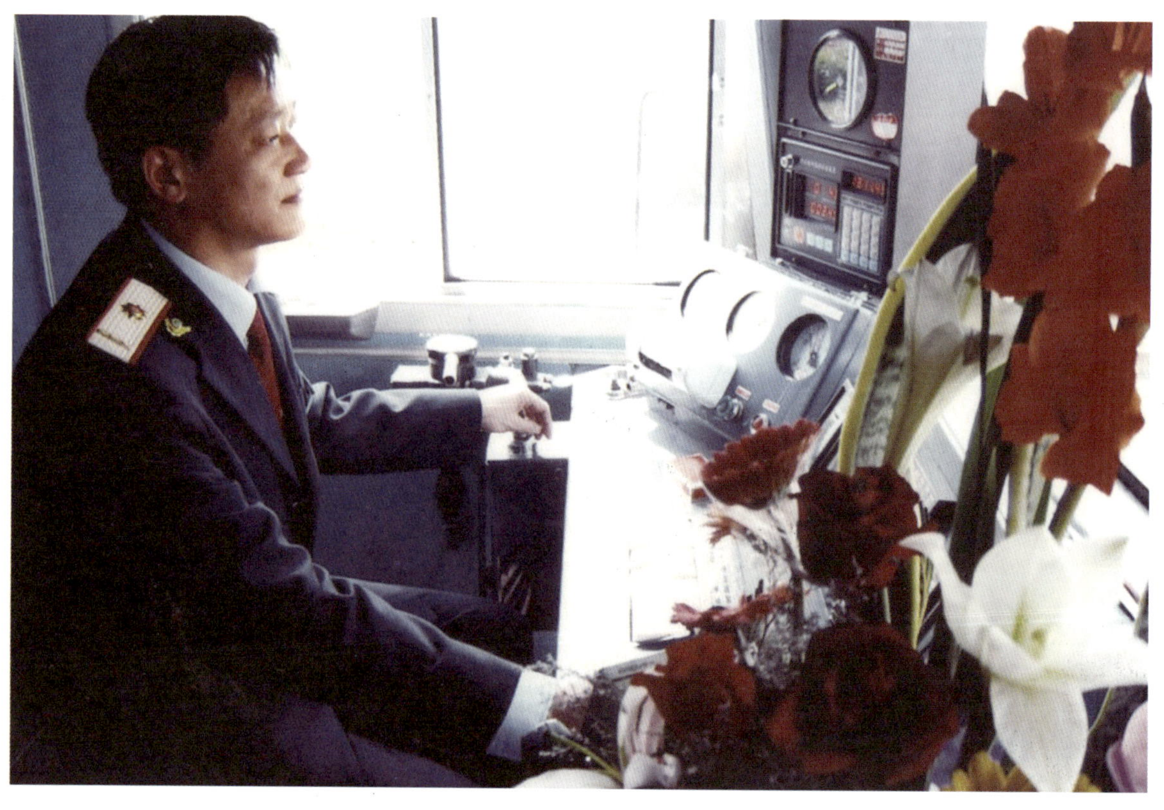

永安机务段火车司机吴成祖刻苦钻研技术，成为电力机车操纵能手，获2005年“全国劳动模范”称号

国内第一条CRST1型铁路无砟轨道——八仙仑无砟轨道（摄于2005年）

亚洲最大的铁路疏解隧道群——鼓山隧道群洞中洞（摄于2005年）

2005年，建设中的东南沿海铁路客运专线云淡大桥

2005年福建营业铁路示意图

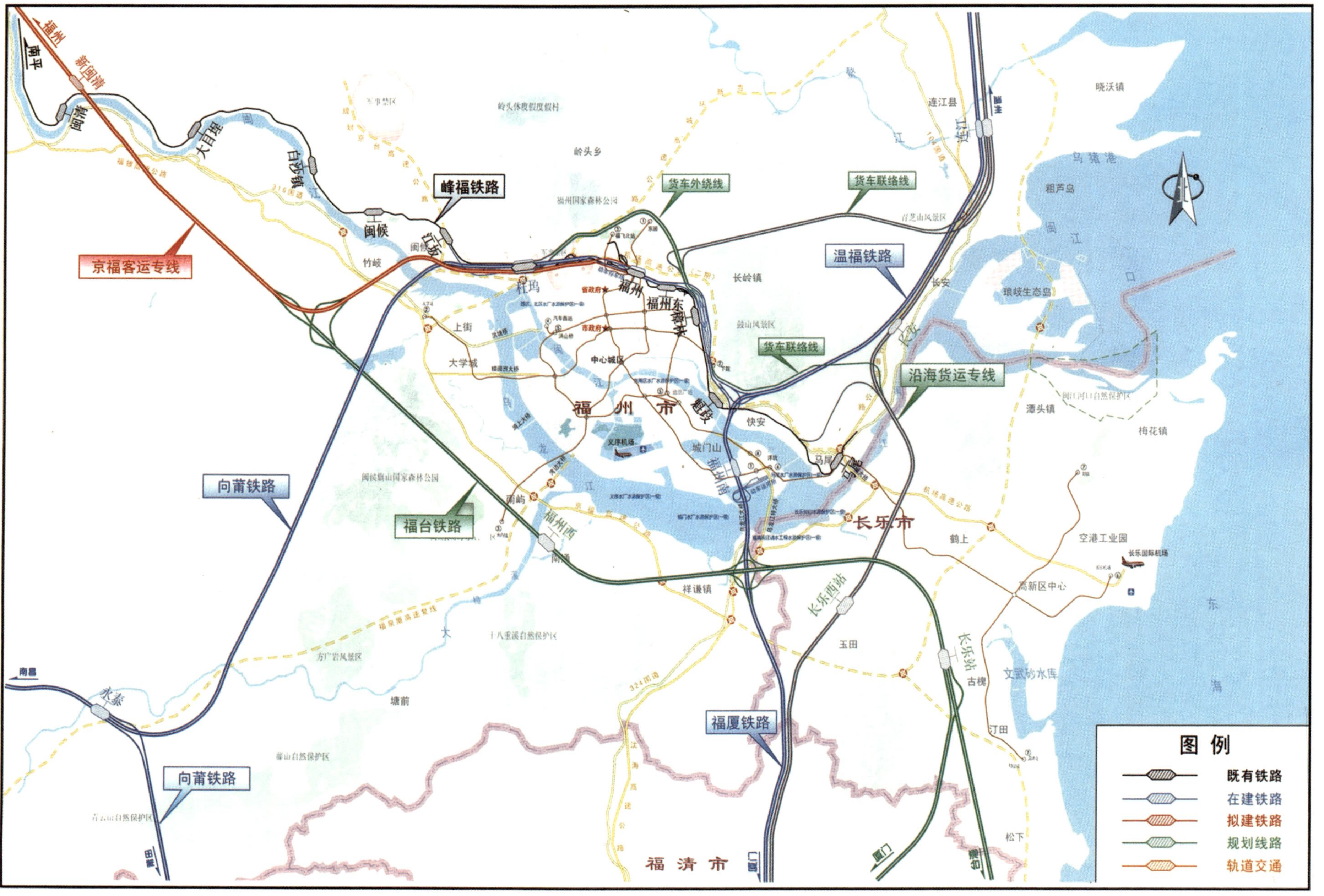

2005年福州铁路枢纽总布置示意图

《福建省志》编纂委员会

《福建省志》编纂委员会办公室

《福建省志·铁路志(1996—2005)》编纂委员会

主　任:王　培　卢文星

委　员:钟生贵　万　军　任广鑫　戴平峰　任朝阳　彭　磊
　　　　刘明亮　陈寿卿　黄少雄　詹志文　郭建波

《福建省志·铁路志(1996—2005)》编辑室

主　编:王春柳

副主编:章　卫

编　辑:周吉平　刘　仁　曾　进　石应珍　刘建平　林登亮

《福建省志·铁路志(1996—2005)》审稿人员

林　浩　李升荣　方彦洸　孙众超

《福建省志·铁路志(1996—2005)》验收小组人员

陈秋平　俞　杰　林　浩　李升荣　张维义
吕秋心　凌文斌　欧长生　方彦洸

凡　例

本志按国务院颁布的《地方志工作条例》《福建省实施〈地方志工作条例〉办法》和中国地方志指导小组制定的《地方志书质量规定》要求进行编纂。

一、以马克思列宁主义、毛泽东思想、邓小平理论、“三个代表”重要思想、科学发展观和习近平新时代中国特色社会主义思想为指导，坚持辩证唯物主义和历史唯物主义的立场、观点和方法。

二、以福建省现行行政区划为记述的区域范围(未含金门、马祖)。

三、使用规范的现代语体文记述，行文除引文外，用第三人称记述。

四、1949年10月1日以前的纪年，标示朝代、年号、年份，括注公元纪年；1949年10月1日起，用公元纪年。

五、各个时期的政权机构、职务、党派、地名，均以当时名称或通用之简称记述。古地名均括注今地名，乡(镇)、村地名前冠以市、县(市、区)名。

六、除引文外的人名，直书姓名，不在姓名后加身份词；必须说明身份的，在其姓名前说明。

七、各种机构、会议、文件等专有名称使用全称，如多次出现需用简称的，在第一次出现时括注简称。

八、凡外国的国名、地名、人名、党派、政府机构、报刊等译名，均以新华社译名为准。新华社没有译名的，首次使用译名时括注外文全称，全书保持中文译名一致。

九、数字、量和单位、标点符号的使用，执行国家有关部门颁布的标准规定。书中同一名称、事实、数据、时间、度量衡、术语的表述，前后一致。

十、图、照、表突出存史价值，样式统一。

十一、采用国家统计部门公布的统计数据和业务主管部门的统计数据；如使用其他数据，则说明其来源。

十二、采用资料一般不注明出处；引文、辅文和需要注释的专用名词、特定事物加页末注释，注释形式全书统一。

编辑说明

一、本志上限为1996年，下限为2005年。为反映事物的完整性，对首轮修志未记载的内容进行必要的上溯。

二、本志对铁路专业名词和量词均保持铁路法规通用的写法。各种名称在行文中首次出现时用全称，括注简称。此次修志，在有关铁路建设和运输等章节里随文附上图片，并采用以事系人手法将铁路各单位先进典型记入志中。

三、福州铁路分局于2004年5月撤销后，福建省境内铁路由南昌铁路局管理。因其统计项目数据和范围有所不同，凡涉及2004年5月之后的统计数据，本志尽量不用表格，而是采用文字记述或说明。

四、本志资料主要来自历年的《福州铁路分局年鉴》《中国铁道年鉴》《上海铁路局年鉴》《南昌铁路局年鉴》《中国铁路工程总公司年鉴》《中国铁道建筑工程总公司年鉴》《福建日报》《人民铁道》《南昌铁道》等记载的文字、图片资料，以及原福州铁路分局和南昌铁路局的档案资料等。

目　录

Contents

概　　述

一

20 世纪 90 年代初，福建铁路与全国铁路网只有一个鹰厦铁路的鹰潭口相连，而且铁路线依山傍水，高堤深堑，桥隧相接，坡度大、弯道多、曲线半径小，是典型的山区铁路，严重限制福建铁路的承运力，还容易导致行车事故。铁路成了当时制约福建国民经济发展的“瓶颈”。因此，铁道部提出“福建铁路发展三部曲”：一是修建漳（平）泉（州）肖（厝）铁路，二是修建第二条出省铁路通道横（峰）南（平）铁路，三是修建福（州）厦（门）铁路。中央和福建省政府对福建铁路发展给予极大关注，同意采取多渠道集资和合资方式修建。福建省政府和铁道部充分发挥沿海经济特区的政策优势，成立合资公司，修建合资铁路。1991 年 7 月 24 日，福建省副省长陈明义、施性谋主持召开横南铁路和漳泉铁路建设专题会议；12 月 14 日，福建省省长贾庆林主持召开横南铁路立项评估费用专题会议。1992 年 3 月 17 日，国家计委批准横南铁路建设项目建议书，投资估算 13.6 亿元。是年 6 月 13 日，福建省地方铁路开发总公司成立。

1992 年 9 月 7 日，漳泉肖铁路开工建设。这是福建省改革开放以来第一条自筹资金修建的铁路。1998 年 12 月 1 日，漳泉肖铁路全线通车。

1992 年 12 月，横南铁路动工修建，1998 年 12 月 10 日通车。横南铁路是福建省第二条出省铁路通道。

1995 年，外福线电气化改造列入铁道部计划。1999 年 8 月 12 日，全长 191 千米的外福线电气化改造工程（投资 9.9 亿元）动工建设，次年 12 月 26 日完工，成为华东地区第二条电气化铁路。全部施工期为 492 天，创国内铁路既有线电气化改造工期最短的成绩。

漳平—龙川的漳龙铁路由 1958 年修建的漳平—龙岩的漳龙铁路（61.956 千米）、1969 年修建的龙岩北—坎市的龙坎铁路（36.55 千米）和 1998 年修建的梅州—坎市铁路（146.61 千米）组成。1998 年 4 月 8 日，梅（州）坎（市）铁路开工建设。2000 年 6 月，漳龙铁路全线贯通，这是福建省第三条出省铁路通道。

至 2000 年末，福建省合资铁路里程达 595.8 千米。

2001 年 12 月 8 日，赣（州）龙（岩）铁路开工建设，线路全长 290.1 千米（福建境内 157.68 千米，投资 63.3 亿元）。2004 年 12 月 30 日全线铺通。2005 年 4 月 1 日开行货车，10 月 11 日开行客车。这是福建省第四条出省铁路通道，在赣州与京九铁路连接，使闽南与内地交通更加便利。

进入21世纪,闽东铁路的"瓶颈"问题日益凸显。福建闽东地区气候温和,依山傍海,拥有绵长海岸线,矿产及旅游资源丰富,但由于交通不便,尚未得到充分开发、利用。该地区铁路网布局不完善,浙、闽两省间尚无便捷的铁路相连,导致宁波、温州、宁德、福州等地的大量客货交流,需绕经浙赣、鹰厦等铁路运输或经公路长距离运输。福建省内两大城市——福州和厦门相距不到300千米,而铁路运输却需绕经外福、鹰厦线达600余千米。因此,在全国人大和省人大会议上,福建省代表们提出尽快修建闽东沿海铁路的议案。2002年10月,国家发改委批复温(州)福(州)铁路的项目建议书。

2003年,中共十六大提出全面建设小康社会的宏伟目标。铁道部从尽快适应全面建设小康社会和加快实现现代化的需要出发,提出以"扩大路网规模,完善路网结构,提高路网质量"为主攻方向,重新确定路网建设的新思路,组织研究制订《中长期铁路网发展规划》。同年6月,铁道部实施铁路跨越式发展战略,筹划客运专线建设。2004年1月,国务院批准《中长期铁路网规划》。规划确定的发展目标是到2020年全国铁路营业里程达到10万千米,规划"四纵四横"铁路快速客运通道以及三个城际快速客运系统。其中一纵为杭州—宁波—福州—深圳快速客运线,即福建人民企盼的东南沿海铁路。2004年10月,国家发改委批复温福铁路可行性研究报告。

2004年12月17日和2005年4月22日,福建省和铁道部两次就福建省铁路建设有关问题进行会谈,在铁路建设规划、加快铁路建设及铁路运输等方面达成共识。

2004年12月17日,铁道部与福建省签订《关于加快福建铁路建设有关问题的会议纪要》。12月24日,温福铁路(福建段)开工典礼在福建太姥山下的畲乡财堡村举行。温福铁路(福建省境内229.14千米,投资125.97亿元)开工标志着东部沿海铁路通道建设拉开序幕。

2005年9月30日,福(州)厦(门)铁路(全长272.58千米,投资152.59亿元)动工兴建。

2005年,福建省营业铁路里程为1629.68千米。其中,国有铁路1033.88千米,铁道部与福建省合资铁路595.8千米。

二

中华人民共和国成立以来,铁路运输在福建省国民经济发展、工农业生产中发挥了先行作用,尤其是在国防建设方面贡献巨大。福州和厦门的发展,特别是三明钢城的崛起无不依托鹰厦线、外福线运输大动脉而日新月异。

1995年,福州铁路分局年发送旅客1706万人次,发送货物2469万吨,客货换算周转量完成240.1亿吨·千米,运输收入13.10亿元,日均装车1210车,日均卸车1350车,年底实现行车安全1510天。

1998年12月1日,横南线和漳泉线通车,福建省铁路营业里程增加到1400千米。至1999年,福州铁路分局发送旅客1383.1万人次,发送货物2043.7万吨,客货换算周转量

219.71亿吨·千米，运输收入18.09亿元；武夷山铁路有限责任公司发送旅客46万人次，发送货物19.5万吨，客货换算周转量11.3亿吨·千米，运输收入7926万元；泉州铁路有限责任公司开行客货列车8.5对，发送旅客50.75万人次，发送货物164.87万吨，运输收入5498万元；龙岩铁路有限责任公司开行客货列车8.5对，发送旅客44.3万人次，发送货物280.4万吨，客货换算周转量2.02亿吨·千米，运输收入3504.57万元。合计全省铁路发送旅客1524.15万人次，发送货物2508.47万吨，客货换算周转量233.03亿吨·千米，运输收入19.78亿元。

2003年，福建全省铁路发送货物3217.4万吨，其中福州铁路分局发送货物2278万吨，合资铁路公司发送货物939.4万吨。日均装车1091车，日均卸车1635车，创历史新高。当年，福州铁路分局主要运输指标取得“五超”“五创”的好成绩，即换算周转量、货物周转量、直通货物周转量、货物发送量、旅客发送量均超计划量；运输收入、换算周转量、货物周转量、直通货物周转量、货物发送量创历史纪录。全年运输收入27.26亿元，比2002年增收5285.7万元，增长1.98%；换算周转量完成261.57亿吨·千米，比2002年增加15.96亿吨·千米，增长6.5%；货物周转量比2002年增加18.34亿吨·千米，增长10.8%；货物发送量完成2278.9万吨·千米，比2002年增加197.3万吨·千米，增长9.5%；旅客发送量受“非典”影响较大，完成1217.9万人次，比2002年减少22.9万人次，下降1.9%。

2004年，福建省铁路为加快推进安全标准线建设，以确保鹰厦线、外福线山区铁路提速成功，在外福线投入1300余万元，开展线路设备综合整治，正线铺设60型钢轨，新增无缝线路47千米，线路质量普遍提高。是年，外福线货车牵引定数由2800吨提高到3300吨。

2004年5月，福州铁路分局和南昌铁路局合并，新成立的南昌铁路局策应福建建设海峡西岸经济区发展战略，创新运输经营模式，优化车流径路，打通闽赣两省陆海通道，开行内地到厦门港的直达列车。

2005年，闽赣两省累计开行铁海联运、五定班列（定点、定线、定车次、定时、定价）和直达列车5950列、24.5万车，直达列车比例提高到18%。铁路企业与福建省重点企业签订运输协议，建立大客户联系包保制度，重点物资请求车满足率达99.5%。2005年发送煤炭29.4万车、1869万吨，发送化肥3.7万车、228万吨，发送石油4.4万车、239万吨，发送粮食5万车、302万吨。厦门、福州港铁路年运量分别达到299万吨和103万吨，同比分别增长106.5%、20.5%。

从2005年4月1日零时起，福建鹰厦、外福两条主干线提速，客车最高时速区段达到92千米，平均提高10千米。鹰厦线货车牵引定数由2900吨提高到3200吨。福州—南昌2218次旅客列车由普通列车更换为空调列车，运行时间比原来缩短1小时49分。福州—武夷山N590次旅客列车全程运行5小时09分，比原来缩短46分钟。

2005年福建省客货运输换算周转量293.8亿吨·千米。其中，货物运输周转量202.90亿吨·千米（国有铁路163.84亿吨·千米，合资公司39.06亿吨·千米），旅客运输周转量

90.9亿人·千米(国有铁路76.6亿人·千米,合资公司14.3亿人·千米);货物发送量4416.24万吨(国有铁路3491.32万吨,合资公司924.92万吨);旅客发送量1467.5万人次(国有铁路1256.72万人次)。

三

1996—2004年5月,福建省境内铁路由隶属上海铁路局的福州铁路分局管理。

1996年,福州铁路分局职工总数37330人,比上年减少308人。其中正式职工37066人,临时工264人。全员劳动生产率为78万换算吨·千米/(人·年)。年运输收入27.27亿元,运输换算周转量265.85亿吨·千米,运输业平均人数21722人,运输全员劳动生产率按运输收入为12.56万元,按运输换算周转量为122.39万吨·千米。职工工资总额6.5亿元,人均收入20830元,比上年增长6.41%。全年亏损9156.36万元。其中运输业务实现利润1582.25万元,投资收益亏损9910.76万元,缴纳所得税827.96万元。

1996年,铁道部、福建省、龙岩市政府共同出资组建龙岩铁路有限责任公司,负责建设梅坎铁路福建段;1999年4月30日,龙岩铁路有限责任公司接管漳龙线、龙坎线运营。

1997年12月30日,横南铁路全线贯通。当天,武夷山铁路有限责任公司和泉州铁路有限责任公司成立,分别经营横南铁路和漳泉铁路的运输,公司以书面协议委托福州铁路分局进行铁路运输管理。

1999年,受厦门市人民政府和上海铁路局委托,福州铁路分局组建厦门海沧铁路有限责任公司,作为海沧铁路支线工程的建设项目法人和建成后经营管理法人公司,是福州铁路分局子公司。

2003年,福州铁路分局职工总数30922人,管理鹰厦线、外福线两条铁路干线和永嘉、漳州、南平东、福马4条支线,正线营业里程945.7千米(电气化铁路899.76千米),车站126个。固定资产原值98.60亿元,配属机车303台,客车632辆。武夷山铁路有限公司经营横南线自江西省境内永平站(不含)至福建省境内南平南站(不含)222千米铁路客货运输,车站22个,运输收入2.41亿元。泉州铁路有限责任公司经营漳泉肖铁路243.87千米,职工总数1277人。全年完成客货换算周转量7.77亿万吨·千米,完成货物运输613.4万吨,旅客发送量28.4万人次,完成经营收入1.73亿元。龙岩铁路有限责任公司管辖漳龙线福建段149千米,全年完成货物发送632.73万吨,货物到达219.95万吨,旅客发送88.48万人次,主营收入1.20亿元。

2004年5月,铁道部将福州铁路分局与南昌铁路局合并,成立新的南昌铁路局,福建地区设铁路办事处。

2005年,南昌铁路局依照铁道部《合资铁路与地方铁路行车安全管理办法》,对武夷山、泉州、龙岩铁路有限责任公司的运输安全管理工作进行监督、检查和业务指导,并承担公司的行车安全监管责任。合资公司的运输、设备、设施和从事运输行业的人员执行铁道部《铁路技术管理规程》的规定，行车组织按照铁路局《行车组织规则》等铁路规章制度办理。南昌铁路局负责对涉及合资公司的有关技术规范、规章、规程、标准等文件进行通知或转发，并帮助、指导公司正确实施。同时，对公司制定的《车站行车工作细则》和涉及行车安全的内部规章制度实行核准制，对公司制定的其他内部相关规章制度实行核备制。

四

1996—2000 年，福州铁路分局面对铁路数量少、等级低，设备陈旧，运能严重不足，计划经济痕迹深等各种困难，深化铁路体制改革，理顺管理模式。

1996 年，福州铁路分局针对铁路运输生产单位之前是在生产力水平较低的情况下设置、管理跨度小、资源分散、制约运输生产发展等实际情况，开始进行生产力布局调整。年内，撤销西山采石场、来舟办事处等一批单位和部门。

1997 年，福州铁路分局将三明直属站与永安车务段合并，称永安车务段，三明东站、三明站、荆西站划给永安车务段。

其后，福建铁路生产力布局调整力度加大。

1999 年，福州铁路分局撤销龙岩车务段、漳平办事处和漳平工务段；成立医疗保险中心；将原属分局的漳龙线、龙坎线和漳泉线梅水坑至湖头段的工务设备、车站、电务和水电设备、机务折返段、车辆列检所、生产生活用房、食堂、公寓以及职工分别移交给龙岩和泉州铁路有限责任公司。

2000 年，上海铁路局福州工程总公司和福州勘测设计院划归福州铁路分局领导，为分局下属单位，实行独立核算、自负盈亏，具有法人资格。原由分局直属管理的福州工程段成编制划归福州工程总公司领导。

其间，干部人事、劳动用工、工资分配“三项制度”改革逐步深化。福州铁路分局规范劳动合同管理，严格控制临时性用工，加强绩效考核力度，基本形成职务能上能下、人员能进能出、收入能升能降机制。

福建合资铁路在管理体制和投资体制等方面的改革也迈出重要步伐。武夷山铁路有限责任公司经营横南铁路的客货运输和泉州铁路有限责任公司经营漳泉肖铁路的客货运输委托福州铁路分局进行管理，实现企业法人财产权与经营权的分离。福州铁路分局积极探索投资体制改革，拓宽地方和合资铁路建设的筹资渠道，通过使用国债、发行企业债券、以土地等资源作价入股、收取地方铁路建设基金、实行中央与地方合资经营等方式，为加快地方和合资铁路的发展探索出一条有效途径。

与此同时，福州铁路分局住房、医疗和养老保险制度改革稳步推进。实行公房出售和住房公积金制度；医疗实行大病统筹、小病划卡、医疗消费与个人挂钩；养老实行单位和职工按比例缴纳养老保险金,纳入省级统筹。

2000—2003年,福建铁路的各项改革继续深化并取得重要成果。根据铁道部主辅分离、辅业改制的要求,福州铁路分局完成工程、设计单位整体移交,基本完成房建单位资产重组、多经企业优化整合、生活后勤移交改制工作。

2001年,原属分局的通信资产设备、工作、职工划交铁通福建分公司。邵武、福州电务段合并称福州电务段,永安、厦门电务段合并称厦门电务段。

2002年,福州铁路分局开展分离企业办社会职能工作。厦门铁路中学(含铁路小学)成建制移交厦门市政府。来舟铁路小学成建制移交南平市延平区人民政府。福州铁路第二小学并入福州铁路实验小学。社会职能的移交,改变铁路几十年来大而全的组织结构,有利于铁路企业集中优势资源发展运输生产和增强企业核心竞争力。

2003年,福建铁路建设集团公司、福州铁路勘测设计院移交中国铁道建筑总公司。

2004年5月,福建铁路运输管理体制实现重大变革,福州铁路分局合并于南昌铁路局,分局机构撤销,南昌铁路局直接管理福建省境内铁路。铁路局直接管理站段的新体制减少管理层次,克服两级法人以同一方式经营同一资产的弊端,为建立现代企业制度创造条件。

2005年,南昌铁路局继续推进福建铁路体制改革,逐步形成精简高效、纵横协调、直管站段、面向市场的创新管理机制。

第一章　铁路建设

20 世纪 90 年代以来，福建省境内铁路建设发展迅速。1992 年 9 月，漳泉肖铁路（湖头—泉州—肖厝段）开工建设；1998 年 12 月，漳泉肖铁路全线建成通车。1992 年 12 月 26 日，横南铁路开工建设；1998 年 12 月 10 日，横南铁路建成通车。1998 年 4 月 8 日，梅坎铁路开工建设；2000 年 9 月 30 日，梅坎铁路开通临管运营（货运）。2001 年 12 月 8 日，赣龙铁路开工建设；2005 年 4 月 1 日，赣龙铁路建成通车。至 2005 年，福建省铁路营业里程 1629.68 千米。在建铁路干线温福线和福厦线 501.721 千米，均为国家一级干线、双线电气化铁路，建成后将开行时速 200 千米动车组列车。其中温福铁路福建段 229.14 千米，工期 4.5 年，投资 125.97 亿元；福厦铁路 272.58 千米，工期 4 年，投资 152.6 亿元。

第一节　漳泉肖铁路

一、线路概况

漳泉肖铁路（湖头—泉州—肖厝段）是在改革开放的大潮中动工建设的。当时，泉州的经济迅速腾飞，“开发湄洲湾、建设大泉州”的战略构想迫切需要铁路的支撑，从而使港口的货运能力能辐射到广阔的内陆腹地。

1991 年初，福建省向国家上报漳泉肖铁路湖泉肖段的计划任务书。1992 年 5 月，湖泉肖段建设方案得到国家计委的正式批准立项。1992 年 9 月，漳泉肖铁路（湖头—泉州—肖厝段）动工建设，1995 年 10 月铺轨到泉州，1998 年 12 月 1 日开通运营，成为福建铁路干线。

漳泉肖铁路全长 237.47 千米。其中梅水坑—泉州—肖厝干线 201.11 千米，天湖山支线 23.63 千米，漳泉肖联络线 0.21 千米，肖厝支线 12.52 千米，原已勘测设计好的后渚港专用线 6.31 千米未修建。

二、勘测设计

漳泉肖铁路（湖头—泉州—肖厝段）由铁道部第四勘测设计院勘测设计。

主要技术标准：全线设计长度 145.6 千米，路基土石方设计总量 1322 万立方米，大中桥 7097 折合米，隧道 7272 折合米。湖头至泉州线路Ⅲ级，线路最大坡度 20‰，最小曲线半径 300 米。泉州至肖厝为Ⅱ级铁路，线路最大坡度 12‰，最小曲线半径 600 米。泉州、南安、湖头车站是6502型集中联锁设备,其他车站均为带轨道电路的色灯电锁器联锁。闭塞方式为64D型半自动闭塞。

三、工程施工

1992年9月7日,漳泉肖铁路(湖头—泉州—肖厝段)开工建设。这是福建省第一条由地方筹资建设的铁路,起自安溪县湖头,纵贯泉州市区,直抵湄洲湾北岸的新兴工业基地肖厝和对外开放港口后渚港,计划投资8.05亿元。铁道部工程十一局、十六局、十八局以及福州铁路工程总公司等单位负责施工。

1995年10月8日,线路铺轨至泉州站,又向肖厝延伸。

1996年5月1日,湖头—泉州段线路建成开通临时运营。

至1997年,工程累计完成投资额16.38亿元。完成工作量:正线铺轨127千米,站线铺轨32.1千米,路基土石方1233万立方米,大中桥6473折合米,隧道6628折合米,房屋竣工96199平方米。1997年12月26日,福建省和铁道部合资组建泉州铁路有限责任公司,漳泉肖铁路梅湖段作资入股。

1998年12月1日,湖泉肖段开通运营。12月8日,开行首列泉州—武夷山旅客列车。

1999年4月30日,湖泉肖段正式交泉州铁路有限责任公司管理运营。同年,肖厝支线运营。

2001年2月4日,湖泉肖段干线通过国家验收,7月1日起开办全国铁路客运业务。

四、车站

漳泉肖铁路全线建成时,共设18个车站:梅水坑、大深、格口、小舟、福德、感德、剑斗、长基、湖头、金谷、安溪、仑苍、南安、石砻、泉州西、泉州、惠安、肖厝。

表1-1　**2005年漳泉肖铁路车站分布情况表**

单位:千米

站名	等级	中心里程	区段距离
梅水坑	四等站	鹰厦线533.26	0
大深	三等站	12.25	12.25
格口	五等站	19.49	7.24
小舟	五等站	27.70	8.21
福德	四等站	35.35	7.85
感德	四等站	45.04	9.69
剑斗	四等站	57.58	12.44

续表 1-1

站名	等级	中心里程	区段距离
长基	五等站	64.91	7.33
湖头	三等站	76.51	11.60
金谷	四等站	90.57	14.06
安溪	三等站	108.47	17.90
仑苍	四等站	121.10	12.60
南安	三等站	133.49	12.39
石砻	四等站	144.69	11.20
泉州西	三等站	152.86	8.17
泉州	二等站	163.69	10.83
惠安	三等站	184.12	20.43
肖厝	三等站	203.99	19.88

注：长基—下洋（四等站）支线 23.25 千米。

附：主要桥梁隧道

1. 经兜桥

建成于 1997 年，位于漳泉线金谷站至安溪站区间，泉州市安溪县城厢镇经兜村；桥中心里程为 K118＋258，桥全长 322.4 米，孔跨式样为 6-24m、5-32m 预应力钢筋混凝土 T 形梁。

2. 林辋溪桥

建成于 1996 年，位于漳泉线泉州站至惠安站区间，泉州市惠安县螺阳镇；桥中心里程为 K182＋574，桥全长 177.5 米，孔跨式样为 10-16m 先张预应力钢筋混凝土梁。

3. 菱溪桥

建成于 1996 年，位于漳泉线惠安站至肖厝站区间，泉州市惠安县涂岭镇峰崎村；桥中心里程为 K196＋151，桥全长 362 米，孔跨式样为 11-16m 先张预应力钢筋混凝土梁＋5-32m 预应力钢筋混凝土 T 形梁。

4. 洛阳江桥

建成于 1995 年，位于漳泉线泉州站至惠安站区间，泉州市台商投资区洛阳镇云庄村；桥中心里程为 K170＋095，桥全长 1308.3 米，孔跨式样为 1-16m 先张预应力钢筋混凝土梁＋39-32m 预应力钢筋混凝土 T 形梁。

5. 岩顶隧道

建成于 1995 年，位于漳泉线金谷站至安溪站区间，泉州市安溪县；隧道中心里程为 K105＋868，全长 2582 米，有砟轨道，单面坡，进口段为半径 600 米曲线，进口为翼墙式洞门，出口为柱式洞门。

6. 瑞峰隧道

建成于1995年,位于漳泉线泉州西站至泉州东站区间,泉州市丰泽区城东镇东星社区;隧道中心里程为K161+975,全长1018米,有砟轨道,单面坡,出口段为半径400米曲线,进口为翼墙式洞门,出口为端墙式洞门。

7. 岭头隧道

建成于1996年,位于漳泉线泉州站至惠安站区间,泉州市惠安县螺阳镇;隧道中心里程为K178+795,全长425米,有砟轨道,单面坡,进口段为半径600米曲线,进、出口为翼墙式洞门。

第二节 横南铁路

一、线路概况

至20世纪90年代初,福建铁路一直处于全国铁路网的末梢,只有一条出省通道(鹰厦铁路)。里大口小的铁路结构,成为制约福建经济发展的重要因素。为解决这一问题,建设第二条出省通道成为当时福建铁路的首要工作。经过铁路专家、政府机构和规划设计部门的反复比选论证,一致认为修建横南铁路(横峰—南平)是构建福建铁路第二条出省通道的最佳方案。

横南铁路北起浙赣线横峰站,经江西省的横峰、铅山两县,穿越武夷山脉分水关进入福建省,经武夷山、建阳、建瓯、南平四市区,在外福线南平南站接轨,正线全长251千米。其中新建220.69千米,利用横峰至永平支线改建29.85千米(在江西省境内)。另有上饶至永平联络线36.82千米(在江西省境内)。

1991年6月,铁道部、福建省政府向国务院上报横南铁路项目建议书,请求批准立项。12月上旬,国家计委委托中国国际工程咨询公司对横南铁路进行项目评审。专家组建议可以立项,并安排在“八五”期间付诸实施。随后,福建省成立横南铁路工程建设指挥部,做好项目前期工作。

1992年3月17日,国家计委正式批准横峰至南平铁路项目建议书,同意立项,项目总投资估算13.6亿元,由福建省政府与铁道部合资建设。其中,铁道部投资3亿元,福建省用征收的铁路建设附加费安排9.1亿元,国家安排建设银行贷款1亿元,南平行署集资5000万元。8月,国家计委批复横南铁路可行性研究报告。10月,铁道部和福建省提前审定控制工期的三个隧道(弯山、芦岭、分水关隧道)及区段站设置等初步设计方案。11月25日,横南铁路重点控制性工程——弯山隧道和南平南站工程施工发包签字仪式举行。

1992年12月26日,横南铁路开工建设。1998年12月10日,横南铁路建成通车。横峰至永平支线29.85千米并入横南铁路。横南铁路成为闽赣两省铁路第二通道,进出福建省经由此线比经由鹰厦线的运营里程大幅减少(如杭州到福州减少 160 千米、杭州到厦门减少 92 千米)。

二、勘测设计

横南铁路全线总体设计单位为铁道部第二勘测设计院,各分管段设计单位有铁道部第二勘测设计院、南昌铁路局南昌勘测设计院、铁道部第四勘测设计院、上海铁路局福州勘测设计院。1990 年完成可行性研究报告,1992 年经国家计委评估正式立项。1992 年 2 月至 11 月完成兴田至大横段初测和初步设计。1995 年 4 月完成全部站后施工图设计。

主要技术标准:线路等级为Ⅱ级,单线,限制坡度在单机牵引区段 7‰,双机牵引区段 14.5‰;最小曲线半径 400 米,到发线有效长 750 米、预留 850 米、双机地段另加 30 米,牵引种类为内燃机车,预留电气化牵引,牵引定数为 3500 吨,继电半自动闭塞,设计能力为年输送能力 1400 万吨,客车 14 对。

三、工程施工

横南铁路在福建省境内 195.6 千米,总投资 24.15 亿元。横南铁路站前工程施工单位有铁道部第二、第五、第十六工程局和福州铁路工程总公司,站后工程施工单位有铁道部第一工程局电务处、第十一工程局电务处、福州铁路工程总公司、闽江工程局、福建省第二建筑工程公司、南平市第一建筑工程公司等。横南铁路监理单位站前工程为中国国际咨询公司交通项目部,站后工程为上海华东铁路建设监理有限公司福州分公司。

1992 年 12 月 26 日,重点工程弯山隧道开工建设。

1993 年 5 月 1 日,重点工程芦岭隧道开工建设。

1994 年,横南铁路全线正式开工。

1994 年 3 月,国家计委将横南铁路列为国家“八五”重点建设项目。铁道部将其列为全国铁路建设计划“再取华东”的重要组成部分。

1995 年 5 月 1 日,横南铁路开始铺轨架梁。12 月 26 日,全长 7252 米的华东单线第一长隧道——分水关隧道贯通。至 1995 年,横南铁路完成投资 13 亿元。

1996 年,横南铁路铺轨至武夷山站。

1997 年 11 月 18 日,铁道部和福建省联合发文成立武夷山铁路有限责任公司,股比为 51∶49,横南铁路建设单位在福建省境内乌石至南平南段为武夷山铁路有限责任公司。12 月 26 日,横南铁路南平南至建阳段分段运营。30 日,横南铁路铺轨全线贯通。

1998 年 12 月 10 日,横南铁路全线投入运营。

横南铁路主要工程数量(不含上饶至永平联络线段的数量):正线 250.54 千米,路基土石方 2579.60 万立方米,路基圬工 78.40 万立方米,特大桥 4 座、1920.53 延米、中桥 53 座、3884.82 延米、小桥 16 座、456.07 延米,涵洞 670 座、16057.63 横延米,隧道 55 座、36635.13 延米，正线铺轨247.73千米，站线铺轨63.469千米，电力高压线路392.95千米，通信线路通信电缆315.67千米，通信站2个，车站数量17个(不含横峰、铅山、永平及预留站7个)，电气集中17站(武夷山区段站为微机联锁)，房屋20.99万平方米(其中生产房屋92575平方米、生活房屋117417平方米)。

图1-1　1998年12月10日，横南铁路全线通车，旅客列车开行典礼在武夷山站举行

四、车站

横南铁路在福建省境内共设车站17个：黄莲坑、洋庄、四渡、武夷山、武夷山南、仙店、兴田、将口、建阳、杨墩、徐墩、建瓯、小桥镇、南雅、大横、陈墩、南平南。

表1-2　**2005年横南铁路福建省境内车站分布情况表**

单位：千米

站名	等级	中心里程	区段距离
黄莲坑	四等站	72.32	与上乌石站(江西省)距离18.32
洋庄	四等站	82.52	10.20
四渡	四等站	92.47	9.94
武夷山	二等站	102.51	10.04
武夷山南	四等站	112.48	9.97
仙店	预留站	123.66	11.18
兴田	四等站	133.32	9.66

续表 1-2

站名	等级	中心里程	区段距离
将口	四等站	140.87	7.55
建阳	三等站	154.12	13.25
杨墩	四等站	171.21	17.09
徐墩	四等站	183.20	11.99
建瓯	三等站	200.34	17.14
小桥镇	四等站	212.62	12.28
南雅	四等站	221.95	9.33
大横	四等站	230.53	8.58
陈墩	四等站	241.76	11.23
南平南	三等站	251.20	9.44

附:主要桥梁隧道

1. 车盘特大桥

中心里程为横南线 57.70 千米处,桥全长为 508.59 米,孔跨式样为 15-32m 预应力混凝土简支梁桥,最高桥墩 50.6 米,位于半径 500 米圆曲线上,桥上线路坡度为 13.1‰。桥位处山坡陡峻,灌木丛生,上覆 0.2 米砂黏土,下卧燕山早期花岗岩,地面河滩处大漂石、砾石土,厚达 5~12 米。福州铁路工程总公司第一工程公司施工,1995 年 10 月 30 日开工,1998 年 8 月 15 日竣工。

2. 乌石 3 号特大桥

中心里程为横南线 64.181 千米处,桥梁全长 519.65 米,为站内三线桥。该桥全长 1558.95 米,站台桥桥长 124 米,桥梁角钢托架宽 1.55 米,不设避车台,人行道 1.55 米宽。铁道部第二勘测设计院设计,福州铁路工程总公司第二工程公司承担架梁及桥面施工。1995 年 12 月4 日开工,1998 年 7 月 31 日竣工。

3. 溪洲尾特大桥

位于横南线洋庄至四渡区间,中心里程为衡南线 K90+210.01,单线桥设计,桥全长 836.6 米。全桥共计有 26 个墩台。从横峰端起,3~6 号桥墩位于山丘上,地势较高,跨度为 3×24 米。桥墩采用 100 号浆砌片石砌筑矩形墩,7~19 号桥墩位于水田上,地势平坦。墩身为 150 号片石混凝土矩形墩。20~27 号桥墩为圆端形 150 号混凝土墩,地势平坦。其中 25~27 号桥墩跨坑口溪,位于河滩上。28 号台为挖方内 T 形桥台,位于山崖上。全桥墩基础除 26 号桥墩为钻孔桩之外,均为明挖扩大基础,平均埋深为 6~7 米。地下水较为丰富,大部分有强水流通过。全桥线路布置呈“U”形。大桥由中铁二局负责施工,1994 年 6 月 10 日开工,1997 年 5 月 19 日竣工。

4. 北溪特大桥

中心里程为横南线 K97+537 处(施工标号为 DK97+603)。桥全长 808 米,孔跨式样为 7-24m 曲线梁。桥处于半径 500 米的曲线上。架桥梁时采用摇轴支座,先桥头压道,待水平仪观测沉降量符合《铁路架桥机架梁规程》后,穿加固枕木,上机。单线平坡,所有墩、台均在曲线上。桥台为直曲线 T 形桥台。桥墩为直曲线圆形墩。全桥皆为明挖混凝土基础,跨度形式为 7×24 米。其中 2 号、3 号、4 号墩跨越武夷山北溪河,按 204 米的施工水位控制设计。梁部均为预应力混凝土梁。桥基均置于流纹岩上,容许应力 0.6 千帕。两岸覆盖卵石土、砂、砂黏土、砂砾岩、凝灰熔岩,覆盖层厚 3～6 米。河床表层为凝灰熔岩。大桥由中铁二局负责施工,1994 年 7 月 8 日开工,1996 年 12 月 31 日竣工。

5. 分水关隧道

位于福建省和江西省边界,中心里程为横南线 68.39 千米处,全长 7252 米,是横南铁路第一长隧道,即横南铁路的重点控制工程。隧道地貌单元属武夷山脉。隧道地层单一,分布有第四系及燕山早期第三次侵入岩。隧道范围内主要地质构造为断层及节理,存有第四系孔隙潜水,基岩裂隙水和断层带水三种地下水类型。施工时采用射流通风方式。该隧道由铁道部第二工程局施工。1995 年 12 月 26 日全隧贯通,进口于 1997 年 9 月 7 日完工,出口于 1997 年 11 月完工,全隧道于 1998 年 5 月竣工。

6. 芦岭隧道

位于福建省建阳市以南约 6 千米处,崇阳溪东岸,是一座单线铁路长大隧道。中心里程为横南线 K164+883 处,全长 3214 米,是横南线第二长大隧道。隧道在部分地层为燕山晚期第三次侵入含黑云母花岗巨厚状或巨块状,岩质坚硬,性脆,节理局部较发育。主要成分为石英、长石及云母。隧道采用射流通风方式,进口有 86.54 米位于半径为 400 米的曲线地段,其余 3127.46 米均为直线。隧道设人字坡。该隧道于 1993 年 5 月 1 日开工,1996 年 1 月 30 日竣工。

第三节　梅坎铁路

一、线路概况

漳龙铁路(福建漳平—广东龙川)在福建省境内是由漳平—龙岩的漳龙铁路(1958 年修建,61.956 千米)、龙岩北—坎市的龙坎铁路(1969 年修建,36.55 千米)和梅州—坎市的梅坎铁路(1998 年修建,146.61 千米)组成。

梅坎铁路从广梅汕铁路(广州—梅州—汕头)的梅州站引出,顺梅江而下,经梅州市松口镇、大埔县的三河坝,逆汀江而上越过省界进入福建省境内,沿汀江支流永定河而上,经永定县与龙(岩)坎(市)铁路的坎市站相接,全长 146.61 千米。其中广东省境内 99.78 千米、福建省境内 46.83 千米。另既有线改建 44.59 千米。主要有铁山洋区段站、龙岩西站和梅州区段站扩建工程。

1993 年 3 月，国家计委正式批准梅坎铁路立项。

1994 年 4 月 18 日，梅坎铁路福建有限公司筹备组在龙岩成立。

1995 年 9 月，福建省地方铁路建设开发总公司与梅坎铁路福建有限公司筹备组、铁四院联合踏勘梅坎铁路福建段新线选址。

1996 年 6 月 26 日，铁道部、福建省、龙岩市政府决定共同出资组建龙岩铁路有限责任公司，并于同年 11 月 6 日正式挂牌成立。龙岩铁路有限责任公司是由铁道部控股的合资铁路企业，具体负责建设梅坎铁路福建段。

1998 年 3 月 6 日，国家计委正式批准梅坎铁路全线开工。4 月 8 日，梅坎铁路福建段开工建设。

2000 年 6 月 26 日，梅坎铁路全线铺通。至此，漳平—龙川的漳龙铁路全线贯通，成为福建省第三条出省铁路通道。

二、勘测设计

梅坎铁路设计单位是铁道部第四勘测设计院。梅坎线为典型的山区河谷铁路。桥梁、隧道、高填深挖及陡坡路基集中，桥隧占全线总长 32%。沿线地层主要为变质砂岩、凝灰岩、花岗岩，谷地为坡积冲积砂黏土，局部存在软土层。地基工程地质条件较好，桥涵基础一般采用扩大基础及深基础。隧道围岩分类除少量坚硬岩层风化颇重地段达Ⅴ类外，一般为Ⅱ至Ⅳ类。线路行经地区属韩江水系，有汀江和梅江。全线地震基本烈度为 6 度。

主要技术标准：二级单线线路，预留电气化条件，限制坡度为 12.5‰，最小曲线半径一般为 800 米，困难地段为 400 米，由东风 4 型内燃机车牵引，牵引定数近期是 2150 吨，远期是 3500 吨，到发线有效长度为 650 米，预留 850 米，继电半自动闭塞。梅坎线设计能力初期开行客车 3 对，年货运量 400 万吨；近期开行客车 5 对，年货运量 790 万吨；远期开行客车 7 对，年货运量 1410 万吨。

三、工程施工

梅坎铁路是由原铁道部、广东省和福建省合资修建的路网性铁路。建设期间成立以原铁道部副部长蔡庆华为组长，广东省、福建省分管基建副省长为副组长的梅坎铁路建设领导小组，于 1998 年 2 月、1999 年 1 月和 2000 年 6 月三次召开建设领导小组会议，协调推进梅坎铁路工程进展。梅坎铁路实行项目业主负责制、投标制和工程监理制。福建段建设单位是龙岩铁路有限责任公司，施工单位是中铁第四、十二、十八工程局，以及上海铁路局福州铁路工程总公司。

1998 年 4 月 8 日，梅坎铁路（福建段）开工建设。梅坎铁路（福建段）新建线路地形地貌复杂,全线桥隧长度占正线总里程的27.5%,施工难度大。建设、设计、施工、监理单位按照工期控制、工程质量、投资概算三大关键要素,对部分临时工程、重点工程项目进行优化设计,节约投资。至年底完成投资4亿元。

图1-2　1998年4月8日,梅坎铁路(福建段)开工

1999年8月,基本完成路基土石方挖掘、隧道开挖、涵洞修建和桥墩浇筑等建设任务。9月6日,开始铺轨架梁。12月28日,线路铺轨到省界。

2000年6月26日,广东段站前工程铺轨到省界,与福建段接轨,至此梅坎铁路全线铺通。9月30日18时起,梅坎铁路建成开通临管运营,办理货物分流运输。10月1日,首列货物列车从新建成的铁山洋车站经由梅坎铁路开往广东,实现开通货运的建设目标。

2001年2月16日,梅坎铁路福建段及相关工程通过铁道部安全条件评估。3月1日起,开行福州—深圳、厦门—广州东直通旅客列车。4月14日,通过国家环保总局的环保验收。

2002年11月29日,梅坎铁路福建段通过国家验收。

梅坎铁路福建段主要工程数量:路基土石方860.8万立方米,挡土墙54.45万立方米,大桥16座、4272.45延米,中桥13座、737.12延米,小桥3座、37.57延米,涵渠208座、5644.52横延米,隧道20座、9091成洞米,正线铺轨46.83千米,站线铺轨23.38千米,通信干缆158.30千米,通信电缆47.01千米,电气集中9站,电力线188千米。

四、车站

漳龙铁路在福建省境内设车站15个:漳平、基太、苏坂、坂尾、雁石、苹林、铁山洋、龙岩北、龙岩、红炭山、富岭、坎市、象牙村、永定、仙师。

图 1-3 2000 年 10 月 1 日，梅坎铁路铁山洋站开出首列货物列车

表 1-3 **2005 年漳龙铁路福建省境内车站分布情况表**

单位：千米

站名	等级	中心里程	区段距离
漳平	二等站	鹰厦线 513.66	0
基太	五等站	10.45	10.45
苏坂	四等站	19.85	9.40
坂尾	四等站	32.01	12.16
雁石	三等站	38.50	6.49
苹林	四等站	51.69	13.19
铁山洋	三等站	57.20	5.51
龙岩北	五等站	59.75	2.55
龙岩	二等站	65.86	4.11
红炭山	四等站	69.93	4.07
富岭	四等站	88.36	18.43
坎市	三等站	95.71	7.35
象牙村	五等站	107.55	11.84
永定	三等站	124.13	16.58
仙师	四等站	137.46	13.33

附：主要桥梁隧道

1. 永定河 1 号桥

位于漳龙线坎市至象牙村站区间，于 2000 年竣工。大桥中心里程为 K99＋365，全长

302.4 米，孔跨式样为 9-32.00m 后张预应力钢筋混凝土 T 形梁。桥上线路为单线，全桥处于曲线半径 $R=600$m、$L=115.5$m 的圆曲线上，坡度为－11.6‰，P50 中型钢轨普通线路。

2. 永定河 3 号桥

位于漳龙线永定站至仙师站区间，福建省永定区凤城镇下坑村。大桥于 2000 年竣工，中心里程为 K128＋742，桥全长 513.1 米，孔跨式样为 15-32m 预应力钢筋混凝土 T 形梁。

3. 永定河 4 号桥

位于漳龙线永定站至仙师站区间，福建省永定区仙师乡务田村。大桥于 2000 年竣工，中心里程为 K134＋702，桥全长 404 米，孔跨式样为 12-32m 预应力钢筋混凝土 T 形梁。

4. 溪口桥

位于象牙村至永定站区间，中心里程为 K109＋091，全桥长 469.5 米，孔跨式样为 14-32.00m 后张预应力钢筋混凝土 T 形梁，每孔由两片梁体并排布置。大桥于 2000 年竣工，桥上线路为单线，全桥处于曲线半径 $R=500$m、$L=359.6$m 的圆曲线上，坡度为－12.5‰，P50 中型钢轨普通线路。

5. 莲塘桥

位于漳龙线象牙村站至永定站区间，福建省龙岩市永定区湖雷镇莲塘村。大桥于 2000 年竣工，中心里程为 K111＋126，桥全长 274.5 米，孔跨式样为 8-32m 预应力钢筋混凝土 T 形梁。

6. 中坑口桥

位于漳龙线象牙村站至永定站区间，福建省龙岩市永定区城郊镇东溪村。大桥于 2000 年竣工，中心里程为 K119＋558，桥全长 150.2 米，孔跨式样为 3-24m＋2-32m 预应力钢筋混凝土 T 形梁。

7. 深度隧道

位于漳龙线象牙村站至永定区间，福建省龙岩市永定区湖雷镇莲塘村。隧道于 2000 年竣工，中心里程为 K111＋927，全长 917 米，有砟轨道，单面坡，出口段为半径 600 米曲线，进、出口为翼墙式洞门。

8. 白莲塘隧道

位于漳龙线象牙村站至永定区间，福建省龙岩市永定区湖雷镇罗潭村。隧道于 2000 年竣工，中心里程为 K118＋896，全长 1110 米，有砟轨道，人字坡，隧道内分别为半径 600 米、800 米曲线，进、出口为翼墙式洞门。

9. 古镇隧道

位于漳龙线永定站至仙师区间，福建省龙岩市永定区城郊乡古一村。隧道于 2000 年竣工，中心里程为 K129＋288，全长 492 米，有砟轨道，人字坡，进口段为半径 1500 米曲线，进、出口为翼墙式洞门。

10. 锦丰2号隧道

位于漳龙线仙师站至虓市站区间，福建省龙岩市永定区峰市镇瑶上村。隧道于2000年竣工，中心里程为K139+460，全长408米，有砟轨道，单面坡，半径2000米曲线，进、出口为翼墙式洞门。

11. 多宝坑隧道

位于漳龙线仙师站至虓市站区间，福建省永定区峰市镇窑上村。隧道于2000年竣工，中心里程为K142+320，全长2520米，其中福建段1435米，有砟轨道，单面坡，进口段为半径500米曲线，进口为台阶式洞门。

第四节　外福铁路

一、线路概况

外福铁路于1955年8月开工，1959年全线正式通车。由于外福铁路修建时，建设的主要目的是为国防需要，且修建工期短，因此设计线路标准偏低：弯道多，半径小；坡道多，坡度大；车站少，区间长；站内股道少，站线配置短。

进入20世纪90年代后，外福铁路运输能力有限的状况严重制约了列车通过能力和技术作业能力，已不能适应福建经济社会发展的需要。因此，1999年，铁道部将外福线电气化改造列入重点建设项目开工计划。同年8月，外福线电气化改造开工，11月开始全面施工。

2000年12月26日，外福铁路电气化改造完毕，正式投入运营。至此，福建铁路电气化里程达823.6千米。

二、勘测设计

外福线为Ⅱ级单线铁路，弯多坡陡，技术条件较差，最小曲线半径250米，限制坡度12‰，年输送能力920万吨，客车10对。1997年实际区段货流密度893万吨，客车10对，能力利用已经饱和。铁道部第四勘测设计院负责外福线电气化扩能改造勘测设计。

主要技术标准：铁路等级Ⅱ级，单线，限制坡度维持原状，电气化改造，韶山4型机车牵引，牵引定数3500吨，到发线有效长750米，继电半自动闭塞，外洋至南平南站设计输送能力为1850万吨，客车9对，南平南至樟林站设计输送能力为1340万吨，客车14对。电气化改造工程还包括外洋至樟林段各站到发线及来舟区段站部分股道有效长延长至750米，安济至葫芦山区间增开金沙会让站。可研报告估算动态投资总额9.9亿元，其中静态投资7亿元。

三、工程施工

外福线电气化扩能改造建设单位是上海铁路局外福线电气化改造指挥部。施工单位是铁道部第二工程局、铁道部电气化工程局和上海铁路局福州工程总公司。

1999年8月12日,外福线电气化改造开工,同年11月进入全面施工阶段。

2000年5月开始架设电气接触网,8月进入关键施工阶段,12月25日全线通电试运行,12月26日电气化改造完毕,正式投入运营。

外福线成为华东地区第二条电气化铁路。全部施工期为492天,创造了国内铁路既有线电气化改造工期最短的成绩。工程质量经上海铁路局验收交接开通委员会、铁道部质量监理总站上海监督站的验收及核验,总体水平达到优良,工程获福建省2000年度工程建设立功竞赛项目优胜奖和优秀组织奖。工程技术人员在外洋至南平段接触网施工中,采用隧道内接触网杆件激光定位法、接触网支柱坑底定位法、腕臂装配一次到位法、恒张力放线法等先进施工工艺,为工程按期、优质完成做出了贡献。

外福线电气化扩能改造完成的主要工程数量:路基土石方104.88万立方米,渗水土3.1万立方米,挡墙圬工2.1万立方米,抗滑桩3056立方米,锚索755孔12102米,拦石网140张3180米,新建桥梁2座、174.3延米,续建桥梁2座、294.2延米,新建、改造涵洞28座、239.4横延米,新建明洞2座、162.5延米,续建隧道1座、105延米,正线、站线铺轨25.77千米,铺砟6.9万立方米,铺设道岔116组,建无线列调钢塔42座、电台71个,铺设通信电缆52千米,信号改造26个车站,其中微机联锁4个车站,安装联锁道岔359组,改造道口信号20处,铺设给水管道23.74千米,新建生产、生活房屋2.67万平方米,架设电气接触网柱5494根,安装隧道悬挂柱917根,架设电气接触网线300.03条·千米,回流线201.40条·千米,新建福州等牵引变电所4座,安装牵引变压器8台以及大型电力变压器2台,福州机务段、邵武机务段电气化改造,新建福州东机务折返段。

图1-4　2000年外福线电气化改造施工现场

四、车站

外福铁路共设外洋、南平、福州等26个车站。

表1-4 **2005年外福铁路车站分布情况表**

单位:千米

站名	等级	中心里程	区段距离
外洋	五等站	鹰厦线287.41	0.00
绿水	五等站	9.75	9.75
西芹	四等站	16.06	6.31
南平	二等站	23.71	7.23
南平南	四等站	28.67	4.46
洋丹仔	五等站	35.03	6.31
安济	四等站	38.42	3.39
金沙村	五等站	44.20	5.78
葫芦山	四等站	51.73	7.23
下过溪	四等站	63.94	8.20
尤溪口	五等站	69.57	5.63
樟湖坂	四等站	75.05	5.48
双坑	五等站	82.15	7.10
古田	三等站	88.19	6.04
莪洋	四等站	93.58	5.39
水口	四等站	101.61	8.02
浦后	四等站	111.07	9.47
大箬	四等站	121.00	9.93
闽清	三等站	132.22	11.21
大目埕	四等站	144.25	12.03
白沙镇	四等站	153.37	9.11
闽侯	四等站	161.65	8.28
江坂	五等站	167.85	6.04
杜坞	四等站	174.48	6.63
福州	一等站	183.44	8.97
福州东	一等站	186.16	2.72

附:主要桥梁隧道

1. 古田溪大桥

位于外福线莪洋至水口站区间,中心里程为K323+788。桥全长534米,顺线路里程孔跨式样为1-24m+10-32m预应力混凝土T形梁+1-80m下承式钢桁梁+2-32m+1-24m预应力混凝土T形梁,共14孔预应力混凝土T形梁及1孔钢桁梁。桥上铺设为单线有缝线路,平坡,直线,钢桁梁采用明桥面木枕,圬工梁上铺设有砟线路,采用钢筋混凝土Ⅱ型枕。桥下为闽江支流古田溪,由于地处水库,桥下水流流速较缓。过路列车牵引机车多数为HXD3C型电力机车,该区间线路允许时速为85千米。大桥第12孔为跨度80米的下承式简支钢桁梁,采用辊轴支座,固定支座在福州端。钢桁梁桁宽5.75米,桁高11.0米,节间长度8.0米,纵梁中心距为2.0米。大桥1996年进行钢梁涂装大修,2004年更换第12孔整孔钢桁梁木桥枕224根。

2. 武步溪大桥

位于外福线樟湖坂至双坑区间,中心里程K299+592,桥上线路为单线、平坡,P60无缝钢轨,列车允许最高时速为85千米,钢筋混凝土Ⅱ型轨枕。桥全长240.1米,孔跨式样为7-32m后张法预应力钢筋混凝土T形梁,梁跨定型图为“叁标桥—2019”,主梁中心距为1.8米,每孔左右两片梁体由9个横隔板相连。桥墩台采用片石混凝土扩大基础,基础埋深2～3米,墩身为150级片石混凝土圆形墩,基底均为花岗岩粒状带,桥下河流为闽江一级支流武步溪,上游为团结水库。

3. 苍峡1号桥

位于樟湖坂至双坑区间,中心里程K302+480处。桥全长442.7米,挡砟墙间距425.4米。孔跨式样为13-32m预应力钢筋混凝土T形梁,主梁中心距为1.8米,梁长32.60米,梁体高度2.5米,梁跨定型图为“专桥9559”,摇轴支座。桥台为T形台,桥台基础为片石混凝土扩大基础,基底地质为花岗岩粒状带;圆形混凝土墩身,片石混凝土扩大基础,基底地质为花岗岩粒状带。桥上线路为单线,坡度为0.4‰,P60无缝钢轨,列车允许最高时速为85千米,钢筋混凝土Ⅱ型轨枕,除第12、13两孔处于半径为600米的曲线外,其余各孔均处于直线地段。

4. 前洋隧道

位于莪洋—水口区间,中心里程K321+654,全长2797米。隧道穿越戴云山北段剥蚀低山区,地面高程为50～307米,山顶地表平缓。洞口自然坡度为30°～45°,洞身埋置深度为4～240米。洞身通过地为花岗斑岩,衬砌Ⅴ类及以上围岩,采用锚喷衬砌,其余采用模注衬砌,无帘幕洞口风道入式通风。距洞口1524米处,设有横洞1处,全长100.03米。

5. 下濮隧道

位于浦后—大箬区间,中心里程K338+112,全长1877米。隧道通过闽江北岸剥蚀低山区,地形起伏大,自然坡度为20°～40°,局部陡峻、直立。地表覆土薄,基岩大片出露,植被稀少。洞身穿越黑云母花岗岩,岩体透水性小,地下水不发育。采用无帘幕洞口风道吹入式通风,风道设于福州端线路前进方向右侧,长67.84米。

6. 牛头塘四号隧道

位于水口—浦后区间，中心里程K332＋346，全长748米。隧道全段通过晶屑流纹质凝灰熔岩，灰绿色，致密，坚硬，粗晶结构，节理发育，切割岩石成块状；进口坡面覆盖黏砂土夹块碎石角砾，灰褐色，中密，半干硬，块碎石角砾占30％，覆盖厚度为1～2米。

第五节 赣龙铁路

一、线路概况

赣龙铁路从京九线赣州东站引出，经江西省赣县、于都县、瑞金市，福建省长汀县、连城县、上杭县、新罗区，至漳龙线龙岩站接轨，贯穿赣南、闽西，全长290.1千米。其中福建境内157.8千米。总投资63.3亿元。

2000年8月，国家计委正式批准赣龙铁路立项。

2001年12月8日，赣龙铁路开工动员大会分别在古田会议旧址和赣州举行。

2003年1月18日，龙岩火车站新站房开通运营。7月10日，赣龙铁路最长的隧道——蛟洋隧道贯通。8月16日，国内首座劲性骨架转体铁路拱桥在吊钟岩合龙。11月3日，赣龙铁路福建段开始铺轨。

2004年1月5日，全线最高的松头江特大桥合龙。12月30日，赣龙铁路全线铺通。

2005年4月1日，赣龙铁路临管运营开通仪式在龙岩举行。10月11日，赣龙铁路正式开通旅客运输。

二、勘测设计

赣龙铁路由铁道部第四勘测设计院设计。赣龙铁路在福建地段线路处于武夷山脉的东侧，属闽粤台背斜构造褶皱强烈形成的南北走向的中低山区。猫头岭、松毛岭等隧道海拔均在500米以上，地形陡峭，自然坡度为35°～45°，植被茂密，新生沟谷狭窄，局部红层及花岗岩构成之盆地及丘陵起伏相间，线路多迂回升降，基本属越岭线。气候因受台湾海峡气流影响，属亚热带季风气候区，年极端最高气温39.0℃，年极端最低气温－5.6℃，每年5—10月间均有受热带风暴影响的可能，以7—9月最为频繁，水害严重。

主要技术标准：线路等级为Ⅰ级，单线，限制坡度为6‰，双机牵引为12‰。最小曲线半径：赣州东至瑞金为1200米，困难地段为800米；瑞金至龙岩为800米，困难地段为600米。暂定内燃机车东风4型牵引，限界预留电气化条件，牵引定数3500吨，到发线有效长度850米，继电半自动闭塞。旅客列车设计时速：赣州东至瑞金120千米，瑞金至龙岩100千米。设计能力：近期旅客列车8对，货运能力590万吨；远期旅客列车12对，货运能力1000万吨。初（近）期货流密度：赣县至瑞金区段上行375(520)万吨、下行380(550)万吨，瑞金至龙岩西区段上行

340(500)万吨、下行400(590)万吨。

主要工程数量:路基土石方4478万立方米,特大桥10座、7494.78延米,大桥86座、20087.37延米,中桥41座、3449.97延米,小桥11座、343.8延米,涵洞1057座、38843.84横延米,隧道100座、61127成洞米,正线铺轨277.33千米,站线铺轨61.87千米,电力线路641.05千米,通信线路862.98千米(其中光缆349.93千米,电缆513.05千米),车站15个,房屋10.3003万平方米(其中,生产用房9.9188万平方米,生活用房0.3815万平方米)。

三、工程施工

赣龙铁路全线站前工程共设21个土建标段。其中福建省境内13个标段,施工单位为中铁隧道集团有限公司和福建铁路建设(集团)有限公司。赣龙铁路于2001年12月8日开工,工期4年。其中第十九标段14.483千米,由福建铁路建设(集团)有限公司施工。2001年11月开工,2003年10月站前工程完工,交付铺架。完成路基土石方136.16万立方米,特大桥2座1168.3延米,隧道5座计4300延米。第二十标段站前施工单位为中铁五局(集团)公司。

赣龙铁路穿越赣东南、闽西崇山峻岭,长大隧道多,高墩桥梁多,且桥隧相连,桥隧占全线比例为35.48%。线路坡度大,施工难度大。蛟洋隧道全长6970米,是赣龙铁路第一长隧道,由中铁隧道局承建。施工单位克服斜井涌水,5个大断层及数十个断层困难,创造日掘进29.5米,月掘进620米,单口独头月掘进204.8米的成绩;在斜井工区施工中创造正洞月掘进272.9米的新纪录。2003年7月7日,蛟洋隧道提前85天贯通,实现斜井提前3个月到达实施性施工界定里程,取得长大隧道施工无重大事故的成绩。中国铁道建筑总公司所属中铁十一、十四、十六、十七、十八、十九局集团共承担福建境内赣龙铁路120.39千米施工任务,合同投资12.52亿元。2003年完成投资6.52亿元,从开工起累计完成投资10.84亿元。重点工程天心山隧道年内掘进2728延米。大山坪隧道于2003年5月顺利贯通。

图1-5　2003年11月3日,赣龙铁路福建段铺架开工仪式在龙岩站举行

中铁二十四局承担赣龙铁路福建段铺架工程，于2003年11月3日开始铺轨。至2003年末，全线完成线下工程90%以上，站后工程开始施工。从开工起累计完成路基土石方4366万立方米，占设计的98.9%；特大桥6428.7延米，占设计的91.4%；大桥22405.9延米，占设计的96.4%；中桥7377.5延米，占设计的99.5%；小桥191.28延米，占设计的96.4%；涵洞35678.65横延米，占设计的94.9%；隧道64609.3成洞米，占设计的94.7%；正线铺轨80.6千米，占设计的27.8%；站线铺轨15.5千米，占设计的22.3%；房屋39870平方米，占设计的41.1%。

2004年为实现工程指挥部提出的提前一年建成赣龙铁路的要求，担负铺架任务的中铁五局、中铁二十四局合理配置施工力量，尤其是在原福州铁路分局与南昌铁路局合并后，发挥了统一指挥施工的优势，重新划分铺架标段，优化施工组织方案，增加铺架及吊装机械。两个工程局加快进度，使后期铺架进度由每天架桥3孔、铺轨3千米分别提高到4孔、5千米。中铁五局六公司承担赣龙铁路江西段铺架工程，于2004年10月5日铺轨到赣龙铁路闽赣隧道DK119.350千米处，比合同计划工期提前10天完成任务。其间正线铺轨127.913千米，站线铺轨20.23千米，铺道岔56组，架桥梁63座398孔。中铁五局六公司首次运用国产JQ160型架桥机成功架设国内罕见的三孔“V”形框架墩桥梁，创下日单班架32米梁6孔的全国纪录。

2004年12月30日，福建段中铁二十四局于赣龙铁路在DK129＋388处落下最后一排轨。至此，全长290.1千米的赣龙铁路全线铺通。其中正线铺轨289.566千米，站线铺轨64.633千米，铺设道岔123组、桥梁1037.5孔。2004年赣龙铁路主体工程完工，全线线下100%完成。至2005年，全线累计完成路基土石方4376万立方米，特大桥7067.52延米，大桥20508.29延米，小桥162.28延米，涵洞35678.65横延米，隧道68270.8成洞米，通信干缆831.04千米，通信站2个，电力线路589.69千米，房屋90342平方米。赣龙铁路完成总投资63.29亿元。

赣龙铁路全线铺通后，南昌铁路局立即进行线路沉落整修和大型机械化养护作业，以确保2005年5月前开通运营。2005年3月27—28日，南昌铁路局受铁道部委托，成立初验委员会对赣龙铁路进行现场检查和初步验收。经初验委员会评定，赣龙铁路工程质量合格。3月29日上午通过赣龙铁路初验报告，3月31日18时赣龙铁路交由南昌铁路局临管运营。

2005年4月1日，赣龙铁路临管运营开通仪式在龙岩车站举行。10时许，27018次货物列车驶离龙岩站开往赣州东站。至此，福建省第四条出省铁路通道开通。铁道部、福建省、江西省有关领导，铁路沿线地方政府和南昌铁路局领导出席仪式。2005年10月11日赣龙线开行客车。

四、车站

赣龙铁路从江西瑞金进入福建，福建境内设车站10个：金峰山、长汀、河田、中复、冠豸山、新泉镇、苎园、上杭、小池镇、龙岩。

表 1-5　　**2005 年赣龙铁路福建省境内车站分布情况表**

单位:千米

站名	等级	中心里程	区段距离
赣闽省界	—	131.30	9.60
金峰山	五等站	135.20	3.90
长汀	三等站	155.90	20.70
河田	五等站	178.26	22.36
中复	五等站	197.15	18.89
冠豸山	三等站	212.99	15.84
新泉镇	五等站	228.74	15.75
芷园	五等站	246.33	17.59
上杭	三等站	259.00	12.67
小池镇	五等站	276.31	17.31
龙岩	二等站	290.01	13.70

附:主要桥梁、隧道

赣龙铁路共有桥梁 172 座、35829 延米。福建省境内长度在 500 米以上桥梁包括竹园、牙背、庙前、松头江、芋子英、吊钟岩和龙门等 7 座。隧道 121 座、68453 延米。福建省境内长度在 1000 米以上的隧道包括闽赣、猫头岭、马头山、松山、金华山、蛟洋、天心山和山美旗等。

1. 竹园特大桥

为赣龙铁路 59 号桥,在长汀县境内。桥中心里程为金峰山—长汀区间 135.938 千米处。桥全长 664.25 米,桥孔总长 640 米,桥台挡碴墙间距长 654.80 米,孔跨式样为 20-32m 预应力钢筋混凝土 T 形梁。2003 年建成,2005 年由龙岩临管处接管。

2. 牙背特大桥

为赣龙铁路 75 号桥,在长汀县境内。桥中心里程为长汀—河田 176.551 千米处。桥全长 503 米,桥孔总长 480 米,桥台挡碴墙间距长 493.66 米,孔跨式样为 15-32m 预应力钢筋混凝土 T 形梁。2003 年建成,2005 年由龙岩临管处接管。

3. 庙前特大桥

为赣龙铁路 128 号桥,在连城县境内。桥中心里程为冠豸山—芷园区间 240.431 千米处。桥全长 567.60 米,桥孔总长 544 米,桥台挡碴墙间距长 557.44 米,孔跨式样为 17-32m 预应力钢筋混凝土 T 形梁。2003 年建成,2005 年由龙岩临管处接管。

4. 松头江特大桥

为赣龙铁路 133 号桥,在上杭县境内。桥中心里程为冠豸山—芷园区间 243.36 千米处。

桥全长 537.40 米，桥孔总长 512 米，桥台挡碴墙间距长 519.48 米。桥孔式样为 6-32m 预应力钢筋混凝土 T 形梁和 2-60m、2-100m 预应力钢筋混凝土箱形梁。该桥由中国铁路总公司一局五公司承建，2003 年建成。2005 年松头江特大桥获中国铁路总公司优质工程奖。2005 年由龙岩临管处接管。

5. 芋子英特大桥

为赣龙铁路 141 号桥，在上杭县境内。桥中心里程为芒园—上杭区间 247.643 千米处。桥全长 708 米，桥孔总长 687.5 米，桥台挡碴墙间距长 680.52 米，孔跨式样为 4-24m、11-32m 预应力钢筋混凝土 T 形梁和 1-60m、2-100m 预应力钢筋混凝土箱形梁。由中国铁路总公司一局五公司承建，2003 年建成。2005 年由龙岩临管处接管。

6. 吊钟岩特大桥

为赣龙铁路 150 号桥，在上杭县境内。桥中心里程为上杭—小池镇间 264.847 千米处。桥全长 510. 36 米，桥孔总长 484 米，桥台挡碴墙间距长 497.76 米，孔跨式样为 1-140m 上承钢筋混凝土空腹拱；1-24m、10-32m 预应力钢筋混凝土 T 形梁。吊钟岩特大桥是中国首座大跨度劲性钢骨架转体桥。施工单位是中铁十一集团公司，2003 年施工，2004 年建成并通过省部级专家鉴定评审。

图 1-6 2003 年 8 月 16 日，赣龙铁路吊钟岩特大桥合龙

7. 小池特大桥

为赣龙铁路 154 号桥，在龙岩境内。桥中心里程为小池—龙岩区间 277.323 千米处。桥全长 992.26 米，桥孔总长 1137.32 米，桥台挡碴墙间距长 981.98 米，孔跨式样为 30-32m 预应力钢筋混凝土 T 形梁。大桥于 2003 年建成，2005 年由龙岩临管处接管。

8. 龙门特大桥

为赣龙铁路 157 号桥，在龙岩境内。桥中心里程为小池—龙岩区间 286.704 千米处。桥全长 635.38 米，桥孔总长 600 米，桥台挡碴墙间距长 613.67 米，孔跨式样为 1-24m 和 18-32m 预应力钢筋混凝土 T 形梁。2003 年建成，2005 年由龙岩临管处接管。

9. 闽赣隧道

为赣龙铁路39号隧道,在江西省和福建省边境内。隧道中心里程为江西瑞金—福建金峰山132.4596千米处。隧道全长1255米,2005年建成,交龙岩临管处接管。

10. 猫头岭隧道

为赣龙铁路51号隧道,在长汀县境内。隧道中心里程为金峰山—长汀145.962千米处。隧道全长4755米,2005年建成,交龙岩临管处接管。

11. 马头山隧道

为赣龙铁路63号隧道,在长汀县境内。隧道中心里程为河田—中复185.633千米处。隧道全长1487米,2005年建成,交龙岩临管处接管。

12. 松山隧道

为赣龙铁路64号隧道,在长汀县境内。隧道中心里程为河田—中复193.607千米处。隧道全长1055米,2005年建成,交龙岩临管处接管。

13. 金华山隧道

为赣龙铁路68号隧道,在长汀县境内。隧道中心里程为中复—冠豸山201.251千米处。隧道全长5143米,2005年建成,交龙岩临管处接管。

14. 蛟洋隧道

为赣龙铁路111号隧道,在上杭县境内。隧道中心里程为赣龙铁路苎园—上杭254.563千米处。隧道全长6970米,2005年建成,交龙岩临管处接管。

15. 天心山隧道

为赣龙铁路116号隧道,在龙岩境内。隧道中心里程为上杭—小池272.702千米处。隧道全长5491米,2005年建成,交龙岩临管处接管。

16. 山美旗隧道

为赣龙铁路117号隧道,在龙岩境内。隧道中心里程为小池—龙岩279.18千米处。隧道全长2414米,2005年建成,交龙岩临管处接管。

第六节 温福铁路

一、线路概况

最早提及建造温福铁路的,是孙中山的《建国方略》,他提出将温福铁路纳入建造上海港至广州港铁路沿线的一部分,并认为这是一条“必获大利”的黄金通道。

1988年,铁路部门在规划福建省第二条铁路出省通道时,温福铁路曾作为重点方案予以考虑,但由于投资太高等原因而未被采纳。

20世纪90年代初,闽东沿海地区仍然是铁路的“空白”,没有一寸铁路,严重制约闽东地区的社会经济发展。

1993年1月12—18日，福建省政府副秘书长率省市及铁路等相关部门负责人与浙江省政府、温州市政府及相关部门商谈促进温福铁路建设事宜。6月12—14日，闽浙两省计委联合在福州召开温福铁路可行性研究报告审查会。

1994年3月，全国人大八届二次会议期间，福建、浙江省数十名代表提出修建温福铁路的议案。

2000年6月，铁道部计划司在北京组织新建温福铁路预可研方案竞选评审会。

2001年3月，九届全国人大四次会议通过《第十个五年计划纲要》，沿海铁路通道成为国家"十五"计划建设的铁路"八纵八横"之第二纵。3月14日，铁道部、福建省、浙江省共同签署合资建设温福铁路协议书。12月31日，铁道部与福建、浙江两省签发温福铁路项目建议书，上报国家计委。

2002年9月18日，国务院办公会议通过温福铁路项目建议书。10月，国家发改委批复温福铁路项目建议书。11月，铁道部第四勘测设计院完成时速140千米标准铁路的初步设计。

2003年6月，铁道部实施铁路跨越式发展战略，筹划客运专线建设，温福线的技术标准提高到时速200千米。

2004年10月，国家发改委批复温福铁路可行性研究报告。温福铁路的建设，既可缩短浙、闽两省之间以及与上海方向的运输距离和时间，又可与即将建设的甬(宁波)台(州)温(州)、福(州)厦(门)等铁路衔接。

二、勘测设计

温福铁路北起浙江省温州市，南至福建省福州市，跨两省、三地市、11个县，全长298.4千米。该工程设计概算总投资为174.8亿元，福建省范围为125.97亿元。建成后可满足开行时速200千米旅客列车的需要。总工期四年半，计划于2009年建成通车。勘测设计单位为铁道部第四勘测设计院。

主要技术标准：线路为国家Ⅰ级干线、双线电气化铁路。全线大中桥76座75千米，占线路长度的25.2%；隧道65座157.41千米，占线路长度51.1%。福建境内长229.14千米(新建211.04千米，枢纽引入18.082千米)。正线隧道52座，总长度140.445千米。其中鼓山隧道群规模为全国之首。福建段新设车站7个，分别为福鼎、太姥山(仅办客运)、霞浦、福安、宁德、罗源、连江；樟林站近期为一级三场编组站，驼峰按自动控制系统设计，远期为二级四场编组站。全线控制工程为分水关隧道9760米，周仓岭隧道5951米，秦屿隧道7107米，硖门隧道9093米，青岙隧道6421米，霞浦隧道13124米，鸡面山隧道9722米，八仙仑隧道6706米，白马河特大桥3175.31米，宁德特大桥8469.05米等。

温福铁路建设标准高、地质条件复杂、施工难度大。建设单位东南沿海铁路福建有限责任公司通过招投标选择优秀的铁路桥梁、隧道施工队伍，在设计、施工等方面采用先进的工艺和设备：桥梁结构具有足够的竖向、横向和抗扭刚度，针对海水对结构物的腐蚀性问题及台风、海浪对桥梁钢构件及钢支座的影响,采取相应有效措施,保证结构的安全性和耐久性;隧道根据不同地质情况,分别采用复合式、整体式、喷锚支护整体式、加强型复合式等衬砌方法。在长度大于6千米的隧道内采用了世界上先进的铺设无砟轨道设计。

图1-7　温福铁路重点控制工程青岙隧道

三、工程施工

2004年12月17日,铁道部与福建省签订“关于加快福建铁路建设有关问题的会议纪要”。12月24日,温福铁路(福建段)开工典礼在福建太姥山下的畲乡财堡村举行。福建省委书记卢展工、代省长黄小晶,铁道部副部长陆东福,福建省副省长李川,南昌铁路局和温福铁路沿线市、县领导及有关部门负责人出席开工典礼。

2005年7月25日,温福铁路(福建段)站前工程定标,7月30日举行授标大会。8月26日,温福铁路(福建段)全线开工建设。

软土路基的工后沉降控制是温福铁路建设的难点,选择合理的软土路基处理技术方案及施工方法是路基设计与施工的重点。施工单位结合工程地质特点选择具有代表性的连江和太姥山试验段进行预应力管桩、CFG桩及土工格栅的设计和施工工艺工法试验,并进行沉降观测,先期验证桩网结构作用机理和沉降控制效果,以指导全线的设计与施工;在全线设计中根据不同地质条件和沉降控制要求,分别采用桩网结构、复合地基法、排水固结法等多种方法对软土路基进行处理。对软土厚度太大,沉降难以达到控制要求的,采用以桥代路的方案。

环境保护方面,温福线采取线路走向考虑避开风景区或从其保护区的边缘通过,在部分县级以上车站中对路堑高边坡采用喷混植生绿色防护新技术,实际用地界与扩大拆迁所形成的空地按绿色通道要求绿化,污水处理必须达到规定的标准后才能排放,对路基边坡采用干砌片石、浆砌片石和铺植草皮进行防护,对桥梁工程采取浆砌片石护坡等措施。全线环(水)保工程措施及投资估算约3.82亿元,约占工程总投资的2.12%。

图 1-8 温福铁路赤溪河特大桥施工地段混凝土搅拌基地

2005 年 7 月，温福铁路软土路基试验段工程 CFG 桩和预应力管桩全部完成，9 月上旬路基填筑完工。2005 年征用土地 4913 万平方米，成交土地价款 3.18 亿元，完成路基土石方 163 万立方米，大中桥完成 2186 折合米，隧道完成 12512 米。

至 2005 年底，累计完成投资 48.5 亿元，完成设计的 38.5%。涵洞开累完成 3662.7 横延米，占设计的 72.3%；路基开累完成 1389.6 万立方米，占设计的 65.4%；隧道开累完成 66288.3 成洞米，占设计的 46.5%；桥梁开累完成 22340 成桥米，占设计的 52.9%。

四、车站

截至 2005 年，温福铁路车站待建。

第七节 福厦铁路

一、线路概况

福厦铁路位于福建省东南部沿海，台湾海峡西岸。线路北起外福铁路福州站，南至鹰厦铁路厦门站，全长 272.58 千米(线路长 263.628 千米)。全线新设置车站 9 个，分别为福州南(客站)、福清、涵江、莆田、仙游、惠安西、晋江、翔安(越行)、厦门西(客)站。

福厦铁路是国家铁路网中长期规划中杭州至深圳快速客运通道的重要组成部分，解决了东南沿海地区铁路“瓶颈”制约问题，对于完善路网结构，提高路网综合运输能力，充分发挥闽东南经济带的区域优势、港口优势和开放优势，繁荣海峡西岸经济区具有重要意义。

2004 年 6 月，国家发改委正式批准福厦铁路立项。

2005 年 1 月，国家发改委批复福厦铁路可研报告。

2005 年 5 月 15—18 日，东南沿海铁路福建公司组织专家对福厦铁路进行现场踏勘，优化全线设计方案，研讨重点控制性工程先行开工方案。

2005 年 9 月 30 日，福厦铁路开工建设。重点控制性工程后溪特大桥及莆田木兰溪特大桥同时开工建设。

2005 年 12 月，铁道部和福建省政府联合批复福厦铁路初步设计。

二、勘测设计

福厦铁路勘测设计单位是铁道部第二勘测设计院。该工程初步设计概算总额 152.59 亿元。其中静态投资 147.10 亿元，建设期投资贷款利息 5.2 亿元。计划总工期四年，2005 年 9 月 30 日开工，预计 2009 年通车。

主要技术标准：线路为国家Ⅰ级电气化铁路干线，正线数目为双线；限制坡度 6‰；最小曲线半径在 200 千米/小时地段为 4500 米，在 160 千米/小时地段一般为 1600 米，在困难情况下为 1400 米；最小曲线半径在 120 千米/小时地段一般为 1200 米，困难情况下为 800 米；电力牵引，客机采用动车组，货机采用六轴电力机车；牵引质量 3500 吨；到发线有效长度 850 米；闭塞类型为自动闭塞；列车指挥方式为综合调度集中；建筑限界满足 200 千米/小时设计速度和开行双层集装箱列车要求，预留客车进一步提速至 300 千米/小时条件。该线新建桥梁 174 座，隧道 43 座，桥隧占线路总长的 40%。沿线为低山丘陵、滨海平原，地质条件复杂，控制工程为闽江特大桥 2642.94 米、乌龙江特大桥 868.36 米、木兰溪特大桥 6850.79 米、晋江特大桥 5153.39 米、厦门跨海特大桥 5237.08 米、狮头山隧道 4315 米、黄晶岭隧道 5710 米、天马山隧道 3622 米。

三、工程施工

福厦铁路由铁道部为出资者代表，建设单位为东南沿海铁路(福建)有限公司。施工单位有中铁第三、第十七局集团有限公司。监理单位是南昌华路监理公司。

2005 年 9 月 30 日 10 时，福厦铁路开工动员会在福建省福清市阳下镇黄晶岭下隧道工地举行。厦门、泉州、莆田市也同时召开福厦铁路开工动员会。

福厦铁路地形为低山丘陵区及滨海平原区，软土是控制线路方案的主要地质问题，全线有软土路基、深路堑、高路堤 160 余处。地表水系极为发达，许多隧道洞身穿越断层，并延伸至水库，对隧道施工影响较大。针对这些地质情况，施工单位采用桩网结构、复合地基法、排水固结法等多种方法对软土路基进行处理。同时制定优化软岩大断面隧道、隧道通过断层富水破碎带的工程措施和施工方案。

至 2005 年底，完成投资 7 亿元。征用土地 335 万平方米，土地成交价款 5.03 亿元。路基土石方完成 30 万平方米，大中桥 893 折合米，隧道 727 折合米。

四、车站

截至 2005 年，福厦铁路车站待建。

第二章　客货运输

1996年，福建省境内国家铁路营业里程1022.2千米，车站130个，职工37330名。机车配属289台，其中韶山3型电力机车146台，客车配属567辆。5月1日，漳泉肖铁路湖泉段开始临运。12月26日，横南线南平南至建阳段开始临运，武夷山铁路有限责任公司负责管理横南线。福建省地方铁路或合资铁路运输生产均委托给福州铁路分局集中管理，集中调度，统一指挥。福州铁路分局全年旅客发送1500.2万人次，货物发送2510.7万吨，换算周转量完成225.0亿吨·千米，鹰厦线分界口接入重车日均达701辆，交出重车日均达648辆。全年福州铁路分局运输收入15.48亿元。

1998年12月1日，漳泉肖干线开通运营；12月8日，泉州—武夷山客车开行；12月10日，横南铁路开行武夷山—泉州客车，横南线自江西省境内永平站（不含）至福建省境内南平站（不含）营业里程222千米。12月20日，横南线开始分流货车，日均接入4列。全年泉州公司旅客发送4.21万人次，货物发送35.53万吨，装车6033车，卸车9339车；武夷山公司旅客发送1.93万人次，货物发送8.58万吨，装车1431车，卸车896车。

2000年，漳龙铁路全线开通运营。新建成的梅坎铁路于9月30日18点起货物列车试运行，开行区段货物列车1对，摘挂货物列车3对。至此，福建省与铁道部合资公司铁路运营里程为595.8千米。其中武夷山公司220千米（含江西省境内35千米），泉州公司232.3千米，龙岩公司143.5千米。2000年福州铁路分局完成旅客发送量1254.3万人次，货物发送量为1844.5万吨（其中煤炭发送198.5万吨），换算周转量221.4亿吨·千米。合资铁路武夷山公司年发送旅客54.19万人次，发送货物20万吨，运输总收入1.82亿元。泉州铁路公司漳泉肖线年开行列车15对（其中货车13.5对，客车1.5对），发送旅客56.8万人次，发送货物206.5万吨，换算周转量4.9亿吨·千米；龙岩铁路公司发送旅客66.9万人次，发送货物436.5万吨，换算周转量4.25亿吨·千米。

2004年5月9日，南昌铁路局与福州铁路分局合并，福建省境内的国家铁路和合资铁路运输生产由南昌铁路局统一管理，集中调度，统一指挥。闽赣两省间互装运量加大，管内自装自卸比重增加，这部分发送量同比占总发送量的58%，比2003年同期高出5个百分点。直达货物比重增大，路局组织开行三明钢铁厂—樟林、南昌钢铁厂—厦门、福州东货物直达列车以及南昌南—厦门北、南昌南—福州东的城际货物列车。直达列车开行比重达15%。将原经由宁波北仑港到达江西境内的货物吸引到海沧、厦门、肖厝、马尾港上岸，使福建各大港口铁路运量增加。2004年福建省国有铁路货物发送量3680.2万吨，日均装车1722辆，增幅14.4%。

合资铁路武夷山公司全年货物发送量31.87万吨,泉州公司货物发送量354.6万吨,龙岩公司货物发送量601.96万吨。

2005年,赣龙铁路通车,旅客发送17.26万人次,货物发送7.59万吨。全年福建省铁路货运量4416.23万吨。其中,国铁货运量3491.3154万吨,合资铁路公司货运量924.9152万吨。全省铁路客发量1485.93万人次。其中,国铁客发量1256.72万人次,合资铁路公司客发量229.21万人次。

第一节 运输组织

一、列车运行图编制和实施

1996年,福州铁路分局优化支线列车运行图编制,对永安—加福、漳平—龙岩、梅水坑—剑斗、福州—马尾支线列车运行图调整优化,加快支线车辆周转和货物运输。结合漳平—泉州铁路运输方案的编制,天湖山支线增开小运转列车2对。

1997年,福州铁路分局"4·1"列车运行图实施。列车主要运行变化是:增开直通客车2对,即:福州—重庆1对,福州—广州0.5对,厦门—南昌0.5对。取消福州—龙岩576/577次,改为来舟—厦门776/775次旅客列车。龙岩—漳平旅客列车延伸为龙岩—漳平—剑斗958/959次、960/957次列车。开行夕发朝至列车,即:福州—龙岩238/239次旅客列车,永安—福州244/241次旅客列车,福州—厦门692/693次旅客列车(三明—厦门区间为夕发朝至时刻)。提高旅客列车运行速度,福州—北京46/45次单程运行缩短6小时;福州—上海178/177次单程运行缩短2小时;厦门—上海176/175次单程运行缩短1.5小时。鹰潭—邵武间列车改为韶山4型牵引机车。牵引定数(下行)由2700吨提高到2920吨,分界口接车能力900辆/日,比原规定增加100辆/日。提高支线的运输能力,漳平—龙岩支线开行的货物列车由8对增加至9对。提高货物列车的旅行速度,新图货物列车旅行速度在福州铁路分局管内平均26.3千米/小时,比原规定提高0.9千米/小时。其中直通货物列车旅行速度28.1千米/小时(提高1.5千米/小时),摘挂货物列车旅行速度23.9千米/小时,小运转货物列车旅行速度21.8千米/小时。充分利用线路通过能力。

1998年,福州铁路分局"10·1"列车运行图实施。增开旅客列车2对,即厦门—北京108/107次,福州—南昌584/583次;改变列车运行区段1对,即福州—广州470/467次、468/469次,改为隔日分别开行至广州或长沙;新开"五定"班列4对,即到成都方向的8168次,到沈阳方向的8190次,到乌鲁木齐方向的8192次和到丰台西方向的8348次;调整分界口货物列车对数,余家分界口增开2对客车,货物列车由1997年"4·1"图的21/23对,调整为21/22对;合理会让,减少客车在途时间。上海—福州177次旅客快车压缩1小时31分钟,北京—福州45次旅客特别快车压缩46分钟,福州—北京46次旅客特别快车压缩23分钟,福州—重庆

304 次旅客快车压缩 3 小时 22 分钟；配合漳泉、横南线开通运营，合理调整管内的客货运力布局，增开福州—厦门(泉州)隔日开行的旅客列车 262/261 次、266/263 次和龙岩—厦门 274/271 次、272/273 次旅客列车；将福州—南平的 248/247 次延长至武夷山，龙岩—剑斗的 958/959、960/957 次旅客列车延长至泉州。横南线从 12 月 20 日开始试分流运输，12 月 26 日货车分流运输，开行鹰潭—福州东(经由横南线运行)的直通列车 4 对，由横南线的永平站分界口交出和接入。

1999 年，福州铁路分局“6・1”列车运行图微调，增开南昌—厦门 508/507 次直通旅客列车 1 对，漳平—龙岩 956/955 次旅客列车 1 对，来舟—漳平区段增开货物列车 1 对。“10・10”列车运行图微调，增开西安—厦门直通旅客列车 1 对 422/423 次；增开昆明—福州直通旅客列车 0.5 对 152/153 次，其中一天至昆明，一天至南京；调整福州—鹰潭 708/707 次客车的运行方案，福州至邵武间调整为夕发朝至运行时刻，方便旅客出行；增加开行福州东—汉西“五定”班列 1 列；增加金华—武夷山—来舟(经横南线)3 对货物列车，增加横南线的开行货物列车的对数，鹰潭—福州东间 5 对直通货物列车改为 4 对。配合外福线进行电气化施工，在运行图中预留 90 分钟电气化、技改施工的天窗，确保外福线电气化工程的全面铺开。根据横南线车流分流后运量增长的状况，优化列车运行图，充分利用区间通过能力，缩短运行周期，提高货车通过能力 2 对、客车能力 1 对，以分流保证鹰厦线的运输畅通。

2000 年春运结束后，根据铁道部的“停短、开长、接重”的原则，福州铁路分局于 3 月 1 日调整列车运行图，增开厦门、郭坑—石家庄、丰台 X318 次和杏林、郭坑—沈阳、哈尔滨 X328 次两对行包列车；增开厦门—重庆直通旅客快车 1 对，停开福州—厦门、福州—鹰潭、来舟—厦门 3 对管内旅客慢车，增开厦门(泉州)—武夷山管内特别旅客快车 1 对。将福州东开行的“五定”班列调整为由厦门、郭坑开行，以提高闽南地区铁路与水运的竞争能力。在漳平—泉州的支线增开客车 1.5 对、货车 3 对。调整鹰厦线南段货车运行图，增开来舟—漳平的直通货车，提高直通货车运行速度。“10・21”运行图增开福州—南京西 2002/2001 次旅客列车 1 对；合肥—厦门的原 510/507 次、508/509 次旅客列车延伸至阜阳或蚌埠，即阜阳—厦门、蚌埠—厦门车次改为 2026/2025 次(隔日开行)；西安—厦门原 422/423 次改为 K242/K243 次快速旅客列车；增开福州—南平 K976/K975 次管内旅客列车。“10・21”运行图调整余家分界口货物列车上行 20 列、下行 21 列(含行包专列 1 对)。

2001 年 3 月 1 日，福州铁路分局停运福州—龙岩 K972/973、K974/971 次旅客列车 1 对，增开福州—深圳 2274/2273、2272/2271 次旅客列车 1 对，厦门—广州东 2282/2283 次旅客列车 1 对。10 月 21 日—12 月 31 日，增开福州—青岛 K68/69 次、合肥西—福州 K322/321 次、福州—上海 K164/163 次旅客列车 3 对。福州—南京西 2002/2001 次列车改经由横南线运行。至此余家口客车 16 对，货车 20/21 对，行包快运专列 1 对；永平口客车 3 对，货车 10 对，行包快运专列 1 对；琥市口客车 2 对，货车 4 对。

2002 年 3 月 11 日—6 月 30 日，福州铁路分局实施施工调整运行图。南平—福州 K975

次列车运行时间2小时30分,比原来压缩16分钟。来舟—顺昌间加开小运转1对,来舟—樟林间加开2对列车,来舟—永安间加开2对列车,永安—漳平间加开1对列车。余家—来舟间20030/20031次列车因与施工“天窗”有冲突,作了适当调整。预留邵武、漳平车站接触网检修“天窗”时间,以确保电气化线路正常检修。“9·1”调整列车运行图,顺昌—潘坊间预留线路大修换轨时间及区间慢行的附加时分;K981/K982次客车改进漳州站办理客运业务;8156/8155次旅客列车在红炭山—富岭区间K75.750千米处停车上下职工点取消,改为8157/8158次在此区间停车上下职工。

自2003年3月21日起,福州铁路分局实行施工调整运行图。增开厦门—三明K872/871次管内快速旅客列车,全程运行时分为5小时59分钟,控制在6小时之内;来舟至樟林间加开货物列车2对,来舟至漳平增开货物列车1对;来舟至樟林区段职工通勤列车调整为41078次和30055次;来舟至樟林区段大修换轨慢行附加时分。5月11日实行列车运行图微调,鹰厦线、外福线部分区段线路允许速度、小半径曲线的限制速度以及区间运行时分调整,以进一步扩大区段的通过能力。鹰厦线余家至外洋及外洋至福州间曲线半径300米的限制速度由原来的70千米/小时提高到73千米/小时,曲线半径250米的限制速度由原来的65千米/小时提高到66千米/小时。上清至资溪、光泽至埔上、南平至下过溪、大箬至福州间线路允许速度由原来的70千米/小时提高到73千米/小时,埔上至来舟、来舟至南平间线路允许速度由原来的65千米/小时提高到66千米/小时;余家口加开1022/1021次福州至贵阳普通旅客快车1对;鹰潭至来舟间加开直通货车1对;永平口加开鹰潭至樟林直通货车2对;对外福线预留大修换轨“天窗”进行调整。5月18日,为配合开行厦门至南翔、厦门至艮山门站城际直达列车,对511次微调部分列车运行点调整;为贯彻上海路局增运节支会议精神,停运福马线57124、57121、57122、57123次列车,停运厦门至厦门北间49012/49011、49014/49013次通勤列车。9月、10月福州分局对福州东站、来舟站、南平车务段、武夷山公司、龙岩公司执行运行图情况调研,以提高列车运行图满足运输生产的要求和适应运输市场需求。

2004年,铁道部组织全路编制列车运行图4次,南昌铁路局组织调整列车运行图4次。鹰厦线和横南线列车运行图调整较小,分界口列车对数不变。余家分界口上行21对,下行22对,永平14对。2004年5月9日福州铁路分局与南昌铁路局合并后,余家、永平2个分界口取消,有关数据统计口径也发生变化,但原分界口列车对数不变。

2005年,铁道部组织全路编制列车运行图3次,南昌铁路局组织调整列车运行图2次。其中4月11日赣龙线分流列车运行图编制实施,赣龙线分流货物列车11对,将向塘西至漳平的车流改变为经京九线、赣龙线运输,以缓解鹰厦线运输能力紧张的状况。10月11日实行冬季施工调整列车运行图。与上半年“4·18”列车运行图比较,其主要变化有:因为武九线双线开通,泉州至汉口旅客列车K398/395、K396/397次经由漳泉线、鹰厦线、外福线、横南线、浙赣线、京九线、横麻线、京广线运行改为经由漳泉线、鹰厦线、外福线、横南线、浙赣线、京九线、武九线运行;南昌至福州旅客列车2216/2217、218/215次原经由京九线、浙赣线、鹰厦线、外福线运行，改为经由京九线、浙赣线、横南线、外福线运行，车次改为 N616/617、N618/615 次，并公布横峰至南平南间 N616/615 次列车特定运行标尺；赣龙线、漳龙线增开赣州至漳平旅客列车 8317/8320、8319/8318 次；鹰潭至南平北间加开区段货车 2 对，经由横南线运行；杏林、厦门北、漳平、南平北至沈阳西的始发直达货车 85004/85003 次运行调整，九江西站留有换挂时间，为以沈阳西及其以远货车换挂、补轴。

二、列车编组

20 世纪 90 年代，鹰厦线及其站场不断进行技术改造，货物列车编解作业能力不断提高。来舟车站是福建最大、最主要的铁路编组站。

图 2-1　1996 年来舟站编组场

1996 年，来舟站驼峰设计能力为 4500 辆，查定能力为 4176 辆，图定每日到发旅客列车 52 列，货物列车 117 列。实际日均能力 3507 辆，日均接发旅客列车 52 列，货物列车 108.2 列，峰尾调机利用率超过 80%，编组能力趋于饱和。

1998 年 6 月，货运“五定”班列开行，福州铁路分局在福州东站、厦门区段站开行成都、沈阳、乌鲁木齐、丰台、南京东和南翔方向班列共编组 195 列，计 6232 车。

1999 年，来舟站图定每日到发旅客列车 84 列，货物列车 108 列。实际日均能力 3641 辆，日均接发旅客列车 84 列，货物列车 98 列，峰尾内燃调机一台，编组能力已饱和。

2000 年，来舟编组站日平均解编能力 94 列，邵武区段站日平均解编能力 16 列，永安区段站日平均解编能力 28 列，漳平区段站日平均解编能力 44 列，厦门区段站日平均解编能力 20 列，福州东站日平均解编能力 32 列。

2001年,来舟编组站日平均解编能力112列,邵武区段站日平均解编能力20列,永安区段站日平均解编能力34列,漳平区段站日平均解编能力54列,厦门区段站日平均解编能力23列,福州东站日平均解编能力36列。

2002年,行包快运专列、“五定”班列、直达列车,从计划、配车、车流挂运、技术站补轴均被纳入规范管理,设专人负责考核。全年共开行行包快运专列610列,合计11915辆;“五定”班列807列,合计32112辆;杭州煤炭直达列车361列,合计12816列;管内始发直达列车371列,合计12243辆。

2003年,开行沈阳行包快运专列346列,合计6228辆,基本每日开1列;开行丰台行包快运专列338列,合计6084辆,基本每日开1列;开行武昌“五定”班列305列,合计11389辆;开行乌鲁木齐“五定”班列329列,合计13518辆;开行金华煤炭直达列车333列,合计11549辆;开行金华、南翔城际直达列车219列,合计9062辆;开行成昆远程直达列车325列,合计12585辆;开行石家庄、沈阳西远程直达列车64列,合计2393辆。

2004年,厦门北站“联手港口,做大海铁运输”,开行厦门港至三明和新余铁矿专列,全年共发送铁矿砂114万吨。开行厦门港至三明进出口海运自备箱联运,共发送123组492标准箱。

以往新余钢铁厂每年有240万吨进口铁矿石由宁波北仑港经水运至九江、七里湖港上岸;南昌钢厂每年有140万吨进口铁矿石由宁波北仑港经水运到何家湾、九江、七里湖上岸。2004年并局后,南昌铁路局及时向各钢厂通报并局后铁路运输形势,向各钢厂提供运力保证,将这部分铁矿石货源吸引到海沧、厦门、肖厝、马尾港上岸由铁路运输。对到达港口的直达列车优先确保,使重车卸空后能得到充分利用,提高货车二次作业系数,减少空车走行。将港口货物的装车纳入路局运输处,调度所和车务段考核。对计划、配空、装车、卸车、挂运等方面必须给予重点保证,对港口货物装车情况每日进行分析,及时发现和解决问题。

2005年,南昌铁路局管内各大港口铁路运量迅速增长,年内组织开行点到点直达列车,提高疏港物资的运输效率。厦门港每日开行到三(明)钢(厂)的矿石2列,每日开行到新(余)钢(厂)的矿石1列,马尾港每日开行到三钢的矿石1列。萍乡钢铁有限责任公司从印度进口的铁矿原料过去走宁波和湛江港上岸。南昌铁路局运输处、货运处等部门多次走访萍钢公司,商讨进口铁矿石改由福建港口上岸事宜。6月,随着赣龙铁路通车,厦门至赣州铁海联运成功,并实现转关运行。7月14日,萍钢3.9万吨进口铁矿石靠岸,10天后铁路从厦门北开行直达列车到达萍乡。2005年1—8月,厦门港疏港货物总车数31182车,总发送量189.6万吨。其中煤炭6926车,42.1万吨;矿石类23485车,142.8万吨;化肥771车,4.6万吨。开行直达列车233列。全年厦门和马尾港铁路运量分别为229万吨和103万吨,增幅达108.5%和20.4%。

三、分界口货物列车交接量

1996年,鹰厦线鹰潭分界口接入福建境内货物列车8006列,日均接入21.8列。合计接入货车 26.90 万辆，日均接入 735 辆。其中重车年接入 25.65 万辆，日均接入 701 辆，年接入空车 7712 辆，日均 21 辆。鹰潭分界口交出货物列车 6912 列，日均交出 18.9 列，合计全年交出货车 26.93 万辆，日均交出 736 辆。其中重车年交出 23.71 万辆，日均交出 648 辆。

1997 年，鹰潭分界口接入货物列车 7709 列，日均接入 21 列。全年接入货车 27.55 万辆，日均接入 755 辆。其中重车年接入 26.88 万辆，日均接入 737 辆。全年接入空车 3596 辆，日均 10 辆。鹰潭分界口交出货物列车 6955 列，日均交出 19 列，合计交出货车 27.47 万辆，日均交出 753 辆。其中重车交出 23.0504 万辆，日均交出 632 辆。

1998 年，鹰潭分界口接入货物列车 7778 列，日均接入列车 21 列，合计接入货车 28.58 万辆。其中接入重车日均 759 辆，比 1997 年的 737 辆增长 3%。鹰潭分界口交出货物列车 7167 列，日均交出 20 列，全年交出货车 28.51 万辆。其中交出重车日均 610 辆，比 1997 年的 632 辆减少 3.5%。12 月 20 日横南线分流，永平分界口日均接入 4 列。

1999 年，鹰厦线余家、横南线永平分界口日均接入货物列车 23 列，比 1998 年增加 2 列，增长 8.7%；日均交出列车 22 列，比 1998 年增加 3 列，增长 11.6%；接入重车日均 848 辆，比 1998 年增加 89 辆，增长 11.8%；日均交出重车 607 辆，比上年减少 3 辆，减少 0.5%；接入空车日均 11 辆，比 1998 年减少 2 辆，减少 15.4%；交出空车日均 249 辆，比 1998 年多交出 95 辆，增长 60%。

2000 年，余家分界口接入列车 6594 列，交出列车 6078 列；永平分界口接入列车 3110 列，交出列车 2693 列。漳龙线琥市 10 月 1 日建立分界口，至 12 月 31 日接入列车 10 列，交出列车 108 列。两个分界口全年日均接入列车 27 列(其中余家 21 列，永平 6 列)，比 1999 年多接 4 列，增长 17.8%；交出列车 24 列(其中余家 20 列，永平 4 列)，比 1999 年增加 2 列，增长9.1%；接入重车日均 933 辆，比 1999 年增加 85 辆，增长 10%；交出重车日均 596 辆，比 1999 年减少 11 辆，减少 1.8%；接入空车日均 6 辆，比 1999 年减少 5 辆，减少 83.0%；交出空车日均 332 辆，多交出 83 辆，增长 33.1%。

2001 年，余家、南平南、梅水坑、漳平四个分界口比上年日均多接 34 辆。余家、永平、琥市分界口日均接入列车 26 列，比上年日均少接 1 列；日均接入重车 938 辆，比上年多接 5 辆；日均交出列车 24 列，与上年持平。日均交出重车 696 辆，比上年多交出 100 辆。

2002 年，余家、永平、琥市分界口接重车增多，日均接入列车 28 列，比上年增加 8%；日均接入重车 985 辆，比上年多接 47 辆；日均交出列车 25 列。日均交出重车 702 辆，比上年多交出 6 辆。

2003 年，余家、永平、琥市三个分界口日均接入列车 34 列，比上年增加 21.4%。日均交出列车 31 列。日均接入重车 1151 辆，比上年增加 16.9%。日均交出重车 780 辆，比上年增加 11.1%。全年，余家分界口接入列车 7725 列、日均 21 列，交出列车 7194 列、日均 20 列；永平分界口年接入列车 3614 列、日均 10 列，交出列车 2966 列、日均 8 列；琥市分界口接入列车 433 列、日均 1 列，交出列车 559 列、日均 2 列。

2004 年,余家分界口日均接入上行列车 21 对、下行列车 22 对,永平分界口日均接入列车 14 对,虠市分界口日均接入列车 7 对,其中客车 3 对,货车 4 对。

2005 年,鹰厦线通过余家、横南线通过永平站上下行列车数与上年相同,漳龙线虠市分界口接入列车 7 对,其中客车 3 对,货车 4 对。

四、机车牵引试验和牵引定数

1995 年,鹰厦线货物列车通过电力机车牵引试验,邵武至鹰潭区段(上行)牵引定数提高到 3000 吨、鹰潭至邵武区段(下行)因为资溪至铁牛关长大坡道限制,牵引定数为 2620 吨,邵武至来舟区段定数上下行均为 3000 吨,来舟至永安区段上下行均为 2700 吨,永安至漳平区段上下行均为 2500 吨,漳平至厦门区段定数上行 2500 吨、下行 2800 吨。鹰厦线平均牵引总重已达 2220 吨,将近鹰厦线运营初期的 2 倍。外福线外洋至福州东区段由东风 4 型内燃机车牵引,上下行均为 2400 吨。

1996 年 12 月 5—7 日,上海铁路局在鹰潭至邵武间下行组织韶山 4 型电力机车牵引试验,鹰潭至邵武段下行货物列车牵引定数由 2620 吨提高到 2900 吨。此次试验成功为牵引供电补强方案提供了科学依据。外福线福州至南平武夷山号列车提速试验,由原来运行 3 小时,压缩至 2.5 小时。

1997 年 3—4 月,上海铁路局组织“4·1”新运行图试验,以确保韶山 4 改型电力机车顺利上线。从 4 月 1 日起,鹰潭至邵武间货物列车全部由大功率韶山 4 改型电力机车牵引,使下行货物列车牵引定数提高到 2900 吨。

1998 年 12 月 16—20 日,上海铁路局组织在横南线进行牵引试验,在横峰至武夷山 106 千米区段由上饶机务段东风 4 型内燃机车牵引货物列车,牵引定数 2800～2900 吨,限制区间最大坡度 14.5‰,最小曲线半径 450 米。

1999 年 1 月、2 月、6 月,上海铁路局分别组织来舟至永安区段电力机车牵引试验、武夷山至南平南区段货物列车牵引试验、泉州至漳平区段东风 4D 型内燃机车牵引试验,为进一步压缩列车运转时分和提高运输能力提供基础数据。11 月,上海铁路局组织取消城口下行、西洋上行固定机外停车试验,提出具体实施方案,为运输扩能创造条件。

2000 年 4 月,上海铁路局组织横南线武夷山至南平南、漳泉线泉州至漳平区段机车牵引试验,重新确定两区段的列车运行时分,以提高运输能力。其中横南线压缩客车运行时分 45 分,压缩货车运行时分 37 分;漳泉线压缩客车运行时分 31 分,压缩货车运行时分 21 分。

2000 年 6 月,上海铁路局组织鹰厦线来舟至永安区段 124 千米电力机车牵引试验。经过试验,来舟至永安区段有 5 个限制区间上下行分别压缩货列运行时分 5 分,为新列车运行图编制提供数据。10 月,经过多次牵引试验和牵引计算,上海铁路局取消鹰厦线城口下行、西洋上行固定机外停车方案,以提高来舟至永安区段列车通过能力。

2000 年 12 月,外福线电气化改造完成,旅客列车由韶山 3B 型电力机车牵引,货物列车由

图 2-2 2000 年，列车在华东地区最高的混凝土梁桥——漳泉线尾厝大桥上牵引试验

韶山 4 改进型电力机车牵引，牵引定数由 1995 年的 2400 吨提高到 3500 吨。

2001 年 3 月，外福线、鹰厦线永安至漳平区段、漳龙线机车牵引试验，拟提高上述区段的牵引吨位并压缩区间的列车运行时分。外福线使用韶山 4 型电力机车牵引，上下行牵引定数 3300 吨，普超 3500 吨。福州站停车上下行、杜坞站停车下行、大箬站停车上行牵引定数均提至 3300 吨。货物列车运转时分上行压缩 23 分、下行压缩 15 分，旅客列车运转时分上行压缩 18 分、下行压缩 16 分。鹰厦线永安至漳平区段货物列车运转时分上行压缩 4 分、下行压缩 2 分。漳龙线漳平至坎市区段东风 4 型内燃机车下行牵引定数 1950 吨，坎市至铁山洋区段牵引定数 1500 吨，铁山洋至漳平区段上行牵引定数 1500 吨，普超 2600 吨。货物列车运转时分上行压缩 26 分、下行压缩 26 分，旅客列车运转时分上行压缩 35 分、下行压缩 36 分。

2002 年 4 月，横南线武夷山至南平南区段机车牵引试验，重新确定该区段下行(来舟方向)可普超吨位 3000 吨，货物列车运转时分上行压缩 8 分、下行压缩 6 分，旅客列车运转时分上行压缩 6 分、下行压缩 2 分。11 月鹰厦线永安至漳平区段机车牵引试验，韶山 4 型电力机车牵引吨位上下行牵引定数 2900 吨(含尾数)，货物列车运转时分上行压缩 5 分、下行压缩 3 分。

2004 年，“4·18”运行图鹰厦线货车牵引定数由 2900 吨含尾数变为不含尾数。12 月 20 日起，横南线鹰潭(上饶)至福州(南平北)间货车牵引定数提高到 3300 吨(含尾数)。

2005 年 11 月 22 日，南昌铁路局组织运输处、机务处、工务处、车辆处、安监室、总工程师室等有关部门对赣龙线进行旅客列车牵引试验。总工程师钟生贵具体组织牵引试验。赣龙铁路设计要求线路开通运营时运行速度达到 80 千米/小时。

这次试验由南昌机务段担当赣州至龙岩间的往返牵引任务，赣州机务段担当赣州至龙岩间的下行牵引任务。试验项目为验证赣龙线各区间的运行时间，在长大下坡道上列车电阻制动控制的最佳速度，以及东风 4D 型机车牵引客车在 12.5‰计算坡道上的牵引质量、最低计算速度和机车功率发挥等情况。22日,55051次试验列车于7时49分从赣州站出发,11时55分到达龙岩站,运行246分钟;55052次试验列车于13时13分从龙岩站出发,16时30分到达赣州站,运行197分钟;57001次试验列车20时03分在赣州站出发,次日零时07分到达龙岩站,运行244分钟。根据试验结果,赣龙线下行区间运行时间核定为224分钟,上行区间运行时间核定为220分钟。

从2005年4月1日起,鹰厦线货车牵引定数由2900吨提高到3200吨,外福线和横南线货车牵引定数统一为3300吨;赣龙线货车牵引定数为3500吨,与京九铁路南段牵引定数相同。

五、运输调度指挥

(一)调度指挥机构

1996年,福州铁路分局调度所共159人,设有值班主任、各调度(室)主任、分析调度、供电调度、货运调度、机车调度、计划调度、列车调度、客运调度、龙车调度、篷布调度、特种调度、统计调度、预确报调度、自备车调度等15个调度工种。

1998年12月20日,横南线开始分流,由福州铁路分局调度所和南昌铁路局调度所调度指挥横南线列车运行。

1999年,福州铁路分局调度所负责福州铁路分局鹰厦线和外福线及武夷山、泉州、龙岩铁路有限责任公司所属的横南线、漳泉线、漳龙线的运输生产调度指挥工作。

2000年,漳龙线开通,漳平至仙师间列车运行由福州铁路分局调度所统一指挥。

2001年,调度所引进计算机绘制列车运行图系统,代替手工绘制基本运行图,适应运输市场对运行图更新更快的需求。

2003年,福州铁路分局调度所设立7个行车调度指挥台。其中鹰厦线5个调度指挥台,即鹰(潭)邵(武)区间行车调度台、邵(武)来(舟)区间行车调度台、来(舟)永(安)区间行车调度台、永(安)漳(平)区间行车调度台、漳(平)厦(门)区间行车调度台,以及外福线(外洋至福州区间)行车调度台、横南线行车调度台。其他的有邵武、福州、厦门三个货运调度台,邵武、永安、漳平三个机车调度台,邵(武)来(舟)区间、来(舟)福(州)区间、漳(平)厦(门)区间供电调度台。

2004年5月9日,福州铁路分局调度所与南昌铁路局总调度室合并,5月18日上午8时,福州调度所与南昌总调度室日常运输指挥系统合并割接成功。福州调度所全体调度员150余人到南昌铁路局总调度室上班。南昌铁路局总调度室新增加福建区行车调度台7个。即鹰(潭)邵(武)区间行车调度台、邵(武)来(舟)区间行车调度台、来(舟)永(安)区间行车调度台、永(安)漳(平)区间行车调度台、漳(平)厦(门)区间行车调度台,以及外福线(外洋至福州区间)行车调度台、横南线行车调度台。增加原福州铁路分局机调3个、电调3个、货调3个等23个台,54个岗位。

2005年5月20日起，南昌铁路局总调度室更名为南昌铁路局调度所，重新定编。岗位由169个减为115个。其中列调台由原24个整合为15个。福州(福建)区列调台为：鹰(潭)南(平)台、南(平)漳(平)台、漳(平)厦(门)台、南(平)福(州)台和横南线行车调度台。

(二)车流组织

1995年，鹰厦线电气化全线竣工开通后，分界口接重量增大，日均达761辆。福州铁路分局调度所加强车流组织，掌握鹰潭口接重流向动态，调整管内外的装车数量，提高夜卸比重，加强管内重车的移动，提高日均卸车绝对值。重点做好福州东、魁岐、龙岩、漳州、杏林、厦门北、厦门站等卸车出货工作，加强卸车信息预报，利用微机掌握重车信息，开通重车查询系统，提供卸车预报信息，向主要卸车站和卸车困难站预报到达重车流情况。运输调度坚持“四·四”均衡管理模式(即邵武、外福、永安、厦门四个区，运用车总数、空车、管重、移交车四种车)，实现均衡运输。在鹰潭口接重日均比上年多7车，管内装车比上年多装10569车的情况下，确保各站、段的卸车超额完成任务。客车出发、客车到达、货车出发、货车到达四项指标都超过上年，特别是货车出发、货车到达创造历史最好成绩。

1996年，在和其他交通行业的竞争中，铁路货源日趋减少、分界口接重也相应减少。福州铁路分局调度所采取控制运用车，量入而出，抓好“空车南调”“进支(线)入厦(门)”，装车时少装管内，多装管外，以重顶空多交分界口。全年管外装车236503车，比上年多装8765车。日均鹰潭口多交重22车。全年加挂客车3169辆(其中行李车42辆，运货714吨)，此项增收1500万元。客调做好剩余票额调剂，日均调票量在30张左右，全年增加收入54万元。

1997年，调度部门加强与部、局、邻局的联系，争取多给限制口份额。其中成都局方向限制装车数为7691车，实际完成8345车，多装654车。在装车(总)数下降的情况下，多装远距离高运价率货物，换算周转量比上年增加3.5亿吨·千米，运输进款多收入1亿元。全年利用空轴加挂各种客车4369辆，比上年多挂1200辆(其中行李车51辆，比上年多9辆；运货867吨，比上年多153吨)，增收2190万元，比上年多690万元。同时组织开行假日旅游专线列车四趟。

1998年，调度所重点做好卸车出货，将车辆移动纳入劳动竞赛，考核中间站挂车辆数，组织加开列车和超轴，加速管内重车移动到位。使用好调小机车，及时取送货位，加速卸车出货。调度员密切注视分界口接重状况及车站卸车情况，及时调整装车去向，做到以卸定装，防止积压，大力组织自装卸，下半年日均卸1404车，比上年同期多115车；下半年应卸车比上年同期多12335车。调度所每月定期(上旬)组织召开路料运输会议，制订路料运输方案，保证工程用料和防洪工程施工的需要。全年组织路料运输车6560辆，其中防洪路料运输车3008辆。6月份，管内遭受到历史罕见的特大洪涝灾害，鹰厦线北段及外福线陆续中断行车17天，少运货近70万吨。线路开通后调度所迅速组织消除保留列车，理顺车流。调度员加强与车站的联系，督促主要卸车站的排空，根据鹰厦南段货源上升的情况，组织空车南下，保证装车需要，同时组织好企业自备车使用，提高车辆运用效率。下半年比上年同期多运货82.8万吨。

4月、10月旅游旺季组织客流,安排运力,加开图外假日列车11列,经济效益较好。

1998年12月20日,横南线开始分流,日均接入4列。调度所根据车流的变化,调整管内福州方向的装车,安排好开车计划,力争分界口多接多交。下半年日均接车比上年同期多56车。

1999年,调度所调整票源9000张,保证重点客流乘车,吸引中间站客流。

2000年,余家、南平南、梅水坑和漳平四个分界口日均接重1230辆。其中余家口接重634辆,南平南口接重3.3辆,漳平口接重196辆。福州铁路分局全年运用车187万车,货车中时4.8小时,货车行时22.2小时,货车周时2.40天。

2001年,调度所车流组织调整优化,坚持分界口敞开接车,保证机车供应,组织图外加开列车,加速车辆移动,密集入口,保证分界口不堵不压,合理调整重车走向,适度"违流",充分用好分界口通过能力,以提高运输效率。全年分界口接入列车9516列,重车342298辆,空车4839辆,合计347137辆;开行超轴列车30963列,超轴1129.77万吨。

2002年,调度所组织图外加开列车,做到分界口"大接大排",接重创历史最高水平,为全年超额完成货物周转量奠定基础。全年分界口接入列车10215列,重车359470辆,空车21727辆,合计381197辆,比上年多接699列、34060辆。福州铁路分局全年运用车196万辆,停时完成20.4小时,较计划压缩0.3小时;中时完成4.6小时,较计划压缩0.1小时。对长距离、高运价的管外货源做到随到随装,管内货源优化装车去向,保证重点物资运输。在调度所班组开展装车竞赛活动。全年完成装车36.47万辆,完成计划99.9%,较上年多装48辆,货物发送量完成2081.6万吨,完成计划100.1%,增长0.3%。全年卸车完成53.18万辆,日均卸车1457辆,较上年多卸17314辆,增长2.7%。调度所加强车流调整力度,组织列车超轴,挖掘运输潜力,提高线路通过能力,组织来永、永漳区段韶山SS_4型电力机车超轴,全年共开行超轴列车21258列,超轴734.64万吨。

2003年,调度所开展列车超轴竞赛活动,计划调度员细推车流,督促编组站、区段站编组超轴列车,列车调度员合理安排中间站车辆挂运,组织列车超轴运行。全年开行超轴列车19923列,超轴769.75万吨,按福州铁路分局平牵2426吨计算,相当于增开3173辆列车。加强与南昌铁路局、广铁集团联系,掌握外局外围车流情况,保证机车供应。全年余家、永平、琥市分界口总计接入列车11832列,重车419885辆,空车18661辆,合计438546辆,比上年多接1617列、57349辆,分界口接车刷新历史纪录。

2004年,南昌铁路局利用并局后的路网优势,将原经宁波北仑港到达局管内的货源吸引到海沧、厦门、肖厝、马尾港上岸,增加上述港口铁路运量。同比全年增运255.1万吨,增幅112%,占全局货发增量的20%。邵武、永安、漳州车务段,福州东、漳平站以及武夷山、龙岩、泉州三个合资公司,均全面完成年度货发任务。

2005年4月1日,赣龙线开始分流运输。南昌铁路局开行货运品牌列车集群,以及管内点到点运输的煤炭、矿石、钢材等整列短途直达。以厦门、泉州地区到武汉地区的石材、瓷砖为基本组,武昌南以远车流补轴,厦门北八道运输有限公司包租整列,做到天天开行。80730

次南平北—南翔“五定”班列是原福州铁路分局与上海铁路局组织开行的城际列车，以集装箱、胶合板、百货等白货为主，保持天天开行。80808次南平北—乌西“五定”班列，经整合优化后改经东龙口交出。85044次厦门北—沈阳西快速货运直达列车从2005年10月26日开始每日开行，以闽南地区发往东北的车流为基本组，利用南平北、鹰潭、九江西编组站集结车流补轴。

（三）行车指挥

1996年，调度所重点做好鹰厦线电气化接触网检修与大修施工“天窗”行车指挥，以确保“天窗”施工与大修换轨施工时间。接触网检修施工计划8491次，兑现7430次，兑现率87.5%；停电时间计划537651分，兑现501277分，兑现率为93.2%。

1997年，调度所全年接入超限车75批192件，装17批30件，未发生不安全事故，确保超限车的安全运输。全年制订“天窗”施工计划8831次，兑现8146次，兑现率92.1%，比上年提高4.60%；停电时间计划536361分，兑现577085分，兑现率107.6%，比上年提高14.4%；跳闸153次1920分，比上年少47次1032分。

1998年，调度所配合工程、工务、电务部门在鹰厦线麦园—永安区段大修换轨和福州站、南平南站的技改工程施工。6月份受水害影响的白沙中桥要做两次较大的施工，调度所做好运输与施工协调，把好施工安全关，确保施工单位用料需要。长江发大水期间，调度所组织抢险军列开往江西15列，使用客车97辆，平板车371辆，安全正点到交接口，并装运各类救灾物资239车。

1999年8月12日，外福线电气化技改开始施工，为确保施工进度，调度所安排专人对每日的施工情况进行把关、考核，保证施工“天窗”。2000年12月26日外福线电气化开通后，供电调度由来永台指挥，成立永福台，永漳台与漳厦台合并为永厦台。

2000年，漳龙线开通，梅坎铁路自9月30日18点起货物列车试运行。该区段开行货物列车1对，摘挂货物列车3对，其中漳平至仙师段列车行车由福州调度所指挥。

2001年，调度所采取加速、换流集结的方法组织开行“五定”班列车569列，补轴7005辆。全年开行行包专列673列。年内将专运、特运、军运摆在突出地位，迅速、经济、保密、安全、正点完成任务。全年余家分界口接入超限车57批200件，交出23批113件。

2004年5月之前，余家口运输能力紧张。5月并局后，调度所统一调度指挥，组织余家口均衡交接车流，减少单机放行，将鹰厦线下行列车牵引吨位从2900吨提高到3000吨，贯通鹰潭至邵武、邵武至南平北列车牵引定数，保证余家口的畅通。

2005年，调度所重点组织城际班列、“五定”班列、始发直达、快运货物列车及管内一站到达列车的开行，从货源组织、配空装车、车辆集结，定线挂运入手，对厦门北—沈阳的85044次始发列车，厦门北—汉西的80706次、南平北—乌鲁木齐80808次、厦门北—南翔的80730次等“五定”班列均由调度区长跟踪到终到站，对晚点原因进行记录。

表 2-1　**1996—2003 年福州铁路分局运输组织调度主要(技术)指标完成情况表**

项目	单位	年份							
		1996	1997	1998	1999	2000	2001	2002	2003
货车周时	天	2.17	2.31	2.52	2.41	2.40	2.30	2.3	2.22
货车停时	小时	14.8	16.4	18.7	19.7	22.2	20.3	20.4	19.7
中时	小时	3.9	4.2	4.3	4.6	4.8	4.7	4.6	4.6
货车旅速	千米/小时	26.7	25.4	25.7	24.9	24.5	24.3	24.3	24.3
静载重	吨	55.9	56.6	57.0	56.6	56.5	56.9	57.1	57.2
客车出发正点率	%	99.3	99.3	99.4	99.8	99.7	99.8	99.7	99.7
客车运行正点率	%	96.5	94.7	94.8	97.3	99.4	99.8	98.7	99.6
货车出发正点率	%	97.7	96.8	97.5	98.2	98.7	99.2	99.3	99.6
货车运行正点率	%	97.5	94.9	94.2	95.7	97.9	98.2	97.6	98.3

六、装车卸车组织

1996 年，铁路在面临运输市场竞争的形势下，福州铁路分局组织货源小组，深入主要厂矿和沿线各地调查货源、组织货源，每月定期参加福建省经济贸易委员会召开的主要物资运输会议，每季度召开货源调查和组织座谈会，掌握货源信息。福州铁路分局全年受理审批增补要车计划 29.95 万辆，计划内和增补货源日均装车 1207 辆，比上年增加 3 辆。是年，福州铁路分局开始应用计算机编制审批货运计划，缩短货运月编计划和日常计划的审批周期。福州铁路分局和站段建立节假日值班服务制度，随时处理货运增补计划的审批，并抓好重点物资运输，对工农业生产电煤、化肥、粮食、港口物资、重点工程用料和季节性物资，给予优先保证，优先运输。全年日均装煤 230 车，比上年日均多装 14 车。煤炭发送 518 万吨，比上年多运 28.4 万吨，增长 5.8%。全年发送粮食 40.0 万吨、水泥 387.3 万吨、化肥 74.2 万吨、木材 147.0 万吨、金属矿产 154.4 万吨、零担 132.95 万吨、矿建 390.6 万吨。帮助卸车困难的三明、南平东、南平南等站做好货物分流，协调卸车出货工作，压缩车辆停留时间。

1997 年，针对货源不足、日请求不多的情况，福州铁路分局采取放开车站计划装车。即对有货源、有计划、有车源的车站允许先装车后补报，基本上做到货物随到随装。应用计算机编制和审批货运计划，全面实行计算机操作。福州铁路分局运输经营管理部成立后，建立各站段货运计划和营销人员的联系网络。加强节假日的值班制度，随时处理货运增补计划的审批工作。

1999 年，福州铁路分局日均装车 989 辆，日均卸车 1320 辆。

2002 年，福州铁路分局加强货源营销组织，优化装车方案。对长距离、高运价的管外货源做到随到随装。管内货源优化装车去向，保证重点物资运输。调度所开展装车竞赛活动，提高装车积极性。全年完成装车36.47万辆，完成装车计划的99.9%，较上年多装48辆。货物发送2081.6万吨，完成计划100.1%，比上年增长0.3%。日常加强对主要卸车站联系，预报大宗货物到达情况，安排调机及时取送货位，提高夜间卸车比重。对于卸车停留时间过长的要进行分析，查找原因，采取措施。全年日均卸车53.18辆，日均卸车1457辆，全年比上年多卸17314辆，增长2.7%。

2003年11—12月，福建省政府要求厦门、漳平、益口电厂电煤每天装140车，上海铁路局要求每天煤炭装车330车、分界口排空敞车200辆。调度所建立煤炭运输日报制度，实行煤炭装车优先放行，保证煤炭运输。

2005年，南昌铁路局加强铁路港口联合运输，对到达港口站的直达列车优先确保，使重车卸空后能得到充分利用，提高货车二次作业系数，减少空车走行。对港口货物的装车纳入路局运输处、调度所和车务站段考核，从计划、配空、装车、卸车、挂运等方面给予重点保证，对港口货物装车情况每日进行分析，及时发现并解决问题。全年管内各大港口铁路运量增长迅速。

表2-2　　**2005年福建省向南昌铁路局请求车与装车比较情况表**

单位：辆；%

月份	日均请求车	日均装车	装车满足率
1月	1857	1566	84.3
2月	1268	1202	94.8
3月	1598	1594	99.7
4月	1652	1657	100.3
5月	1764	1693	96
6月	1633	1614	98.8
7月	1585	1554	98
8月	1537	1568	102
9月	1713	1636	95.5
10月	1747	1688	96.6
11月	1841	1761	95.7
12月	2065	1693	82
全年	1691	1605	94.9

七、车站

1996年,鹰厦线新增王富车站。至年底,福州铁路分局管内共有车站130个,站线总延长452.4千米,其中到发线276.2千米。车站按等级分为:一等站4个,二等站8个,三等站11个,四等站88个,五等站19个;车站按技术作业分为:编组站1个,区段站5个,中间站124个(其中会让站17个)。管内所有车站中,有曲线的车站有61个,出站为长大上坡道的车站有14个,进站方向超过6‰下坡道的车站有33个,站外停车后起动困难的车站有21个,站内停车后起动困难的车站有13个,站内正线到发线有2.5‰及以上坡度的车站有51个,站内为1.5‰以上不足2.5‰坡度的车站有27个,平道车站有13个,接车线末端有安全避难线等隔开设备的车站有15个(其中乘降所一个),车站两端设有安全线的有1个。

1999年11月30日,鹰厦线角美至前场站间K662+157处增设东孚站;12月12日,外福线安济至葫芦山站间K44+200处增设金沙站、东孚站为四等站,金沙站为五等站。年底,经检查验收,来舟站、福州站、漳州车务段、邵武车务段被命名为"全路先进优质站段";永安车务段、南平车务段、漳平站、厦门站被命名为"路局先进优质站段";福州东直属站被命名为"福州铁路分局安全优质站段";永安车务段的西坑站和南平车务段的樟湖板站被命名为"路局级标准中间站"。

2000年9月22日,鹰厦线青州站至龙江站间K302+040处增设涌溪站。11月22日在外福线樟湖板至古田站间K82+145处增设双坑站,均为五等中间站。

2002年,福州铁路分局管内新增沙建和鹅山2个车站。沙建站设在鹰厦线利水站至[illegible]口站间K611 +890处,鹅山站设在鹰厦线溪南坂站至利水站间K598+310处,分别于10月30日和12月26日开站,均为五等中间站。

2003年底,福建省境内有车站171个,预留车站4个。其中福州铁路分局管内车站126个,铁路合资公司管理的车站49个。分局管内车站按等级分,一等站有4个,二等站有8个,三等站有12个,四等站有74个,五等站有28个。其中,编组站来舟车站,是福建最大的铁路编组站;区段站邵武、永安、漳平、厦门、福州东,为更换机车等技术作业车站;福州车站是福建铁路客运量最大的车站,其次是厦门车站;福州东、南平东、坑边、峰海、嘉福、厦门北6个站为货运站,三明车站货物发运量最大,其次为福州东站和厦门北站。

2005年,南昌铁路局管理福建省境内车务系统站段7个。其中直属站4个,即南平北、福州、福州东、厦门车站;车务段3个,即邵武、永安、漳州车务段。

附:直属站、车务段

1.福州站

福州站是客运一等站,位于福州市东北郊,车站中心里程为外福线K183+923处,占地面积72000平方米。

1996 年，福州站设有到发线 4 股，存车线 5 股，站台、雨篷各两座，人行地道 1 处，固定资产原值 406.55 万元，职工 884 人。车站设党委、纪委、工会、团委 4 个党群部门，行政设办公室、计财科、劳人科、技术管理科、客运管理科、设备（基建）科、总务科、“两经”管理科，下属运转、售票、行装、客服 4 个部，多元经济设有经济开发总公司、站前服务责任有限公司、劳动服务公司。车站日均办理到发旅客列车 12 对、到发旅客 2.8 万人、到发行包 0.5 万件。全年旅客发送量 401.89 万人，旅客到达量 414.6 万人，行包到发量 158.64 万件，客票收入 2.38 亿元，行包收入 3254.6 万元，运输进款 2.79 亿元。3 月在全路客运评比中，福州车站连续第八次被评为“文明车站”。

图 2-3　1996 年福州火车站

1997 年，车站日均办理到发旅客列车 12.5 对，日均到发旅客 2.8 万人，日均到发行包 0.5 万件。固定资产原值 428.7 万元，职工 839 人。年内连续实现 4 个行车百日安全，于 10 月 18 日实现行车安全 3000 天，到年底行车安全天数为 3074 天，劳动安全 3901 天，无旅客伤亡、火灾、爆炸及客运现金票据丢失事故。全年车站共防止行车事故 21 件，防止路外伤亡事故 12 件，受分局调令表扬 14 次，客车始发正点率 99.4%。

1998 年，车站固定资产原值 591.2 万元，职工 760 人。日均办理旅客列车 12 对，日均到发旅客 2.7 万人。

1999 年，车站固定资产原值 645.6 万元，职工 755 人。全年发送旅客 410.5 万人，发送行包 126 万件，日均到发旅客列车 11.5 对，日均到发旅客 2.5 万人，日均到发行包 0.5 万件，运输总收入 3.32 亿元。

2000 年，车站有到发线 6 股，存车线 2 股，停留线 1 股，洗车线 1 股，专用线 2 股，客技站站线 16 股，站台、雨篷各 2 座，人行地道 2 处。固定资产原值 750.7 万元，职工 450 人。全年旅客发送425.21万人,客票收入3.10亿元,发送行包136.74万件,行包收入0.37亿元,运输总收入3.61亿元。日均到发旅客列车13.5对,日均到发旅客2.4万人,日均到发行包0.6万件。

2001年,车站固定资产原值1533.5万元,职工454人。日均到发旅客列车13.5对,日均到发旅客2.38万人,日均到发行包0.63万件。

2002年,车站有到发线6股(其中正线1股),存车线5股,停留线1股,洗车线1股,专用线2条,客技站站线16股,站台、雨篷各3座,人行地道1处,行包专用通道1处,平交道1处。日均到发旅客列车13.5对,日均到发旅客2.67万人,日均到发行包63万件。固定资产原值2525.5万元,职工457人。5月,福州车站旧站房改造工程动工,由铁道部、福建省政府和福州市政府三方出资1.6亿元建设。

2003年,车站固定资产原值2367.26万元,职工453人。7月5日,福州—贵阳1022/1021次列车入图。车站日到发旅客列车14.5对,日均到发旅客2.58万人,日均到发行包0.63万件。全年发送旅客462.80万人,运输进款4.67亿元。

2004年8月,福州站新站房竣工启用。新站房总建筑面积2.6万平方米。其中主站房1.5万平方米、高架候车室0.63万平方米、行包房改造0.5万平方米。另有站前广场2.1万平方米。站房建筑自东向西依次为贵宾室、软席候车室、基本站台候车室、售票厅等客运设施,日最高聚集人数可达6000人。车站售票大厅设25个售票窗口,与市区及郊县的32个车票代售点联网形成计算机售票网络,与邮政部门联合开通"11185"订送票业务,以满足不同旅客的需求。新站设有集旅客引导、广播系统、查询系统、到发系统、消防控制、监控、BA自动化控制、系统总集成、中央空调等为一体的九大自动化系统。车站有3座站台,12股站线(其中6股到发线),配属客技站有16股站线,30组电动道岔。福州站全年日通过货物列车18对(36趟),日均到发旅客列车16对(32列),客车每日始发至北京、上海、深圳、郑州、青岛、合肥西、成都、重庆、贵阳、长沙、南京西、武昌、南昌、南平、永安、武夷山16个城市。日均到发旅客2.85万人,到发行包0.77万件。年运输收入5.71亿元,较上年同期增长21.98%;发送旅客517万人,较上年同期增长11.79%。全站职工464人,其中女职工257人。春运期间共发送旅客94.11万人,完成运输进款9463.13万元,分别比上年同期增长6.65%、17.77%。其中2004年1月20日(农历十二月廿九)春运最高峰日发送旅客4.1万人。

2005年,福州站日均到发旅客2.58万人,到发行包0.77万件。年旅客发送量499.18万人,运输收入5.80亿元。其中客票收入5.20亿元,行包收入4034.28万元,其他收入1969.82万元。福州站在全路大站评比中被评为"全路文明车站",并被中央文明委评为"全国精神文明建设先进单位"。

2. 福州东站

福州东站是货运一等站,中心里程为外福线K192+101,地处福州市晋安区鹤林村,位于外福线终点,西端接福州站,与福州站相距2.745千米。

1996 年，福州东站有到发线 6 股，货物线 8 股，专用线 10 股。车站设党委、纪委、工会、团委 4 个党群部门，行政股室 11 个，生产车间 3 个，管辖樟林、魁岐、马尾 3 个中间站，主管福州东站运输贸易公司、劳动服务公司、天云运输贸易公司、东龙冷藏公司等 6 个多元经济实体。车站职工 1020 人，日均办理列车 43 对。站内有门吊、轮胎吊、卸煤机、装载机等装卸机械 13 台，电瓶叉车 77 台，最大起重能力 32 吨，固定资产 1194 万元。全年货物发送量 204.2 万吨，货物到达量 739.99 万吨，日均装车 119 辆，卸车 357 辆，货车静载重 46.6 吨/车，中时完成 2.8 小时/车，停时完成 15.0 小时/车，运输收入 12170 万元。

图 2-4 1997 年福州东站第 13、14 跨线仓库

1997 年，车站担负福州、莆田、宁德、泉州及温州等 5 个地区的 25 个县市的货物集散任务，办理外福、福马两线货物列车编解作业，以及整车、零担、集装箱的托运、联运、中转、代办、咨询和仓储等业务。车站设置热线电话，开通到达 168 问讯信息台和发送电脑一次报价问讯系统，同时开设公铁货运交易市场，开展送货上门业务。

1998 年，车站固定资产 1391 万元，职工 1031 人。车站设党委、纪委、工会、团委 4 个党群部门，行政科室 9 个，运转、货运、装卸车间 3 个，管辖樟林、魁岐、马尾 3 个中间站，下辖福州东站运输贸易服务公司、福州东站劳动服务总公司、福州东龙铁路冷藏储运有限公司、福州开发区中特运输贸易有限公司等 4 个多元经济实体。

1999 年，车站担负着福州铁路分局四分之一以上的卸车和十分之一的装车任务。继福州东开行至乌鲁木齐“五定”班列后，车站又开行汉西集装箱班列。至年底，车站发往汉西班列 73 列、1752 车，汉西班列实行运费包干，货到付款，当场理赔等优质服务。全年车站日均装车 112 辆，日均卸车 353 辆，货物发送 204 万吨，运输收入 1.04 亿元。

2000年,全年货物发送192.82万吨,日均装车106辆,日均卸车362辆,年货物吞吐量1000万吨,运输收入10429.74万元。车站在保证资产增值的前提下,在货场办市场,开办14库粮食市场,在铁路货场实现仓库储蓄、批发和买卖一条龙直销服务,方便货主,吸引货源,也增加车站收入。年内开展运输代理服务,向货主提供货物进货、承运、包装、装卸以及水路、公路、航空联运到铁路运输的全程运输代理服务,并做好福州东至汉西的瓷砖班列运输组织。

2001年,车站有到发线6条,货物线7条,专用线10条,货场面积12万平方米,仓库5座,大型吊机6台(最大起重量36吨),装载机3台,轮胎吊1台,卸煤机2台,电瓶叉车72台等各种装卸机械,固定资产4257万元,职工1088人。车站日均办理列车15列,日均装车107辆,日均卸车402辆,年货物发送量192.6万吨,运输收入1.31亿元。

2002年,车站日均装车108辆,日均卸车379辆,年货物发送量194.42万吨,运输收入1.32亿元。至年末,实现无行车重大、大事故10909天,无行车险性事故6655天,无责任职工死亡事故12867天,无职工重伤事故2009天,无货运重大事故4229天,无货运大事故2947天,无火灾、爆炸事故7720天。

2003年,车站日均办理列车18对,日均装车124辆,日均卸车411辆,年货物发送量222.89万吨,运输收入1.37亿元。

2004年,车站管辖埔后、大箬、闽清、大目埕、白沙镇、闽侯、江坂、杜坞、福东、樟林、魁岐、马尾12个车站,职工1315人。年货物发送271万吨,发送到达778.30万吨,日均装车142辆,日均卸车425辆,日均办理货物列车18对,年运输收入1.72亿元,实现行车连续安全1610天,保持铁道部"四星级优质货场"称号。

2005年,福州东站办理外福、福马两线货物列车解编作业和闽清客运等业务。车站职工1338人。全年完成货物发送量355.29万吨,运输收入2.27亿元,日均装车176辆,日均卸车481辆,集装箱发送37.85万吨,保价收入567万元,继续保持铁道部"四星级优质货场"称号。

3. 厦门站

厦门站是福州铁路分局直属一等站,中心里程为鹰厦线K693+830,是鹰厦线的终点站。

1996年,厦门车站共有到发线18股,存车线7股,货物线12股,货物仓库14座,总面积11860平方米,专用线15股。大型装卸吊机6台(其中最大吨位36吨,最小10吨),14吨大型内燃叉车2台,1吨电瓶叉车23台。车站行政设6室1部和党委、纪委、工会、团委4个党群部门,下设客运、货运、运转、装卸4个车间,管辖厦门北、杏林两个车站和集美乘降所及开发公司、劳动服务公司、金轮公司,职工960人。全年旅客发送量188.3万人,货物发送量257.2万吨,行包发送量33.6万件,日均装车130辆,日均卸车188.5辆,货车静载重54吨/车,停时13.5小时/车,运输收入31821.7万元。

1997年,车站行政设7室2部和党委、工会、纪委、团委4个党群部门,下设客运、货运、运转、装卸4个车间。管辖厦门北站、杏林2个车站和集美乘降所,以及开发公司、劳动服务公司、金轮公司,职工891人。

1998 年，车站实现客运微机售票，开行夕发朝至旅游列车 7 趟，开行“五定”班列，扩大集装箱和零担运量。全年货物发送量 239.7 万吨，旅客发送量 197.3 万人，全年货运装车 49152 辆，卸车 65205 辆，月均办理车 822 辆，运输进款 3.80 亿元。年末，全站职工 973 人。

1999 年，车站日均办理旅客列车 10 对半，分别开往北京、上海、西安、合肥、南京、南昌、杭州、鹰潭、武夷山、福州、来舟，日均到发旅客 1.3 万人。6 月 21 日厦门站实现与华东 41 个城市电脑联网售票。年末固定资产原值 1791 万元。

2000 年，厦门车站日均办理旅客列车 10 对，分别开往北京、上海、西安、重庆、合肥、南京、南昌、杭州、鹰潭、武夷山。其中厦门至重庆长途直通旅客列车是年内增开的。厦门至合肥列车延长至蚌埠、阜阳，停开厦门至福州、来舟短途客车，增开厦门至石家庄(丰台)行包专列。车站日均到发旅客 1.4 万人，日均办理行包专列 1 对。年末车站固定资产原值 1231.9 万元，职工 358 人。全年旅客发送 254 万人，行包发送 58 万件，运输进款 3.25 亿元，连续行车安全 897 天。

2001 年，车站日均办理旅客列车 11 对，日均到发旅客 1.54 万人。全年旅客发送量 278 万人，行包发送量 66.6 万件，运输总收入 4.13 亿元，年末固定资产原值 3017 万元，职工 357 人。

2002 年，车站全年旅客发送量 276.6 万人，行包发送量 75.5 万件，运输总收入 4.39 亿元。日均办理旅客列车 11 对，日均到发旅客 1.51 万人。年末固定资产原值 3569 万元。

2003 年，车站日均办理旅客列车 11 对，日均到发旅客 1.5 万人，春运日发送最高为 7.23 万人，日收入最高 100.4 万元。全年旅客发送 265.27 万人，运输进款 3.66 亿元。

2004 年，车站发送旅客 299.65 万人，运输进款 4.25 亿元，其中客票收入 3.88 亿元。车站图定每日始发客车 12 对，分别是厦门—北京西 K308 次、厦门—南京西 2522 次、厦门—西安 K244 次、厦门—南昌 K330 次、厦门—景德镇 2050 次、厦门—重庆 K336 次、厦门—蚌埠 2026 次、厦门—上海 K198 次、厦门—杭州 2250 次、厦门—武夷山 N546 次、厦门—昆明 K230 次、厦门—三明 N572 次。

2005 年 10 月 12 日，增开厦门—吉安 L588/L587 次旅客列车。车站全年发送旅客302.67 万人，完成运输收入 4.50 亿元，实现行车安全 2733 天，劳动安全 4619 天。年内增设 13 个站外客票代售点，推出“小白鹭”服务台特色服务和值班站长首问首诉负责制。

4. 来舟站

来舟站位于南平市西郊，鹰厦与外福线的交会点，是福州铁路分局一等直属站，二级三场编组站，担负着鹰潭、福州、厦门三个方向上下行货物列车的解编作业，同时承担客货业务，是福州铁路分局零担货物和旅客换乘的最大中转站。车站中心里程为鹰厦线 K283＋988，配有点连式机械化驼峰道岔自动集中等现代化调车设备。

1996 年,车站设 7 个股室、3 个车间和 2 个公司,职工 577 人,固定资产原值 219 万元。全年完成旅客发送量 38.8 万人,行包发送量 3.97 万件,货物发送量 8.68 万吨,日均办理车数 3914 辆,运输进款完成 1710 万元。是年,车站被铁道部命名为“安全优质车站”。

图 2-5 1996 年来舟火车站

1997 年,车站职工 570 人,固定资产原值 263 万元。车站Ⅰ场为货物列车到达场,配有 7 股到达线,1 股机走线;Ⅱ场为客货列车到发场,配有 6 股到发线;Ⅰ、Ⅱ场接发列车均采用半自动闭塞和 6502 型电气集中;Ⅲ场为编组场,配有货物列车编发线 7 股(其中上行 4 股,下行 3 股),机械化驼峰 1 座,内燃调机 2 台,信号、道岔、进路均采用 7024 型自动控制。驼峰设计能力为 4500 辆,福州铁路分局查定能力为 4176 辆,图定每日到发旅客列车 64 列,货物列车 129 列;实际日均能力 3973 辆,最高月日均办理车数 4475 辆。日均接发旅客列车 64 列,货物列车 109 列。

1998 年,车站职工 500 人,固定资产原值 309 万元。每日到发旅客列车 66 列,货物列车 107 列,日均办理车 4696 辆。全年旅客发送 36.3 万人,货物发送 9.7 万吨,装车 1671 辆,卸车 843 辆,运输进款 2119 万元,清算收入 1466.2 万元。

1999 年,车站设 8 个股室、4 个车间和 2 个公司,职工 485 人,固定资产原值 388 万元。全年旅客发送 3475.8 万人,货物发送 10.3 万吨,运输进款 2164.4 万元。

2000 年,车站职工 498 人,固定资产原值 520.15 万元。全年旅客发送 27.7 万人,行包发送 4.2 万件,行包中转 23.8 万件,货物发送 8.2 万吨,组织开行“五定”班列 818 列,运输进款 1866.7 万元,清算收入 1589.2 万元。

2001年，车站职工464人，固定资产原值2363万元。全年旅客发送22.4万人，货物发送10.5万吨，运输进款2249.7万元。“10.21”调图后，K164/3次（福州—上海）和2002/1次（福州—南京西、福州—合肥西）改经横南线，K308/7次（厦门—北京西）改经京九线，造成车站客运进款和客发量下滑，客发量同比减少5.3万人；受停办鲜货业务的影响，行包进款减少到171万元。

2002年，车站压缩机构，撤销了安全室和设备车间，将行车安全和劳动安全工作归并技安科，设备车间归并运转车间。全年旅客发送21.8万人，货物发送12.97万吨，运输进款2493万元。

2003年，车站图定每日办理旅客列车41列，到发货物列车113列，到发行包专列4列。年内日均办理车数4614辆，日最高办理车数5368辆。全年旅客发送21.43万人，货物发送13.64万吨。

2004年，车站图定每日办理旅客列车41列，到发货物列车119列，到发行包专列5列。日均办理辆数4644辆，货车静载重56.9吨/车，装车3855辆，清算收入2239.21万元。

2005年，来舟编组站日均办理车数3975车，中转车69.02万辆。

5.漳平站

漳平站位于鹰厦线K513+282处，为福州分局直属二等区段站，是鹰厦铁路、漳龙铁路、漳泉铁路（梅湖段）的交会处，列车中转作业繁忙，旅客列车和货物列车均在该站更换机车。

1996年，车站到发场采用半自动闭塞64D型及6502型大站电气集中联锁设备，有10条股道，其中1～9道为到发线，10道为机车走行线。调车场北端设有简易驼峰，采用非机械化驼峰7021型电气集中设备，峰下采用点连式的调速系统。有货物线6条，专用线11条。固定资产原值309.7万元，职工416人。车站设6个股室，下辖6个车间。全年，旅客发送73.05万人，货物发送60.81万吨，装车10049车，卸车21544车，日均办理2215车，运输进款2822.2万元。

1998年，车站固定资产原值258.5万元，职工392人。全年旅客发送79.0万人，货物发送42.0万吨。

1999年，车站职工392人，全年旅客发送78.0万人，货物发送35.4万吨，运输进款2532.5万元。

2000年，车站职工386人，设4个行政科室，下辖6个车间。全年旅客发送86.1万人，货物发送40.5万吨，装车6728辆，卸车14713辆，日均办理车数2655车，运输进款2875万元。

2001年，总投资500余万元的TW-2型驼峰自动控制系统在车站投入使用，结束了车站11年使用铁鞋加减速顶调车调速作业的历史，减轻了调车作业劳动强度，提高了调车作业安全系数，列车解编能力得到提高，初步实现了现车系统到PCS系统的信息传递。全年旅客发送64.1万人，货物发送50.1万吨，运输进款4965万元。

2002 年,车站全年旅客发送 54.0 万人,货物发送 48.9 万吨,运输进款 6557.1 万元。

2003 年,车站全年旅客发送 21.4 万人,货物发送 13.64 万吨,运输进款 2560 万元。

2004 年,车站运行图定旅客列车 17 对,货物列车 47 对。全年旅客发送量 55.6 万人,货物发送量 54.4 万吨,装车 9099 辆,卸车 26325 辆,日均办理车数 3825 辆,运输进款 4089.1 万元。

2005 年,车站全年旅客发送 47.8 万人,客车正点率 98.9%,货物发送 43.6 万吨,货车正点率 97.5%,日均办理车数 3797 辆,中转时间 5.1 小时,运输进款 3815.5 万元。

6. 南平车务段

南平车务段位于南平市延平区横排路 49 号,管辖外洋至杜坞间 21 个中间站,福东乘务室,南平装卸所,正线全长 182 千米。主要担负福建省闽北地区以及古田、屏南、闽清、闽侯、尤溪各县客货运输的集散任务。

1996 年,段设 7 个行政股室,职工 983 人,有机械动力设备 33 台,固定资产总值 480 万元。

1997 年,全段职工 988 人,有机械动力设备 34 台,固定资产总值 500 万元。

1998 年,全段职工 953 人,有机械动力设备 99 台,固定资产总值 583.6 万元。

1999 年,段辖内南平车站实行货场主副一体化经营,并试办集装箱业务。

2000 年,由于外福线电气化工程实施,车务段管辖的车站增加 4 个中间站(其中,1999 年 12 月 12 日金沙村站开站运营,2000 年 9 月 21 日双坑站开站运营,江板站和尤溪站将于 2001 年开站运营)。

2001 年 4 月 18 日,江板站开站运营;6 月 15 日,福东乘务室划交福州客运段管辖,同日成立福东列尾车间;7 月 20 日,尤溪站开站运营。

2002 年,段辖外福线外洋站至杜坞站间的 25 个中间站,福东列尾车间、南平装卸作业所 2 个生产车间,南平铁路综合贸易公司、南平铁路劳动服务公司、南平铁路延宏公司、中铁南平分公司 4 个公司。有运输、机械动力设备 42 台,固定资产总值 8616 万元。段设党委、纪委、工会、团委 4 个党群部门和劳人科、计财科、技安科、运营科、行政办 5 个行政科室,职工 898 人。

2003 年 9 月 20 日,福州客运分公司运转车长划归南平车务段管辖,同日成立福东乘务室。11 月 18 日,设立南平市内售票点。12 月 31 日,南平车务段成立汇丰闽清分公司。

2004 年,全段旅客发送 133.2 万人,货物发送 233.2 万吨,运输进款 1.84 亿元。

2005 年,南平车务段被撤销。

7. 邵武车务段

邵武车务段位于邵武市解放中路小西门头 12 号。管辖鹰厦线北段余家至王富间 38 个车站(年内新增王富站)及乘务室、装卸作业所,担负着闽赣 5 市 9 县物资和旅客、铁路运输任务,以及与南昌铁路局接发列车交分界工作。

图 2-6 2002 年南平车务段辖内南平火车站

1996 年，段设党群部门 4 个，行政股室 12 个，职工 1475 人。光泽、埔上站各发生调车挤岔一般事故 1 件。年底全段实现三个安全百日和安全行车 102 天，无责任重大、大事故 3310 天，无险性事故 2296 天，无责任因工死亡事故 6569 天，无重伤事故 2227 天。防止各类行车事故 192 起。

1997 年，段管内正线全长 274 千米，配有到发线 87 条，调车线 11 条，货物线 30 条，专用线 43 条，行车设备为 6502 型电气集中设备，有机械动力设备 76 台，固定资产总值 852.9 万元，职工 1490 人。年底实现安全年和安全行车 467 天，无责任重大、大事故 3675 天，无险性事故 2661 天，无责任因工死亡 6934 天，无重伤事故 2637 天。防止各类行车事故 297 起，其中，防止旅客列车事故 61 起。

1998 年，全段固定资产总值 870.5 万元。段设党群部门 4 个，行政科室 13 个（年内新设营销部），职工 1423 人。管内峡阳站于 10 月 6 日实现安全生产 10000 天，受到铁道部、上海铁路局的通电表彰。

1999 年，管内运营里程 284 千米，配有到发线 87 条，调车线 11 条，货物线 30 条，专用线 43 条，邵武站行车设备为 DS6 型微机联锁，其他 38 站为 6502 型电气集中。有机械动力设备 86 台，固定资产总值 1137 万元，职工 1271 人。

2000 年，全段根据分局下达的管理机构设置标准，按照职能兼容的原则，对原有行办、劳人、计财、保卫、运输、技术、安全、总务、职教、基建、营销、电子、退管等 13 个职能科室，精简撤并为行政办公室、劳人科、计财科、运营科、综合科共 5 个科室。

2002年,全段有机械动力设备153台,固定资产总值5254.8万元,职工1257人。

2004年,全段发送旅客97.7万人,发送货物394.4万吨,运输收入2.2亿元。

2005年,全段发送旅客92.3万人,发送货物372.1万吨,运输收入2.1亿元。

8.永安车务段

永安车务段位于永安市东郊。1996年11月13日,三明直属站和永安车务段合并,称永安车务段。合并前管辖鹰厦线中段青州至上游、上房山至卓宅和永嘉支线坑边至嘉福间25个车站及1个乘务室、1个装卸作业所、1个电子室和6个公司。合并后管辖青州至卓宅和坑边至嘉福间28个车站及1个乘务室、2个装卸作业所、1个电子室和8个公司,担负福建省三明、龙岩、泉州地区和江西省赣州地区的客货运输任务。

1996年,管内正线全长230.78千米,配有站线152条,货物线20条,专用线66条。全段固定资产总值4713.8万元,其中多种经营企业(简称多经企业)3126.9万元,集体经济企业(简称集经企业)928.6万元,运输主业658.3万元。段设党群部门4个和行政股室9个,职工1525人。年内实现三个百日安全和安全年。

1997年,管内正线全长228.63千米,固定资产总值5856.5万元,职工1506人。

1998年,段设党群部门4个和行政股室10个,职工1449人。

1999年,全段固定资产总值3976.5万元,其中运输主业1132.4万元,多经企业1305.2万元,集经企业1538.9万元。段设党群部门4个和行政股室9个,职工1420人。

2000年,全段配合上海铁路局、福州分局在永安站进行"现车信息管理系统"现场试点,为在全局推广积累经验。永安装卸作业所与分局货运分处、上海天益微电脑公司联合研制开发的"ZCW-A型装载机自动测重装置"通过了由铁科院、上海铁路局货运处、上海铁道大学等单位、部门的专家组成的技术验收委员会的验收鉴定,填补了国内流动式装卸机械自动计量的一项空白。

2001年,段新增2个五等会让站,其中城头站地处鹰厦线K338+750处,于4月12日开站;楼前站地处鹰厦线K387+605处,于5月10日开站。6月15日,辖内乘务室移交福州客运段。

2002年,全段固定资产总值5618.16万元,职工1327人。

2004年,全年旅客发送141.6万人次,货物发送1137.7万吨,运输进款3.90亿元。

2005年,全年旅客发送130.5万人次,货物发送1159.5万吨,运输进款3.77亿元。

9.龙岩车务段

龙岩车务段位于福建省龙岩市登高东路58号,为福州分局二等站段。管辖范围为鹰厦线的芦芝、易坑、梅水坑站,漳泉线的大深至剑斗站,漳龙线苏坂至龙岩站,龙坎线龙岩北至坎市站,共18个车站,1个乘务室,1个装卸作业所,2个公司(运贸公司、劳动服务公司),1个服务部(工会运输服务部)。

1996年5月1日,段管内漳泉线湖头站办理试运营业务。全段营业里程208.416千米,配有专用线17条，货物线14条。固定资产原值264.27万元。段设党委、纪委、工会、团委4个党群部门和行政办公室、劳人室、计财室、保卫股、技术室、安全室、基建办等7个职能股室，职工733人。至年底，实现无行车重大、大事故4975天，实现行车四创安全年。

1997年1月23日，段辖内漳龙线基太站开站，该站位于漳平市境内的西园乡基太村，占地40多亩，总投资750多万元。11月1日，龙岩站调车机由蒸汽机车改为内燃机车。

1999年1月1日，龙岩车务段被撤销。

10. 漳州车务段

漳州车务段位于漳州市芗城区元光北路和新华北路交会点，属福州分局二等站段。管辖范围南起厦门市灌口镇的前场站，北至华安县湖林乡的小集站，正线运营里程142千米，有铁路专用线18条，共13.2千米。主要担负着漳州市九县（含县级市一个）二区（芗城区、龙文区）、厦门市郊、晋江和广东潮汕等地区旅客和货物运输任务。

1996年，段内管辖15个车站，其中二、三等站各1个，四等站10个，五等站3个；另辖装卸作业所、铁路运输贸易公司、劳动服务公司各1个。段行政设办公室、技术、计财、劳人、安全、企教、保卫、基建、电子（9月成立）9个职能股室；党群机构设党委、党办、纪委、工会和团委。职工769人，固定资产总值654万元。

1997年，实现连续安全行车1342天，实现无职工责任因工死亡事故5997天、无重伤事故5241天、无轻伤事故2378天，三创行车安全年，七创防火安全年。辖内利水、华安2站分别保持“全路标准中间站”和“全局标准中间站”称号，溪南坂等13个车站达到分局级“标准中间站”水平。获上海铁路局1997年度“安全管理竞赛第一名”和“全路先进优质站段”荣誉。

图2-7　1997年漳州车务段辖内漳州火车站

1998年,全段职工739人,固定资产总值390万元,比上年增加5.7%。

1999年,段管辖21个车站,其中二等区段站1个,二等中间站1个,三等站1个,四等中间站13个,五等中间站4个;另有装卸作业所2个,运输贸易公司、劳动服务公司、铁公海联运有限公司、厦门铁路集装箱运输有限公司、厦门铁路运输公司、厦门西站疏运部、厦门铁路外贸运输有限公司、中铁装卸厦门发公司、杏林银杏劳动服务公司等多元公司9个。

2000年,段设4个党群部门和6个行政科室。职工1473人,固定资产总值1781.95万元。

2001年,职工1440人,固定资产总值10272.84万元。

2002年,辖内新增2个五等会让站,其中沙建站位于K611+896,10月30日开站;鹅山站位于K598+310,12月26日开站。

2003年,全段旅客发送64.7万人,货物发送452.4万吨,运输进款5.69亿元。

2004年,全段旅客发送48.5万人,货物发送579.2万吨,运输进款6.41亿元。职工1478人。

2005年,段内设办公室(基建、保卫)、计划财务科、劳动人事科、经营管理科、技安教育科、运输营销科(电子)6个行政科室,职工1835人。

表2-3　**1996—2005年福建省铁路客货运输完成情况表**

年份	营业长度(千米)	旅客发送量(万人)	旅客周转量(亿人·千米)	货物发送量(万吨)	货物周转量(亿吨·千米)	换算周转量(亿吨·千米)
1996	1025	1466	58.63	2500	141.18	199.81
1997	1068	1401	60.09	2373	143.00	203.09
1998	1381	1399	61.25	2325	141.94	203.19
1999	1383	1480	66.38	2389	144.09	210.47
2000	1454	1428	71.57	2475	152.51	224.08
2001	1453	1372	73.90	2813	164.78	238.68
2002	1454	1446	76.65	2856	169.96	246.61
2003	1467	1417	74.85	3206	194.34	269.19
2004	1471	1568	85.30	3739	219.10	304.40
2005	1613	1486	87.90	3601	201.95	289.85

表 2-4 **1996—2003 年福州铁路分局运输主要指标完成情况表**

项目		计算单位	1996 年	1997 年	1998 年	1999 年	2000 年	2001 年	2002 年	2003 年
换算周转量		百万吨·千米	22508	22864	22838	21971	22153	23714.9	24560.7	26156.6
货运	货物周转量	百万吨·千米	15920	16031	15949	14643	14271	15704.6	16666.5	18500
	货物发送量	万吨	2510.7	2382.1	2334.1	2043.7	1844.6	2097.2	2081.6	2278.9
	煤炭发送量	万吨	516.8	381.9	400.9	3310	198.3	206.1	214.6	214.6
	货物到达量	万吨	2620.3	2640.4	2702	2735.5	2887.8	3032.9	3126.7	3459.9
	货物运输量	万吨	3891	3866.7	3893.8	3827.6	4375.4	4698.6	4845.6	5428.9
	分界口输入	万吨	1380.3	1484.6	1559.7	1747.7	2048.0	2101.3	2206.1	2414.4
	分界口输出	万吨	1270.8	1226.2	1191.8	1054.9	1004.5	1166.6	1161	1233.4
	平均运程	千米	409.14	414.64	409.6	360	326.0	334.0	344	341
	日均装车	车	1207	1153	1123	989	891	1010	999	999
	日均卸空车	车	1267	1263	1284	1320	1369	1418	1457	1635
客运	旅客周转量	百万人·千米	6588	6833	6889	7328	7882	8010.3	7894.2	7656.6
	旅客发送量	万人	1500.2	1464	1424.6	1383.1	1254.9	1208.8	1240.8	1217.9
	旅客到达量	万人	1498.1	1461.2	1433.1	1383.9	1388.9	1243.2	1276.1	1259.3
	旅客运输量	万人	1980.6	1960.4	1987.5	2024.3	2027.9	1975.9	2070.7	2032.5
	分界口输入	万人	480.4	533.1	562.9	673.2	750.6	744.4	815	800.1
	分界口输出	万人	482.5	499.2	515.6	6229	712.4	772.7	779.7	758.8
	旅平均运程	千米	332.63	344	350.1	358	388.0	400	381	377
机务	货日车公里	千米	380	386	387	384	367	364	366	368
	货技术速度	千米/小时	43.5	45.1	43.9	44.8	45.2	45.3	45.6	46.2
	货平牵总重	吨	2246	2299	2295	2319	2267	2389	2416	2426
	货机日产量	万吨·千米	78.8	82.3	82.5	72.3	64.4	62	58.1	84.6
	蒸汽机车万吨千米耗煤	千克	164.2	184.8	186.6	151.0	136.8	—	—	—
	内燃机车万吨千米耗油	千克	31.5	29.2	26	28.3	25.5	25.4	27.3	28
	电力机车万吨千米耗电	千瓦·时	125.5	130.0	129.3	131.2	134.7	132.1	133.4	136.3

续表 2-4

项目		计算单位	1996 年	1997 年	1998 年	1999 年	2000 年	2001 年	2002 年	2003 年
财务	运输进款	万元	154825	164784	175476.3	180950.6	199013.8	256904.8	261154	272754.2
	清算收入	万元	110542	121131	143499.9	145361.9	160132.2	285554.7	202084.8	343007.8
	运输总支出	万元	113985	128569	142519.8	143912.5	154311.2	275323.4	214457.5	330312.1
	运输业利润	万元	−7533.6	−11847.8	−3915.2	−3377.4	632.7	979.3	−18920.2	1582.3
	单位营业支出	元/(万换算吨·千米)	506.42	466.4	577.7	616.3	649.4	1161.0	818.4	1206.2

注:2001 年后,蒸汽机车停止运营。

第二节 旅客运输

一、客运设备更新改造

1995 年,福州铁路分局投资 400 万元用于改善客运设施、设备。二等以上车站的行包房基本配齐制票微机。福州、厦门一等站的电脑售票机全部改型换代。福州站首次使用工业电视监控技术。1995 年 11 月 3 日,福州铁路分局管内第一个由铁路和地方政府共同筹资建造的 642.3 平方米顺昌站新候车厅启用。12 月 28 日,厦门站 565 平方米的行李、包裹到达库竣工交验。

1996 年,福州铁路分局投资 200 万元更新客运设施设备,重点更新客运洗涤锅炉和其他洗涤设施,以提高卧具的洗净度和平整率。分局管内火车站全部实现行李包裹微机制票(双套),并补充添置县以上所在地火车站的航空椅、票据柜、资料柜及进京旅客列车的广播设备。分局利用旅客意外伤害补充险提留的安全防范基金 213.8 万元,更新福州、厦门两站的行李包裹危险品检查仪和流动送票车;对福州火车站工业电视监控系统的监视点进行增容;改建扩建永安、光泽火车站票房及售票厅;对南平站和厦门车站的软席候车室设备进行更新;整治古田、漳平火车站地道、雨篷及光泽火车站候车室;装修福州站票房、票厅和福州客运段车站、学习室、派班室,更新福州、厦门火车站电脑售票机,添置代用票制票微机。分局利用行包保价运输更新改造基金 30 万元,为来舟、龙岩、三明三站添置危险品检查仪各 1 台;利用行包保价运输大修基金 18.7 万元,给三等以上站行包房作排水雨篷整修。上海铁路局拨款为厦门、福州火车站添置行包接取送达两用货车各 1 辆。春运期间,漳平、邵武、永安三站新添 3 台彩色显影危险品检查仪。

1997 年，福州铁路分局投资 36 万元为邵武站添置电子引导揭示系统 1 套(主机 2 套、显示牌 10 块)；投资 43 万元用于福州客运段教育培训基地建设；投资 75.52 万元用于福州客运段乘务设施用房建设；投资 1410 万元用于福州站站房扩建；投资 30 万元用于福州客运段洗涤厂锅炉房改造和添置 5 台厦门—北京列车广播机；投资 17 万元用于漳平站等 13 个行包制票微机房装修和永安站行包制票微机房大修；投资 29.9 万元用于查危仪机房建设、查危仪通道雨篷及电子磅秤添置。分局将旅客意外伤害补充险的安全防范基金 7.7 万元，用于福州客运段双优列车配置电脑自动查询机 2 台、微机房装修和邵武站充汽开水桶大修；利用大修款 3 万元设置三明站临时候车厅；利用更新款 30 万元添置查危仪 3 台；利用成本款项 49 万元改造福州站票房；利用东方快车公司赚取的利润 36 万元改造福州站票房两路电源；并利用和三明市政府共同集资的 3150 万元改造、扩建三明新站房。

1998 年 10 月 8 日，三明火车站新站房投入使用。新站房由福州铁路分局和三明市政府共同投资建成。设计旅客最高聚集量为 1200 人，建筑面积为 5839 平方米，站高 7 层。10 月 13 日，南平火车站改造扩建的新票房、行包房、软席候车室投入使用。10 月，列车客运微机自动查询系统在福州通过上海铁路局鉴定，在 46/45 次、178/177 次列车上使用。列车客运微机自动查询系统采用触摸式直观操作，能自动寻找该次列车的停靠站名、时刻、票价及本次列车的服务项目。年内，福州铁路分局使用更新改造款项 43.2 万元用于漳州、漳平、南平、永安、龙岩、来舟火车站的微机售票二路电源改造和主机房的空调设置；保价、更新改造款项 13.7 万元用于光泽、顺昌、古田火车站的微机售票二路电源改造和主机房的空调设置；保价、大修款项 51 万元用于南平、永安、三明等 12 个火车站的微机售票房装修改造，8.2 万元用于厦门站行包二库(整车行包库)改造装修、沙县站雨篷大修、三明新站房业务揭示等；保价、更新改造款项 17.12 万元用于来舟站查危仪通道、雨篷、微机售票房改造等，16.53 万元用于漳平、来舟、永安、南平、漳州、邵武、三明火车站及福州客运段和福州铁路分局客运分处传真机的添置，专门给福州火车站配备制票微机、复印机、打印机、推票扫描仪、柜式空调机；更新改造款项 30 万元用于三明、顺昌、厦门火车站查危仪的添购。

1999 年，福州铁路分局管内办理客运业务的车站 111 个。福州铁路分局将保价更新款项 100 万元，用于福州客运段教育培训基地建设和延长福州站雨篷 774 米；将更新改造款 51.9 万元用于购置福州站票房空调，厦门站旅客电子引导系统以及福州客运段货运升降机、列车广播设备、客技站配套设施改造。

2000 年 3 月 18 日，福州—厦门、福州—鹰潭和来舟—厦门三对旅客列车停开，鹰厦线、外福线 61 个车站停止办理客运业务，福州铁路分局管内办理客运业务的车站减至 49 个。其中不办理行李、包裹业务的车站 6 个，乘降所 4 个。分局利用更新改造款 617.3 万元购置福州站票房空调、三明站候车大厅空调、厦门站工业电视监控系统、福州客技站客运配套设施，以及福州站、福州客运公司列车广播设备改造；利用保价更新款项 66.09 万元改造闽清、资溪、沙县站票房二路电源，为三明站购置 12M 液压式升降机，更新邵武车务段 P2000 制票机 3 套，更新福州站 P2000 制票机 10 套、旅客查询系统 1 套、行包便携式电子磅秤 1 套、网络交换机 2 台，改造厦门站旅客引导系统并购置软席候车室彩电 1 台，永安站添置送水车 1 辆；将专项基金(客运旅客补充险节余款)10 万元，用于福州站行包房营业厅改造和光泽站行包雨篷更新；将保价、大修款项 25.98 万元用于邵武、永安、南平、漳州车务段和福州、来舟、漳平站的业务揭示牌大修改造，来舟站票房大修，古田、华安站候车室大修及永安站行包微机联网大修；投资 170 万元更新福州—北京、厦门—北京、福州—上海、福州—武夷山等列车旅客卧具、窗帘、地毯和乘务员制服；使用专项资金 200 万元对厦门、永安、来舟站立面进行装修。

2001 年，福州铁路分局使用更新改造款 1534.81 万元，购置厦门、漳平车站“三品”检查仪各 1 台。

2003 年，福州铁路分局管内办理客运业务车站 23 个，其中实现微机联网售票的车站 18 个。为防治“非典”，厦门市政府无偿供给厦门火车站 FJR-1A 型固定式体温测试仪 1 台，以加强旅客体温测试。福州铁路分局安排专项经费 19.69 万元购置各类体温测试仪 88 台分配给各火车站；安排项目更新款 255 万元，用于更新漳平、永安火车站查危仪，购置厦门、南平火车站旅客引导揭示系统各 1 套，延长来舟火车站一站台雨篷，延长南平火车站二站台及新建围墙；安排客运保价款 30.8 万元，更新站段行包制票微机 12 套，购置南平南、顺昌火车站票房和客运管理中心空调各 1 台，更新分局客运调度、永安车务段、客运管理中心传真机；更新厦门、福州、三明、来舟火车站及分局客运调度、客运分公司、客运管理中心的管理微机，更新邵武火车站 LED 主机和三明、漳平、南平火车站行包制票微机，以及沙县、光泽火车站查危仪机房建设；利用上海铁路局客运保价大修款 56 万元，安排厦门火车站软席候车室沙发、候车椅 900 张的更新，垃圾拖车 10 辆大修，安排厦门火车站不锈钢栏杆、行包拖车大修，漳平车站行包房临时雨篷和福州车站行包房整修、业务揭示牌大修，安排南平南火车站新设旅客坡道、来舟火车站行包房整修以及二等以上车站站名牌大修；使用客运保价成本 8.5 万元安排闽清车站停车椅大修，厦门站广场遮阳伞、福州车站遮阳棚、来舟火车站客车上水设施整修；使用专项资金 80 万元为县城所在地车站建设文明达标线。

2004 年 8 月，由铁道部、福建省政府和福州市政府三方出资 1.6 亿元建成的福州站新站房投入运用。总建筑面积 2.6 万平方米，其中主站房 1.5 万平方米，高架候车室 0.63 万平方米，行包房 0.5 万平方米。另有站前广场 2.1 万平方米，日最高聚集人数可达 6000 人。车站售票大厅设 25 个售票窗口，与市区及市郊县的 32 个车票代售点联网形成计算机售票网络，与邮政部门联合开通“11185”订送票业务。新站设有旅客引导、广播系统、查询系统、列车到发系统、消防控制、监控、BA 自动化控制、系统总集成、中央空调等为一体的九大自动化系统。

2005 年，南昌铁路局投入 120 万元对厦门站第二候车厅装修改造，投入 33 万元扩建信息平台，开通 24 小时自动语音应答系统。闽清站在利用路局拨付 60 万元费用的基础上，自筹资金，对客运设施进行全面改造，在全路局起到示范作用。

二、客车开行

(一)图定列车开行

1996年,福州铁路分局担当15对旅客列车的乘务工作。其中特别旅客快车5对,直通旅客快车1对,管内旅客列车2对,混合列车7对;采用国产25B型或25G型的全列空调车型的优质优价列车4对,全列卧铺车型列车1对。从3月20日起,原厦门—鹰潭476/475次管内旅客列车改为314/315次管内旅客快车。3月20日—6月11日,原龙岩—厦门378/377次管内旅客快车因客流减少,改为582/581次旅客列车,乘务工作由龙岩车务段担当。全年旅客发送1500.2万人,比上年减少205.9万人,减少幅度为12.1%。

1997年,福州铁路分局担当旅客列车乘务工作有15对(特别旅客快车5对、直通旅客快车2对、管内旅客快车2对、直通旅客列车1对、管内旅客列车1对、混合列车4对),其中采用国产25B型或25G型的全列空调车型的优质优价列车4对,采用假日旅游全列卧铺车型的列车1对。从4月1日起,福州—北京46/45次经由上海改为经由芜湖走皖赣铁路,运行距离缩短293千米,运行时间减少6小时27分,车次不变。福州—重庆114/113次临客进图,经由庐山、襄樊,车次改为304/303次,福州铁路分局担当3/5、重庆分局担当2/5的列车乘务工作。广州—福州268/269、270/267次改为468/469、470/467次,隔日开改为每日开。南昌—厦门386/387、388/385次改为586/587、588/585次,隔日开改为每日开。全年旅客发送1464万人,比上年下降4.9%。

1998年10月1日,全国铁路提速大改图,福建省境内开行的旅客列车变动较大。新开厦门—北京108/107次特快旅客列车(五趟车底)经由京沪线,运行43小时20分;新开福州—南昌584/581、582/583次直快列车一对,原为临客,改入图;福州—广州470/469次直快列车改为隔日开;新开福州—长沙482/481次旅客列车,隔日开;漳平—剑斗959/960次列车停运,改为龙岩—剑斗960/957、958/959次列车。提速列车有:福州—北京46/45次列车(运行时间减少23分)、福州—重庆304/303次列车(运行时间减少2小时53分)、福州—南昌584/581、582/583次列车(运行时间减少3小时29分)、福州—上海178/177次列车(运行时间减少49分)、厦门—上海176/175次列车(运行时间减少44分)、厦门—南京522/521次、厦门—合肥507/508次列车(运行时间分别减少34分、24分)、厦门—鹰潭514次列车(运行时间减少44分)。12月,福州—厦门692/693、694/691次列车因武夷山—泉州客车开行而停开。全年,受水害影响,分局管内共停运旅客列车382列,中途折返10列。

1999年,福州铁路分局担当14.5对旅客列车乘务工作(福州—重庆为0.5对,隔日开),开行特别旅客快车6对,直通旅客快车1.5对,管内旅客快车1对,直通旅客列车1对,管内旅客列车3对,混合列车2对,其中采用国产25B型或25G型的全列空调的优质优价列车5对。3月13日,福州—厦门692/693、694/691次客车恢复运行。6月1日,全国铁路旅客列车运行

图 2-8　1998 年 10 月 1 日,开行 108/107 次厦门—北京特快列车(经由京沪线)

图微调,重点突出提速,优化、开优,增效,福州铁路分局管内旅客列车开行有较大变动。其中南昌—厦门 521/522 次隔日开行改为天天开行,车次不变;合肥—厦门 521/522 次改为 507/508 次,由隔日开行改为天天开行;增加漳平—龙岩 955/956 次旅客列车 1 对;增加泉州—龙岩 774/771、772/773 次旅客列车 1 对。7 月 14 日,福州—昆明 154/151 次旅客列车隔日开,由昆明局担当列车乘务工作。10 月 10 日,福州—鹰潭 708/707 次由朝发夕至改为夕发朝至,以吸引沿途短途旅客;福州—武夷山 248/247 次与武夷山—厦门/泉州 262/263、264/261、266/267、265/268 次车底套用改为福州—武夷山、武夷山—厦门/泉州轮开,各自运行,其中福州—武夷山天天开,武夷山—厦门/泉州隔日运行。全年福州铁路分局旅客发送 1383.1 万人,比上年减少 2.9%。

2000 年,福州铁路分局担当旅客列车乘务工作有 12.5 对,其中快速旅客列车 8 对,直通旅客快车 2.5 对,混合列车 2 对。合资铁路公司担当的旅客列车乘务工作有 4 对。1 月 1 日起,厦门—北京 K108/107 次使用新型空调车底。3 月 18 日,停开福州—鹰潭 708/707 次,福州—厦门 692/693、694/691 次和来舟—厦门 776/775 次 3 对旅客列车;增开厦门—重庆 448/445、446/447 次旅客列车。4 月,停开泉州—龙岩 696/695 次旅客列车。福州铁路分局管内鹰厦线和外福线有 61 个车站停止办理客运业务。

2001 年,福州铁路分局担当旅客列车乘务工作有 12 对。其中快速旅客列车 7 对,即福州—北京 K46/45 次,福州—上海 K164/163 次,福州—南平 K976/975 次,福州—永安 K978/979、K980/977 次,福州—武夷山 K990/989 次,武夷山—厦门 K984/981、K982/983 次以及厦门—北京西 K308/305、K307/306 次旅客列车;直通旅客快车 3 对,即厦门—杭州 2250/2249 次、福州—南京西 2002/1 次、福州—重庆 1004/1003 次旅客列车;市郊(混合)列车 2 对,即福州—马尾 57121/57122 次、福州—魁歧 57123/57124 次旅客列车。地方铁路担当旅客列车乘务工作有 2.5 对,即漳平—仙师 8157/8158 次,龙岩—仙师 8156/8155 次,泉州—武夷山隔日开 K986/987、K988/985 次。厦门—北京西 K308/305 次改为经由京九铁路进京。

2002 年，福州铁路分局担当旅客列车乘务工作有 12 对，地方合资铁路公司担当旅客列车乘务工作有 2.5 对。5 月 1 日，福州—重庆 1004/1003 次更换为全列 25G 型空调车。7 月 1 日，福州—马尾市郊列车 2 对停开，改为路用列车 2 对。

2003 年，福州铁路分局担当旅客列车乘务工作有 12 对。即快速旅客列车 8 对（福州—北京 K46/45 次，福州—上海 K164/163 次，福州—南平 K976/5 次，福州—永安 K978/9、K980/977 次，福州—武夷山 K990/989，厦门—武夷山 K984/1、K982/3 次，厦门—北京西 K308/7 次，厦门—三明 K872/1 次）；直通旅客列车 4 对（福州—南京 2202/1 次，厦门—杭州 2250/2249 次，福州—重庆 1004/1003 次，福州—贵阳 1022/1023、1024/1021 次）。其中，3 月 21 日起，开行厦门—三明 K872/1 次；4 月 25 日起，开行泉州—龙岩 5198/5、5196/7 次；5 月 10 日起，开行福州—武夷山 K990/989，厦门—武夷山 K984/1、K982/3 次；5 月 11 日起，开行福州—贵阳 1022/3、1024/1 次。合资铁路公司担当乘务的旅客列车有 2.5 对，即泉州—武夷山 K986/987、K988/989 次，隔日开；龙岩—仙师 8157/8 次 1 对，泉州—龙岩 5198/5、5196/7 次 1 对。

图 2-9 2003 年 3 月 21 日，厦门—三明城际快速旅客列车 K872 次在厦门站首发

2004 年 4 月 18 日，福州铁路分局开行福州—成都 K392/389 次旅客列车，4 个车底，8 个车班，全程 2540 千米，旅行时间 42 小时。

2005 年 10 月 11 日，赣龙铁路开通客运，开行赣州—漳平旅客列车和厦门—吉安临客各 1 对。福建省每日始发终到旅客列车 33 对，全年发送旅客 1486 万人。

表 2-5　　若干年份福建省境内每日旅客列车开行对数情况表

单位:对

年份	特快		快车		普通	市郊	合计
	直通	管内	直通	管内			
1995	1	5	0.5	5	4	2	17.5
1996	2	4	—	4	4	1	15
1997	2	4	0.5	3	4	1	14.5
1999	6	—	1.5	1	4	2	14.5
2000	8	—	2.5	—	—	2	12.5
2003	3	5	—	4	—	1	12

表 2-6　　1999 年福建境内每日旅客列车开行情况表

车次	列车等级	开行区段	对数	附注
45/46	直通特快	福州—北京	1	福州铁路分局乘务
77/78	管内特快	福州—上海	1	福州铁路分局乘务
75/76	管内特快	厦门—上海	1	福州铁路分局乘务
47/48	管内特快	福州—南平	1	福州铁路分局乘务
692/693、694/691	管内特快	福州—厦门	1	3 月 15 日恢复运行
270/267、268/269	直通特快	福州—广州	0.5	1998 年始为隔日开
522/521	管内快车	厦门—南京西	1	"6.1"图改为天天开
507/508	管内快车	厦门—合肥	1	"6.1"图改为天天开
384/381、383/382	管内快车	福州—南昌	1	南昌局乘务
692/693、694/691	管内快车	福州—厦门	1	3 月 13 日恢复运行
708/707	普通客车	福州—鹰潭	1	由朝发夕至改为夕发朝至
154/151	普通客车	福州—昆明	0.5	隔日开,昆明局乘务
776/775	普通客车	来舟—厦门	1	福州铁路分局乘务
521/522	普通客车	厦门—南昌	1	南昌局乘务
304/303	直通特快	福州—重庆	1	1991 年 4 月 1 日起福州铁路分局和重庆分局乘务
108/107	特快	厦门—北京	1	1998 年 2 月 6 日起开行,由京沪线
475/476	普通客车	厦门—鹰潭	1	南昌局乘务
248/247	普通客车	福州—武夷山	1	
262/263、264/261	普通客车	武夷山—厦门	0.5	龙岩公司担当乘务
744/741、772/773	普通客车	武夷山—泉州	1	泉州公司担当乘务

表 2-7　　**2005 年福建境内每日始发终到旅客列车开行对数情况表**

车次	列车等级	开行区段	附注
K45/46	快速列车	福州—北京	经由皖赣线北上
K164/163	快速列车	福州—上海	从外福线、鹰厦线，经浙赣线东进
K575/576	管内特快	福州—南平	运行于横峰外福线
2250/2247	普通列车	厦门—杭州	经由鹰厦线、浙赣线
K334/335	快速客车	厦门—重庆	2000 年 3 月 18 日始开，从鹰厦线出境、经由渝怀线
N589/590	旅游客车	福州—武夷山	运行于横峰外福线内
1022/1023/ 1204/1021	普通列车	福州—贵阳	经由沪昆线
N571/572	管内旅游特快	厦门—三明	运行于鹰厦线内
1004/1003	直通特快	福州—重庆	由外福线经由鹰厦线、武九线
2521/2522	普通列车	厦门—南京西	经由皖赣线
K330/331	快速列车	厦门—南昌	运行于鹰厦线浙赣线内
2118/2117	管内快车	福州—南昌	经由横峰外福线
154/151	普通列车	福州—昆明	1999 年 7 月 14 日始开，隔日开行
2202/2201	直通列车	福州—南京西	经由皖赣线
2049/2050	普通列车	厦门—景德镇	运行于鹰厦线、皖赣线
K321/323	普通列车	福州—合肥西	运行于外福线、鹰厦线
K29/32	快车	福州—郑州	经由武九线、京广线
N581/584	快速旅游车	武夷山—厦门	2000 年 12 月 1 日起泉州公司担当乘务， 运行于鹰厦线、外福线、横峰线间
2274/2271	旅游车	福州—深圳	2001 年 3 月 1 日开行，福龙客车有限公司乘务
N580/N577 N578/N579	管内旅游快车	福州—永安	运行于外福线、鹰厦线
K308/307	管内特快	厦门—北京西	经由京九线北上
K986/987	管内特快	泉州—武夷山	1998 年 12 月开行，隔日开，泉州公司乘务
5198/5195	普通列车	泉州—龙岩	泉州公司乘务
K392/389	快速列车	福州—成都	2004 年 4 月 18 日首开，经由武九线、襄渝线
8317/8318	临客	赣州—漳平	2005 年 10 月 11 日首开，运行于赣龙线，次年延伸至泉州
K68/69	快速列车	福州—青岛	从外福线、鹰厦线经由皖赣线北上
K198/199	快速列车	厦门—上海	从鹰厦线经由横南线、浙赣线
K298/299	快速列车	厦门—广州东	从鹰厦线经由漳龙线、京九线
1681/1684	普通列车	福州—长沙	从外福线经由鹰厦、浙赣线
K230/231	快速列车	厦门—昆明	从鹰厦线经由漳龙线出境
K244/241	快速列车	厦门—西安	从鹰厦线经由浙赣、武九线北上
2390/2391	普通列车	福州—武昌	从外福线、鹰厦线过境
2049/2050	普通列车	景德镇—厦门	经由鹰厦线、皖赣线

(二)旅游列车开行

1993年5月8日,武夷号列车开行。该列车是福州开往南平的旅游列车,编组17辆、25B豪华型客车。其中软座车2辆,硬座车14辆,发电车1辆。旅客定员1800人。

1996年3月16—21日,福州铁路分局开行福州—宁波(普陀山)的假日旅游列车,客票收入11.76万元。年底,武夷号列车取消,运行共3年7个月,输送中外游客369万人次,收入3803万元。

1997年,福州铁路分局开行福州—黄山、福州—千岛湖的假日旅游列车。

1998年9月30日—10月3日,福州铁路分局开行福州—江西上清(龙虎山)的假日旅游列车,客票收入5.34万元。

1999年,福州铁路分局组织了32趟假日旅游列车,发送游客14596人,增加客票收入190万元。

2000年,福州铁路分局组织旅游专列10趟,发送旅客5501人,增加客票收入220.22万元。4月15—21日,开行厦门—宁波(普陀山)304/301次列车,发送旅客538人,客票收入15.89万元。4月30日—5月6日,开行厦门—庐山536/537次,发送旅客630人,客票收入18.97万元。5月1—5日,开行厦门—张家界396/397次列车,发送旅客574人,客票收入22.99万元。5月1—3日,开行福州—庐山546/543次列车,发送旅客653人,客票收入9.71万元。5月9—14日,开行福州—西安—洛阳—郑州436/433次列车,发送旅客917人,客票收入43.98万元,8月3—8日,开行南平—张家界Y396/397次列车,发送旅客636人,客票23.81万元。8月11—14日,开行厦门—上清Y398/397次列车,发送旅客395人,客票收入8.45万元。10月2—4日,开行厦门—武夷山Y398/397次列车,发送旅客690人,客票收入13.86万元。10月7—13日,开行厦门—洛阳—敦煌Y376/373次列车,发送旅客624人,客票收入57.14万元。11月10—14日,开行厦门—邵武Y598/597次列车,发送旅客474人,客票收入5.37万元。全年,分局组织周末假日列车7趟,发送旅客3522人,增加客票收入31.14万元。

2001年,福州铁路分局组织假日旅游专列7趟,发送旅客5240人,增加客票收入247.87万元。

2002年,福州铁路分局组织假日旅游专列12趟,发送旅客6145人,增加客票收入314.66万元。

2003年7月3日,福州铁路分局开行厦门—顺昌Y558/557次旅游列车,发送旅客557人,收入9.17万元;7月17日,开行厦门—青岛Y48/55、Y44/3、Y46/47次旅游列车,发送旅客732人,收入50.98万元;"十一"黄金周期间,开行厦门—南平假日列车1列,南平—厦门假日列车1列,福州—龙岩、厦门—武夷山假日列车各3列,并接入外局旅游专车19列;11月23日—12月2日,开行泉州—凭祥Y396/397次旅游列车,发送旅客507人,收入38.52万元。

2005年,为发展红色旅游,南昌铁路局以庐山、井冈山、三清山、龙虎山、武夷山和厦门"五山一岛"为依托,以南昌—厦门、九江—武夷山、武夷山—厦门等三条旅游专用线为重点,全年组织开行76列旅游专列和假日列车。

（三）春运临客开行

1996年春运期间，福州铁路分局加开福州（经贵阳）—重庆的临客1对，由福州铁路分局担任5趟车底的乘务，贵阳铁路分局担任一趟车底的乘务；加开福州—鹰潭、厦门—鹰潭等临客（棚车代客车）117列、1989辆；在福州—鹰潭、上海等3趟列车上扩编220辆，加挂406辆，增运30余万旅客。由于客流持续居高不下，春运结束后2月21日、23日、25日又连续三天加开图外临时快车3列。

1997年春运期间，福州铁路分局取消棚车代客车运输方式，并增加北京（天津）—福州、福州—重庆北、武昌—福州、鹰潭—厦门临快各1对，南昌—厦门开行临快2对。合计增开临客181列，2847辆，增运旅客16.1万人。

1998年春运为40天，福州铁路分局增开北京西（天津）—福州322/321次临客，经由京沪、浙赣线，由北京分局、天津分局、福州分局分别担当乘务；增开厦门—北京西396/395次临快1对，武昌—厦门487/486次临快1对，鹰潭—厦门502/501临快1对，南昌—厦门284/281、282/283次临快1对，南昌—厦门204/201、202/203次临快1对，北京—福州316/315次1对，南昌—厦门702/701/704/703次1对，南昌—福州253/254次1对，景德镇—厦门275/276次1对，鹰潭—福州262/261次1对，厦门—鹰潭260/259次1对，福州—鹰潭506/505次1对、福州—资溪602/601次1对等临客84列、2847辆，增运旅客16.1万人。分局还采取加挂、扩编，以及在来舟站续运等措施，满足春运客流增长需要。

1999年春运期为2月1日—3月12日，历时40天。福州铁路分局增开直通临客列车3对：鹰潭—厦门1对、南昌—福州1对、武昌—福州（厦门）1对；预留直通临客运行线2对：景德镇（鹰潭）—厦门1对、南昌—厦门1对。

2000年春运期为1月21日—2月29日，历时40天。福州铁路分局增开临时旅客列车8对：北京—福州临客314/313次（经由京沪线和皖赣线），厦门—汉口临客428/427/426/425次，厦门—重庆、成都临客333/332/331次，南昌—厦门临客564/561/563/562次，福州—南昌临客568/567/566/565次，福州—上海临客504/503次，福州—鹰潭（景德镇）临客550/549次，鹰潭—厦门临客515/514次，南昌—厦门临客598/597次，同时调整（少开）部分货物列车，以保证客流增长需要。

2001年春运期为1月9日—2月17日，历时40天。福州铁路分局按节前节后，安排临时客车运输方案。春节前增开北京—福州、南昌—厦门、福州—南昌、福州—贵阳、福州—汉口、厦门—成都临客，合计6对。春节后增开福州—南昌、厦门—汉口、厦门—南昌、厦门—景德镇、福州—汉口、福州—北京、厦门—成都、厦门—鹰潭、福州—景德镇、厦门—武昌临客，合计10对。

2002年春运，福州铁路分局按节前节后，安排临时客车运输方案。节前，分局增开福州—汉口L60/L59次、福州—南昌L76/L75次、福州—重庆L28/L27次、福州—贵阳L196/L195次、福州—北京西L202/L201次、福州—上海L354/L353次、福州—武昌L380/L379次、福州—鹰潭(资溪)L440/L439次、厦门—南昌L82/L81次、厦门—汉口/L238/L237次、厦门—成都L444/L443次临客,经由鹰厦线余家口运行;泉州铁路责任有限公司增开泉州—赣州L468/L465、L466/L467次临客。春节后,分局增开厦门—景德镇L94/L93次、福州—南昌L286/L285次、厦门—上饶L274/L273次、厦门—景德镇L276/L275次临客。分局管内福州—资溪临客与福州—鹰潭临客共线,厦门—南平为预备线,福州—龙岩临时安排窜用其他临客运行线。

2003年春运期为1月17日—2月25日,共40天。福州铁路分局采取固定临客输送正常客流,固定预备线输送高峰客流,图外预备线输送突发性客流的运输方针。春运期间共开行临客30对,415列,6083辆,加挂客车189辆。节前,增开北京西—福州L202/203、L201/204次1对,北京西—福州A92/93、A91/94次1对,福州—阜阳A92/93次1对,厦门—阜阳A92/93次1列,福州—成都L196/3/4/5次1对,厦门—成都L444/1、L442/3次1对,重庆—福州L28/9、L27/30次1对,汉口—福州L60/7、L59/8次1对,汉口—厦门A32/3、A31/4次1对,郑州—厦门A40/37、A38/9次1对,武昌—福州L380/1、L378/382次1对,南昌—福州L76/3、L74/5次1对,福州—上海L354/3次1对,泉州—杭州东K986/7/6、K985/8/5次1对。节后,增开福州—成都L196/3、L194/5次1对,景德镇—厦门L276/5次1对,南昌—福州L394/1/2/3次1对,鹰潭—厦门L94/3次1对,厦门—汉口L376/7/5/8次1对。其中福州—成都、景德镇—厦门、北京西—福州、上海—福州L353/L354次等4对临客由福州客运分公司担当乘务。

2005年春运期间,南昌铁路局针对客流重点地区福州开行临客10对,比上年增加1.5对;厦门开行临客8对,比上年增加1.5对。

三、客车配属

1996年,福州铁路分局配属客车567辆:软座车6辆,硬座车235辆,软卧车40辆,硬卧车195辆,软硬卧车9辆,餐车37辆,行李车28辆,公务车1辆,接触网试验车1辆,空调发电车12辆,特种车3辆,其中配有空调设备的客车227辆。福州车辆段担当23列旅客列车的车、电检修乘务工作,即福州—北京、福州—上海的优质优价全列空调特快旅客列车8列,福州—南平、福州—永安的全列空调旅游快车2列,福州—龙岩和福州—厦门—杭州的旅客快车7列,福州—邵武的全列卧铺旅游快车1列,福州—鹰潭、福州—龙岩—厦门的普通旅客列车5列。永安车辆段担当漳平—龙岩、漳平—剑斗2列混合列车的车、电检修乘务工作。

1997年,福州铁路分局配属客车585辆:硬座车251辆,硬卧车195辆,餐车36辆,发电车15辆,公务车2辆,接触网试验车1辆,软座车6辆,软卧车42辆,软硬卧车9辆,行李车28辆;合计座位3万个,卧铺13690席。福州车辆段担当21列旅客列车的车、电检修乘务工作,即福州—北京、福州—上海优质优价特快列车8列,福州—南平旅游特快列车1列,福州—龙岩管内特快2列,福州—重庆跨局快车3列,福州、厦门—杭州跨局快车5列,福州—鹰潭普通客车2列。永安车辆段担当4列旅客列车的车、电检修乘务工作，即厦门—来舟普通客车2列，龙岩—剑斗与龙岩—漳平混合列车2列。

1998年，福州铁路分局配属客车627辆：软座车6辆，硬座车287辆，软卧车45辆，硬卧车193辆，软硬卧车9辆，餐车36辆，行李车34辆，空调发电车13辆，其他车4辆。其中25型客车有203辆。

1999年11月，铁道部和上海铁路局分配给福州分局厦门客车分段25G型空调车110辆，取代原使用的22型客车。自2000年1月1日起，厦门—北京特快列车使用25G型空调车。

2000年，福州铁路分局配属客车665辆：软座车6辆，硬座车291辆，硬卧车217辆，软卧车42辆，软硬卧车6辆，餐车38辆，行李车39辆，空调发电车24辆，公务车1辆，接触网试验车1辆。其中25型客车有348辆。

图2-10 2000年1月1日起，厦门—北京西旅客列车使用25G型空调车

2001年，福州铁路分局配属客车569辆：软座车5辆，硬座车221辆，硬卧车201辆，软卧车43辆，餐车34辆，行李车38辆，空调发电车25辆，公务车1辆，接触网试验车1辆。其中25型客车有380辆。

2003年，福州铁路分局配属客车623辆：邮政车10辆，硬座车233辆，硬卧车223辆，软卧车38辆，餐车36辆，软座车4辆，行李车43辆，空调发电车30辆，接触网试验车1辆。其中空调客车有456辆，占配属客车总数的73.55%。

2004年，福州车辆段配属客车863辆。其中硬座车342辆，硬卧车310辆，软卧车47辆，餐车43辆，空调发电车36辆。

2005年，福州车辆段配属客车861辆，代管客车67辆。

四、客车乘务

1991—2005年,列车乘务实行“三乘一体”制,即列车长、列检员和乘警三位一体,实行包乘制及列车长负责制,为旅客服务实行“全面服务,重点照顾”的工作方式。1996—2004年,福州铁路分局结合路风专项整顿,在客车乘务上开展“做、争、创,我为路风添光彩”“党员挂牌上岗”“岗位献爱心”等活动。

1996年,福州—北京46/45次列车在铁道部特快三组评比中两次被评为红旗列车,列车员傅本珠被评为省劳模;福州—上海78/77次列车在上海局列车二组评比中获得第二名,厦门—杭州396/395次在上海局列车三组评比中获第二名。福州客运段贵阳车队是分局管内唯一的绿皮车队,车厢没有空调,工作条件差,不少职工对乘务工作有抵触情绪,车队干部积极关心列车员的工作和生活,以关爱感化教育职工,稳定职工情绪,取得良好效果。

1997年,福州—北京46/45次列车在铁道部组织的站、车竞赛评比中获甲级三组“红旗列车”称号,列车员许联群获福建省“十佳青年”;福州客运段上水组在上海局举办的客车上水竞赛中获第二组第三名。年内,分局客运系统无责任旅客伤亡事故、责任职工伤亡事故、旅客食物中毒事故、行车事故、严重路风事故发生。

1998年6月21日深夜,8000立方米的泥石流泻到富庶站,停在三道的46次邮政车、发电车被冲倾斜。6月22日,鹰厦线洪灾中断行车,值乘的鹰潭3组车班困守资溪站160个小时,乘务员坚守岗位,旅客无一伤亡,行包财物无一丢失。其中福建省委、省政府办公厅给中央、国务院有关部门高级红色密件无一丢失,安全抵京,受到北京邮运处表扬。

1999年,福州客运段“武夷号”列车和福州—北京列车第九车班改革用工制度,在分局内率先使用临时合同工当乘务员,其列车员基本通用汉语、英语、日语三种语言服务,深受旅客好评。

2001年6月1日起,福龙客车有限公司值乘福州—深圳2273/2274、2271/2272次列车。公司采购新型豪华空调车,增设列车卫星电视。

2004年11月1日起,福龙客车有限公司值乘福州—南平N575/576次列车。列车乘务员面向社会公开招聘,经正规培训后上岗,乘务工作深受旅客好评。

2005年,福州—北京K45/46次、福州—上海K163/164次、厦门—北京西K307/308次列车在2004年度全路文明站车中被评为“红旗列车”。

(1)海峡号福州—北京K45/46次列车。列车全程运行2334千米,途经福建、江西、安徽、江苏、山东、河北、天津、北京等6省2市,历时34.1小时。有8个班组,职工489人。其中党员62人,团员157人,青工占职工比例32%。车队以“职工队伍整体素质明显提高,职工文化素质、技术技能与企业发展需要相适应”为目标,在乘务中开展“无干扰服务”“四声服务”“生日祝福”“我与旅客共建文明车厢”等活动。2005年输送旅客127.3万人。

(2)福州—上海K163/164次列车。列车采用全封闭25G新型空调车底,全程运行1029

千米，停靠15个车站，途经武夷山、杭州等著名的旅游胜地，为对开夕发朝至旅游列车。车队共有2个车底，4个班组，职工166名。车队将“舞动的武夷、流动的家”作为品牌口号，积极为旅客营造“没有旅途的疲劳，只有家庭的温馨”的旅客环境。2005年发送旅客46万人。

（3）鼓浪屿号厦门—北京K308/307次列车。列车全程运行2286千米，停靠48个站，历时33小时46分，经由鹰厦线、浙赣线和京九线，途经福建、江西、湖北、河南、安徽、山东、河北和北京等8个省市。车队有4个车底，8个乘务组，职工369名。列车通过提供信息服务、无干扰服务、亲情服务、语言服务等人性化服务，加强列车的厦门风俗文化底蕴建设，改善乘车环境，取得了良好的社会反响。2005年发送旅客128.36万人。

五、车站服务

1996年，福州站在候车大厅摆设盆花，修建喷水池，周围设置文化用品、图书、食品等供应店，方便旅客购物；在站台上种植花卉，修建假山、金鱼池、绿化园地等，使旅客置身于优美环境之中。邵武站客运值班员赵玉莲在邵武站开创了“爱婴服务”“济难救急基金旅客服务”等服务品牌。福州站连续八次获铁道部“文明车站”称号；厦门站获得上海局年度竞赛评比车站三组第二名；邵武车站连续14年被评为省级文明单位。

1997年，在铁道部组织的年度站车竞赛评比中，福州站获甲级三组“文明车站”称号，实现部文明车站“九连冠”；邵武站获铁道部颁发的全路“信得过”给水单位。在上海局暑运期间“保安全战高温”优质服务竞赛中，福州站、邵武站、厦门站分获前三名。

1999年，福州站获“国家卫生车站”和全路“文明车站”称号；邵武站、来舟站获上海局站车评比第二组第一名和第二名。在上海局举办的春运期间“保安全、促营销、优质服务”立功竞赛活动中，福州铁路分局获第三名，福州站王威、厦门站赵寿勋、邵武站鼓柳林、漳平站刘建荣、福州铁路分局客调毛旋军等获先进个人称号。在上海局暑期优质服务竞赛中，福州站和厦门站分获站段组前两名；漳平站姜飞、邵武站桥水秀、漳州车务段石继勇等获先进个人称号。

2001年，邵武车站值班员赵玉莲因为常年为旅客提供优质服务而获铁道部“火车头”奖章。

2003年，福州铁路分局站车评比中，永安站、三明站、南平站和邵武站分别获二等站组前三名；闽清站、顺昌站、光泽站分别获三等站组前三名。

2004年，福州车站获全路“文明车站”称号。11月9日，福州车站创建“王威服务台”。这是以2004年铁道部“火车头”奖章获得者、全国铁路劳动模范、福州站客运值班员王威的名字命名的。王威1987年从福州铁路技校毕业后，到福州站当客运员。在工作的17年中，王威经常帮旅客提行包，背老人，扶残疾人和病号上车出站，垫钱为落难旅客购车票，是旅客眼里的“大好人”。至2005年，他受到旅客表扬387次，被誉为“榕城窗口活雷锋”和“榕城一道风景”。

六、春运

福建铁路春运期间，以福州、厦门、来舟三站为旅客集中地点，学生和民工人流交汇。福建省各级地方政府和驻军部队与铁路部门一道把春运工作、客运整顿、安全基础建设紧密结合起来,采取地区包干,专业组和流动组、车站与列车互相配合,党、政、工、团加公安,齐抓共干保春运的联控互保等一系列春运工作方式。福州铁路分局制定"稳住福州、确保厦门、疏通来舟"和"客车重点保学生、临客疏散民工流"的运输组织策略,确保春运期间旅客及国家财产的安全。

1996年春运期间,福州铁路分局发送旅客254.24万人,日均5.1万人,比上年同期增加60.7万人,增长幅度31.7%,最高日为2月12日(农历十二月廿四),发送7.52万人;到达旅客298.5万人,日均6万人,最高日为1月28日(农历正月初十),到达8.17万人。

1997年春运期间,福州铁路分局首次取消棚车代客车运输方式,采取加挂、扩编、来舟续运等措施,采用"客车重点保学生、临客重点输民工"的运输组织方针。节前突出两站(福州、厦门站)、三流(学生流、民工流、探亲流)、四车(北京、武昌、南昌、重庆车)为重点的运输策略,节后突出四站(福州、来舟、南平、邵武站)、两流(学生流、探亲流)、三车(北京、上海、重庆车)为重点的运输策略,最大限度地将学生、民工客流组织上车。春运期间发送旅客239.9万人,比上年同期减少12.5万人,下降5%,日均发送4.8万人,最高日为2月13日(农历正月初七),发送6.5万人;到达旅客258万人,比上年减少35.5万人,下降13.2%,日均到达5.16万人,最高日为2月17日(农历正月十一),到达7万人。其中,福州站接待民工团体480批,16万人;学生团体90批,3万人。厦门站接待民工团体260批,12.7万人;学生团体18批,0.6万人。春运客发正点率为99.6%,客到正点率为97.8%,均达到"双九五"的目标,无责任行车事故、责任路外伤亡事故和责任旅客伤亡事故。

1998年春运期间,福州铁路分局增加售票窗口27个。旅客发送252.9万人,比上年增加13万人,增长5.4%,日均发送5.1万人,最高日为2月7日(农历正月初七),发送7.5万人;旅客到达281.6万人,比上年增加24.3万人,增长9.4%,日均5.6万人,最高日为2月15日(农历正月十一),到达8.5万人。福州车站接待民工团体450批,5.1万人;接待学生团体90批,学生3万人。厦门站接待民工团体350批,5.7万人;接待学生团体18批,0.6万人。

1999年春运期间,福州铁路分局旅客发送219.1万人,日均发送5.5万人,最高日为2月11日(农历十二月廿六),发送8.0万人;旅客到达227.2万人,日均5.7万人,最高日为2月22日(农历正月初七),到达8.3万人。

2000年春运期间,福州铁路分局旅客发送204.07万人,最高日为2月9日(农历正月初五),发送7.8万人;旅客到达212.54万人,最高日为2月12日(农历正月初八),到达8.14万人。福州铁路分局加开临客274列、4332辆,加挂客车805辆,增运旅客43.84万人。

2001年春运期间,福州铁路分局旅客发送192.35万人,旅客到达205.98万人。福州铁路分局加开临客212列、3866辆,加挂客车753辆,增运旅客41.21万人。

2002年春运期间,福州铁路分局增加售票窗口48个。旅客发送200.80万人,日均5.02万人,最高日为2月5日(农历十二月廿四),发送7.62万人;旅客到达224.48万人,日均5.61万人,最高日为2月22日(农历正月十一),到达8.78万人。

2003 年春运期间，福州铁路分局管内增加 22 个售票窗口，从永安、南平、漳州、邵武抽调售票员 10 名帮助福州站开设临时售票窗口。福州站接待民工团体 849 批，1.5 万人；接待学生团体 109 批，2.5 万人。厦门站接待民工团体 367 批，5.7 万人；接待学生团体 19 批，1.2 万人。其间，有 14.7 万民工输送纳入分局运输计划，使其运输有序、可控、安全、稳定。

2004 年春运期间，福州车站新站房还在施工中，客流量大，施工干扰大，车站超前部署，精心组织旅客乘降，化解施工带来的不便，共发送旅客 94 万人。厦门车站增设 9 个售票窗口，延长预售时间，实行 24 小时滚动售票、上门售票等措施，共发送旅客 54.68 万人。

2005 年春运期间，福州车站新站房投入使用，极大地缓解了旅客买票难、候车难的问题。

七、车站售票

1995 年，福州、厦门一等站开始微机售票。厦门站在市内白鹭洲开设"票务中心"，以缓和购票拥挤现象。10 月 1 日起，铁道部对铁路客运运价调整，将基本票价率每人千米 3.861 分钱调整到 5.861 分钱，上调幅度为 51.8%(至 2005 年未有变化)。

1996 年，福州、厦门车站开始利用流动售票车售票，并开始推行联程售票服务和应急(开车前 2 小时)售票及出站口预售返程票服务。福州、厦门、漳平、来舟、永安、三明等站站台上设立弹性售票柜台。二等以上车站开始推行电话、来函订票服务。福州与南平、福州与邵武、福州与永安、龙岩与厦门间试行往返票业务。8 月，福州铁路分局和福建省建设银行共同开发福州—南平"武夷山号"储值磁卡车票，面值单张 205 元，全套 400 元(往返各一张)。旅客使用时，在开车半小时前到专门窗口(设在检票口旁)通过专用机器刷卡，领取乘车凭证乘车，"武夷山号"列车专门预备一节硬座车厢对号入座。春运期间，福州铁路分局管内车站，增加 26 个学生、民工售票专窗，方便旅客购票；福州、厦门两站分别到 43 所大专院校上门售票，并集中办理团体民工车票；厦门站在市政府支持下，在站前广场增设临时候车室和临时售票处。

1997 年 1 月 16 日，漳州站启用客运代用票微机制票、统计软件系统。该系统具备性能可靠、技术稳定、修改方便、自动寻找最短线路、自动累计、快速制票等功能，适合站、段对代用票使用微机制票的要求。5 月，厦门站启用天津产的新一代售票机。10 月，厦门站启用代用票微机二次输入和直接打出区段票二次输入系统。

1998 年，福建省主要火车站均实现微机售票，永安、三明车站启用电子售票。

1999 年，郭坑、华安、闽清、资溪、沙县等 5 站启用微机售票。厦门、福州、永安、三明、南平等 5 站售票微机软件升级到 3.0 版本。福建省境内二等以上及客流较大的 17 个车站已全部实现微机售票。其中厦门、福州、永安、三明、南平等 5 站已与全路微机售票系统联网，实现异地联网售票。

2001 年，福州铁路分局实现全路微机联网售票的车站有 11 个。

2002 年，邵武、南平车务段和福州站的 P2000 制票机更新为 UBI 制票机。

2003 年，福州铁路分局实现全路微机联网售票的车站有 18 个。春运期间，福州站组织敞

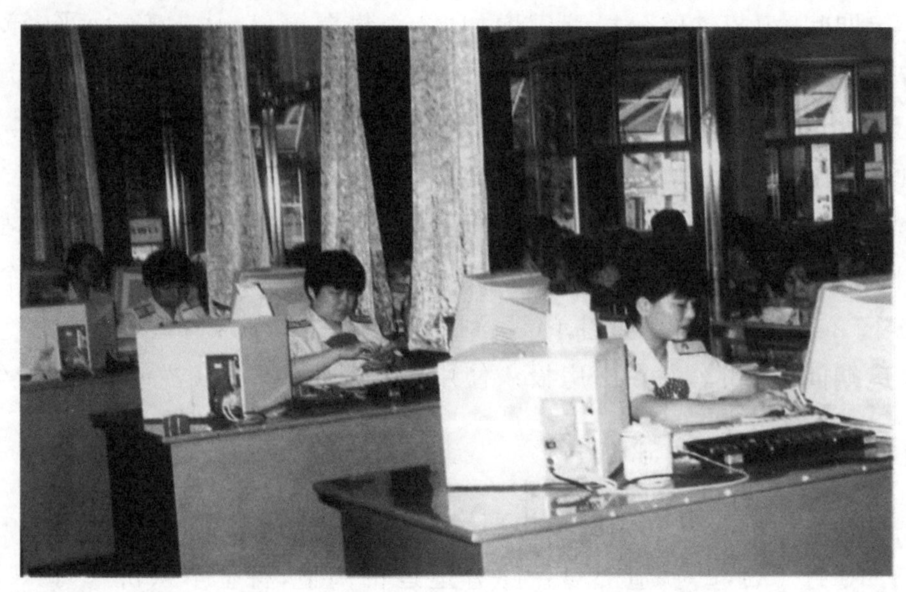

图 2-11 1998 年,福州站售票厅微机售票

开式售票,开足所有售票窗口,除站内大厅 15 个窗口外,还新增广场 10 个窗口、市内 5 个售票处、10 个代售点,并每 4 小时公布 1 次余票信息;厦门站推行"阳光售票",按照"先厦门后周边、先重点后一般,早安排、早告知"的原则,联合厦门市交通委共同发文,公布春运团体旅客订票办法,召开订票见面会,利用 LED 电子显示屏发布余票信息,并开通 9500395003 语言查询系统提供电话咨询服务。

2004 年 8 月,福州车站新站房投入使用,实行服务人性化,售票航空化。车站售票厅设 25 个售票窗口,与市区及郊县的 32 个车票代售点联网形成计算机售票网络,与邮政部门联合开设"1185"订票业务。

2005 年,南昌铁路局通过动态调整运能、合理调剂票额,提高票额利用率。对热门车采取"集中使用,提高效益"的做法,将厦门—重庆 K336 次列车日均硬卧、硬座票额 78 张由中间站调整至始发站发售,截至年底,该列车客票收入同比增长 9.3%,增收 522 万元。对冷门车充分发挥中间站补流作用,将福州—成都 K392/89 次列车 49 张软卧、硬卧票额由始发站及部分中间站调整到需求旺盛的南昌站发售,截至年底,该列车客座利用率达到 66%,同比增长 16%,客票收入增加 1875 万元。

八、行包发送

1996 年,福州铁路分局行李包裹发送 234.48 万件、53880 吨。其中,管内 98.29 万件、23746 吨;管外 136.1864 件、30134 吨。行李包裹(含保价运输)事故发生 23 批、79 件,比上年增加 11 件,理赔金额 1.18 万元,理赔率为 0.0034%。

1997 年,福州铁路分局行李包裹发送 248.02 万件、56776 吨。其中,管内 83.93 件、21078 吨;管外 164.09 万件、35498 吨。行李包裹(含保价运输)事故发生 76 批、146 件,比上年增加

图 2-12 1996 年，杏林—哈尔滨行包快运专列开行仪式

53 批、67 件，理赔金额 1.79 万元。

1999 年，福州铁路分局整车包裹发送 7 辆（厦门 2 辆，福州 5 辆），收入 20.26 万元；行李、包裹保价收入 195.9 万元，比上年减少 48.5 万元。福州—北京 46 次双挂行李车 262 辆，增运包裹 17.14 万件、3272 吨，增收 782.03 万元；包租行李车 332 辆，增运包裹 91.04 万件、2521 吨，增收 425.7 万元。

2000 年 3 月 18 日，福州铁路分局开行厦门—丰台行包专列。

2001 年，福州铁路分局开行行包专列 673 列（含厦门—丰台、厦门—哈尔滨行包专列），合计 11801 辆，运输进款 8045 万元。

2003 年 2 月，福建省鸿达物流公司选择海沧铁路白礁货场开行 X58/7 次行包专列。

2004 年，福州铁路分局整车包裹发送 39 辆，收入 67.69 万元；普通包裹收入 7683.5 万元；行李收入 101.5 万元；行包专列收入 1.25 亿元；行包保价收入 268 万元。

2005 年，福州东站行包发送 7935 件，行包到达 4914 件；福州车站行包发送 203.56 万件，行包到达 173.09 万件；厦门车站行包发送 63.76 万件，行包到达 60.89 万件；南平北站行包发送 16.87 万件，行包到达 12.07 万件；漳平车站行包发送 3.87 万件，行包到达 7.77 万件；永安（区）行包发送 5.01 万件，行包到达 7.90 万件；邵武（区）行包发送 3.89 万件，行包到达 6.63 万件；来舟站行包发送 2.73 万件，行包到达 1.25 万件。

九、客运事故

1996 年，福州铁路分局管内发生旅客各类伤亡事故 70 件（旅客意外伤害事故 14 件、治安伤害事故 27 件、旅客自身责任伤亡事故 20 件、旅客因病死亡 8 件、铁路责任事故 1 件）；事故造成旅客死亡19人,重伤17人,轻伤34人;事故处理费用21.23万元。事故件数比上年减少16件;死亡人数减少5人,重伤人数减少9人,轻伤人数减少4人;事故处理费用减少19.6万元。

1997年,福州铁路分局管内发生旅客伤亡事故37件(旅客意外伤亡9件、治安伤害5件、旅客自身责任造成伤亡19件、旅客因病死亡4件、第三者责任伤害1件);共造成旅客死亡11人,重伤13人,轻伤14人;事故处理费用12.07万元。事故件数比上年减少33件;死亡人数减少8人,重伤人数减少4人,轻伤人数减少20人;事故处理费用减少9.16万元。

1998年4月17日5时10分,广州客运段乘务的469次列车停靠福州车站后发生爆炸。当场死亡3人,重伤2人,轻伤5人。次日案件告破,系陕西省一农民因家庭纠纷杀人后逃走,在列车上引爆自杀。

1999年,福州铁路分局管内发生旅客伤亡事故49起(旅客意外伤害15起、治安伤害5起、旅客自身责任造成伤亡23起、旅客因病死亡6起、第三者责任伤害6起);旅客死亡15人,重伤23人,轻伤36人;事故处理费用19.49万元。

2000年,福州铁路分局管内发生旅客伤亡事故42起,造成旅客死亡10人,重伤17人,轻伤14人。

2001年,福州铁路分局管内发生旅客伤亡事故71件(旅客意外伤亡43件、治安伤害4件、旅客自身责任造成伤亡24件、旅客因病死亡9件);造成旅客死亡14人,重伤33人,轻伤22人;事故处理费用34.31万元。

2003年11月11日,福州客运分公司担当的K871次郭坑站列车启动后,因车门管理不当,造成2名旅客摔出。其中1人死亡,构成铁路部门责任旅客伤亡事故。

2005年,福建境内铁路发生旅客伤亡事故55起,造成旅客死亡9人,重伤3人,轻伤43人。

十、查堵“三品”

铁路严禁旅客携带易燃品、易爆品、危险品(简称“三品”)进站上车。1995年,福州、邵武、永安、漳平、漳州、南平南、郭坑火车站共配7台检查仪。2000年4月25日,厦门车站检查员许丽珠、李德珍查出湖北籍旅客魏某身上携带黄色炸药1千克、雷管3个及导火索连成装置,立即与公安干警一起作安全处理。2001年,厦门、南平南购置检查仪(彩色显示)各1台。2003年,漳平、永安站更新检查仪2台。2003年,福州铁路分局各站查获携带“三品”事件586起。

表2-8 **1996—2003年福建铁路查堵“三品”情况表**

品名	单位	1996年	1997年	1998年	1999年	2000年	2001年	2002年	2003年
鞭炮	万响	21	4.3	125.2	218	7.25	4.28	3.44	1.7
雷管	枚	170	94	242	150	21	9	14	0

续表 2-8

品名	单位	1996 年	1997 年	1998 年	1999 年	2000 年	2001 年	2002 年	2003 年
炸药	千克	9.7	0	0	0.72	5.23	9	6	2.3
导火线	米	50	1	18.15	6.96	3.47	9	6.2	16.7
枪支	支	11	2	21	—	6	19	4	5
子弹	发	141	—	896	280	78	78	1422	43
油漆(易燃品)	千克	369.65	72.5	95.5	443	40.3	210.6	—	8129
管制刀具	把	1143	62	296	1128	—	1375	1073	552
化工类	千克	82.1	44	38.1	—	110.5	—	60009	—
发令纸	张	7	0	0	0	0	0	0	—
旅客携带危禁物	件/人	254	—	—	80/83	—	—	994/950	—

注:“—”表示当年没有统计这项数据。

附:福州客运段

福州客运段位于福州市北郊,福州火车站西侧,东浦路 10 号。段部占地面积 9346 平方米。

1996 年,段担负福州—北京、福州—上海、福州—厦门、厦门—杭州、福州—龙岩、福州—南平、福州—鹰潭、福州—永安、福州—龙岩、龙岩—厦门、福州—邵武、福州—马尾、福州—魁岐市郊共 13 对旅客列车乘务、餐饮供应和行包运输工作。全段设行政股室 11 个,车队 5 个,班组 46 个,在册职工 2171 人。

1997 年,段设行政科室 11 个,车间 2 个,车队 6 个,班组 44 个,职工 2202 人,其中干部 229 人(含列车长 90 人),有专业技术职务职工 87 人,其中中级 17 人,初级 70 人。文化结构:大学 6 人,大专 31 人,中专 15 人,中技 2 人。固定资产总值 1020.4 万元。段新增福州—重庆旅客列车乘务。

1998 年,福州客运段担当福州—北京、福州—上海、福州—厦门、厦门—杭州、福州—龙岩、福州—武夷山、泉州—武夷山、厦门—武夷山、福州—鹰潭、福州—永安、福州—重庆、福州—马尾、福州—魁岐共 13 对旅客列车乘务、餐饮供应和行包运输工作。4 月,厦门客运分段成立,开行厦门—北京特快列车 1 对。分段设车间 2 个、车队 7 个、班组 54 个;职工 2132 人,其中绝大多数为外段借用人员,尚未办理调入手续;另有劳务工 290 人。

2000 年,福州客运段开始进行列车长公开招聘制度。年底,福州客运段改为福州客运公司,由上海铁路局客运公司管理。

2003 年 8 月 12 日,福州客运公司重新划归福州铁路分局管理,11 月 25 日,车辆段与客运公司分离。公司设有 7 个车队,72 个乘务班组,职工 2995 人。公司承担福州—北京、福州—上海、福州—贵阳、福州—重庆、福州—南京西、厦门—北京西、厦门—杭州等直通旅客列车 7

对和福州—永安、福州—南平、福州—武夷山、厦门—武夷山、厦门—三明等管内旅客列车5对的客运乘务工作,其中福州—上海的K164/163次是铁道部红旗列车。

2004年,福州客运公司职工3380人,其中职工2634人,外招劳务工746人。公司下设整备车间、旅服车间2个,第一、第二、第三、第四、第五、第六和厦杭、厦京8个车队,66个班组。公司承担从福州和厦门始发的12对旅客列车运输、餐饮供应和行包运送等乘务工作,其中K45/46次列车冠名为“海峡号”、K163/164次列车冠名为“武夷号”、厦门—北京K307/308次列车冠名为“鼓浪屿号”。

2005年,福州客运公司改称福州客运段。福州客运段承担福州—北京、福州—上海、福州—成都、福州—贵阳、福州—重庆、福州—南京西、厦门—吉安、厦门—北京西、厦门—杭州、厦门—武夷山、厦门—三明等11对旅客列车乘务工作。

第三节 货物运输

1997年6月1日起,铁路货物运价调整:平均每吨·千米提高0.5分,化肥、黄磷免征铁路建设基金;京九、京广线实行两线分流运价,在调整统一运价基础上,每吨·千米加价0.6分。福州铁路分局加快货运改革进程,建立与市场接轨的货运体制,培育运输市场。

2000年7月1日起,全路营业线货物平均运价每吨·千米提高0.2分。福州铁路分局开展货运自控班组建设,将其纳入货场基本管理制度和年度评比,落实货运安全逐级负责制,防火防爆,消除安全隐患,并组织三等以上货运站学习新颁布的《物运管理规则》,修订各站细则。

2003年,福州铁路分局建立以分管货运的副分局长为组长的货运营销领导小组,站段建立以站段长为组长的货运营销小组,县级以上所在地的货运站建立车站营销小组。三级营销组织着重负责市场调研分析、重点大宗货源的流向、重点货运品牌的创建。福州铁路分局先后制定和实施“北方四局”货运直达列车开行方案,华东地区城际货运直达列车开行方案,汉西、郑州班列优化开行方案以及成都去向直达列车开行方案,拉动管外货运量,促进货运收入增长。

一、货场建设

1996年,福州铁路分局加快货运设备改造步伐,利用保价资金和省集铁路海基金进行货运设备改造,其中保价投入项目107项、投资1474万元;铁路海基金投入11项、投资608.6万元。投资用于杏林火车站货场消防工程的续建,杜坞火车站危险货物仓库的大修和邵武站危险货物仓库的新建,龙岩站9道挡墙和围墙以及漳州、厦门北、来舟站货场围墙的翻修加高。1月1日起,分局执行铁道部新的危险货物办理安全规则,关闭厦门等10个危险货物办理站,只保留邵武、永安等8个危险货物办理站。杜坞、杏林火车站新货场开工。分局管内办理货运营业的车站85个,货流人员2074人,其中货运人员964人(站务员除外),装卸人员1110

人;货场面积 94.9 万平方米,其中仓库 154 座、10.3 万平方米,货物雨篷 19 座、1.8 万平方米,货物站台 137 座、21.4 万平方米;货物装卸线 114 股,全长 42.7 千米,装卸有效长 26.5 千米;货物一次推货量 19.3 万吨,年办理能力 2240.5 万吨,折合货位 3530 个。在全路文明货场建设评比中,福州东站被评为铁道部“四星级优质货场”。

1997 年,福州铁路分局按铁道部、路局、分局三级管理共安排 1015 万元用于货运设备改造。主要用于改造龙岩站 9 道(面积为 2400 平方米)和闽侯、白沙镇、南平站(面积 1700 平方米)的货场仓库;新建南平东站 500 平方米的危险品仓库以及消防、污水处理等配套设施;改造和装修福州东、杏林、闽清、古田站货运营业大楼和营业厅;福州东站开发研制货运微机管理系统;福州车站开发建设货运无线通信指挥网等。

图 2-13　1997 年厦门车站货场

1998 年,福州铁路分局管内货运营业站 85 个,职工 2138 人,其中货运人员 1032 人(站务员除外)、装卸人员 1106 人。管内货运设备:货场面积 94.78 万平方米,其中仓库 153 座、10.2 万平方米,货场雨篷 19 座、1.82 万平方米,货物站台 138 座、21.84 万平方米;装卸线 114 股、42.7 千米,装卸有效长 26.5 千米;货物围墙 9782 米,一次推货量 19.75 万吨;年办理能力 2273 万吨,折合货位 3647 个。

1999 年,福州铁路分局保价运输收入没有完成路局下达的任务,在货运设备改造和大修方面资金投入不足,投资重点主要是促进营销方面的基础设施建设,着重安排邵武、沙县、永安、郭坑等四等站货运营业楼的重建。8 月 26 日,经过 6 年施工的漳州站新货场通过验收,投入运营,漳州站货运吞吐能力得到增强。年底,三明站货运营业厅一体化改造工程竣工投入使用;厦门海沧铁路支线建成试通车,设有东孚、白礁、海沧 3 个车站,白礁、海沧货场运输能力均为 50 万吨;漳州站货运营业楼基本完工,建成面积为 8000 平方米的货运营业厅。

2000年9月1日,铁道部批准海沧铁路通过东孚站与全国铁路各站开办整车运输业务。新建南平南站货场被列为外福线电气化改造项目,设计能力近期为50万吨,远期为100万吨,年内进入施工阶段。

2001年,福州铁路分局危险货物办理站压缩至6个,全年危险货物总发送量60万吨。危险货物主要是压缩气体、液化气体、腐蚀性物品、易燃固体以及遇湿易燃物品,其中90%在专用线内办理。

2002年,福州东站被评为铁道部四星级优质货场,厦门北站被评为路局优质货场。

2003年,福州铁路分局投入567.26万元,更新改造货运设施。

2003—2005年,福州东站连续获全路四星级优质货场称号。

二、货场装卸

1996年,福州铁路分局管内站段装卸机械共有248台,其中龙门吊34台,电动轨道吊4台,卸煤机2台,装载机11台,内燃叉车2台,电瓶叉车193台,搬运车2台。

1997年,福州铁路分局装卸设备更新改造30项,共投资240万元,重点用于叉车更新、龙门起重机基础改造、维修组更新和集装箱吊具购置;装卸机械大修20项,共投资103万元;装卸机械中修15项,共投资75万元。由三明机械厂制造的U形36吨门式起重机和U形20吨门式起重机在龙岩站、福州东站和杏林站开始使用;由漳州、三明装卸作业所,泉州志宏电子应用研究所和货运分处联合研制的CYST-A型电瓶叉车液压元件试验台通过科技成果鉴定,在分局管内推广应用;龙门起重机起开机械变频调速新技术,在福州东、厦门装卸作业所推广应用,提高了起重机的技术性能。

1998年,福州铁路分局管内共有装卸机械276台,其中龙门起重机35台,电瓶叉车191台,装载机13台,卸煤机2台,轮胎起重机1台,行包牵引车6台,电动轨道起重机3台。

1999年,福州铁路分局管内共有装卸机械256台,其中龙门起重机38台,卸车机2台,装载机13台,轮胎起重机1台,汽车起重机2台,电瓶叉车162台,内燃叉车34台,电动轨道起重机2台,行包牵引车2台。年内,新增德国林德内燃叉车11台,其科技含量较高。

2000年,福州铁路分局管内共有装卸机械224台,其中龙门起重机34台,卸煤机2台,装载机11台,轮胎起重机1台,汽车起重机1台,电瓶叉车128台,内燃叉车42台,电动轨道起重机2台,行包牵引车2台,皮带输送机1台。10月下旬,福州铁路分局在三明站开展龙门吊机技术表演赛,福州东站装卸作业所潘康星取得第一名,并获分局技术能手称号。

2002年,福州铁路分局新购置龙门吊2台:三明站配置36吨普通龙门吊1台,福州东站配置40吨集装箱专用龙门吊1台(福州铁路分局货运分处和三明机械厂共同研制安装并通过铁道部质量检测);新购置电瓶叉车6台;更新改造设备17项,包括厦门站10吨单梁龙门吊搬至漳平站作技术改造增至12吨,福州东站20吨U形龙门吊搬至南平南站作技术改造增至26吨。福州铁路分局货运装卸机械化比重达48.45%。

2003年，福州铁路分局装卸机械新增16吨轮胎吊1台、H30D林德叉车1台、H18D林德叉车1台、CPD15EG电瓶叉车2台、TZD-CI5电瓶叉车8台和南平东站10吨门吊1台。分局投资340万元更新改造装卸设备27项；投资178万元进行装卸机械大中修11项，包括为解决来舟站烟草装车需要，首次为国产电瓶叉车配置进口夹包器，试用获得成功。年末，福州铁路分局装卸机械共208台，其中龙门吊37台。

2005年9月21—23日，福州铁路分局在福州举行第五届南昌铁路行车主要工种职工技能比赛货运赛区决赛，福州东站卢美雄获装载机司机比赛第一名，永安车务段周月林获装载机司机比赛第三名，福州东站沈毅获叉车司机比赛第一名，福州东站郭承惠获叉车司机比赛第二名。

三、货物保价

1991年5月1日起，铁路实行货物保价运输，保价运输收入款上缴铁道部。其使用权限为铁道部占36%（含交税），路局约占23%，福州铁路分局约占41%。保价运输开展后，保价运输收入成为改造货运服务设施资金的主要来源之一。

1996年，福州铁路分局开展代办保价的单位有三明钢铁厂、三明化工厂、龙岩集装箱中转站、石狮利民联运中转站。11月，为保证货物列车在运输途中的安全，福州铁路分局管内各货运站全面推广使用之前在始发货车上使用的防盗加固锁。全年，福州铁路分局货物保价收入为4144.56万元，较上年减少388.78万元，下降12.2%；行包保价收入284.64万元，较上年减少39.56万元，下降8.6%；保价运输货物1809.80万吨，占全年货物发送量的70.93%，较上年下降1.94%；发送保价运输货物645451批，占全年货物发送量的74.25%，较上年下降4.36%；发生保价一般事故681件，较上年减少53件，下降7.2%；保价赔偿1483件、360.3万元，较上年减少189件、65.8万元；全年补偿76批、56.4万元，较上年增长17批、1.9万元；保价赔付率10.06%（含补偿），较上年减少0.54%；保价货物万批事故率为10.6件，较上年增长1.2件；被盗丢失事故625件，较上年下降10.3%。在“严打”斗争中，分局保价办提供线索，会同公安下到沿线调查，破获了两起特大诈骗冒领案件。

1997年，福州铁路分局拨出8万元购置加固锁4万只，发至管内各货运站使用；拨出44.57万元，对治安状况不好，经常发生运输货物被盗的区段，由公安、保安组成押运队实行武装押运。全年保价总收入4346.53万元，包括货运保价3882.12万元、客运保价303.28万元、代办保险手续费161.13万元；总支出2545.25万元，包括铁道部项目支出130万元、路局项目支出549万元、分局项目支出782.8万元、其他支出1083.45万元。

1997年，福州铁路分局新增泉铁客货代办处、福州东集装箱中转站、福州东运贸公司、厦门车站运贸公司、漳州铁路运贸公司、漳泉地方铁路开发公司6个单位开展代办保价。全年，福州铁路分局货物保价收入3882.12万元，较上年减少262.44万元，下降6.76%；行包保价收入303.28万元,较上年增加18.64万元;发送保价运输货物1770.11万吨,占全年货物发送量的72.76%,较上年减少39.6926万吨,保价(吨)率上升1.83%;发送保价运输货物558.32千批,占全年货物发送批的73.75%,较上年减少87.12千批,保价(批)率下降0.5%。

1998年6月,福州铁路分局新增漳平、来舟、邵武、永安、南平运贸公司和武夷山铁路公司等6个单位代办保价运输业务。年内,分局拨出安全防范经费10万元购置防盗加固锁1万只发至管内各货运站。

1999年,福州铁路分局发送保价运输货物50.02万批,占全年货物发送量的72.11%,较上年减少7600批;发送保价运输货物1511.25万吨,较上年减少105.85万吨;货物保价收入2646.99万元,较上年减少330.77万元;责任保价赔偿事故1115件、赔偿279.2万元,较上年减少65件、118.38万元;补偿事故132批、赔偿142.13万元,较上年增加37批、24.9万元;非保价事故3件,赔偿1.7万元。

2000年,福州铁路分局与厦门工程机械厂、厦门北八道运输代理有限公司、厦门集装箱有限公司签订代办保价运输协议。全年发送保价运输货物53.71万批,占全年货物发送量的74.98%,较上年增加2.87%;货物保价收入为2913.84万元,较上年增加266.85万元。

2001年,福州铁路分局对站段代办保价业务费、保价提成奖、代办保险业务费实行捆绑考核,即完成月度收入任务时,分别按10%、5%、3%清算,未完成任务则减半清算。

2002年,福州铁路分局为提高货主参加保价运输的积极性,提高保价理赔的服务质量,开始对保价运输大户加大补偿力度。全年发生货运事故354件,比上年增加42件,增加13.46%;保价赔款310.79万元,比上年减少26.60万元,下降7.88%;保价补偿269.34万元,比上年增加35.58万元,增加15.22%;赔款率为19.61%,比上年提高1.78个百分点;万批货物赔款率为6.46件,比上年增加1.17件。

2003年,福州铁路分局发送保价运输货物53.63万批,占全年货物发送批的56.04%,较上年增长4.49%;发送保价运输货物2226.56万吨,占全年货物发送量的69.8%,较上年增长0.44%;货物保价收入3123.86万元,较上年增加165.96万元,增长5.46%;全年保价事故理赔325件,较上年减少29件,下降8.19%;保价事故赔款326万元,比上年增加15.21万元,增长4.89%;保价补偿347万元,比上年增加77.65万元,增长28.83%;万元赔付率为21.54%,万件事故率为5.8件。

2005年,全局二等以上车站的保价理赔工作基本实现微机管理,安全保价各级管理人员按"三快"(快速受理、快速调查、快速赔付)和"三赔"(赔出速度、赔出质量、赔出信誉)的要求办理。对外办赔质量明显提高,对保价大户、长期参加保价运输的货主,灵活运用保价补偿政策,为货主排忧解难,得到货主好评。

表 2-9 **1996—2003 年福州铁路分局货物保价收入和理赔情况表**

单位：万吨；万元；%

年份	保价运输货物数量	保价收入	保价理赔数/金额	保价万元赔付率	附注
1996	1809.80	4144.56	1483/360.3	10.06	
1997	1770.14	3882.12	1340/413.27	13.13	被盗丢失 1245 件，赔偿 343.89 万元；损坏 88 件，赔偿 58.99 万元
1998	1617.10	2977.76	1180/397.56	18.00	被盗丢失 1064 件，赔偿 313 万元；损坏 99 件，赔偿 63 万元
1999	1511.25	2646.99	1115/279.20	15.89	
2000	1756.60	2913.84	1378/380.15		被盗丢失 1251 件，赔偿 56.8 万元
2001	2029.93	3203.98	1329/570.12	17.79	被盗丢失 1082 件，赔偿 251.38 万元；损坏 145 件，赔偿 79.9 万元
2002	1875.67	2958.56	354/310.79	19.61	
2003	2226.56	3123.86	325/326	21.54	

四、重点物资运输

煤炭、石油、金属、钢铁运输是福建铁路货运重点。1996 年，福州铁路分局为保障重点物资运输，对中央直属和省内大中型企业三钢、三化、青州纸厂、南平纸厂、福建水泥厂、顺昌水泥厂的物资做到装车计划审批“三优先”，对港口物资、外运物资、电厂用煤、重点工程用料包保完成计划。全年煤炭装车 84316 车，比上年多 5322 车，提高 6.7%；水泥 63703 车，比上年少 4013 车，下降 5.9%；粮食 6574 车，比上年多 117 车，提高 1.3%；化肥 12619 车，比上年多 79 车，提高 0.6%。

1997 年，福州铁路分局发送煤炭 61853 车，冶金矿 24214 车，钢铁 18595 车，水泥 66799 车，木材 18744 车，石油 3508 车，粮食 4432 车。

1998 年，福建铁路分局发送煤炭 4009 万吨，石油 159 万吨，焦炭 15 万吨，金属矿石 1936 万吨，钢铁 1403 万吨。

2000 年，福建铁路分局发送煤炭 198 万吨，石油 2 万吨，金属矿石 104 万吨，钢铁 142 万吨。

2001 年，福建铁路分局发送煤炭 206 万吨，石油 4 万吨，金属矿石 133 万吨，钢铁 171 万吨。

2002 年，福建铁路分局发送煤炭 550.62 万吨，石油 44.50 万吨，焦炭 7.42 万吨，冶金矿 321.85 万吨，钢铁 197.40 万吨。

2003 年 11 月和 12 月，应福建省政府和上海铁路局的要求，福州铁路分局每天为厦门、漳平、益口三大电厂电煤装车 140 车，煤炭车实行优先分配空车、优先装车、优先挂运、优先放行，调度所建立煤炭运输日报制度。

2004年7月19日—8月7日煤炭抢运20天内,福建省铁路日均装运电煤677车,主要电厂的煤炭库存增至70万吨,确保了全省电力迎峰度夏的要求。

2005年,福建省铁路煤炭运输量为1380万吨,其中装车发送529.77万吨,到达卸车851万吨。

五、零担货物运输

1996年,福州铁路分局提高整零车载重力利用率和使用车载重力利用率,全年发送零担货物178万吨,中转零担4.5万吨;节省货车载重力60万吨,折合10932车。

1997年,福州铁路分局发送零担货物91.4万吨,零担到达75.9万吨,其中管内中转零担4.1万吨,超鹰潭中转39.8万吨。

1999年,市场竞争激烈,福州铁路分局为争夺货源,以加强零担轻浮货物的组织,开行"五定"(定点、定线、定车次、定时、定价)班列来增强运输时效优势,增加零担运输量。全年"五定"班列开行873列、33280车,其中零担8126车,占24.4%;零担装车数23794车,发送量76.6万吨,分别比上年增加2790车,6.7万吨;管内中转零担2.5万吨,超越中转零担32万吨;零担到达51.7万吨,零担运输收入7254.5万元。

2000年,福州铁路分局加强轻浮货物装车和货运"五定"班列开行来增加零担运量。全年发送零担66.6万吨,到达51.7万吨,零担收入5493.3万元。

2001年,福州铁路分局发送零担60.3万吨,其中管内中转零担2.9万吨,零担到达35.4万吨。

2002年2月,厦门晋联物流公司选择海沧铁路海沧货场开行发往乌鲁木齐方向的"五定"班列。

2004年,福建省零担办理的车站有32个,即福州东、杜坞、闽侯、闽清、古田、樟湖板、南平南、南平北、光泽、邵武、晒口、埔上、顺昌、沙县、三明、荆西、永安、岭头、漳平、华安、漳平东、杏林、厦门北、漳州、南安、泉州、雁石、坎市、龙岩东、武夷山、建阳、建瓯。全年福建省发送零担货物54.20万吨。

2005年,福建省零担办理车站缩减到28个,即福州东、杜坞、闽侯、闽清、古田、樟湖板、南平南、南平北、光泽、邵武、顺昌、沙县、三明、荆西、永安、岭头、漳平、杏林、厦门北、漳州、南安、泉州、雁石、坎市、龙岩东、武夷山、建阳、建瓯。全年福建省发送零担货物26.54万吨。

六、集装箱运输

1996年3月,福州铁路分局成立福州开发区闽铁集装箱运输有限公司,把集装箱运输和篷布管理归口给该公司经营管理,集装箱运输开始由产生型管理转变为生产经营型管理。公司在管内各站段设2个分公司、8个企业所,在泉州、石狮、晋江、福清建立4个分公司。全年完成集装箱发送 52428 标准箱、423667 吨。其中 1 吨箱 49230 箱,5 吨、6 吨箱 3694 箱,10 吨箱 41710 箱,20 英尺箱 1806 箱,40 英尺箱 84 箱。

1997 年,南平、三明、漳州站开办 20 英尺大型箱运输业务,龙岩站开办 20 英尺和 40 英尺集装箱运输业务。全年福州铁路分局发送集装箱 61555 箱、520826 吨,分别比上年增长 17.3%和 22.9%。其中 20 英尺箱发送 8945 箱,比上年增长 390.4%。福州铁路分局应用 20 英尺箱运输柑橘 920 车,以解决柑橘运输棚车不足问题,并在泉州、晋江、石狮开办无轨分公司组织集装箱运输货物 1300 车。

1998 年,福州铁路分局发送集装箱 82073 标准箱,75.9 万吨,分别比上年增长 32.4%和 45.5%。其中厦门北站运量增长较快,年发送集装箱 38524 标准箱、38.5 万吨,约占全省铁路集装箱运送的一半。福州铁路分局利用运价下浮政策组织集装箱运输柑橘 1200 车,运输瓷砖 2000 车。4 月 18 日,厦门港站成立,港口发到铁路的集装箱、整车货物实现在港、站直接办理。5 月,福州铁路分局集装箱公司与厦门站共同组建厦门铁路集装箱有限公司,归口管理集散站、港站的集装箱经营业务,以促进厦门铁路集装箱运输发展。福州铁路分局分两期建立集装箱信息跟踪系统信息联网。第一期福州东站、厦门北站于 6 月份开通使用,第二期漳州、龙岩、三明、南平站于年底开通使用,实现与全国铁路集装箱运输管理现代化系统同步。10—12 月,集装箱纳入货运“五定”班列运输,发送 1462 车。

1999 年 9 月起,全面实施集装箱运输“一口价”,通过简化费用结构,降低发到站费用,增强费用透明度以及严禁价外收费等措施,进一步增强集装箱运输的价格竞争优势。全年,福州铁路分局集装箱发送 10.67 万标准箱、101.4 万吨,分别比上年增长 27%和 33.6%,其中,福州东站、漳州站增长幅度较大,分别发送 3.7 万吨和 1.8 万吨,比上年增长 70%和 77%;组织集装箱货物班列 6158 车,其中,福州东站发汉西站班列,自 8 月开行以来至年底共发送 20 英尺箱 1811 车,3622 箱。新增集装箱办理站有:永安、坎市站,可办理 10 吨、20 英尺集装箱业务;泉州站,可办理 1 吨、5 吨、10 吨、20 英尺集装箱业务。福州铁路分局运用福州东、厦门北 10 吨集装箱运输瓷砖,发往局管内办理站;管内 4 个车站与南京分局 3 个车站实行粮食、瓷砖对口运输;对由集装箱装运的瓷砖实行运价下浮政策,通过运价下浮与水路竞争重质货源,比上年增运 1.9 万标准箱;加强重箱、空箱的到达组织,为解决箱源不足的问题,从外调入空箱 8000 箱,提供箱源保证。

2000 年下半年,发往郑州、兰州、乌鲁木齐方向的瓷砖货物整车运价下浮 24%,集装箱运价未同比下浮,促使部分集装箱运输的瓷砖货物流入整车运输。全年,福州铁路分局集装箱发送 9.63 万标准箱,905716 吨,比上年分别减少 10%和 10.1%。铁道部实施集装箱追踪系统和“一口价”清算系统全国联网,福州东、厦门北、南平、邵武、三明、永安、漳州、龙岩、泉州等站于 10 月实现联网。

2002 年,福州东站新增 40.5 吨集装箱专用门吊 1 台,泉州、三明、杏林站新增 36 吨门吊各 1 台,具备办理 40 英尺集装箱起重能力;邵武站新增 26 吨门吊 1 台,具备办理 20 英尺集装箱起重能力。

2003年5月7日,铁道部批准海沧铁路公司(支线)开办20英尺、40英尺集装箱托运业务。全年,福州铁路分局集装箱发送23万标准箱、264万吨,比上年分别增长48.2%和57.2%。其中增量较大的车站有:厦门北站集装箱发送7.4万标准箱、87.2万吨,比上年分别增长64%和87.9%;福州东站集装箱发送4.5万标准箱、42.8万吨,比上年增长均为39.4%;永安车站集装箱发送3.9万标准箱、53.6万吨,比上年分别增长12.6%和11.4%;泉州站集装箱发送2.1万标准箱、22.6万吨,比上年分别增长172.7%和205%;龙岩东车站集装箱发送1.5万标准箱、18.9万吨,比上年分别增长94.9%和139.2%。年内新增东孚(海沧货场)、南安、南平南、古田四个临时集装箱1箱站。东孚(海沧货场)门吊起重能力36吨,办理20英尺、40英尺集装箱托运业务;南平南站门吊起重能力36吨,办理10吨、20英尺集装箱托运业务;古田站门吊起重能力10吨,办理10吨、20英尺集装箱托运业务;南平站停止办理集装箱托运业务。福州铁路分局应用城际列车优势,加大发往江浙发达地区集装箱的货源组织,新增集装箱运量1000车;应用40英尺重型集装箱加大发往郑州铁路局和成都铁路局去向的货源;组织"集装箱龙"列车运输,新增集装箱运量2700车。

2005年,福建铁路发送集装箱146.67万吨。

七、国际货物运输

1996年,福州铁路分局管内经二连、满洲里、绥芬河、阿拉山口发往俄罗斯、独联体等东欧国家的国际货物运输列车有50辆;经由管内到厦门、马尾等口岸的国际货物运输列车有10334辆;由管内发往香港或经香港转世界各地的国际货物运输列车有507辆;全年共办理国际货物运输列车16101辆。

1997年,福州铁路分局办理国际货物运输列车20550辆,比上年增长128.00%。

1998年,受东南亚金融风暴和夏季特大洪水灾害影响,福州铁路分局国际运输货源下降。为此,福州铁路分局主动提供运输便利等各项优质服务,扭转业务下滑被动局面,全年办理国际货物运输列车24535辆,比上年增加3803辆,增长15.7%。

1999年,国际货运量下滑,福州铁路分局管内经二连、满洲里、绥芬河、阿拉山口发往俄罗斯等东欧国家的国际货物,办理1950车,收入719.8万元。

2000年3月18日起,马尾、厦门开行国际行包专列。

2001年2月19日,铁道部决定将中国铁路对外服务总公司厦门铁路实业发展有限公司划归上海铁路局。7月20日,上海铁路局将其交福州铁路分局管理。

2005年,南昌铁路局与福州、厦门港联手做大口岸运量,加快筹划海沧和马尾集装箱港站,其中,海沧港站将规划成为国际集装箱堆场和配送中心。

表 2-10　　**1996—2005 年福建省铁路货物分品类发送量情况表**

单位：万吨

品类	1996 年	1997 年	1998 年	1999 年	2000 年	2001 年	2002 年	2003 年	2004 年	2005 年
煤炭	516.78	381.9	400.92	331.04	198.30	206.1	214.57	651.80	665.73	530.00
石油	7.92	17.5	15.88	9.92	1.93	3.72	6.09	62.86	63.09	69.00
焦炭	2.53	1.5	1.46	0.37	1.25	0.55	1.18	11.16	15.29	10.00
金属矿石	154.40	149.7	193.65	119.13	103.50	132.8	148.14	363.34	489.57	564.00
钢铁	82.89	113.8	140.26	139.70	141.57	171.1	169.05	239.28	262.88	279.00
非金属矿	116.86	101.6	84.36	71.33	90.67	87.37	77.71	130.88	130.73	139.00
磷矿石	0.07	0.2	0.86	0	0.37	0	0	0.02	0	0.00
矿建材	390.64	431	387.55	292.77	267.11	283.56	277.61	280.68	399.64	408.00
水泥	387.31	401.9	382.47	371.75	354.56	393	401.84	536.35	520.35	508.00
木材	147.05	118.5	111.93	101.33	98.27	136.5	135.60	166.55	248.02	227.00
粮食	39.99	26.9	23.34	20.70	15.90	19.6	19.89	25.81	22.24	22.00
棉花	0.05	0.05	0.08	0.01	0.10	0.08	0.16	0.05	0.02	0.04
化肥	74.23	67.9	81.94	79.15	85.27	92.14	103.19	103.00	102.37	99.81
盐	11.59	7.9	8.73	9.16	7.60	8.75	7.57	6.02	9.17	9.32
化工品	75.39	78.2	64.36	47.48	51.07	68.62	51.13	42.62	46.35	42.55
金属品	3.65	4.2	3.93	3.30	2.47	2.57	4.49	3.21	3.70	4.11
工业机械	11.78	12.6	13.87	10.26	9.99	14.57	21.20	37.60	43.09	3.30
电气品	4.16	7.5	3.77	1.05	18.99	0.9	0.76	0.53	0.53	0.40
农机	1.51	1.34	1.11	0.51	0.51	0.57	0.56	0.34	0.07	0.01
鲜活	84.42	92.3	64.78	53.28	46.24	36.61	32.32	34.16	24.62	27.29
农副	80.88	69.6	78.81	102.54	111.93	130.68	95.84	73.10	70.94	59.91
饮食品	40.84	39.8	37.08	23.08	19.07	27.71	28.62	61.28	56.95	40.23
纺织品	35.49	43.8	29.02	15.32	14.64	11.47	8.13	22.48	8.84	9.61
文教品	36.46	38.1	31.16	33.63	48.24	52.64	51.30	62.54	66.50	77.34
医药品	0.39	0.6	0.67	0.51	0.43	0.32	0.24	0.28	0.72	0.60
其他	28.37	32.5	29.90	32.08	26.22	34.4	36.67	52.38	82.57	75.33
零担	132.95	91.4	69.81	71.71	58.27	57.18	33.81	39.41	41.48	25.24
集装箱	42.08	49.9	72.35	101.57	87.39	123.7	153.90	270.15	269.97	231.67
合计	2510.70	2382.07	2334.06	2042.69	1844.50	2097.25	2081.57	3278.90	3645.43	3491.30

表 2-11　　**1996—2005 年福建省铁路货物分品类到达量情况表**

单位:万吨

品类	1996 年	1997 年	1998 年	1999 年	2000 年	2001 年	2002 年	2003 年	2004 年	2005 年
煤炭	703.68	570.06	565.97	637.97	621.80	636.29	708.10	815.89	933.03	851.00
石油	45.05	41.25	44.55	49.77	61.45	84.19	76.07	115.52	116.74	127.54
焦炭	59.81	55.51	65.94	42.51	48.24	98.08	58.57	131.00	155.32	177.11
金属矿石	79.56	95.94	105.71	99.94	127.50	158.65	179.71	223.53	292.50	331.41
钢铁	160.71	221.73	278.59	288.54	304.90	373.31	315.27	421.92	433.67	497.36
非金属矿	180.37	180.55	165.83	144.16	152.70	195.74	168.73	268.77	294.35	286.47
磷矿石	30.39	24.34	24.82	22.21	20.40	19.50	25.63	20.66	15.16	14.42
矿建材	96.30	114.69	112.82	109.04	95.69	133.77	95.15	150.94	156.22	212.60
水泥	463.50	472.60	449.57	451.53	446.10	584.19	494.66	623.58	575.97	605.35
木材	42.97	48.44	49.85	73.02	130.40	103.47	89.12	127.77	85.95	89.40
粮食	208.16	269.23	297.51	224.01	230.90	263.20	274.75	393.34	470.07	417.80
棉花	1.69	1.86	1.24	2.85	4.15	3.18	4.84	4.33	3.33	4.59
化肥	81.32	89.41	94.60	110.53	106.90	120.07	106.02	121.06	121.24	133.12
盐	9.30		16.71	12.24	12.46	22.10	17.03	18.50	16.57	19.50
化工品	106.00	105.56	92.07	95.09	105.10	120.80	103.40	109.60	122.83	120.19
金属品	7.73	8.57	7.17	6.60	7.22	9.86	9.15	8.85	8.23	6.60
工业机械	7.50	8.46	5.70	6.07	5.34	6.68	4.83	5.10	4.30	4.44
电气品	2.98	3.76	2.96	2.83	2.32	3.68	2.60	1.62	1.19	0.77
农机	0.15	0.07	0.01	0.01	0.03	0.07	0.07	0.02	0.003	0
鲜活	19.11	13.84	13.19	13.68	19.31	18.05	9.37	11.24	14.62	13.30
农副	18.29	18.33	23.63	24.22	35.64	32.16	15.78	17.17	14.64	15.41
饮食品	21.79	20.46	19.12	23.08	26.02	27.52	22.08	21.01	24.68	27.51
纺织品	2.83	2.68	2.74	3.04	6.19	8.43	4.91	5.76	12.24	5.03
文教品	32.40	31.34	28.93	27.91	37.22	38.52	23.66	29.22	29.68	20.91
医药品	0.18	0.38	0.30	0.36	0.53	1.37	2.47	1.96	2.15	1.75
其他	69.57	104.01	127.59	129.03	144.90	175.96	140.14	160.39	182.78	191.75
零担	125.18	75.89	43.29	51.74	40.10	35.60	21.92	26.93	33.45	18.94
集装箱	43.62	51.22	61.56	83.45	94.10	150.11	152.70	197.63	240.46	238.29
合计	2620.30	2640.44	2702.00	2735.47	2888.00	3438.50	3126.72	4033.30	4361.50	4432.67

第三章 设备维护

铁路运营是一个设备庞大复杂、生产环节众多、专业分工细密的大生产过程。在客货运输中，是由机车、车辆、工务、电务、供电等各系统的专业设备设施来协同运转的。进入20世纪90年代后，福建铁路在运输装备方面，数量、质量、技术水平都有较大提高。蒸汽机车逐步被内燃机车和电力机车所替代；主要正线线路逐步实现钢轨P60型重轨化；信号设备向电气集中、微机联锁方向发展。福州铁路分局制定各种技术设备的运用、养护、维修实施细则，确定各工种的岗位职责范围，提高运输工作的计划性和组织性。

第一节 机车运用检修

一、机车运用

（一）机车配属

1996年，福州铁路分局配属蒸汽、内燃、电力三种机车289台(蒸汽机车67台，占23.2%；内燃机车64台，占22.1%；电力机车158台，占54.7%)。其中，邵武机务段配属蒸汽机车10台，内燃机车4台，电力机车84台；福州机务段配属蒸汽机车13台，内燃机车38台；永安机务段配属蒸汽机车15台，内燃机车9台，电力机车74台；漳平机务段配属蒸汽机车29台，内燃机车13台。分局报废建设型蒸汽机车1台，前进型蒸汽机车6台；新增东风5型内燃机车7台，韶山3B型电力机车5台，韶山4型电力机车10台；调出韶山3A型电力机车13台，建设型蒸汽机车1台。

1997年，福州铁路分局配属机车277台。其中，邵武机务段配属蒸汽机车5台，内燃机车5台，电力机车77台；福州机务段配属蒸汽机车12台，内燃机车42台；永安机务段配属蒸汽机车10台，内燃机车12台，电力机车74台；漳平机务段配属蒸汽机车26台，内燃机车14台。支配电力机车23台。分局报废建设型蒸汽机车7台，前进型蒸汽机车7台；新增东风5型内燃机车9台，韶山4型电力机车10台；调出韶山3型电力机车17台。

1998年，福州铁路分局共配属机车279台。其中，邵武机务段配属蒸汽机车4台，内燃机车5台，电力机车77台；福州机务段配属蒸汽机车9台，内燃机车56台；永安机务段配属蒸汽机车7台，内燃机车12台，电力机车71台；漳平机务段配属蒸汽机车24台，内燃机车14台。支配电力机车23台。分局报废建设型蒸汽机车9台；新增内电2型内燃机车6台，东风4型

图 3-1 福州机务段配属的东风 4 型内燃机车

内燃机车 8 台;调出韶山 3 型电力机车 3 台。

1999 年,福州铁路分局配属机车 268 台。其中,蒸汽机车 31 台,占 11.6%;内燃机车 82 台,占 30.6%;电力机车 155 台,占 57.8%。分局新增韶山 3B 型电力机车 7 台,东风 4 型内燃机车 2 台,前进型蒸汽机车 1 台;调出内电 2 型机车 6 台,建设型蒸汽机车 1 台;报废东风 4 型内燃机车 1 台,建设型蒸汽机车 11 台和前进型蒸汽机车 2 台。

2000 年 12 月,外福线电气化改造完成,旅客列车由韶山 3B 型电力机车牵引,货车由韶山 4 改进型电力机车牵引。

2001 年,福州铁路分局配属机车 272 台,其中内燃机车 84 台,电力机车 188 台。2 月 8 日,蒸汽机车停用,漳平机务段为最后一台蒸汽机车 6551 号举行退役仪式。分局报废东风 4 型内燃机车 2 台、建设型蒸汽机车 3 台和前进型蒸汽机车 6 台;调出建设型蒸汽机车 2 台,前进型蒸汽机车 6 台。

图 3-2 鹰厦线行驶的韶山 3 型电力机车

2002 年，福州铁路分局新增韶山 4 型电力机车 20 台，东风 5 型内燃机车 2 台。

2005 年，福州机务段配属机车 152 台，永安机务段配属机车 148 台。

表 3-1 **1996—2003 年福州铁路分局机务段机车配属情况表**

单位：台

年份	合计	蒸汽机车		内燃机车			电力机车	
		建设 JS	前进 QJ	东风 4 DF_4	内电 2 ND_2	东风 5 DF_5	韶山 3 SS_3	韶山 4 SS_4
1996	289	45	22	32	0	32	146	12
1997	277	38	15	32	0	41	129	22
1998	279	29	15	40	6	41	126	22
1999	268	17	14	41	0	41	133	22
2000	291	5	12	43	0	43	148	40
2001	272	0	0	41	0	43	148	40
2002	294	0	0	41	0	45	148	60
2003	303	0	0	43	0	45	148	67

（二）机车交路

1996 年，福州铁路分局机车平均每日牵引客车 62 对，货车 153 对（其中不成对 6 对，小运转 40 对）。客运牵引区段为福州—鹰潭、厦门—鹰潭；货运牵引区段为鹰潭—来舟，再重新编组分向厦门和福州东。机车交路采用肩回制或半循环制。

1997 年，福州铁路分局牵引客车 61 对，货车 151 对。客运牵引区段为福州—鹰潭、厦门—鹰潭；货运牵引区段为鹰潭—来舟，再重新编组分向厦门和福州东。机车交路制：鹰潭—来舟、来舟—漳平区段的客运采用半循环制，其他区段的客、货运为肩回制。

1998—1999 年，福州铁路分局牵引客车 70 对，货车 152 对（其中不成对 2 对，小运转 26 对）。牵引区间：客运由福州、厦门—鹰潭和福州—武夷山；货运由鹰潭—来舟后，重新编组分向厦门、福州东和武夷山—福州东。机车交路制：鹰潭—来舟、来舟—漳平区间的客运采用半循环制，福州—武夷山货运为继乘式，其他区段的客、货运均为肩回制。

2000 年，福州铁路分局牵引客车 94 对，货车 126 对（其中不成对 2 对，小运转 26 对，以上不包含所担当的合资公司机车牵引交路）。牵引区间：客运由福州、厦门—鹰潭、福州—武夷山、来舟—武夷山和漳平—龙岩；货运由鹰潭—来舟后，重新编组分向厦门、福州东和武夷山—福州东、武夷山—来舟和漳平—坎市。机车交路：鹰潭—来舟、来舟—漳平区间的客运采用半循环制，其他区段的客、货运均为肩回制。

2001年,福州铁路分局机车牵引货车交路由来舟—福州东改为来舟—樟林和武夷山—樟林。

2003年,福州铁路分局机车牵引客车交路增加到99对,货车交路增加到153对(不包含所担当的合资公司机车牵引交路)。牵引区间:客运由福州、厦门—鹰潭、福州—武夷山、来舟—武夷山和漳平—龙岩、仙师;货运由鹰潭—来舟后,重新编组分向厦门、樟林和武夷山—樟林、武夷山—来舟和漳平—坎市。

2004年1月7日起,福州—来舟区段货运机车实行轮乘制;4月1日起,福州—鹰潭区段实行客运机车长交路轮乘制;9月1日起,福州—上饶区段客运机车实行长交路轮乘并实施双班单司机操纵。

2005年,福州—鹰潭间运行的9对旅客列车交路,由原分段牵引改为由福州机务段担当,实行双班单司机乘务;南平北—厦门间的10对直通旅客列车采取半循环制交路,由永安机务段担当,实行双班单司机乘务,取消永安、漳平换乘点。

(三)机车乘务

1994年,鹰厦线电气化开通之初,电力机车上线牵引故障频繁。永安机务段司机吴成祖利用到湖南株洲电力机车厂接韶山型机车一年的时间里,向机车工厂师傅们请教,主动参与机车低压柜、高压柜、制动柜的布线、组装及试验,钻研电力机车操作技术,提高判断故障和处理问题能力,故其操纵机车故障较少。吴成祖整理编写的《DK-1型制动机故障现象分析》和《SS_3型电力机车高、低压试验故障现象分析》两本小册子,经分局推广成为鹰厦线机车司机的工具书,由此带动永安、邵武机务段司机驾驶技术的普遍提升。

图3-3 机车乘务员出乘前检查机车

1997年,永安机务段韶山3型200号机车组获国家优秀QC小组成果奖,韶山3型110号机车组获福建省优秀QC小组成果奖。

2000年,福州机务段司机陈斌因驾驶机车安全行驶20年而获铁道部“火车头”奖章。

2001—2002年度,永安机务段的韶山3型281机车乘务组和邵武机务段韶山3型646机车乘务组分别被评为上海铁路局、福州铁路分局标兵乘务组。

2003年，永安机务段指导司机吴成祖获得全国五一劳动奖章，漳平机务段司机长傅光全获得福建省五一劳动奖章，永安机务段司机长赵晓阳获得铁道部"火车头"奖章。

2005年，邵武机务段韶山3型646机车组从蒸汽机车、内燃机车、内燃机车转到电力机车，至此安全走行320万千米。

图3-4 2005年9月，永安机务段欢送全国劳模吴成祖赴京领奖

(四)机车故障

1996年，福州铁路分局机车故障16件，比上年减少3件，每10万千米为0.07件。其中：蒸汽机车2件，每10万千米0.09件；内燃机车2件，每10万千米0.04件；电力机车12件，每10万千米0.07件。机车每10万千米临修件数：蒸汽机车2.14件，内燃机车1.11件，电力机车1.33件。

1997年，福州铁路分局机车故障19件，每10万千米0.08件。其中：内燃机车5件，每10万千米0.08件；电力机车14件，每10万千米0.07件。机车临修每10万千米0.8件。其中：蒸汽机车每10万千米1.68件，内燃机车每10万千米0.9件，电力机车每10万千米0.7件。年内邵武机务段"攻克韶山3型电力机车主断路器瓷瓶烧损故障"QC成果获铁道部优秀质量管理成果奖。

1998年，福州铁路分局机车故障4件，每10万千米0.02件。其中：内燃机车1件，每10万千米0.02件；电力机车3件，每10万千米0.02件。机车临修每10万千米0.83件。其中：蒸汽机车每10万千米3.23件，内燃机车每10万千米0.89件，电力机车每10万千米0.6件。

1999年，福州铁路分局机务系统无险性及以上行车故障，一般行车故障发生3件，每10万千米0.01件。

2000年,福州铁路分局机车故障10件,每10万千米0.04件。其中:内燃机车1件,每10万千米0.01件;电力机车9件,每10万千米0.04件。机车临修每10万千米1.17件。其中:蒸汽机车每10万千米2.93件,内燃机车每10万千米1.48件,电力机车每10万千米1.06件。

2001年,外福线、鹰厦线开展“百日无弓网故障”竞赛活动,邵武协作区实现连续无责任弓网故障305天,漳平协作区实现连续无责任弓网故障1202天。

2002年,在机务系统“百日无弓网故障”竞赛活动中,邵武协作区实现连续无责任弓网故障532天,漳平协作区实现连续无责任弓网故障1718天。

2003年,福州铁路分局机车故障3件,每10万千米0.01件。其中:内燃机车1件,每10万千米0.01件;电力机车2件,每10万千米0.01件。机车临修210件,每10万千米0.6件。其中:内燃机车临修36件,每10万千米0.45件;电力机车临修174件,每10万千米0.64件。

2005年,福州机务段发生机破10件,每10万千米0.05件;发生途中故障3件,每10万千米0.02件;发生临修33件,每10万千米0.12件。

表3-2　**1996—2005年福州铁路分局货运机车运用主要技术指标完成情况表**

年份	日车千米（千米/台日）	日产量[（万吨·千米）/台日]	技术速度（吨/列）	平均牵引（吨/列）
1996	380	78.8	43.5	2246
1997	386	82.3	43.7	2299
1998	387	82.5	43.9	2295
1999	384	72.3	43.9	2319
2000	367	64.4	45.2	2267
2001	364	62	45.3	2388
2002	366	58.1	42.4～48.2	2416
2003	368	84.6	42.4～48.2	2426
2004	391	88.9	48.3	2385
2005	333	72.8	45.1	2406

二、机车检修

(一)机车检修设备

1996年,福州铁路分局机车检修实行专业化集中修和配件互换。检修作业普遍使用风动、电动、油压等专用工具和机械,配置检测仪器、仪表及非标装备。永安机务段和株洲电力机车研究所联合研制了韶山SS_3B型电力机车电子检测试台,修车库内设有10吨、30吨行吊和吊装设备，并建成大型部件清洗装备，减轻检修劳动强度，提高修车质量和工作效率。福州铁路分局各机务段拥有机械动力设备 740 台，其中：金属切削机床 145 台，锻压剪冲设备 34 台，动力设备 62 台，电气设备 117 台，起重运输设备 166 台，工作炉及金属处理设备 37 台，木工、铸工设备 3 台，试验设备 127 台，工程机械 7 台，杂项设备 42 台。分局对设备大修 6 台，小修 1504 台；设备鉴定 408 台，其中一级 160 台，二级 239 台，三级 9 台，设备良好率 97.8%。8 月20 日，邵武机务段韶山 4 型电力机车配套工程辅助生产厂房、中央备品库、检修棚开工建设，次年 1 月竣工。

1997 年，福州铁路分局各机务段拥有机械动力设备 768 台。其中：金属切削机床 143 台，锻压剪冲设备 34 台，动力设备 65 台，电气设备 120 台，起重运输设备 163 台，工作炉及金属处理设备 38 台，木工、铸工设备 3 台，试验设备 150 台，工程机械 7 台，杂项设备 45 台。分局对设备大修 14 台，小修 1362 台；设备鉴定 422 台，其中一级 162 台，二级 249 台，三级 11 台，设备良好率 97.39%。

1998 年，福州铁路分局各机务段拥有机械动力设备 950 台。其中：金属切削机床 131 台，锻压剪冲设备 44 台，动力设备 83 台，电气设备 162 台，起重运输设备 174 台，工作炉及金属处理设备 41 台，木工、铸工设备 3 台，试验设备 238 台，工程机械 5 台，杂项设备 68 台。分局对设备大修 44 台，小修 1456 台；设备鉴定 449 台，其中一级 148 台，二级 228 台，三级 13 台，设备良好率 97.1%。

1999 年，福州铁路分局安排机车设备技术改造项目 16 项、92.9 万元，大部件大修 244.5 万元，内燃机车大修技术改造 29 万元。

2000 年，福州铁路分局安排机车设备技术改造项目 11 项、86.3 万元，大部件大修 186.5 万元，内燃机车大修技术改造 23.2 万元。

2001 年，福州铁路分局安排机车设备技术改造项目 20 项、184.6 万元，大部件大修 317.6 万元。

2002 年，福州铁路分局安排机车设备技术改造项目 18 项、211.5 万元，大部件大修 298.2 万元。

2003 年，福州铁路分局各机务段拥有机械动力设备 1070 台。其中：金属切削机床 118 台，锻压剪冲设备 45 台，动力设备 91 台，电气设备 187 台，起重运输设备 190 台，工作炉及金属处理设备 45 台，木工、铸工设备 4 台，试验设备 294 台，工程机械 5 台，杂项设备 91 台。分局对设备大修 23 台。设备鉴定 519 台，其中一级 194 台，二级 310 台，三级 14 台，不合格设备 1 台，设备良好率达 97.11%。永安机务段开展机车轴承检测站和检修管理综合系统建设。

2004 年，福州铁路分局并入南昌铁路局后，福建境内设永安和福州两个机务段。永安机务段拥有机械动力设备 511 台，福州机务段拥有机械动力设备 564 台，资产原值 4244 万元。

2005 年，永安机务段拥有机械动力设备 498 台，福州机务段拥有机械动力设备 564 台。

(二)机车检修作业

1.蒸汽机车检修

1996 年，福州铁路分局蒸汽机车洗修 303 台，蒸汽机车架修 25 台。

1997 年,福州铁路分局蒸汽机车洗修 246 台,蒸汽机车架修 19 台。

1998 年,福州铁路分局蒸汽机车洗修 205 台,蒸汽机车架修 12 台。蒸汽机车检修停时:福州机务段 18.1 小时,漳平机务段 19.1 小时,蒸汽机车段修不良率 2.9%。

1999 年,福州铁路分局蒸汽机车洗修 186 台,停止架修。蒸汽机车检修停时:福州机务段 17.4 小时,漳平机务段 19.1 小时,蒸汽机车段修不良率 2.8%。

2001 年蒸汽机车停止运用,也不作机车洗修,仅为地方厂矿洗修 5 台蒸汽机车。

2. 内燃机车检修

1996 年,福州铁路分局完成内燃机车小修 186 台,辅修 194 台,检修率 6.8%。

1997 年,福州铁路分局内燃机车小修 171 台,辅修 186 台,内燃机车小修 29.4 小时,辅修 18.1 小时。

1998 年,福州铁路分局内燃机车小修 203 台,内燃机车小修 28.5 小时,辅修 20.6 小时。

1999 年 12 月 6 日,福州机务段第一台东风 4 型内燃机车中修上台,福州铁路分局机车检修能力得到提升,全年内燃机车中修 10 台,平均停时 13.6 天,压缩停时 6.4 天。

2000 年,福州铁路分局内燃机车中修 20 台,其中福州机务段完成东风 4 型内燃机车中修 12 台。

2003 年,福州铁路分局内燃机车中修 19 台,其中福州机务段完成 DF_4 内燃机车中修 7 台。

2004 年,福州铁路分局内燃机车小修 375 台,内燃机车中修 33 台。

2005 年 5 月 10 日,福州机务段大修第一台 DF_5 型内燃机车成功,全年大修 3 台。至此,福建境内以福州机务段为中心的内燃机车小、中、大修三级检修基地建成,达到铁道部机车专业化、集中修的要求。

图 3-5 福州机务段内燃机车柴油机检修

3. 电力机车检修

1994年，福州铁路分局电力机车修制改革，机车修程由原厂、架修、定修改为大修、中修、小修、辅修四级，规定电力机车中修周期里程为40万千米，小修为8万千米，辅修为2万千米。福建境内电力机车主要由永安机务段负责检修。

1996年，福州铁路分局电力机车中修32台，小修176台，辅修580台。电力机车小修停时37.1小时，辅修停时15.7小时。

1997年，福州铁路分局电力机车中修38台，小修167台，辅修585台。电力机车小修停时36.2小时，辅修停时15.4小时。年内，永安机务段制定机车检修工艺跟踪写实制度，全面落实记名检修制，实行零千米检查，假设故障修车和检车等制度，实行机车质量环式管理新模式。

1998年，福州铁路分局电力机车中修32台，电力机车小修171台，辅修543台。电力机车小修停时35.1小时，辅修停时14.8小时。年内，永安机务段开始筹备电力机车大修，制定大修工艺。

1999年10月28日，永安机务段完成第一台电力机车大修。这标志着永安机务段已成为技术完备的电力机车检修基地，以后电力机车大修可以在福建境内完成，成为华东地区首家有此资质的机务段。

2000年，永安机务段完成韶山3型电力机车厂修2台。

2001年，永安机务段副总工程师朱家欣围绕检修机车工装装置、机车质量惯性故障开展科技攻关，研制SS_3型电力机车电器故障诊断装置和SS_3B型电力机车防空转装置改造项目，编写《SS_3型电力机车中修工艺手册》，成为福州铁路分局电力学科带头人，享受国务院“政府特殊津贴”。

2002年，永安机务段完成韶山3A型电力机车厂修2台。

图3-6 永安机务段研究攻克电力机车牵引电机主极连线改造课题

2003 年,永安机务段完成韶山 SS_3 型电力机车厂修 4 台。

2004 年,永安机务段完成韶山 SS_3 型电力机车厂修 5 台。

2005 年,永安机务段完成韶山 SS_3 型电力机车厂修 5 台,电力机车中修 43 台,小修 235 台,平均停时 30.3 小时,平均每台机车小修周期为 93964 千米。全年电力机车辅修 125 台,平均停时 16.1 小时,平均每台机车辅修周期为 22692 千米。

表 3-3　**1996—2005 年福州铁路分局机车检修完成情况表**

单位:台

年份	蒸汽机车		内燃机车			电力机车			
	洗修	架修	中修	小修	辅修	中修	小修	辅修	大修
1996	303	25	0	194	204	32	176	580	0
1997	246	19	0	171	186	38	167	585	0
1998	205	12	1	203	208	32	171	543	0
1999	155	0	10	213	227	39	187	594	1
2000	89	0	20	224	232	44	195	648	2
2001	5	0	19	227	253	45	258	897	2
2002	0	0	21	254	267	45	280	992	2
2003	0	0	15	262	282	37	252	842	4
2004	0	0	33	375	375	51	116	254	5
2005	0	0	41	123	123	43	235	125	5

附:机务段

1996—2003 年,福建省境内设有邵武机务段、福州机务段、永安机务段和漳平机务段。2003 年,4 个机务段固定资产总值 15.34 亿元,机车乘务员 1941 人,机车检修工 733 人。2004 年邵武机务段合并于福州机务段,漳平机务段合并于永安机务段。

1. 邵武机务段

邵武机务段担负鹰潭—来舟区间 294 千米客货列车牵引辅助和管内调车、小运转以及本段机车修理任务。

1996 年,邵武机务段配属机车 98 台,其中韶山 4 型电力机车 12 台,韶山 3 型电力机车 72 台,东风 5 型内燃机车 4 台,蒸汽机车 10 台。各种机械动力设备 119 台,固定资产总值 22019 万元,职工 1415 人。全年完成总走行千米 8755 千机·千米,总重吨·千米 1317110 万吨·千米。

1997 年,邵武机务段设党委、纪委、工会、团委 4 个党群部门,12 个行政股室,下设运用、检修、燃料、设备、后勤 5 个车间，职工 1380 人。段配属机车 87 台，有各种机械动力设备 120 台，固定资产原值 3.24 亿元。

1998 年，段配属机车 86 台，其中韶山 4 型电力机车 22 台，韶山 3B 型电力机车 24 台，韶山 3 型电力机车 31 台，东风 5 型内燃机车 5 台，蒸汽机车 4 台。机械动力设备 116 台，固定资产原值3.16 亿元。至年底实现无险性以上事故 2284 天，无一般事故 81 天，无职工伤亡事故 6424 天，无弓网事故 987 天。全年防止各类事故 1417 件。

1999 年，为完成分局下达的减员计划，邵武机务段通过联系协商逐步向厦门客运分段、泉州、武夷山合资铁路公司分流 30 名职工。除政策性规定和补充内燃、电力机车专业的机车乘务员外，停止调入职工，同时还实行内部退养、息工制度，鼓励富余人员自谋职业，提倡劳务输出，运输主业减少 68 人，新增职工 11 人，全年减员 57 人。

2000 年，段设党群部门 3 个，行政科室 8 个，生产车间 4 个，机车监控管理所 1 个，救援列车 1 列，生产班组 131 个。职工 1258 人，年工资总额 2442.1 万元。段配属机车 86 台，客机交路增至 16.5 对，货车机车交路增至 37 对。

2002 年，段设党群部门 3 个，行政科室 9 个，生产车间 6 个。职工 1249 人，年工资总额 2783.3 万元。段配属机车 93 台，其中韶山 4 型电力机车 22 台，韶山 3B 型电力机车 26 台，韶山 3A 型电力机车 37 台，东风 4 型内燃机车 3 台，东风 5 型内燃机车 5 台。

2004 年 11 月 25 日，邵武机务段合并于福州机务段，就地成立邵武机务运用管理中心。

2. 福州机务段

福州机务段位于福州市晋安区鼓山镇潭下村 88 号，占地面积 24.60 万平方米。20 世纪 90 年代中期，段具有一架二洗二定修台位的机车检修能力，负责本段配属的内燃、蒸汽机车及邵武、永安、漳平机务段东风 5 型内燃机车和部分建设型蒸汽机车的架、洗、定修任务。

1996 年，段设党委、纪委、工会、团委 4 个党群部门和 12 个行政股室，下设运转、检修、燃料、救援 4 个车间，职工 1073 人。段配属机车 51 台，其中东风 4 型内燃机车 32 台，东风 5 型内燃机车 6 台，蒸汽机车 13 台。各种机械动力设备 165 台(套)，固定资产总值 11947 万元。全年蒸汽机车架修 25 台，蒸汽机车洗修 115 台，内燃机车定修 398 台。

1998 年，根据分局生产布局需要，福州机务段成立内燃机车中修筹备工作小组，分工艺布局、技术资料、人员培训和工装机具 4 个专业组负责筹备工作，并自制及改造工装机具 45 件。12 月，中修工程开工；12 月底，首台内燃机车中修竣工，结束了分局无内燃机车中修的历史。

1999 年，段承接横南线客货运输任务，增加了运用走行千米，增加机车乘务员岗位 50 人，并承接东风 5 型内燃机车中修 10 台，分流检修职工岗位 38 个。

2000 年，段设党委、纪委、工会、团委 4 个党群部门和办公室、计财、劳动人事、技术、安保、材料 6 个行政科室，下设运转、检修、燃整、救援 4 个车间，生产班组 78 个，职工 972 人。年内，外福线电气化改造竣工，机车转型，福州机务段配属韶山 3 型电力机车 12 台、韶山 4 型电力机车 18 台。12 月 25 日 10 时 35 分，韶山 4 型 0531 号电力机车陈斌机班担任第一趟 30058 次电力机车牵引交路。次日9时50分,韶山3型4420号电力机车王德明机班担任外福线电气化开通典礼的第一趟K46次旅客列车牵引交路。

图3-7 福州机务段检修库

2001年,全年共防止各类行车事故412件,实现4个百日安全,以及无责任重大事故4006天,无责任险性事故4006天,无责任一般事故1158天,被命名为铁道部"五星级"安全标准机务段。

2003年,段设党委、纪委、工会、团委4个党群部门,办公室、计财、劳动人事、安保、材料、技术、验收、职教、统计9个行政科室,监控中心1个,运转、检修、设备、燃整、救援5个生产车间,102个生产班组,职工1091人。

2004年,段配属机车55台。其中韶山3型电力机车15台,韶山4型电力机车15台,东风4型内燃机车12台,东风5型内燃机车13台。

2004年11月,邵武机务段合并于福州机务段。

2005年,福州机务段配属机车152台。其中韶山3A型电力机车2台,韶山3B型电力机车69台,韶山4G型电力机车43台,东风4B型内燃机车15台,东风5型内燃机车19台,东风7G型内燃机车4台。1月25日起,福州—鹰潭区段客运机车实行长交路双班单司机操纵,福州—上饶区段客运机车实行长交路双班单司机操纵。5月2日,福州机务段第一台东风7C型内燃机车中修下线;5月10日,第一台东风5型内燃机车中修下线。

3. 永安机务段

永安机务段位于永安市东郊新桥,占地面积9.85万平方米,负责来舟—漳平客货列车牵引、调车、小运转及抢险、救援工作和永安、漳平机务段电务机车小辅修、中修及邵武机务段电力机车中修任务。

1996年,段设党群部门4个,行政股室12个,生产车间4个,折返段1个,救援列车2列,生产班组 126 个。职工 1455 人,年工资总额 2005.67 万元。段配属机车 98 台,其中韶山 3 型电力机车 45 台,韶山 3B 型电力机车 29 台(漳平机务段支配 23 台),东风 5 型内燃机车 9 台,前进型蒸汽机车 3 台(漳平机务段支配 1 台),建设型蒸汽机车 12 台。全段机械动力设备 296 台,固定资产原值 25433 万元。

图 3-8 永安机务段机车整备场

1998 年 12 月 29 日,段实现无险性事故 8 周年。

1999 年,经上海铁路局批准,经过一年多时间筹备的永安机务段首台电力机车大修于 10 月28 日开工,12 月 30 日竣工,历时 54 天。此次大修实现了"三个一次成",即低压试验、高压试验和正线运行试运一次成功。

2000 年,段配属电力机车 95 台,其中韶山 3A 型 47 台,韶山 3B 型 34 台,东风 4 型 2 台,东风 5 型 12 台。

2002 年,永安机务段设党群部门 4 个,行政科室 8 个,生产车间 4 个,折返段 1 个,救援列车 2 个,生产班组 125 个。职工 1326 人,年工资总额 2860 万元。

2004 年 11 月 25 日,漳平机务段合并于永安机务段,同时成立永安机务段漳平机务运用管理中心。

2005 年,全段共 148 台机车,其中电力机车 96 台,内燃机车 52 台。机车牵引总重 176.24 亿吨·千米,机车总走行 1707.61 万千米。

4. 漳平机务段

漳平机务段位于漳平市菁城镇东北侧,占地面积 12 万平方米,负责漳平至厦门,郭坑到漳州至龙岩、坎市,漳平至长基、下洋、天湖山等方向 420 千米客货列车牵引、调车、小运转及本段蒸汽机车的检修和永安机务段机车在漳平折返整备作业等任务。

1996 年,段设行政股室 14 个,党群部门 4 个,下设车间 8 个,班组 95 个,职工 1092 人。段配属机车42台,其中蒸汽机车29台(前进型11台,建设型18台),东风5型内燃机车13台;支配韶山3型电力机车23台。全段机械动力设备158台(套),固定资产总值6182.8万元。全年机车总走行454.6万千米,日产量57.8万吨·千米,技术速度39.9千米/小时,平均牵引总重1677吨。

1997年,漳平机务段设行政股室14个,党群部门4个,下设车间8个,班组96个。职工1067人,年工资总额1480.5万元,年人均工资收入1.39万元。

1999年,漳平机务段设行政股室14个,党群部门4个,下设车间9个,班组95个,职工1016人。

2000年,漳平机务段设行政科室8个,党群部门4个,下设车间8个,班组83个。职工941人,年工资总额1738.05万元,年人均工资收入1.85万元。

2002年,漳平机务段设行政科室8个,党群部门4个,下设车间8个,班组88个,职工930人。

2004年,漳平机务段配属内燃机车26台,其中东风4型10台,东风5型16台;支配韶山3B型电力机车18台。机械动力设备176台,固定资产总值12709.96万元。职工927人,其中机车乘务员377人,机车检修工人102人。

2004年11月25日,漳平机务段合并于永安机务段,改为永安机务段漳平机务运用管理中心。

第二节 供电运用检修

一、牵引供电设施

至1996年,福州铁路分局管内有1097.02条·千米接触网线路,设有16个牵引变电所,20个接触网工区以及1个开闭所。鹰厦线电气化改造建成并开通运营,电气化牵引远动工程竣工投入运用,全线设有漳平和邵武两个供电段,17个接触网工区和17个牵引变电所。鹰厦线接触网工区由北至南分布如下:上清(江西省境内)、资溪(江西省境内)、光泽、邵武、拿口、顺昌、来舟、青州、沙县、荆西、永安、西洋、城口、漳平、华安、郭坑、厦门北。鹰厦线牵引变电所由北至南分布如下:饶桥(江西省境内)、铁关、西陇、邵武、卫闽、顺昌、来舟、沙县、荆西、永安、西洋、麦园、漳平、华安、郭坑、杏林、厦门北(厦门北为开闭所)。

1996年,鹰厦线永安至漳平间接触网简单悬挂改造为链式悬挂工程项目立项施工改造,福州铁路分局首批投入100万元资金,进行永浆至桂口间的接触网“简改链”工程。

1997年,福州铁路分局投资1050万元进行永漳段“简改链”工程,由漳平、邵武供电段分段施工,全年完成49条·千米接触网改造。完成药村站接触网扩建,吸流变压器大修,麦园变电所直流屏改造和韶山4型电力机车应急配套工程。

1998年12月,邵武供电段研制出L形悬臂式隧道抢修装置。

图 3-9 漳平牵引变电所

1999 年,福州铁路分局管内有 1113.43 条·千米接触网线路,设有 16 个牵引变电所、20 个接触网工区以及 1 个开闭所。

2000 年 12 月 26 日,外福线 191.5 千米电气化全线开通。电气化区段新增南平、古田、闽清、福州 4 个变电所和 4 个网工区,由邵武供电段管理。

图 3-10 邵武供电段六氟化硫气体断路器及串级式电流互感器

2001年,外福线电气化铁路牵引供电变电所在全路最先实现无人值班有人值守制度。

2002年,投资140万元的漳平站场改造工程完工,标志着永漳段接触网"简改链"全部完成。

2003年,邵武供电段搬迁至福州,成立福州供电段。

2004年12月13日,漳平供电段合并于福州供电段。

2005年,福州供电段负责福建省境内电气化铁路牵引供电、检修和维护,下辖接触网工区20个,牵引变电所20个,开闭所1个,接触网悬挂1418.95条·千米,变电设备3664台次,固定资产8.06亿元。

二、牵引变电所运行

福州铁路分局牵引电度计量,执行各区段电气化铁路开通前同地方供电局签订的供电协议。牵引变电所在两回110千伏进线侧各装有功、无功(止逆表)计量装置1套,作为供电局向铁路收取电费的依据,鹰厦线地方供电局按10元/(千伏安·月)收取基本电费。

1996年,福州铁路分局管内有1097.02条·千米接触网线路,设有16个牵引变电所,20个接触网工区以及1个开闭所。全年牵引供电质量:每百万千瓦时平均跳闸0.39件,比上年减少0.12件;每百万千瓦时供电原因跳闸0.04件,比上年减少0.02件;每件跳闸平均停电时间24分钟,供电原因跳闸平均停电时间67分钟,弓网故障平均停电时间102分钟;检修"天窗"次数兑现率87.5%,比上年减少3.7%;时间兑现率93.2%,比上年提高1.9%;"天窗"利用率96.1%;接触网优良率92.6%,合格率98.9%;变电设备优良率78.5%,合格率96%。

1997年,福州铁路分局牵引供电质量:每百万千瓦时平均跳闸0.26件,比上年减少0.13件;每百万千瓦时供电原因跳闸0.02件,比上年减少0.02件;每件跳闸平均停电21.8分钟,比上年减少2.2分钟;供电原因跳闸平均停电64分钟,比上年减少3分钟;弓网故障平均停电75分钟,比上年减少27分钟;检修"天窗"次数兑现率95.8%,比上年提高8.3%;时间兑现率107.6%,比上年提高14.4%;"天窗"利用率95.3%;接触网优良率90.9%,合格率96.3%;变电设备优良率86.5%,合格率97.1%。分局加强机供联控,完善工供联控,围歼弓网故障。机务和供电部门紧密协作,供电段加强牵引供电设备巡视检查,组织6次对全线设备进行热滑。各电力机务段加强电力机车受电弓出入库检查;各联控协作区定期召开联控会议,对各项联控措施指定专门负责人,及时处理问题;各机务、供电段安全、调度室开通热线电话联系;各供电段加强与工务部门的横向协作,邵武供电段与邵武工务段签订"工供联控"协议,全面开展联控工作。

1998年,福州铁路分局接触网优良率91.0%,合格率96.5%;变电设备优良率88.49%,合格率98.6%。

1999年,福州铁路分局接触网优良率92.3%,合格率95.9%;变电设备优良率86.12%,合格率94.0%。

2000年,福州铁路分局牵引供电质量:每百万千瓦时平均跳闸0.24件,比上年减少

0.09件;每百万千瓦时供电原因跳闸0.04件,比上年增加0.01件;每件跳闸平均停电时间21分钟,比上年增加1分钟;供电原因跳闸平均停电时间40分钟,比上年增加3分钟;弓网故障平均停电时间0分钟,比上年减少172.8分钟;检修“天窗”时间兑现率93.9%,比上年提高2.3%;“天窗”利用率100.8%,比上年降低0.4%;接触网优良率91.4%,合格率97.2%;变电设备优良率88.6%,合格率98.2%。

2001年,福州铁路分局接触网优良率93.4%,合格率95.8%;变电设备优良率89.2%,合格率97.1%。

2002年,福州铁路分局接触网优良率60.64%,合格率95.1%;变电设备优良率70.62%,合格率98.8%。

2003年,福州铁路分局牵引供电质量:每百万千瓦时平均跳闸0.16件,比上年下降0.07件;每百万千瓦时供电原因跳闸0.02件,比上年减少0.01件;每件跳闸平均停电时间16分钟,比上年减少2分钟;每件供电原因跳闸平均停电时间36分钟,比上年减少9分钟;检修“天窗”时间兑现率75.5%,比上年降低4.8%;“天窗”利用率92.6%,比上年降低3.6%;接触网优良率60.75%,合格率95.1%;变电设备优良率71.62%,合格率97.8%。

2003年1月,邵武牵引变电所主控室监视系统工程立项,技术人员设计开发12个应用程序模块,2004年8月建成。经过一年的试运行,2005年8月1日投入正式运行。监视系统的开通,可以使变电所主控室内控制、保护屏等电气设备的运行状况清晰呈现在远在福州的调度员面前。

2005年,福州供电段牵引受电量494.31百万千瓦时,供电量469.23百万千瓦时;每百万千瓦时平均故障跳闸0.21件,故障跳闸平均停电时间23.02分钟,每百万千瓦时供电原因跳闸0.004件,供电原因跳闸平均停电时间3.3分钟;每百万度弓网故障件数为零。

表3-4 **1996—2005年福州铁路分局(福州供电段)牵引供电指标完成情况表**

项目完成指标数年份	牵引供电量(百万千瓦时)	供电原因跳闸(件/百万千瓦时)	平均跳闸(件/百万千瓦时)	平均每件停电时间(分)	“天窗”检修兑现率(%)
1996	321.80	0.037	0.389	24	87.5
1997	327.38	0.021	0.264	21.8	95.8
1998	317.93	0.029	0.90	25.41	92.6
1999	332.90	0.028	0.321	20	91.6
2000	332.40	0.036	0.235	21	93.9
2001	403.50	0.032	0.233	17	82.0
2002	430.80	0.024	0.233	18	80.3
2003	511.80	0.015	0.16	16	75.5
2004	508.20	0.01	0.20	15～21	100
2005	469.23	0.004	0.2046	23	100

三、供电设备检修

1996年，福州铁路分局完成沙县、西洋牵引变直流屏改造，5组XTK分相绝缘器和沙县少油断路器大修。机务和供电部门加强机供联控，供电段组织两次对全线设备进行热滑，增加网上检查频次和设备的步行巡视检查，各电力机务段设立机车受电弓专职检查员，全面落实电力机车出入库受电弓质量检查制度。年末，福州铁路分局实现连续无弓网故障258天，无弓网事故安全天为全路第三。

图3-11　外福线接触网检修

1996年12月27日，西南交通大学研制的接触网检测车(SY97897)通过验收，交由福州铁路分局用于接触网检测。该车综合国内外先进检测手段与布局，在车辆方面增设速度检测装置、接地装置、补偿装置等12项特殊构造及相应装置，是华东地区唯一集舒适性和检测性于一体的接触网检测车辆。

1997年“4·1”新运行图实行，韶山4型电力机车上线运行负荷增大，福州铁路分局加强引线设备改造，改善设备运行环境，同时利用微机设施组织节能软件开发。

1998年，福州铁路分局完成永安—漳平区段变电所改造，并组织对漳厦段远动设备和通道稳定性进行现场测试和整治。

1999年，福州铁路分局大修两个变电所高压室，更换真空断路器9台，改造变电所反馈线成套保护装置6套。

2000年，福州铁路分局接触网大修11条·千米，作业车大修2辆，轨道车大修3台，变电所电容器大修2个所，更新接触网补偿滑轮550套，电抗器4台，变压器测温装置10台，架空地线24千米，配备接触网综合作业车8辆，轨道平板车5台。福州铁路分局深化机(车)供(电)联控，加强工(务)供(电)联控，运用先进检测手段，开展围歼弓网故障活动；每两个月对全线接触网设备进行综合动态检测，及时发现和处理设备缺陷。邵武供电段工程师郑文勇研发L形悬臂式隧道内接触网故障抢修装置，申请了国家专利，并获2000年上海铁路局科技进步四等奖。

2001年，福州铁路分局大修1个变电所高压室，更换真空断路器7台，改造变电所反馈线成套保护装置8套，改造110千伏变电所断路器1台。

2002年，福州铁路分局依靠科技进步，推进弓网故障快速自动降弓装置、接触网动态检测装置、电力机车入库受电弓及车顶状态检测装置和“轨道状态检测装置”的建设。全年接触网大修37.2千米，作业车大修4辆，轨道车大修2台，变电所高压室大修2个所，更新真空断路器10台和避雷器32台，变电所成套保护装置改造8套，鹰厦线架空地线改造65千米。

2003年，鹰厦线接触网大修63条·千米，完成鹰厦线架空地线改造50千米，配合福州车站站房改造而作外福线接触网改造1处。

2004年，福州铁路分局完成鹰厦线高砂—沙县和荆西—上房山接触网大修27.21条·千米，供电线大修27.36条·千米，配合大修换轨35千米；完成沙县、郭坑变电所并补系统改造，沙县、荆西变电所接地网大修以及真空断路器更新，永安变电所整体改造。

2005年，鹰厦线接触网(含供电线)大修102.27条·千米，接触网检修2896条·千米。10月，由厦门铁路正丰工程公司负责施工的鹰厦线西陇牵引变电所扩能改造工程开工，次年1月竣工，完成了SF6-QY-17500＋14000/110GY及SF9-QY17500＋14000/110GY牵引变压器各1台及139台高低压设备的更新；110千伏、27.5千伏母线，接地网及电缆，综合自动化及其配套设备安装，总投资955.6万元。

附：供电段

1. 漳平供电段

漳平供电段供电范围为鹰厦线K288＋810处至厦门站。

1996年，段设党群部门3个，行政股室9个，供电领工区4个，车间2个，下设生产班组28个。职工675人，年工资总额654.4万元，年人均收入9796元。全年总变电量14172.6万度(千瓦时)，接触网检修1270.4条·千米，变电设备检修1339台次。

1997年，段管内接触网工区13个，牵引变电所9个，主变压器18台(容量为406兆伏安)，变电设备1560.3台次，电缆69143米；换算正、站线接触网637.2条·千米，主要机械动力设备77台，新增作业车1台，固定资产总值18469.34万元，职工661人。

1998年，段管内接触网工区13个，牵引变电所9个，开闭所1个，变电设备1560.3台组，变压器总容量为406兆伏安；接触网总延长637.5条·千米，主要机械动力设备74台，全段固定资产总值19202.89万元。段设党群部门3个，行政股室9个，供电领工区4个，车间2个，生产班组31个。全年受电量144.169百万千瓦时，接触网检修1274.4条·千米，变电设备检修1560.3台次。

1999年，段管内接触网工区13个，牵引变电所9个，开闭所1个，变电设备1560.3台次，

图 3-12 漳平供电段变电设备

主变压器 18 台;接触网总延长 637.5 条·千米,主要机械动力设备 75 台,全段固定资产总值 19603.27 万元。段设党群组织 4 个,行政股室 9 个,供电车间 4 个,检修车间 2 个,下设生产班组 31 个。职工 569 人,其中女职工 59 人,干部 57 人;大专以上文化程度 38 人,中专 114 人,高中(含技校)287 人,初中及以下 130 人;中级技术职务 14 人,初级技术职务 54 人。年内工资总额 755.8 万元,年人均收入 12661 元。全员劳动生产率完成 0.93 人/(条·千米),电气化供电人员劳动效率 0.82 人/(条·千米)。

2000 年,段管内接触网工区 10 个,牵引变电所 9 个,开闭所 1 个,变电设备 1560.3 台次,变压器总容量为 406 兆伏安;接触网总延长 664.18 条·千米,主要机械动力设备 74 台,接触网作业车 14 台,全段固定资产总值 2.014 亿元。段设党群部门 3 个,行政股室 4 个,供电车间 4 个,检修车间 2 个,下设生产班组 31 个。职工 527 人,其中女职工 58 人,干部 57 人,党员 108 人,团员 207 人;大专以上文化程度 34 人,中专 107 人,高中(含技校)269 人,初中及以下 117 人;中级技术职称 14 人,初级技术职称 47 人。年内工资总额 804 万元,年人均收入 14332 元,全员劳动生产率 0.84 人/(条·千米),电气化供电人员劳动效率 0.75 人/(条·千米)。全年总受电量 173.45 百万千瓦时,接触网检修 1287.2 条·千米,变电设备检修 1560.3 台次,平均功率因数 93%,“天窗”利用率 101.0%、上网率 91.0%,接触网设备合格率 95.72%、优良率 91.7%,变电设备合格率 95.9%、优良率 89.25%。百万千瓦时跳闸件数 0.28 件,故障跳闸平均停电时间 22 分/件,百万千瓦时供电原因跳闸件数 0.02 件,供电原因跳闸平均停电时间 40.75 分/件。

2001 年,段管内接触网工区 10 个,牵引变电所 9 个,开闭所 1 个,变电设备 1560.3 台次,变压器总容量为 406 兆伏安;接触网总延长 664.18 条·千米,主要机械动力设备 74 台,接触网作业车 14 台,全段固定资产总值 2.257 亿元。段设党群部门 4 个,行政科室 4 个,供电车间

4个,检修车间2个,下设生产班组31个。职工512人,其中女职工57人,干部(含聘用)65人,党员111人,团员96人;大专以上文化程度35人,中专101人,高中(含技校、职高)270人,初中及以下106人;中级技术职称15人,初级技术职称41人。全员劳动生产率0.80人/(条·千米),电气化供电人员劳动效率0.78人/(条·千米)。

2002年,段管内接触网工区10个,牵引变电所9个,开闭所1个,变电设备1560.3台次,变压器总容量为406兆伏安;接触网总延长664.18条·千米,主要机械动力设备74台,接触网作业车14台,全段固定资产总值2.417亿元。段设党群部门4个,行政科室4个,供电车间4个,检修车间2个,下设生产班组31个。职工508人,其中干部(含聘用)63人,女职工56人。文化结构:大专以上34人,中专104人,高中(含技校、职高)267人,初中及以下103人;中级技术职称14人,初级技术职称42人。全员劳动生产率1.30人/(条·千米),电气化供电人员劳动效率0.77人/(条·千米)。全年总受电量194.31百万千瓦时,接触网检修3854.8条·千米,变电设备检修1560.3台次,平均功率因数92%,"天窗"利用率100.3%、上网率98.4%,接触网设备合格率93.45%、优良率89.07%,变电设备合格率93.5%、优良率89.25%。百万千瓦时跳闸件数0.23件,故障跳闸平均停电时间24分/件,百万千瓦时供电原因跳闸件数0.02件,供电原因跳闸平均停电时间47分/件。

2003年,段管内接触网工区10个,牵引变电所9个,开闭所1个,变电设备1560.3台次,变压器总容量为406兆伏安;接触网总延长664.18条·千米,主要机械动力设备73台,接触网作业车14台,全段固定资产总值2.36亿元。段设党群部门4个,行政科室4个,供电车间4个,检修车间2个,下设生产班组31个。职工503人,其中干部(含聘用)59人,女职工54人。文化结构:大专以上35人,中专100人,高中(含技校、职高)266人,初中及以下102人;高级技术职称1人,中级技术职称13人,初级技术职称41人。全员劳动生产率1.30人/(条·千米),电气化供电人员劳动效率0.76人/(条·千米)。

2004年,漳平供电段完成鹰厦线高砂—沙县和荆西—上房山接触网大修27.21条·千米,供电线大修27.36条·千米,配合大修换轨35千米;变电所方面完成沙县、郭坑变电所并补系统改造,沙县、荆西变电所接地网大修以及真空断路器的更新,永安变电所的整所改造等,设备质量得到明显提高。2004年漳平供电段总受电量241.2百万千瓦时,总供电量243.2百万千瓦时,接触网检修3878条·千米,变电设备检修1590.41台次,平均功率因数93%,"天窗"利用率100%、上网率91.2%,接触网设备合格率100%、优良率94.1%,变电设备合格率100%、优良率94.1%。百万千瓦时跳闸件数0.2件,故障跳闸平均停电时间21分/件,百万千瓦时供电原因跳闸件数0.01件,供电原因跳闸平均停电时间45.2分/件,百万千瓦时弓网故障件数0件,弓网故障平均停电时间0分/件。

2004年12月13日,路局供电系统生产布局调整,漳平供电段合并于福州供电段。

2. 邵武供电段

邵武供电段位于邵武市水北坪坪岭4号,占地面积17820平方米,担负鹰厦线K7+000~K288+810处共282正线千米牵引供电设备的运营、检修工作。

1996年,段设行政股室(部门)9个,党群部门3个,专业供电领工区3个(接触网领工区2个,变电领工区1个),车间2个,车队1个,大修队1个。下辖30个班组,分布在管内12个站点及福州(远动组)。年末职工总数577人,其中干部90人,女职工65人,党员119人,团员223人;大专以上文化35人;中专80人,高中(含技校)311人,初中及以下148人。工程技术人员73人(中级职务14人,初级职务59人)。年工资总额645万元,年人均收入1.01万元。全年总受电量178.0万千瓦时,接触网检修925.99条·千米,受电设备检修906台次,“天窗”利用率90.3%,平均功率因数91.0%,接触网设备合格率95.26%。

1997年,全段职工580人,其中干部86人,女职工64人;大专以上文化44人,中专75人,高中196人,技校112人,初中及以下153人;工程技术人员52人(中级职务15人,初级37人);政工师3人,助理政工师2人。全年工资总额1630万元,年人均收入1.13万元。

1998年,段设行政股室(部门)9个,党群部门3个,专业领工区3个(接触网领工区2个,变电领工区1个)。车间2个(电检、设备车间各1个),大修队1个,班组26个。员工543人,其中干部80人,女职工61人;大专以上文化41人,中专63人,高中186人,技校106人,初中及以下147人;工程技术人员51人(中级19人,初级32人);政工师3人,助理政工师4人,政工员5人;年工资总额677万元,全员劳动生产率0.9人/(条·千米)。管内变电所7个,主变压器14台,变电设备906.7换算台组,电缆44589.9米,换算正、站线接触网468.598条·千米。主要机械动力设备72台,年内新增真空滤油机1台。全段固定资产总值1.56亿元。

1999年,段将9个机关行政股室精简为7个股室和1个生产调度中心,将3个变电、接触网专业车间改设为综合车间,同时根据铁道部设计规范,撤销了富文、饶桥网工区,进一步优化生产布局。

2000年12月外福线电气化通车,邵武供电段增加其区段191.5千米牵引供电任务。至此,供电区间为鹰厦线K6+650~K288+810处286.26正线千米和外福线191.5千米,共477.76正线千米。管内接触网工区11个,牵引变电所11所,接触网悬挂换算806.57条·千米,其中外福线接触网悬挂换算310条·千米。管内变压电器设备1458台组,其中新增外福线547台组,铁关村变电所新增2台增压变压器、4台隔离开关。主变压器22台,其中新增8台平衡变压器。

2001年,段设行政部门6个,党群部门4个,车间10个,班组33个。职工631人,其中女职工71人;大专及以上文化47人,中专82人,高中(含技校)335人,初中及以下167人;工程技术人员45人,其中中级18人,初级27人;政工师3人,助理政工师17人,政工员3人。年工资总额969.9万元,年人均收入15965元,全员劳动生产率0.75人/(条·千米)。

2002年,段撤销安全生产科接触网组,将安全施工组和设备调度组重新组合成安全调度室和设备验收室。安全调度室负责接触网的运行、检修、大修等检查指导工作;设备验收室专门对检修过的牵引供电设备和标准化区间、站场进行验收。9月,段成立职工教育培训中心、计算机管理中心、牵引供电设备检测中心3个部门。

2003年4月1日,邵武供电段机关搬迁至福州市晋安区西园路169号,更名福州供电段,下设邵武供电分段。

2004年12月13日,撤销邵武供电分段,改设邵武供电车间。

图3-13 1999年,邵武供电段接触网检修作业车

3. 福州供电段

2003年4月1日,邵武供电段机关搬迁至福州市晋安区西园路169号,更名为福州供电段。全段固定资产4.37亿元,职工631人(女职工74人)。运营成本支出5778.3万元,年内工资总额1106.4万元,职工年人均收入18197元,全员劳动率0.73人/(条·千米)。全年总受电量267.07百万千瓦时,供电总量251.20百万千瓦时,接触网检修1547.19条·千米,变电设备检修1458.9台次,平均功率因数94%,接触网设备合格率95%,接触网设备优良率72%,变电设备合格率96%,变电设备优良率75%,机械动力设备合格率98%,机械动力设备优良率91%,牵引供电损失率4.60%,供电原因跳闸0.003件/百万千瓦时,故障跳闸平均件数0.147件/百万千瓦时。故障跳闸平均停时15分/件,供电原因跳闸平均停时56分/件。

2004年12月13日,漳平供电段并入福州供电段。重新组建的福州供电段担负着鹰厦线K6+650至厦门站及漳州支线和外福线共计899.76正线千米牵引供电设备的运营、检修及维护工作。管内接触网工区21个,牵引变电所20个,1个开闭所(原漳平供电段厦门北开闭所),接触网悬挂换算1504.98条·千米,变电设备3019.2台组,主要机械动力设备157台。全段固定资产总值7.81亿元。年末在册职工1153人,其中工程技术人员99人。全年总变电量508.2百万千瓦时,供电总量500.2百万千瓦时,接触网大修56.57条·千米。

2005年福州供电段总受电量49431万千瓦时,供电总量46923万千瓦时,接触网检修2896条·千米,变电设备检修3896台组。

表3-5 **2004年福州供电段(福建省电气化铁路)主要经济技术指标完成情况表**

项目	单位	指标	原福州供电段实绩	原漳平供电段实绩
总受电量	百万千瓦时	—	267	241.2
供电总量	百万千瓦时	—	257	243.2
接触网检修	条·千米	—	2991	3878
变电设备检修	台组	—	1773.5	1590.41
机械动力设备检修兑现率	%	100	100	100
“天窗”利用率/上网率	%	≥100/90	100/92.1	100/91.2
平均功率因数	%	≥90	92	93
接触网设备优良率/合格率	%	≥60/94	69.5/97.5	86.5/98.2
变电设备优良率/合格率	%	≥63/96	72/98	94.1/100
机械动力设备优良率/合格率	%	≥70/91	89.3/93.6	88.7/91.2
百万千瓦时供电原因跳闸件数	件	≤0.03	0	0.01
百万千瓦时故障跳闸平均件数	件	≤0.35	0.2	0.2
故障跳闸平均停时	分钟/件	≤20	15	21
供电原因跳闸平均停时	分钟/件	≤60	0	45.2
责任弓网故障	分钟/百万千瓦时	≤0.003	0	0
运营成本支出	万元	—	6677	5402.5

注:2004年福州供电段集中管理鹰厦线、外福线电气化供电。

第三节　车辆养护检修

一、车辆检修设备

1996年,福州铁路分局车辆系统拥有机械动力设备611台,固定资产1475.84万元。其中金属切削机床76台,锻压剪冲设备42台,动力设备77台,电气设备113台,起重运输设备144台,工作炉及金属处理设备13台,木工铸工设备28台,试验设备59台,工程设备2台,杂项设备57台,其中红旗设备126台。完成设备大修7台,中修及项修10台,小修1861台。永安车辆段研制完成的货车摇枕侧架翻转机、3000型荧光磁粉探伤机控制系统改造两项科技成果获1996年度福州铁路分局技术进步二等奖;微机控制闸调器试验台成果获三等奖。

1997年，福州车辆段在扩大调整配件集中修场地的同时，配备除锈机、制动梁头部旋床、台位洗车设备，研制微机控制弹簧压机，购置轴箱外部清洗内壁打磨机等。年底，福州铁路分局车辆系统拥有机械动力设备634台，固定资产1570.3万元。其中金属切削机床78台，锻压剪冲设备43台，动力设备80台，电气设备118台，起重运输设备148台，工作炉及金属处理设备13台，木工铸工设备28台，试验设备67台，工程设备2台，杂项设备57台。分局完成设备大修5台，中修及项修9台，小修1846台。永安车辆段研制的CHQ-1型轴承清洗机电气控制装置获福州铁路分局技术进步四等奖。

1998年，福州铁路分局车辆系统拥有机械动力设备743台，固定资产1901.8万元。其中金属切削机床87台，锻压剪冲设备42台，动力设备106台，电气设备145台，起重运输设备156台，工作炉及金属处理设备14台，木工铸工设备31台，试验设备81台，工程设备2台，杂项设备73台。分局完成设备大修3台，中修及项修33台，小修1901台。

1999年，福州铁路分局车辆系统拥有机械动力设备800台，固定资产2173.4万元。其中金属切削机床86台，锻压剪冲设备45台，动力设备120台，电气设备150台，起重运输设备168台，工作炉及金属处理设备14台，木工铸工设备34台，试验设备104台，工程设备2台，杂项设备77台。分局完成设备大修6台，中修及项修36台，小修2016台。

2000年，福州铁路分局车辆系统拥有机械动力设备850台，固定资产2731.6万元。其中金属切削机床97台，锻压剪冲设备46台，动力设备129台，电气设备127台，起重运输设备194台，工作炉及金属处理设备14台，木工铸工设备35台，试验设备123台，工程设备2台，杂项设备83台。分局完成设备大修及项修12台，中修10台，小修1849台。

2001年，福州铁路分局车辆系统拥有机械动力设备882台，固定资产3177.95万元。其中金属切削机床96台，锻压剪冲设备45台，动力设备113台，电气设备157台，起重运输设备193台，工作炉及金属处理设备12台，木工铸工设备32台，试验设备138台，工程设备1台，杂项设备95台。

2002年3月15日，福州铁路分局福州车辆段(包括所有设备)成建制划交上海铁路局客运公司管理。

2003年，福州铁路分局车辆系统拥有机械动力设备1066台，固定资产6236.90万元。其中金属切削机床105台，锻压剪冲设备48台，动力设备121台，电气设备270台，起重运输设备180台，工作炉及金属处理设备18台，木工铸工设备33台，试验设备155台，工程设备4台，杂项设备102台。其中段红旗设备16台，福州铁路分局级红旗设备16台，路局级红旗设备3台。

2005年，永安车辆段加大工装设备投资力度，购买横跨梁托组爆夹具、货车翻车专机、枕簧自动检测线和K2转向架支撑座组对夹具等先进设备，以保证检修能力居于铁路先进水平。

二、客车检修

1997年,福州铁路分局编制客车段修各岗位工序工艺标准21项102条。

1999年,福州铁路分局对管内的旅客列车作春、秋两季全面整修,整修74列1169辆客车,处理车辆上部、下部各类故障11.5万件,其中处理重点故障398件,材料费用323.4万元。

图3-14　1999年,福州车辆段客车检修场

2000年,福州铁路分局贯彻铁道部运输局关于铁路客车检修体制改革的指导意见,福州车辆段实地考察郑州北车辆段成功经验,结合实际,制订客车检修体制改革和生产布局调整计划,通过了YZ25G型43690号客车段修对规逐项评定,产品质量得到95.7分。全年,福州铁路分局整修57列955辆客车,处理车辆上部、下部各类故障9.18万件,其中处理重点故障174件,材料费用382.6万元。

2001年9月11—13日,上海铁路局组织全局客车段修质量对规检查,抽查25G型客车和22型客车,检查管理和工装设备。上海铁路局对福州车辆段贯彻客车修制改革,提高客车段修质量的十项措施和经验,尤其是油漆质量给予肯定和表扬,同时提出空调电气检修、制动装置检修以及工装设备投入方面需要加强。

2002年,福州车辆段"客车转向架自动清洗流水作业线研发"获上海铁路局科技成果四等奖。

2005年,福州车辆段整修客车2302辆。

三、货车检修

20世纪90年代中期,福州铁路分局货车检修实行二级修程,即厂修和段修。酸碱类罐车、液化石油气罐车、液氧罐车、保温车每四年厂修一次;一般常用货车每五年厂修一次;不常用的专用货车，载重90吨及90吨以上的货车每八年厂修一次。段修由货修段进行，除不常用的专用货车和载重90吨及90吨以上的货车每两年进行一次段修以外，其余各种货车均每年进行一次段修。福州铁路分局的货车段修任务，由永安车辆段负责。福建省地方厂矿企业自备车辆检修由永安车辆段负责，货车辅修轴检测由福州车辆段负责。

1996年，福州铁路分局完成货车段修3700辆。

1997年10月，上海铁路局在永安车辆段集中对货车段修质量鉴定，并对各段轴承一般检修质量和滑动轴承转向架的轴箱油润部分进行鉴定，永安车辆段以总分93.86分取得第一名。

2000年，永安车辆段货车检修工姚闽永获得“全国五一劳动奖章”。

2001年，福州铁路分局434名列检员参加全路“货车万辆无漏检安全优质无事故劳动竞赛”活动，实现万辆无漏检安全优质无事故的有242人，其中实现12万辆无漏检安全优质无事故的有3人。漳平列检所检车员耿永建取得12.87万辆无漏检的成绩，被评为全路“百强检车员”。全年，福州铁路分局检修17.36万列共536万辆货车，发现和处理典型故障问题5166件。

图3-15 2001年，永安车辆段货车车库检修区

2002年，永安车辆段检修车间货车转向架分解检修组装线改造成功投产，建成上海局第一条货车转向架检修流水线。此流水线能够在检修上进行侧架、摇枕三大部件分解，并实现了在线上配置钩尾框、钩舌抛丸除锈机、摇枕、侧架磁粉探伤机、钩舌埋弧焊机、交叉杆组装装置和扭力扳手等，具有维修交叉杆新型车辆的能力。9月17—26日，福州铁路分局对管内6个列检所进行标准化验收，其中漳平列检所获路局优秀标准化列检所，来舟和福州东获路局标准化列检所。

2003年，永安车辆段转向架流水线改造工程完工，改变了环形流水线形式，将转向架冲洗纳入流水线中,使K1、K2、K4、8G型转向架都能在流水线中检查及修理,扩大了转向架修理范围,提高了检修质量。

2004年,漳平列检所、来舟到达场列检所被评为南昌铁路局四星级列检所。永安车辆段有13名检车员获南昌铁路局四星级检车员称号。

2005年,漳平列检员张其峰获全国铁路技术能手称号。其总结出一套实用的"三心"检车工作法:"用心,细心,耐心"。"用心"是在检车中以锤到、眼到、心到为前提,像医生为病人看病一样检车,找出"致病"原因;"细心"是善于总结各种车辆易发生故障部位特征规律,有针对性地加强检查;"耐心"是像母亲哄孩子睡觉般不厌其烦。张其峰10年来,共发现钩尾植裂纹、制动梁裂纹、后从枝折断、车钩裂纹、踏面剥离故障103件,防止事故发生89起。

表3-6　**1996—2005年福建铁路货车维修完成情况表**

单位:辆

年份	段修	辅修	轴检	临修
1996	3700	7350	2000	3201
1997	3580	9100	1765	3201
1998	3470	10500	1202	1944
1999	3300	11000	806	3174
2000	3400	10900	400	12765
2001	3770	11350	0	16350
2002	3500	11350	0	15501
2003	3690	11349	0	2294
2004	3987	11055	0	0
2005	3840	6580	0	0

附:车辆段

1. 永安车辆段

永安车辆段位于永安市火车站北侧,属福州分局的二等站段,占地面积16.5万平方米,担负着鹰厦线三明东以南525千米干支线客货车辆日常维修和货车段修、辅修、轴检及部分路用车和企业自备车的厂修任务。

1996年,段设党群部门3个,行政股室11个;下设修车、设备2个车间,5个列检所及多种经营企业厦门福铁工贸公司、集体经济企业厦门福铁车辆劳动服务总公司和联营企业三明市经济联合开发公司。段在郭坑、杏林设装卸检修所,福德、剑斗设制动检修所,永安、漳平、龙岩、郭坑、厦门北设红外线探测点,永安、漳平设站修所。全段定员873人,实有人员845人,其中干部119人,专业技术人员104人(高级技术职称2人,中级技术职称21人),技术工人726人(技师7人)。

1997 年，段设党群部门 4 个，行政股室 10 个，年末职工总数 842 人，其中干部（含聘用）118 人，女职工 122 人；专业技术人员 88 人（高级技术职称 2 人，中级 13 人，初级 68 人，技师 5 人）。

1998 年，段有货车段修台位 12 个，辅修台位 17 个。全年货车段修 3470 辆，货车辅修 4500 辆，货车轴检 1202 辆，货车段修一次交验合格率 98.2%，货车辅修一次交验合格率 98.3%，货车段修休车时间 2.3 天。

1999 年，段设党群部门 3 个，行政股室 11 个，下设厦门客车分段及修车、设备 2 个车间，永安、漳平、厦门和厦门北 4 个列检所，漳州、三明、杏林 3 个装卸作业所，永安、漳平、郭坑、厦门北 4 个红外线探测点，永安、漳平两个站修所和厦门客车技术整备所。全段职工 842 人，其中干部 112 人（含聘用 51 人），女职工 124 人，专业技术人员 99 人（高级技术职称 1 人、中级 19 人、初级 79 人），技术工人 686 人（技师 6 人）。

2001 年，段设党群部门 3 个，行政股室 6 个。全段职工 1126 人，其中干部 110 人，女职工 142 人，专业技术人员 93 人（高级技术职称 1 人，中级 16 人，初级 76 人），技术工人 957 人（技师 6 人）。

2003 年，全段职工 1084 人，其中干部 103 人，女职工 137 人；专业技术人员 91 人（高级技术职称 1 人、中级 18 人、初级 72 人）；技术工人 867 人（技师 11 人）。全年货车段修 3690 辆，货车辅修 11349 辆。

2004 年，段通过铁道部的铁路货车（敞车）入段厂修资质认证，成为南昌铁路局第一家取得这项资质的车辆段。全年完成货车厂修 195 辆，货车段修 3987 辆，货车辅修 11055 辆。在铁道部举行的全路车辆系统技能大比武活动中，该段参赛职工刘军获得个人项目一等奖。

2005 年，段通过 P65 型货车厂修和既有货车 120 千米/小时提速改造资质认证，成为南昌铁路局第一家取得这两项相应资质的车辆段。

2. 福州车辆段

福州车辆段位于福州市北郊西凤路 2 号，占地面积 120827 平方米。管辖鹰厦线三明东以北、外福线与南平东线、福马线共 555 千米，担负客车段修、辅修，运用客车的日常维修、保养，乘务工作以及货车到、发通过检修和辅修、轴检任务。

1996 年，段设党群部门 4 个，行政股室 12 个，检修、设备、空调、福客、来舟、邵武、福东 7 个车间，福东、来舟 2 个站修所，职工 1466 人（女职工 170 人），其中干部 125 人（含聘用 54 人）；文化程度大专及以上 77 人，中专及技校 293 人，高中及职高 602 人，初中及以下 494 人；专业技术人员 86 人（高级技术职称 2 人，中级 20 人，初级 64 人），工人技师 3 人。段配属客车 585 辆，各种机械动力设备 305 台，固定资产总值 36312.8 万元。

1997 年，段设党群部门 4 个，行政股室 12 个，检修、设备、空调、福客、来舟、邵武、福东 7 个车间，福东、来舟 2 个站修所，职工 1488 人，其中干部 125 人（含聘用 52 人），女职工 173 人；专业技术人员 104 人，其中高级技术职称 3 人，中级 25 人，初级 76 人；技师 3 人。文化结构：大专及以上 90 人，中专及技校 300 人，高中及职高 608 人，初中及以下 490 人。年工资总额 1721.6 万元，年人均收入 11569 元。

1998年,段设党群部门4个,行政股室10个,检修、设备、车电、空调、福客、来舟、邵武、福东8个车间,福东、来舟2个站修所。全段有生产班组91个。职工1449人,其中干部128人(含聘用),女职工174人;专业技术人员102人,其中高级技术职称3人,中级23人,初级76人;技师6人。大专及以上文化93人,中专及技校236人,高中及职高606人,初中及以下514人。年工资总额1778.4万元,年人均收入12205元。段配属客车585辆。其中邮政车19辆、行李车28辆、空调发电车14辆、特种车2辆、软座车6辆、软硬卧车9辆、软卧车40辆、餐车37辆、硬卧车181辆、硬座车249辆,各种机械动力设备305台,固定资产总值3.63亿元。

2000年9月30日,按照上海铁路局生产布局调整方案,段将福东、来舟、邵武三个货列检和福东、来舟两个站修所移交永安车辆段管理,并接收厦门客车分段。

2001年,福州车辆段客车段修356辆,客车辅修1203辆。

2002年3月15日,福州分局将福州车辆段成建制划交上海铁路局客运公司,福州铁路分局不再负责客车运用、检修等相关职责。

2003年,段设办公室、劳动人事室、技术室、安全调度室、计财室、验收室、材料室等7个科室;检修车间、车电车间、设备车间、客车库检车间、客车乘务车间等5个车间;厦门客车分段和来舟客车列检所;厦门、福州2个客技站。全段职工1223人(其中女职工172人),专业技术人员120人(高级3人,中级37人)。

2004年,段完成客车段修433辆,客车辅修1314辆,客车临修654辆,客车轴承检修6928套,设备计划修406台,库检9962列共16.93万辆,电机大修51台。全员劳动生产率17.4辆/年,年收入1.83亿元,成本1.83亿元。

2005年,段配属客车861辆,代管客车67辆,运输机械动力设备518台,固定资产11.84亿元,职工1226人。全年完成段修464辆,辅修1288辆,整修2302辆,入库检修11132列,始发检修11162列,通过列车检修16615列。全员劳动生产率16.3辆/年,年收入2.06亿元,生产成本2.08亿元。

第四节　线路(桥梁隧道)养护维修

一、线路大中修

从20世纪90年代起,福州铁路分局路基病害整治转入路基大修。福建境内线路大中修任务由邵武线路大修段负责。

1996年,邵武大修段在外福线K0～K64大修;机械化施工更换P60千克重型轨59.6千米;在鹰厦线K537～K552处完成正线中修10千米,到发线中修26.1千米;更换曲线磨耗轨及伤损轨90千米。全年福州铁路分局投资831.4万元安排路基大修工程25件,主要项目为外福线库区拥岸抛坝,永安大桥8个墩浅基加固等。

1997 年,邵武大修段在鹰厦线 K490＋189～K537＋000 处,更换 P60 千克新轨 46.811 千米和道岔 15 组及渡交道岔 1 组,完成投资 6109.8 万元,这是福建境内第一次在电气化铁路上机械化更换 P60 千克钢轨作业;完成正线中修 9 千米,到发线中修 10.3 千米,更换曲线磨耗轨及伤损轨 25.5 千米,总投资 252.6 万元。全年,福州铁路分局投资 1210.2 万元安排路基大修工程 28 件,其中当年竣工 24 件,跨年续建 4 件。

1998 年,邵武大修段在鹰厦线大修,换轨 81.3 千米,成组更换道岔 19 组,并实现在 22‰ 高坡地段大修换轨无事故。福州铁路分局采取两台中型清筛机作鹰厦线大修道床清筛,清筛深度和洁度达到质量要求。

1999 年,邵武线路大修段在鹰厦线北段 K33＋380～K115＋130 处大修,更换 P60 千克新轨 82.3 千米,同步更换道岔 47 根。

2000 年,邵武大修段在鹰厦线线路大修 70.117 千米,完成道床清筛、更换 P60 千克新钢轨 70.117 千米;从余家至上清、光泽至晒口共 10 个车站同步更换道岔 54 组,其中菱形交渡道岔 4 组,成段更换轨枕 2.24 万根。换轨和换轨枕验收优良率分别达到 94.3％和 96.3％。外福线外洋至福州东区间线路开始大修。

2000 年,邵武线路大修段首次引进 QQS-3000A 型中型清筛机一台,选派 17 人三批赴兴平养路机械厂培训,成立机械清筛工班,制定清筛机的挂运、运用、保养等安全措施和制度办法。7 月 19 日,清筛机投入使用,在电气化小半径山区铁路线路清筛获得成功。全年共清筛 10.48 千米,日进度 223 米。

2001 年,邵武大修段在鹰厦线 K158＋953～K233＋278 处大修,更换 P60 千克新轨 74.32 千米。鹰厦线 P60 千克轨全部更换完成。

2002 年,邵武大修段引进大型捣固车,在鹰厦线 K409～K503.7、K622～K693.6 处和漳州支线 K0～K11.5 处作业,并在鹰厦线 K106～K116、K288.1～K408 和 K503.7～K537 处打磨钢轨,合计 27.43 延千米、160.83 遍千米,线路质量得到改善。

2003 年 6 月,邵武大修段大中修引进的第一台具有全自动抄平、起道、拨道和捣固功能的 YDZ-32 型大型机械化设备投入使用,提高了小半径曲线作业效率和大修施工作业开通速度,由原开通 15 千米/小时提高到 20 千米/小时。12 月 13 日,邵武大修段在大箬站Ⅱ道铺设第一条无缝线路,并在外福线 K110＋600～K132＋800 处铺设区间无缝线路 22.2 千米,这是福州铁路分局首次铺设区间无缝线路。12 月 30 日,邵武大修段在外福线 K122＋117～723 半径 300 米曲线处铺设无缝线路。

2004 年,邵武大修段在外福线 K63＋341.42～K110＋570、K170＋800～K190＋719.6 处线路大修 67.14 千米,大修道岔 50 组,其中 K63＋371～K110＋643 处 47 千米改建成无缝线路。至此,外福线主要正线实现钢轨 P60(型轨)化。

2004 年 11 月 7 日,邵武大修段在外福线 K48＋829.7～K50＋168.12 处进行小半径曲线改造工程,施工项目为路基、桥梁、隧道、轨道工程及其附属以上站后的接触网改造等。2005 年

5月30日竣工,6月21日开通,完成投资2400万元。至此,外福线南平南至下过溪7处250米小半径曲线改造任务全部完成,完成总投资5000万元。

2005年,邵武大修段完成鹰厦线无缝线路前期工程28.76千米,同步更换道岔9组,线路维修1110.63千米。福州铁路分局在鹰厦线铺设60千克/米再用轨12.38千米,完成无缝线路前期53.11千米,前期抬整325.11千米,隧道内宽枕成段更换Ⅲ型轨枕14.76千米,隧道内木枕成段更换再用Ⅱ型枕5509根,站线中修115.2千米。

二、桥隧大修

1997年,福州铁路分局桥隧大修16件,完成投资519.24万元。其中铁道部投资37.0万元,上海路局投资412万元,福州铁路分局投资70.24万元。

1998年,福州铁路分局完成外福线白沙中桥洪水破口复旧大修工程,完成投资430万元。

1999年,福州铁路分局桥隧大修12件,完成投资258.8万元。其中,鹰厦线K423+555处蚌口、珠舍洋两座中桥共8孔水泥梁等级不足,大修采用日本进口的GROUT结构加固胶贴合钢板。

鹰厦线40.664千米处的耳口大桥一号和二号孔上的24米上承全焊钣梁在1984年已发现裂纹,且不断扩展。2000年,上海铁路局工务大修设计所设计大修施工图,由杭州铁路分局线桥大修段施工。福州铁路分局反复优化施工方案,得到供电段、电务段、工务段等单位的配合,经过五次停电封锁施工,于2000年12月20日将两孔24米上承全焊钣梁拆下,换上同跨度的超低高度后张法部分预应力混凝土梁,在春运前恢复正常运行。

图3-16 2002年,三明铁路机械厂生产的检修车在沙溪口铁桥实现机械化作业

2001年,铁道部第四勘测设计院设计施工,消除了鹰厦线K588+254处黄枣大桥鹰潭方向桥台和1号桥墩位移的病害。

2002年,福州铁路分局投入508.05万元,用于桥隧大修、旧线强化、养护桥梁机械购买配置等。年内完成黄枣、水美坑、溪口1号桥等7座15孔钢筋混凝土梁等级不足加固和补修,更换永安大桥磨耗超限弧形支座20个。

来舟大桥多年来列为福州铁路分局重点病害监视点。2003年,杭州线桥大修段负责来舟大桥12孔、13孔钢梁裂纹病害整治,以确保春运安全。福州铁路分局桥隧大修完成投资326.66万元。其中,沙苑桥大修94.3万元,龙津溪桥大修53.2万元,双塔大桥大修86.10万元。铁道部第四勘测设计院完成外福线流墩河、祥溪口桥等五座桥梁顶死病害整治工程勘测报告，由福州铁路分局编制上报路局桥隧“十五”后三年整治规划，共138件3975.4万元。

三、钢轨损伤检修

1996年，福州铁路分局用探伤仪器检查正线16528.81千米15遍，到发线2596.58千米9遍，站专线739.57千米3遍。全年发现和更换重伤轨1004根，其中核伤422根，占42.0%，螺孔裂纹205根，占20.4%，水平裂纹108根，占10.8%，重伤钢轨主要分布在邵武、永安工务段管内。至年底，福州铁路分局已连续15年消灭责任断轨行车事故。

1997年，福州铁路分局用仪器检查正线18685.48千米16遍，到发线2580.21千米9遍，站专线815.22千米3遍。重伤轨主要分布在邵武、永安、漳平工务段管内。全年发现和更换重伤轨1215根，其中核伤633根，占52%，螺孔裂纹238根，占19.6%。

1998年，福州铁路分局共查出和更换重伤轨1196根，其中核伤802根，螺孔裂纹284根。

1999年，福州铁路分局共查出和更换重伤轨1264根，其中核伤814根，螺孔裂纹225根。

2000年，福州铁路分局检查线路19768千米，其中鹰厦、外福线正线检查17遍，到发线检查9遍，探伤周期比往年缩短。全年发现和更换重伤钢轨1026根，其中核伤589根，螺孔裂纹230根。

2001年，福州铁路分局共查出和更换重伤轨1180根，其中核伤630根，螺孔裂纹249根。

2002年，邵武工务段由于全线新铺设P60轨，重伤轨大幅减少。福州铁路分局重伤钢轨主要分布在永安工务段和厦门工务段。

2003年，福州铁路分局检查线路21663千米。其中鹰厦、外福线检查正线18遍，到发线10遍，站专线5.5遍。全年发现和更换重伤轨787根，其中核伤298根，螺孔裂纹332根，水平伤95根，其他重伤62根。重伤钢轨主要分布在永安工务段和厦门工务段。

2005年，厦门工务段轨检车对管内线路检查11次，探伤发现重伤轨638根。福建境内全年更换重伤轨1021根。

四、防洪抢险

20世纪90年代开始，针对防洪工作，福州铁路分局提出“全员防洪，科学防洪”的指导思想和“预防为主，安全第一，全力抢修，当年复旧”的方针。

1996年，福州铁路分局汛前组织搜山大检查，发现新生病害30处，旧病害有发展39处，安排防洪工程4件，预抢工程30件，并确定汛期重点危险地段39处。其中列为长期看守点13处，雨季看守点26处，雨天巡查地段170处。各工务段共组织抢修劳力6273人，备足防洪料具，先后拦停和扣发列车6趟，其中特快旅客列车1趟。年内共发生水害308处。其中断道22处39次，中断行车累计68小时47分，总拥方量22870立方米，较上年减少18%，水害主要为7—8月台风登陆而引发的水害。全年福州铁路分局投入劳力2万人次防洪，防洪费用

754.6万元,实现连续13年无责任灾害事故。

1997年5月7日3时40分,厦门工务段职工汪金华、陈永发和张顺顺冒雨检查线路,在鹰厦线K628+638~666处,发现侧堤坡大面积溜坍,立即分头防护,于3时45分拦停521次旅客列车,防止列车颠覆重大事故,得到铁道部表扬和上海路局表彰奖励。6月22日,外福线K116处因水害造成线路塌方,中断行车22小时,中断运行客车3列。6月24日,鹰厦线K345处因水害造成线路塌方,中断行车11小时,客车受阻13列。7月11日,铁关村养路工区王勤荣冒雨巡查线路,发现鹰厦线K78处路基冲空,钢轨悬空,立即采取措施拦停列车,得到上海铁路局局长表彰奖励;水害中断行车107小时,有12.5对客车途中受阻折返或就地运休,造成2万余名旅客返回发站或就地待命。

1998年,5月23日5时10分,外福线K152白沙中桥南端桥台因闽江堤防白沙排涝灌站闸坝被洪水冲垮,洪水冲击白沙桥,桥台及台后路基被摧毁,桥梁滚入江中,43米钢轨悬吊在江面上,致使外福线中断行车40天,于7月2日9时白沙中桥抢修完工通车。6月22日8时30分,鹰厦线K189+812~925处左侧山坡发生大面积溜坍,坍方量达4万多立方米,成为鹰厦线最大的水害点。全年,外福线和鹰厦线发生水害405处,421次;其中断道84处,97次,累计中断正线行车时间达5079小时57分,造成直接损失1.06亿元,间接损失1亿元。

图3-17　1998年5月23日,外福线K152处白沙中桥水灾

1999年5月26日20时,位于斑竹溪水电站下游2千米的鹰厦线K345+320~450路堤边坡受到放水泄洪的猛烈冲刷,路基发生滑移,钢轨悬空6米。27日,永安工务段巡道工朱庆臣在夜间巡道中发现鹰厦线沙县至上游间K345+350~400处线路溜坍,钢轨悬空45米,中心高度达13米,坍方近5000立方米,立即报告险情,沙县站马上扣停通过的3451次列车,防止了一起事故。福州铁路分局对朱庆臣记功一次,奖励3000元。10月9日10时,9914号台风袭击鹰厦线南段,12级以上大风夹带特大暴雨,致使碑口至厦门及漳州支线封锁11小时30分钟,造成水害40多处,需要进行复旧的19处。全年,福州铁路分局管内发生大小水害97处

98 次，其中断道 9 处 10 次，累计中断行车时间 131 小时 17 分，其中正线 55 小时 05 分，站线 76 小时 12 分。

2000 年，福建境内热带风暴活动频繁，有影响的台风 5 次，其中台风“碧利斯”影响最大。4 月 24 日 9 时 15 分，永嘉线 K22＋750～825 处左侧堑坡发生溜坍，坍方量 1 万立方米，有 1000 多立方米明土覆于线路上，被上道巡查的永安工务段职工马向民及时发现，经过 31 小时抢修于 25 日 16 时 10 分开通线路。当晚 22 时 08 分，该处再次溜坍 2000 立方米，造成线路再次中断。经过 10 小时 22 分的再次抢修，于 26 日 8 时 30 分开通线路。这是年内福州铁路分局坍方量最大、中断行车时间最长的水害。全年，福州铁路分局管内共发生水害 294 处 297 次，其中断道 20 处 22 次；影响中断行车 2677 小时 29 分钟，其中正线 53 小时 07 分钟，站线 2583 小时，支线 41 小时 22 分钟，坡溜坍累计方量 55133 立方米；汛期拦停列车 7 趟，其中旅客列车 6 趟。

图 3-18　2000 年 4 月 25 日，永嘉线 K22＋750～825 处水害抢修

2001 年 4 月 8 日 7 时 20 分，鹰厦线 K335＋600 处右侧沙县采石场专用线拱形卸碴墙，发生溜坍，坍方量达 1000 立方米，泥石冲入鹰厦线正线。采石场职工发现后立即设置防护装置，封锁线路，一百余名员工抢修至 19 时 08 分线路开通。

2002 年 6 月 15—16 日，福州铁路分局管内鹰厦线、外福线发生水害 59 处。福州机务段蒋国华机班在南平南至洋丹间 K31.900 处发现塌方，及时停车，防止了一起重大旅客列车颠覆事故。

2003 年，福州铁路分局汛期共发生各类水害 181 处 182 次，其中影响正线行车 7 处 7 次，造成中断行车 4 处 4 次，累计中断行车 13 小时 48 分钟；造成限速运行水害 3 处 3 次，累计 270 小时 15 分；总坍方量 7598 立方米；水害抢修及复旧费用 500 余万元。

2004 年，福建境内台风频繁，普降暴雨造成的水害易引发行车事故发生。5 月 16 日，横南线 K243.810 处隧道口堑坡坍塌，掩埋线路致使 29021 次货车撞上坍体，中断行车 26.5 小时，构成铁路重大事故。全年,福州铁路分局汛期设置各类看守点28处,各地组建防洪抢险队伍1.5万余人,储备石料2.8万余立方米,在主汛之前完成防洪预案排查及预抢工程41件,共投资1056万元。

2005年4—9月,福建省部分地区出现50年一遇的强降雨,平均降雨量1104毫米。5月6日14时45分,鹰厦线K528+600处发生塌方,坍体约200立方米,其中约50立方米坍在侧沟,并仍在继续溜坍,严重影响行车安全。途经此处的24057次永安机务段司机陈建平发现后立即上报险情,车站及时封锁线路,厦门工务段紧急抢修,于15时30分开通线路放行列车。5月12日9时55分,永安工务段三明场班工区工长慕玉亭在作业中,发现鹰厦线K357+835~900处右侧堑坡高度15米的山体发生溜坍,约有4000立方米坍体滑向线路,堵塞侧沟,积水漫至道床边,其中约有500立方米坍体覆盖在线路上,山坡上一根电杆受此影响发生倾斜,倾向铁路,严重影响行车安全。慕玉亭立即通知车站封锁三明东至三明区间,防止行车事故发生。6月23日,"海棠"台风袭击福建,来舟外包Ⅳ线K1+112~263处左侧因下游水库泄洪引发路基本体开裂、滑移,外福线线路悬空50米,深度15米,路基本体下挫,中断行车124小时20分。同日,外福线K0+980~K1+045处路基本体滑移,线路悬空60米,深20米,中断行车56小时54分。8月15日3时49分,厦门工务段华安线路车间小集线路工区巡道工邱进勇巡查线路,发现鹰厦线K540+200处右侧堤坡溜坍1000立方米,造成线路右侧枕木头悬空,严重威胁行车安全。邱进勇及时在水害地段设置停车信号,并迅速通知工区王建平到小集车站办理区间线路封锁,扣停即将放行的41008次货物列车,防止了一起列车颠覆事故。10月3日"龙王"台风袭击福建,外福线K166+387~762处因山洪导致路堤边坡滑移,线路悬空,中断行车155小时2分。全年,福州铁路分局发生水害1211处1315次,损坏路基39602米,水害断道96处139次(其中干线60处95次),中断行车累计1519小时7分;投入抢险劳力30万人次,调用大型抢修机械40余台,装卸片石、瓜子片、道砟1000余车,抢修及灾害损失费用5754.4万元,复旧费用8400万元。

表3-7　**1996—2003年福州铁路分局防洪抢修情况表**

年份	水害(处)	断道(处)	坍方量(立方米)	中断行车(小时)	抢修费用(万元)	灾害行车重大、大事故(件)	水害重点地段(时间)、线路、里程千米
1996	308	22	22870	68	754.6	0	鹰厦线K498+170~180处山坡崩坍
1997	469	28	73830	305		0	6月外福线,7月11日鹰厦线K70~K78处三处塌方,钢轨悬空

续表 3-7

年份	水害（处）	断道（处）	坍方量（立方米）	中断行车（小时）	抢修费用（万元）	灾害行车重大、大事故（件）	水害重点地段(时间)、线路、里程千米
1998	405	84	311609	5078	5948	0	鹰厦线 K189+812～925 处左侧山坡坍方 4 万立方米。外福线白沙中桥冲垮
1999	97	9		131		0	是年水害较少。鹰厦线 K345+320～450 路基滑移
2000	294	20	55133	43	347		永嘉线 K22+750 处塌方 1 万立方米
2001	216	3		12		0	为近 50 年灾害最小的年份
2002	389	49	26385	19	2600	0	6 月 17 日 1:00—9:30，洪峰通过顺昌，水位标高 114.89 米，是日零时顺昌至外洋区间封锁。18:00 全面恢复正常行车
2003	181	4	7598	48	500	0	水害较少

附：工务段、线路大修段

1. 福州工务段

福州工务段位于福州市晋安区茶园街道站东路 6 号。

1996 年，段管辖鹰厦线 K281+700～K288+500 及外福、福马、南平东等线，线路总延长 380.88 千米。其中正线 229.49 千米，站特线 151.39 千米，代维修专用线 33.86 千米；道岔 538 组，正线曲线 419 处，曲线最小半径为 250 米，最大坡度为 12‰，道口 152 处(有人看守 56 处)；隧道 59 座 22250 米，桥梁 137 座(特大桥 2 座)13741 米，涵渠 501 座 13737 米，防护加固设备 1747 处，固定资产总值 11.45 亿元。段设党群部门 4 个，行政股室 10 个，车间级单位 24 个，工区(班组)75 个。职工 1232 人。

1997 年 6 月 6 日 16 时 04 分，外福线葫芦山站四道货物线机车挂车作业时掉道，造成调车脱轨一般行车事故一件，责任列福州工务段，打破该段无一般行车事故 1644 天的安全纪录。

1998 年，段管辖线路总延长 383.96 千米，其中正线 229.49 千米，站特线 154.47 千米，代维修专用线 33.87 千米；道岔 546 组，正线曲线 419 处；曲线最小半径为 250 米，最大坡度为 12‰；道口 155 处(有人看守 33 处)；隧道 59 座 22350 米，桥梁 140 座(特大桥 2 座)13808 米，涵渠 499 座 13690 米，防护加固设备 1555 处，机械动力设备 135 台(辆)，固定资产原值 11.49 亿元。段设党群部门 4 个，行政股室 10 个，车间级单位 20 个，工区(班组)68 个。定员 1522 人，实有人员 1077 人，其中干部 138 人，女职工 110 人，专业技术人员 84 人(高级技术职称 1 人，中级 13 人，初级 70 人)。文化结构：大专及以上 42 人，中专 24 人，高中 782 人，初中及以下 229 人。工资总额 1413.71 万元,年人均收入 12446 元。

2000 年,段管内线路总延长 399.6 千米,其中正线 231.1 千米,站特线 168.5 千米,代维修专用线 35.96 千米;道岔 568 组,正线中曲线 422 条;曲线最小半径 250 米,最大坡度 12‰;道口 156 处(有人看守 29 处);隧道 59 座 22350 米,桥梁 145 座(特大桥 2 座),涵渠 500 座 13881 米,防护加固设备 1590 处,排水设备 270.72 千米,机械动力设备 247 台(辆),固定资产原值 12.32 亿元。

2001 年,段管内线路总延长 415.55 千米,其中正线 231.04 千米,站特线 184.51 千米,代维修专用线 37.79 千米;道岔 613 组,正线中曲线 423 条;曲线最小半径 250 米,最大坡度 12‰;道口 64 处(有人看守 47 处);隧道 60 座 21850 米,桥梁 146 座(特大桥 2 座)13838 米,涵渠 503 座 18913 米,防护加固设备 1592 处 772943 立方米,排水设备 264.57 千米;机械动力设备 305 台(辆),设备完好率 99.38%,设备利用率 88.96%;固定资产原值 14.68 亿元。段设党群部门 4 个,行政股室 6 个,车间级单位 12 个,工区(班组)72 个。定员 1068 人,实有人员 1077 人,其中干部 85 人,女职工 108 人,有专业技术职称者 93 人(高级 2 人,中级 18 人,初级 73 人)。文化结构:大专及以上 59 人,中专 29 人,高中 786 人,初中及以下 203 人。

2002 年,段管内线路总延长 421.71 千米,其中正线 231.04 千米,站特线 190.67 千米,代维修专用线 38.03 千米;道岔 632 组,正线曲线 423 条;曲线最小半径 250 米,最大坡度 12‰;道口 62 处(有人看守 48 处);隧道 62 座 22370 米,桥梁 149 座(特大桥 2 座)13862 米,涵渠 503 座13913 米,防护加固设备 2235 处 772943 立方米,排水设备 264.9 千米。机械动力设备 323 台(辆),主要设备利用率 77.07%,设备完好率 99.55%;固定资产原值 15.67 亿元。段设党群部门 4 个,行政科室 6 个,车间级单位 12 个,工区(班组)70 个。定员 1068 人,实有人员 1060 人,其中干部 135 人,女职工 107 人,有专业技术职称者 90 人(高级 2 人,中级 17 人,初级 71 人)。文化结构:大专及以上 63 人,中专 73 人,高中 295 人,初中及以下 629 人。

2003 年,段管内线路总延长 423.71 千米,其中正线 231.04 千米,站特线 192.67 千米,代维修专用线 38.03 千米;道岔 631 组,正线中曲线 424 条;曲线最小半径 250 米,最大坡度 12‰;道口 64 处(有人看守 47 处);隧道 62 座 22370 米,桥梁 153 座(特大桥 2 座)14049 米,涵渠 503 座 14033 米;机械动力设备 320 台(辆);固定资产原值 16.12 亿元。年工资总额 2143.8 万元,年人均收入 19353 元。段设党群部门 4 个,行政股室 6 个,车间级单位 11 个(原路桥队与线路整修队合并成立整修队),工区(班组)70 个。定员 1068 人,实有人员 1052 人,其中干部 132 人,女职工 112 人,有专业技术职称者 83 人(高级 3 人,中级 20 人,初级 60 人)。文化结构:大专及以上 68 人,中专 62 人,高中 309 人,初中及以下 613 人。

2004 年,段管内线路总延长 464.23 千米,拥有机械动力设备 334 台(辆),固定资产原值 16.12 亿元。段建立规范的无缝线路养护观测制度和轨温监视报警系统以确保线路安全;道口铺面大修 6 处(其中橡胶铺面 4 处),安装道口安全栅栏 14 处、825 米,隔离栅栏 1743 米,道口平台大修 4 处,道口房修缮 10 处。正线维修 13 千米,线路大中修 8 千米,道岔大修 25 组,道岔维修48组，桥隧涵综合维修13座2319.5米；外福线K63＋371～K110＋643处有47千米改建成无缝线路；管内五分之一的道岔得到强化和升级；管内主要到发线轨枕实现混凝土枕化。

2005年，段管内正线维修17.9千米，道岔大修6组，道岔维修54组，桥隧涵综合维修20座，路基大修2件。10月19日，段线桥机工队在北平北Ⅱ场231号道岔成组更换混凝土轨道岔，在拉排过程中由于轨排移位猛烈，撞断接触网杆一根，耽误列车构成一般事故一件。

2. 永安工务段

永安工务段位于永安市黄竹洋路168号。

1996年，段负责鹰厦线K288＋500～K468＋800处以及永嘉线27.84千米的线、桥、路设备维修养护任务。段设党群部门4个，行政股室10个，领工区、队18个，修配车间1个，工区（班组）69个，职工997人。全年线路中修1.8千米，正线37.63千米，站线（特线）维修63千米；道岔维修387组，桥梁、隧道、涵洞综合维修142座、7468米；完成路基大修及防洪预抢工程12件。

1998年，段设党群部门4个，行政股室10个，领工区、队17个，修配车间1个；工区（班组）65个，职工944人。

1999年4月30日，漳平工务段撤销，部分线路和人员划归永安工务段，段管内鹰厦线正线从原来的K288＋100～K469＋200延长至K503＋700，线路总延长从原来的313.65千米增加到355.06千米。

2000年，段设党群部门4个，行政股室10个，领工区、队17个，修配车间1个，工区（班组）64个。职工981人，其中干部127人，工人854人；具有专业技术职称者93人，其中高级2人，中级12人，初级79人；文化程度：大专及以上33人，中专39人，高中266人，初中及以下643人。

2001年，根据福州铁路分局有关减员要求，段把原有的10个行政科室、18个领工区（队、车间）精简为5个行政科室和10个领工区（队、车间）。

2003年，段设党群部门4个，行政股室5个，领工区、队（车间）10个，工区（班组）64个，职工908人（女职工138人），其中干部124人（含聘用40人），具有专业技术职称者96人（其中高级1人，中级21人，初级74人），另有工人技师11人。文化程度：大专及以上39人，中专41人，高中236人，初中及以下592人。年工资总额1943万元，年人均收入21399元。全年完成正线维修21.839千米，站特线维修59.538千米，道岔维修201组，道岔大修1组，线路中修6千米，桥梁综合维修17座1287.4米，隧道综合维修8座2833.3米，涵渠综合维修48座1101.3米，路基大修及防洪预抢8件，全员劳动生产率为1.74换算千米/（人·年）。

2004年，段负责鹰厦线K6.65～K281.1处、K290.3～K415.9处的正线400千米和永嘉线27.84千米的线、桥、路设备维修养护任务，线路总延长639.28千米。其中正线427.86千米，站特线211.42千米，道岔765组，道口36处，桥梁112座、5018米，隧道50座、10172米，涵渠1219座、27872米，排水设备775.14千米，路基防加设备1165.10千米。管内线路最大坡度为20.7‰，最小曲线半径250米，曲线744处、226.93千米，占正线总长度的53%。段设领工区、队(车间)21 个,工区(班组)118 个,在册职工人数 1926 人。

2005 年,段管内正线维修 323.75 千米,站特线维修 40.49 千米,道岔维修 404 组,道岔大修 5 组,线路中修 14.8 千米,桥梁综合维修 12 座 836.7 米,隧道综合维修 7 座 1300 米,涵渠综合维修 110 座 2850 米,路基大修及防洪预抢 40 件。

3. 厦门工务段

厦门工务段位于厦门市湖里区禾山镇中埔,占地面积 3028 平方米。

1996 年,段担负鹰厦线 K537+000 以南及漳州支线线、桥、路、道口设备的维修养护工作。管辖线路总延长 258.64 千米,其中正线 172.09 千米,站特线 86.55 千米。道岔 297 组,曲线 321 个,最小半径 250 米,最大坡度 13.1‰;另有代维修专用线 38.77 千米,道岔 46 组。道口 96 处(有人看守 68 处),桥梁 54 座 2711 米,隧道 6 座 1384 米,涵渠 465 座 8624 米。路基正线延长 166.3 千米,防护加固设备 85.05 万平方米,机械动力设备 148 台(辆),固定资产总值 6.62 亿元。段设党群部门 4 个,行政股室 10 个,车间级单位 19 个,工区(班组)55 个,职工 826 人。

1998 年,段设党群部门 4 个,行政股室 10 个,车间级单位 18 个,工区(班组)54 个,职工 754 人。

1999 年,段设党群部门 4 个,行政股室 10 个,车间级单位 21 个,工区(班组)68 个。定员 790 人,实有人员 915 人,其中干部 146 人,女职工 136 人;具有专业技术职务 101 人,其中中级 16 人、初级 85 人;政工专业人员 16 人、工人技师 2 人;文化结构:大专以上 53 人、中专 64 人、高中 219 人、初中及以下 579 人。工资总额 1366 万元,年人均收入 14334 元。4 月,段新接收鹰厦线 K503+300~K537+000、漳泉线 K0~K2+000、漳龙线 K0~K1+500 的线路设备,以及该线路在职职工 196 人和离退休人员 289 人,同时还接收漳平工务劳动服务公司和漳平宏冠工程公司。为确保新增线桥设备养修有序衔接,成立厦门工务段漳平线路、站场、综合三个领工区和梅水坑桥梁工区、易坑路基工区。

2000 年,段设党群部门 4 个,行政股室 10 个,车间级单位 21 个,工区(班组)68 个。定员 790 人,实有人员 897 人,其中干部 137 人,女职工 119 人;具有专业技术职称者 74 人,其中中级 17 人、初级 57 人;工人技师 3 人;文化结构:大专及以上 54 人、中专 7 人、高中 239 人、初中及以下 537 人。工资总额 1476 万元,年人均收入 16328 元。管辖范围变为鹰厦线 K503+700 以南及漳州支线、漳龙线 K0~K1+500、漳泉线 K0~K2+0 的线、桥、路设备,线路总延长 362.02 千米。

2002 年,成立厦门工务段技术服务部,同时把集美休养所和段培训中心纳入技术服务部管理。

2004 年,段接管永安工务段 84.7 千米线桥路设备。全段机械动力设备 258 台(辆),固定资产 8.9 亿元,职工 986 人。全年配合路局大型机械正线维修 126.57 千米,段内正线维修 9.8 千米,到发线、站特线维修 35.68 千米,军企专用线维修 13.9 千米,道岔维修 150 组、军企专用线道岔维修 20 组;大机打磨钢轨 11.85 千米、道岔大修更换 3 组,道床轮筛 35.68 千米,车工电联整道岔 148 组，共补充石砟 6914 立方米，更换失效枕 4000 根、铪枕 3000 根，单根更换重伤轨 527 根，成段更换钢轨 310 根，正线中修 20 千米，整治翻浆冒泥 5877 孔；桥、隧、涵综合维修分别完成 17 座、1346.8 米，2 座、684 米，29 座、494.8 米，单根抽换桥枕 25 根、改制检查梯 4 处、70 米。

2005 年，段设党群部门 4 个，行政科室 7 个，车间级单位 8 个，职工 986 人。段实施“检养修分开”和“天窗修”的作业模式。全年完成正线中修 14.3 千米，站线维修 47.55 千米，道岔维修 218 组，道床轮筛 87.8 千米，车工电联整道岔 132 组，隧道内更换铪枕 5509 根，更换油枕 16500 根，重伤轨 1021 根，整治翻浆冒泥 7650 孔；桥、隧、涵综合维修分别完成 17 座、1642.4 米，4 座、858.1 米，31 座、738.5 米；路基各种排水设备整修 5.8 千米，清理排水设备 335.9 千米，清理检查道 62.66 千米，防护加固设备 4375 平方米；完成“天窗修”1769 单元，1732.4 小时；完成水害复旧工程 16 件共 733 万元。

4. 邵武线路大修段

邵武线路大修段位于邵武市象牙山 2 号，占地面积 148756 平方米。其在外洋、卓宅、药村有三个轨排组装基地，承担分局管内线路换轨大修任务。

1996 年，设 4 个党群部门和 9 个行政股室（其中公安派出所隶属福州公安处），3 个施工队，1 个机修车间，1 个汽车队和 3 个两经公司。职工 456 人，其中女职工 72 人。全年工资总额 371.89 万元，年人均收入 1.09 万元。有机械动力设备 81 台，设备固定资产 572.4 万元。

1998 年，段设 4 个党群部门和 8 个行政股室，3 个施工队，1 个机修车间，1 个汽车队和 3 个两经公司。员工 445 人，其中干部 81 人（含聘用 23 人），内聘干部 4 人，女职工 73 人。文化程度：大专以上文化 21 人，中专 37 人，高中 176 人，技校 10 人。有专业技术干部 61 人，其中中级 10 人，初级 51 人。工资总额 701.8 万元，年人均收入 14500 元。有机械动力设备102 台，其中主要生产设备 91 台，固定资产原值 772.6 万元，设备完好率 92.3%，利用率 88.8%。

1999 年，段设 4 个党群部门和 9 个行政科室，3 个施工队，1 个机械车间，1 个汽车队和 3 个两经公司。员工 445 人，其中干部 81 人（含聘用 23 人），内聘干部 7 人，女职工 73 人。大专以上文化 23 人，中专 46 人，高中 198 人，技校 11 人，初中及以下 157 人。有专业技术干部 62 人，其中高级 1 人，中级 9 人，初级 52 人。年工资总额 702 万元，年人均收入 15775 元。

2000 年，段设 4 个党群部门和 5 个行政科室，3 个施工队，1 个机修车间，1 个汽车队，3 个两经公司。职工 447 人，其中干部 72 人、聘用干部 21 人、女职工 69 人。文化程度：大学 8 人，大专 24 人，中专 56 人，高中 178 人，初中及以下 194 人。各类专业技术职称者 53 名，其中高级1 名，中级 7 名，助理级 30 名，技术员级 7 名；政工系列：政工师 3 名，助理政工师 3 名，政工员 2 名。段有机械动力设备 115 台，设备固定资产原值 1335.26 万元，其中主要生产设备 98 台，一级设备 54 台，二级设备 37 台，三级设备 7 台。设备完好率 92.86%，利用率 89.13%。

2002 年，段设 4 个党群部门和 5 个行政科室，3 个施工队，1 个机修车间，1 个汽车队，3 个两经公司，职工 440 人。拥有机械动力设备 115 台，设备固定资产原值 1335.26 万元。

2003年,段设4个党群部门和6个行政科室,3个施工队,1个机修车间,1个汽车队,3个两经公司。职工433人,其中干部71人、聘用干部21人、女职工69人。文化程度:本科10人,大专24人,中专54人,高中178人,初中及以下167人。各类专业技术干部47名,其中高级2人,中级9人,助理级22人,技术员级4人;政工师2人,助理政工师4人,政工员2人。工人技师2人。年工资总额923.79万元。段有机械动力设备148台,固定资产原值2322.96万元。主要生产设备101台,其中:一级设备23台,二级设备74台,三级设备1台,四级设备3台。设备完好率96.04%,利用率77.42%。

2004年11月25日,邵武线路大修段并入九江机械化养路段,改为邵武运用管理中心。

第五节　通信信号养护维修

一、通信设备

1996年,福州铁路分局通信电缆共有2211.59皮长千米。其中光缆308.29皮长千米,同轴627.03皮长千米,星绞388.76皮长千米,地区、站场777.96皮长千米,通信明线186.96杆路千米。地区通信总容量10110门,其中程控5992门,纵横4200门。无线列调开通里程715千米,拥有固定台252台,车载台536台,便携台805台。福州铁路分局对移动电话专项审计登记,自查上报移动电话382台,购置金额500万元。

图3-19　厦门电务段通信载波设备

1997年,福州铁路分局和永安、邵武电务段自筹资金550多万元将邵武、资溪、光泽、顺昌、沙县、三明、永安地区改造为自动电话系统,即纵横制为ZXJ-10A型程控电话总机,于6月25日开通使用,实现长途自动,结束人工转接历史。年内,漳平电话所领班倪莲凤被授予路局“三八红旗手”称号。

1998年7月18日，经厦门电务段筹资80万元改造，漳平地区自动电话系统开通1000线中兴JSZ-10型程控电话总机，并实现与市电话联网。12月26日，经过三年攻坚，鹰潭至永安、来舟至福州光缆线路工程完工，铺设606正线千米，完成投资4500万元。全年，福州电务段收发电报12.79万封，邵武电务段收发电报2.64万封，永安电务段收发电报3.03万封，厦门电务段收发电报8.13万封。

2000年6月，福州铁路分局可视电话会议系统投入使用，同时建立福州(铁路地区)卫星通信。10月，ZX3-10机升级扩容完成，计费网建成投入使用。12月26日，福州电气化铁路开通，外福线无线列调改频为400兆赫兹，以统一福州铁路分局管内无线列调使用频点。全年，分局管内增装住宅电话1100台，电缆建设形成一户一线装机能力。鹰厦线、外福线SDH677兆比特/秒、155兆比特/秒传输网和监控中心建成投入使用；福州电报所建成“二星级”电报所；电务系统扩大寻呼台、智能网、信息网络业务，增设市区寻呼发射天线及闽清寻呼链路基站，开通全国寻呼网号95828、95829，发展寻呼380户。

2001年3月28日，铁路电务部门改革，铁路通信业务从铁路分离，划归铁通福建分公司管理。

二、通信养护维修

1996年，福州铁路分局开展通信标准站整治，完成41站整治任务；开展防止大通道中断工作，强化长缆巡检承包制；完成福州地区程控自动总机MD-110软件大修，稳定福州地区自动电话；投资400万元将邵武、永安地区通信设施改造为程控自动总机；开展“十佳报话务员”活动，进一步提高报话服务质量。全年完成中修、维修任务：通信维修计划27项，通信明线中修35.700杆路千米，通信电缆中修451.419皮长千米。

1997年，福州铁路分局完成中修、维修任务：通信维修28项，明线中修20.236杆路千米，通信电缆中修488.198皮长千米。厦门电务段通信测绘工区通信工曾金铭评为厦门市“六大能工巧匠”。

1998年，福州铁路分局完成年度中修和常规维修任务27项，明线中修32.5杆路千米，通信电缆中修386.76皮长千米。

2000年，福州铁路分局通信维修完成30项，电缆中修557.79皮长千米，通信设备综合合格率为98.26%。

2001年之后，福州铁路分局通信业务移交给铁通福建分公司，通信维修工作由铁通公司负责。

图3-20 福州电务段通信机房维修作业

三、信号设备

(一)道岔联锁

1996年,福州铁路分局管内共有色灯电锁器联锁道岔647组。

1997年,福州铁路分局管内电动臂板信号机全部取消,由色灯信号机取代。

1998年,福州车站和邵武车站采用DS6-20型微机联锁,分别于5月17日和9月15日开通使用。

图3-21 厦门信号工区对信号机维修维护

1999年,福州铁路分局管内安装使用色灯信号机2964架。

2000年,福州铁路分局管内计算机道岔联锁站增加杜坞、樟林两站。

2001年,福州铁路分局管内无联锁道岔195组,联锁道岔1640组。其中电气集中联锁道岔1613组,色灯联锁道岔27组。

2002年,福州铁路分局管内有联锁道岔1644组,无联锁道岔183组。

2003—2004年,福州铁路分局管内有联锁道岔1639组,无联锁道岔127组。

2005年,福建境内微机联锁车站增加鹰厦线华桥、光泽、沙县、青州4站,国铁车站中有9个车站实现微机联锁。合资铁路公司武夷山站、泉州站和龙岩站实现微机联锁。

(二)电气集中联锁设备

安装使用电气集中联锁设备是铁路运输现代化的一项内容。至1995年底,福州铁路分局管内已安装使用大站电气集中设备6个站255组道岔,小站电气集中设备8个站42组道岔。

1996年,福州铁路分局新增王富站电气集中站1个,于1月13日投入使用。非集中站樟林站改电气集中工程于9月25日投入使用。南平南站电气集中第二期改造工程,横南线方向于12月6日投入使用。

1997年,福州铁路分局新增2个电气集中站:漳龙线基太站和鹰厦线梅照站,分别于1月23日和12月26日接入使用。年内,厦门电务段在郭坑、前场、杏林、厦门北二场、厦门站安装由上海铁道学院研制的SH-92型微机检测设备,该系统能实现对6502电气集中车站信号设备的运行状况、电气特性进行实时监督、测试。

1998年,福州客站微机联锁设备开通使用。9月15日,邵武站微机联锁工程开通使用。

图 3-22　邵武电务段信号组合架

1999 年 11 月 30 日，厦门电务段承担的东孚站 6502 电气集中工程完工，投入使用。12 月 12 日，为配合外福线电气化改造而新开的金沙站 6502 电气集中工程投入使用。

2000 年 11 月，永安电务段承担的涌溪站新开站信号工程完工，投入使用。

2001 年，福州铁路分局管内电气集中站 122 站，其中微机联锁站 4 站，非电气集中站 3 站。

2002—2003 年，福州铁路分局管内电气集中站 120 站，其中微机联锁站 4 站，非电气集中站 3 站。

2004—2005 年，福建境内电气集中车站有 125 个。

表 3-8　**1997—2005 年福州铁路分局(福州电务段)信号设备情况表**

年份	电气使用站(站)	计算机联锁车站(站)	联锁道岔(组)	无联锁道岔(组)	半自动闭塞区间(千米)	机车信号(台)
1997	114	0	1682	286	1144.71	312
1998	115	2	1698	284	1156.51	328
1999	118	0	1633	280	947.41	325
2000	122	4	1638	153	963.85	279
2001	122	4	1640	195	951.88	293
2002	127	4	1644	183	954.75	319
2003	120	4	1652	285	954.75	305
2004	125	4	1639	127	954.75	422
2005	125	9	1668		954.48	424

注：表中不含合资铁路公司设备。

(三)半自动闭塞

截至1995年底,福州铁路分局管内共安装使用64D型继电半自动闭塞机238台。至此电气闭塞机停止使用。

1998年,漳泉铁路和横南铁路建成通车,闭塞设备为继电半自动闭塞。

2000年9月30日18时起,梅坎线福建段建成开通运行,区间闭塞设备为半自动闭塞。

2005年赣龙铁路通车,区间闭塞设备为半自动闭塞。

2005年,福州电务段管理维修原福州铁路分局管内半自动闭塞954.8千米。其中鹰厦线696.9千米,外福线186.7千米,南平东支线5.2千米,福马线20.3千米,永嘉线27.8千米,漳泉线20千米,漳州支线11.5千米,横南联络线29千米。

四、信号养护维修

1996年,福州铁路分局对信号设备开展标准站整治工作,完成32个车站的信号标准站整治,验收评分有40%站达到优质标准站水准。全年,电气集中站中修23站,合计823组换算道岔;非电气集中中修2站,合计38组换算道岔。

1997年,福州铁路分局推进信号设备养护维修体制改革,实行日常养护和检修基本分离。在南平、永安、漳平试行大工区制,工区内部实行养、修分工:养护人员以巡查保养为主,检修人员以计划整治设备为主。全年电气集中站中修25站,合计1065组换算道岔;非集中站中修1站,合计7组换算道岔。

1998年,福州铁路分局完成信号维修27项,电气集中站中修26站,合计56组换算道岔;非集中站中修4站,合计41组换算道岔。年内针对易损元器采用冗余措施,开展轨道电路专项整治和道岔车、工、电联合整治,实行信号设备无故障奖励办法。全年设备故障比上年下降43.2%。

1999年,福州铁路分局贯彻预防为主原则,抓好日常维修,对轨道电路测试整治,工务电务联合整治道岔,在维修中严禁采用封连线或其他手段封连信号设备、电气接点,以免造成联锁失效。6月11日,福州电务段承担的来舟驼峰场6组大缓行器大修完工。全年,电力集中站中修33站,合计860组换算道岔,信号设备综合合格率99.59%,地面信号显示合格率98.8%。

2000年,福州铁路分局推行“一日作业标准化”,严格把住“作业前、作业中、作业后”三大环节,使维修工作自始至终处于受控状态。10月,邵武电务段承担的上清、埔上站信号大修完工。12月,福州电务段承担的来舟驼峰场3组大缓行器和5股道10组小缓行器大修完工。年内,永浆站信号大修将6036电路改为6502电路,使永安—漳平段信号电路逐步改造为一致。

2001年,福州铁路分局信号维修推广试行“天窗修”,即在运输调度的统一指挥下,安排列车空闲时或停开列车的办法以保证信号维修的时间、空间,也保证行车安全。12月26日,由厦门电务段承担施工的鹰厦线桂口、打虎坑、柯周坑、卓宅等车站信号大修完工,此次大修将

6036电路改为6502电路，轨道电路采用25周相敏轨道电路制成。12月28日，漳平站驼峰改造工程完工，由原来的非机械化驼峰改为微机控制和可控制减速顶设备，提高了编组作业能力。全年，福州铁路分局电气集中站中修完成26站，合计106组换算道岔；非电气集中站完成中修2站，合计26.4组换算道岔。

2002年，福州铁路分局完成20个车站，合计1174.9组换算道岔的中修，完成吉舟、富文、钱坂、城门4个车站信号设备的大修。

2003年，福州铁路分局加大日常维修检查力度，完成信号维修20项。全年，福州铁路分局信号设备故障发生193件，比上年减少15.3%；完成电气集中站1227组换算道岔和非集中电气站33.7组换算道岔的中修；完成机车信号设备大修100台。

2004年，福州铁路分局在鹰厦线54千米轨道区段的大修换轨中，完成6502电气集中设备大修。

图3-23 2002年11月28日，由福州电务段施工的来舟站驼峰三部位缓行器设备技改工程竣工

2005年，福州铁路分局探索电务信号设备向"状态修"过渡的维修管理模式。年初对"状态修"进行工作部署，并在实施过程中加强检查指导，信号设备"状态修"工作按计划逐步推进。全年，鹰厦线信号大修完成10项：4月10日完成华桥站大修工程；4月15日完成光泽站大修工程；4月20日完成沙县站大修工程；4月28日完成青州站大修工程；10月27日完成麦园站大修工程；10月30日完成岭头站大修工程；11月27日完成潘坊站大修工程；11月30日完成龙江站大修工程；12月27日完成上游站大修工程；12月31日完成上房山站大修工程。福州铁路分局加快微机监测建设和改造，实现设备状态智能化网络实时监测，故障诊断报警，为全面实施信号设备"状态修"打好基础，鹰厦线新建27站TJWX-2000型信号微机监测设备。年末，福建境内微机联锁车站达到9站，即福州、邵武、杜坞、樟林、漳平、华桥、光泽、沙县、青州车站。

附：电务段

1.福州电务段

福州电务段位于福州铁路分局机关大院北侧。

1996年，段管辖外福线、福马线、鹰厦线(13.62千米)、南平东支线(5.22千米)，共225.81千米营业线路，28个车站的通信、信号设备养护维修工作和铁路电报、电话业务，同时还承担通信、信号设备大、中修和技术更新改造工程任务。段行政设12个股室，4个车间，73个班组；

党群设党委、团委、工会3个部门。职工727人,其中管理人员65人,工人662人。

1997年,段成立福州明智铁路通信信号工程有限公司,承接横南线大横至乌石等车站信号预告电缆铺设工程、新开兴田站信号工程、武夷山站六组道岔带柄标志安装开通工程及漳泉肖线无线列调、机车信号工程,全年利润32万元。

1999年,段设党群部门3个,行政股室9个,车间5个,班组63个,下属公司有闽源通讯贸易开发有限公司、劳动服务公司和明智铁路通信信号工程有限公司。年末职工676人,固定资产总额9744.9万元,年工资总额892.3万元,年人均收入13200元。

2000年,段对8个班组进行撤小并大改革:撤销魁岐通信工区并入福州光电缆工区;撤销音频工区并入通信台工区;撤并来舟雷达、楼内工区,成立来舟驼峰自动化工区;撤并古田通信一、二工区,成立古田光电缆工区。

2001年3月28日,铁路通信部门从运输主业分离,成立铁通福建分公司。6月1日,邵武电务段合并于福州电务段。

2002年,段将管内原4个领工区更名为车间,撤销来舟车间管辖的峰尾信号工区,并入来舟到发场信号工区。

2004年12月6日,厦门电务段合并于福州电务段。

2005年3月26日,按照南昌铁路局生产布局调整的要求,福州、厦门水电段管内的电力设备管理和运营维护工作向该段移交。新组建的福州电务段下设福州综合检修、福州信号、南平北信号、邵武信号、漳平信号、永安信号、厦门信号、福州电力、厦门电力、永安电力、邵武电力11个车间,87个生产班组。年末,职工1482人,其中:专业技术职称者448人,工人技师22人;大学本科54人,大专113人,中专518人。段负责整个原福州铁路分局管内的铁路信号维护工作,即鹰厦线、外福线、福马线、南平东支线、永嘉线、漳泉线、漳龙线,计952.48千米、129个车站信号设备的维修、养护工作。

2. 厦门电务段

厦门电务段位于厦门站南侧的金榜山山麓,占地面积1万平方米。

1996年,段管辖鹰厦线南段卓宅至厦门,漳龙线、龙坎线和漳泉线梅剑段403千米,共42个车站的通信、信号设备的维修、中修、部分大修,以及更新改造任务和铁路电报、电话业务。职工610人,其中女职工146人,固定资产总值1.28亿元。段设党群部门3个,行政股室8个,5个车间,79个生产班组。下属公司有厦门电盛贸易公司、厦门电信工程有限公司和厦门源金工贸公司(年底更名为厦门铁路电务工程公司)。

1997—1999年,厦门电务段通信设备光电缆799皮长千米。其中长途光纤电缆217.3千米,架空明线130.12杆路千米,载波电话端机53台(其中34兆比特/秒光端机9台,8兆比特/秒光端机25台),地区自动交换机回线总容量3700门(其中程控2300门),自动电话分机164台,JZC长途程控交换机1套,电传打字机14台,传真机8台,智能电报机30台,站场广播53组,无线列调固定台72台,车载台111台。信号设备有6502电气集中车站25个,驼峰调车场(漳平站)1个,色灯电锁器联锁车站17个,色灯信号机820架,集中联锁道岔401组,非集中联锁道岔105组,半自动闭塞403千米,轨道电路756个区段,机车信号56台,道口自动信号31处。管内区段各站全部实现移频电码化。

图3-24　厦门电务段电气集中控制设备

2000年,段管内34兆比特/秒光端机增至10台,PCM端机增至30台,地区程控交换机回线总齐量增至8120门,自动电话分机增至2468台,新增无线寻呼台系统1套。全段通信信号固定资产1.23亿元。职工2480人,其中专业技术人员206人。

2001年6月1日,永安电务段合并于厦门电务段。

2002年,按照分局减员要求和下达的编制定员,段先后撤销了永安分段综合办公室、调度室,并将段原有8个行政职能部门(安全调度室、教育室、信号室、劳动人事室、材料室、计财室、办公室、多经办)缩编为4个科室(技术安全科、计划财务科、人劳教育科、办公室)。被精简的人员分流到新成立的多经发展中心、职工教育培训中心和物资管理中心或充实到职工技协、车间工作。

2004年12月6日,厦门电务段合并于福州电务段。

3. 邵武电务段

邵武电务段位于邵武市太保路131号,主要承担鹰厦线K7+021～K281+613区间,38个车站、区间的通信、信号设备养护维修和铁路电报、电话业务以及部分基建、更新改造工程。

1996年,段设党群部门3个,行政股室10个,下设领工区10个,生产班组45个,职工499人。主要设备:通信有通信电缆534.98皮长千米、载波机40端、纵横制交换机1300门、自动电话机881台、无线短波电台1台、固定电台65台、车载台328台、携带台339台,通信设备总换算3085皮长千米;信号有半自动闭塞274.59千米、电气集中38个车站、地面信号机

780 架、联锁道岔 346 组、无联锁道岔 54 组、机车信号 107 台、道口信号 17 处,信号设备总换算道岔 1228.37 组。全段固定资产总值 7731.27 万元。换算工作量为 3270.29 换算道岔组。

1997 年,全段固定资产总值 8572.96 万元。年内完成业务收入 387.33 万元。年人均收入 13120 元,比上年增长 7.6%。

1998 年,全段固定资产总值 8572.96 万元。全年完成业务收入 685.45 万元。年人均收入 12495 元。

1999 年,全段固定资产总值 11128.63 万元。年内完成业务收入 615.69 万元。年人均收入 14726.93 元。

2000 年,全段固定资产总值 10023.78 万元。年内完成业务收入 289.86 万元。年人均收入 15932 元。

2001 年 6 月 1 日,邵武电务段并入福州电务段。

第四章　经营管理

1996—2005 年，福州铁路分局以行政负责制、岗位责任制及安全管理、计划管理、全面经济核算为主的模式进行经营管理。执行铁道部颁布的《铁路技术管理规程》，加强安全基础建设；统筹计划管理，对运输指标变化进行跟踪分析，适时调整计划；建立盈亏考核机制，加强成本控制和收支检查审计；协调重要物资供应，建成一批节能环保设施；对用工总量进行控制，调整用工结构，盘活人力资源，劳动生产率有所提高；逐年推进住房和公积金制度改革。

第一节　行车安全管理

一、行车安全纪录

福州铁路分局严格贯彻执行《铁路技术管理规程》等铁路安全制度，至 1995 年底，福州铁路分局实现行车安全 1510 天，获得上海铁路局“北有蚌埠，南有福州”的安全评价。

1996 年，福州铁路分局连续第五年实现安全年。

1997 年，福州铁路分局以客车安全为重点，深化安全基础建设，促进安全基础逐步进入“有序可控、基本稳定”的轨道，运输安全较为稳定的局面得到发展。年底，实现行车安全 2241 天。

2000 年 2 月 27 日，福州铁路分局实现行车安全 3000 天。

2001 年 11 月 11 日，福州铁路分局实现行车安全 10 年，即福建省铁路行车从 1991 年 11 月11 日重大事故后，连续 10 年没有发生过行车大事故。铁道部通报表彰福州铁路分局，颁发奖金 100 万元。福建省人民政府发电祝贺，颁发奖金 30 万元。

2002 年，福州铁路分局实现行车、劳动双安全年，管内无险性及其以上行车事故发生，至 10 月 25 日 18 时实现福建省铁路行车 4000 天无大事故；至年末，实现行车安全 11 年、4067 天，创全国铁路运输安全生产天数最好成绩。

2003 年 10 月 20 日，挂运邵武大修段蒸汽轨道起重机的 41052 次货物列车在京九线发生脱轨大事故，终结福州铁路分局行车安全 4359 天的安全纪录。

二、行车安全设施

（一）机车安全“三项设备”

鹰厦线因天气不良或地处曲线，火车司机难以辨认地面信号机的显示状态以及在运行途中因中断瞭望而导致的事故较多。从20世纪80年代初开始,福州铁路分局在机车安装无线电对讲机、机车信号和ZTL型机车自动停车装置"三项设备"。这三个装置,俗称"三大件",即司机"三大宝"。1995年底,福州铁路分局156台电力机车、32台东风4型内燃机车全部安装ZTS-1型机车自动停车装置。

20世纪90年代中期以前,列车和列车调度之间,列车和车站之间,列车相互之间无法通信联系。车站向机车乘务员转达调度指示,只能采取停车联系或交付行车凭证时附以简要书面通知的办法。当途中列车发生事故被迫停车时,运转车长采用携带的磁石电话机,使用接线盒或挂线的方法与车站联系,极不方便。1995年后,福州铁路分局开始安装TW-8C型列车无线调度电话,这样列车在运行途中机车乘务员可直接与车站或调度所的调度员通过无线电话(无线电对讲机)联系。列车调度员、车站值班员、车长和司机之间可以随时随地提醒行车注意事项,相互配合,确保安全。

(二)机车监控装置

随着运输生产的发展,行车安全有了更高要求,原在机车上安装的机车信号和机车自动停车装置不能控制列车超速运行,不能监控司机操纵过程。1994年4月25日,由上海铁路局机务处和福州铁路分局联合进行试验,在邵武机务段一台SS3韶山型646号电力机车上安装JK-2H型列车运行监控记录装置,达到预期目的。试验成功后即在各机务段全面推广安装这一装置。这是由微机(电脑)控制的安全装置,俗称火车"黑匣子",与上述的机车"三大件"合称为"四大件"。这种装置不仅可以有效避免因超速引起事故,而且能准确记录列车运行、信号显示和司机操作状况。1994年6月,邵武机务段21台客运电力机车、福州机务段32台客货运内燃机车安装JK-2H型列车运行监控装置,对机车一次出乘作业标准化实行全过程监控。年底,机车运用安全微机网络管理系统(JYA系统)投入运行,实现机车运用记录转储和检索分析,形成机务安全制度软硬并举,全方位、全过程控制防范保证体系。

1995年11月,永安机务段12台客运电力机车安装JK-2H型监控装置;漳平机务段9台客运机车安装JK-2H型机车监控装置。年底,福州铁路分局有42台(客运)电力机车、32台东风4内燃机车安装JK-2H型列车运行监控记录装置。

1996年,邵武机务段61台机车、永安机务段39台机车和漳平机务段39台机车安装JK-2H监控装置。

1998年,为防止列车超速,福州铁路分局对JK-2H列车监控记录装置实施常用制动和机车测速电气改造。邵武机务段电力机车监控装置改造71台,福州机务段内燃机车改造40台,合计111台。

1999年,福州铁路分局对东风5内燃机车加装JK-2H列车监控记录装置10台。

2001年,为确保机车"四项安全设备"出库合格率达到100%,福州铁路分局对货运机车LKJ-93型列车监控记录装置安装以及监控程序进行修改。邵武机务段、永安机务段、漳平机务段分别安装61台、49台、24台LKJ-93型列车监控记录装置。至此，福州铁路分局配属的内燃、电力机车全部统一为LKJ-93型列车监控记录装置。

2003年，邵武机务段改造29台电力机车的监控装置为LKJ-2000型。

2004年，福州机务段在LJK-93型列车运行监控器、列尾装置、数码录音、弓网故障快速降弓装置、轨道状态检测装置、机车通用式机车信号、大容量IC卡、轴温报警器、光电速度传感器等行车安全设备使用基础上，新投入使用调车视频监控装置、车载信息无线传输系统等安全设施。

（三）红外线车辆轴温探测器

从1985年开始，每辆客车的乘务室内都安装有轴温报警装置。当客车任何一个轴的轴温超过95℃时，将自动显示报警，以提醒乘务人员及时采取措施，消除事故隐患。

1995年12月10日，第二代HIK-391型红外线轴温探测仪在来舟车站投入使用。与第一代相比，第二代具有自动预报轴温、功能齐全的优点，能自动检测运行中列车车辆的热轴故障，按微热、强热、激热三个等级预报热轴，能自动识别客车货车、自动计算车轴车辆、自动检测列车速度，自动进行车轴滚动或滑动的识别。

1997年，福州铁路分局管内有红外线轴温探测点9个，安装红外线轴温探测器一代机33套，二代机3套，不间断地对来往客货车的轴承温度进行检测。年内，共探测货车9.3万列、272.96万辆，预报热轴3173辆，热轴现场处理2731轴。准确率100%，兑现率80.6%，设备使用率99.7%。

2000年，福州铁路分局管内8个红外线一代机探测站探测货物列车8574列、276.59万辆车，预报热轴334轴，现场处理252轴，兑现率75.4%，设备使用率99.8%。全年未发生车辆燃轴、切轴事故。

2000年6月10日，鹰厦线漳厦段红外线二代机系统开始试用；10月11日经验收合格投入使用，同时，漳平、郭坑、厦门北红外线一代机设备停止使用并拆除。同年7月，鹰厦线来漳段红外线二代机工程开始施工，工程投资1000万元。

2001年底，鹰厦线来舟、青州、沙县、三明、贡州、永安、岭头、麦园和钱坂9个探测站红外线二代机安装完毕，投入运用。

2002年6月30日，鹰厦线鹰潭至漳平段和外福线红外线轴温探测器二代机系统投入使用，同时原邵武、永安、古田、福州东的一代机及来舟探测设备停止使用并拆除。至此，福州铁路分局管内更新二代机工程完成。年末，福州铁路分局管内红外线二代机轴温探测系统有67个探测方向，安装67套探测站设备、6个列检复示站、6套复示设备；分局监测中心有3台主机不间断探测，有效地防止燃轴、切轴事故。全年，探测客货列车47.82万列，1212.95万辆；预报热轴8个，其中甩车换轮5个。

2003年5月，福州铁路分局红外线轴温探测信息全路联网系统投入使用。

三、行车事故预防案例

1996年6月13日5时5分,漳平工务段巡守员张家烈在鹰厦线K498.170～K498.180处发现山坡崩坍,及时拦阻97次客车,获奖500元。7月9日5时35分,城口工区农民合同巡道工陈绍寿巡查发现鹰潭线K456.5处5号轨轨底垂直裂纹82毫米,立即采取防护措施并报告车站,领工区接到报告后即派人加固并及时更换钢轨,陈绍寿获奖200元。全年,福州铁路分局防止重大、大事故33件。

1999年1月29日,永安车务段永浆站助理值班员李鸿滨在立岗接车时发现2471次列车机后28位车辆车轮严重破损,立即向车长、司机等报告,有关值乘作业人员采取紧急措施停车,防止了一起行车重大事故。

2003年5月16日,永安机务段韶山4型0677号机车杨瑞午机班,添乘干部谢俊雅,值乘24069次货物列车运行至鹰厦线K337+700处发现塌方险情,及时停车,防止了一起行车事故。

2004年8月13日5时58分,南平市西芹车队农用车(闽H01669),运行至安济站公路与铁路并行线时,翻入外福线K38+850处安济站6～8号道岔旁,侵入限界,影响正线行车。安济站车站值班员徐金财、助理值班员梁宙红接到险情报告后,立即用列车无线调度电话呼叫29018次(邻站已开出)司机停车,同时关闭进站信号,并向站长李文峰报告。29018次于6时10分在安济站机外停车,避免了火车撞汽车事故。

2004年9月11日,永安车辆段漳平列检所检车员叶旭在对49472次列车作业时,发现机后14位C62A-4536563在无热轴预报时,车辆五位轴承外圈裂损60毫米×12毫米,及时上报车间,经车间和段安调科确认,防止一起切轴事故。

2005年4月4日,永安车辆段南平北列检所检车员郑来福对25004次货物列车技术作业时,在红外线没有预报的情况下,听到机后23位车辆反面有异音,检查发现8位轴承外圈有明显擦伤痕迹及密封罩松动、甩油、轴承外圈移位现象,经分解发现该轴承保持架破碎,防止了一起行车事故。

2005年6月17日12时02分,42501次货物列车途经闽清车站时,机后第31位一辆棚车冒烟。这是由丹江站发往福州东站的电石,重58吨,共1160件,使用编织袋包装。路局调度命令在闽清站解车处理。福州东直属站接到火情报告后,立即启动危险货物事故应急施救预案,组织有关人员赶赴现场组织抢救,并向当地政府、消防部门报警。经过严密组织、奋力抢救,连续奋战16余小时,终于将火扑灭,将货物损失和影响控制在最低限度,防止了危险货物事故的扩大。

附一:行车事故

1991—2001年,福州铁路分局连续10年没有发生行车大事故。

2002年8月7日2时50分,因漳泉铁路山洪暴发水害断道,49488次货物列车在石砻至泉州西间K146+300处,第7位车厢脱线,第8、9位车厢颠覆。经抢修于当日6时15分开通线路。

2003年10月20日16时16分,福州铁路分局邵武大修段Z151型5017号蒸汽轨道起重机挂运41052次货物列车，运行至京九线临西至清河间上行线K362+135处，尾部4位挂运的蒸汽轨道起重机前台车第一轮对脱线，中断京九铁路上行线行车3小时46分，构成行车大事故。

2004年6月8日5时18分，20112次列车在鹰厦线埔上站2道出发时，由于机后第1位车辆C62A4412610(空车)前进方向右侧中门打开，将二道上行出站信号机刮倒，构成列车运行中刮坏行车设备险性事故。事故车为闽侯站卸空车，于7日挂运30060次到来舟站，来舟站商检对车辆关闭、捆绑检查不到位，未能及时发现并处理。福州铁路分局按商检区段负责的原则，列来舟站责任。

2005年2月26日5时39分，南平北站(来舟站)丙调调车作业到第五钩时，车列溜出7道警冲标外方15.75米，与6道正在出发的30057次货物列车机后第26位发生刮碰，构成列车冲突险性事故。事故原因是调车长离岗到峰尾作业楼烧面条，由连接员领机车，制动员担当制动，而另一名制动员未到位，大组车列溜放只有一名制动员作业，造成溜放车列制动不及溜出警冲标。这是一起严重违章作业造成的事故，列南平北站全部责任。

附二:路外伤亡事故

1995年4月起，福州铁路分局开展路外安全宣传月活动，宣传经费3.5万元。各车务段、车站、公安派出所走访铁路沿线的地、市、县、乡镇、村及厂矿企业、部队、学校开展宣传活动。全年，福州铁路分局发生路外伤亡事故342件，死亡194人，重伤147人，轻伤12人，撞坏汽车4辆、拖拉机1辆，路外伤亡经济赔偿97.85万元。

1996年，福州铁路分局加大路外安全宣传，拨出专款942.5万元，在厦门电视台、龙岩电视台做专题宣传，在漳平至厦门铁路沿线放电影、放录像等，受教育人数达13万人次，起到了良好的警示作用。年内发生路外伤亡事故239件，死亡152人，重伤80人，轻伤14人，撞坏抢道的拖拉机3台、汽车5台，伤亡件数较上年减少103件，下降30.12%。路外伤亡事故处理费用下降10.79%。

1998年，福州铁路分局发生路外伤亡事故226件，死亡177人，重伤111人;事故处理费用64万余元，平均每件2831元。

1999年，福州铁路分局发生路外伤亡事故213件，比上年减少13件，下降5.75%。

2000年，福州铁路分局发生路外伤亡事故218件，比上年增加5件，上升2.35%。

2001年，福州铁路分局发生路外伤亡事故216件，比上年减少2件，下降0.92%。

2002年，福州铁路分局发生路外伤亡事故165件，比上年减少51件，下降24%。

2003年，福州铁路分局发生路外伤亡事故166件，比上年增加1件。

2004年，福州铁路分局发生路外伤亡事故164件，伤亡人数169人(死亡105人、重伤64人)，事故处理费用161.39万元。

2005年，福州铁路分局发生路外伤亡事故177件，伤亡人数183人(死亡99人，重伤84人)。其中行人抢越线路事故为109件，行人在线路上行走被火车撞击事故68件。全年事故处理费用201.46万元。

表 4-1　　1996—2003 年福州铁路分局管内路外伤亡事故情况表

年份	死亡(人)	重伤(人)	轻伤(人)	压牛(头)	撞汽车(辆)	撞拖拉机(台)	撞其他
1996	152	80	14	0	5	3	0
1997	227	92	6	0	4	0	0
1998	177	111	8	2	6	1	2
1999	113	103	4	0	7	3	0
2000	115	103	0	0	5	1	0
2001	111	104	2	0	3	3	0
2002	94	70	2	0	4	2	1
2003	108	63	0	0	1	2	0

四、事故救援列车

1996—1997 年，福州铁路分局将报废或待报废的客车进行扩大段修和改造，改造 2 组共 10 辆，每组包括指挥车、工具车、发电车、宿营车、餐车各 1 辆，配备给邵武、漳平救援列车，并更新救援列车设施。

1998 年 6—7 月，福建境内百年不遇的洪涝灾害造成鹰厦线、外福线多处大面积塌方断道，福州铁路分局救援列车全部出动，赴邵武、顺昌和白沙桥等处抢修。8 月，厦门救援列车投入使用，其配备 60 吨蒸汽轨道起重机 1 台，负责厦门至溪南板间事故救援。

2000 年，福州铁路分局在鹰厦线邵武、来舟、永安、漳平、厦门和外福线福州设置 6 个救援列车。其中 160 吨内燃轨道起重机 1 台放置在永安，100 吨内燃轨道起重机 4 台分别放置在邵武、来舟、漳平和福州，60 吨蒸汽轨道起重机 1 台放置在厦门。年内出动救援列车 9 次。

2003—2005 年，邵武救援列车在邵武机务段内，装备 N100 吨内燃吊机，人员配备 24 人；福州救援列车在福州机务段内，装备 N100 吨内燃吊机，人员配备 24 人；永安救援列车在永安机务段内，装备 N160 吨内燃吊机，人员配备 22 人；漳平救援列车在漳平机务段内，装备 N100 吨内燃吊机，人员配备 21 人；来舟救援列车在来舟车站，装备 N160 吨伸缩臂内燃机，人员配备 21 人；厦门救援列车在厦门机务折返段内，装备 N100 吨内燃吊机，人员配备 22 人。

第二节　计划统计管理

一、运输计划管理

1996 年为“九五”计划的开始，根据上海铁路局的安排，福州铁路分局下达全年铁路计划。

至年末，基本完成年度计划任务。其中货运量提前7天完成年度计划；货运量、货车周转时间创历史最好成绩，但是客货换算周转量、旅客发送量、分界口接重、日均卸空车等主要运输指标未完成年度计划。

1997年，福州铁路分局换算周转量、货车中时和机车运用各项指标完成年度计划，但客货发运量、分界口交接量，装卸车、货车周时和停时等未完成年度计划。其中换算周转量完成228.6亿换算吨·千米，为年计划的100.7%，同比增长1.6%；旅客周转量完成68.3亿人·千米，为年计划的103.5%，同比增长3.6%；货物周转量完成160.3亿吨·千米，为年计划的99.6%，同比增长0.7%；货物发送量完成2382.1万吨，为年计划的97.2%，同比下降5.1%；旅客发送量完成1464万人(包括补退票人数36.7万人)，为年计划的97.5%，同比下降4.5%；月均卸空车完成1263车，为年计划的97.1%，同比下降0.3%。

1998年，福州铁路分局基本实现全年运输计划任务。

1999年，福州铁路分局完成客货周转量219.7亿换算吨·千米，为年度计划的101.7%，同比减少3.6亿换算吨·千米，下降1.6%。其中旅客周转量完成73.3亿人·千米，为年度计划的104.7%，同比增加5.3亿人·千米，增长7.8%；货物周转量完成146.4亿吨·千米，为年度计划的100.3%，同比减少8.9亿吨·千米，下降5.7%。旅客发送量完成1383.1万人(含补退票人数)，为年度计划的101%，同比增运9.2万人，增长0.7%。货物发送量完成2043.7万吨，为年度计划的104.8%，同比增运51.8万吨，增长2.6%；其中完成煤炭发送量331万吨，为年度计划的100.3%，同比增运79.3万吨，增长31.4%。日均装车完成989车，为年度计划的100%，同比增加113车，增长9.4%；货车净载重完成56.6吨，为年度计划的100%，同比减少0.4吨，下降0.7%。

2000年3月，福州铁路分局针对“3·18”图停短开长，增开行包专列等对周转量指标影响较大的实际情况，经过调查分析，提出应对措施，以保证年计划的完成。6月12日，福州铁路分局分别在永安、厦门召开运输计划汇报会议，通报上半年运输计划执行情况。年底，上海铁路局对福州铁路分局机车车辆技术指标年度计划调整。其中货车周时、停时、旅行速度和运用车分别调整为2.42天、22.3小时、24.5千米/小时和5150车；货机日产量、日车千米和平均牵引总重分别调整为64.2万吨·千米、365千米和2260吨。

2001年“10·21”新图实行，横南线客车分流和部分客车变径、换型等对旅客周转量指标影响较大。年底，上海铁路局对福州铁路分局客运量、机车日产量两项年度计划调整。其中旅客发送量由1250万人调整为1200万人，机车日产量由64万吨·千米调整为62万吨·千米。全年福州铁路分局完成客货换算周转量237.1亿换算吨·千米，为年度计划的104.7%，同比增加15.6亿换算吨·千米，增长7%。其中旅客周转量完成80.1亿人·千米，为年度计划的95.9%，同比增加1.3亿人·千米，增长1.7%；货物周转量完成157.1亿吨·千米，为年度计划的109.9%，同比增加14.4亿吨·千米，增长10.1%；旅客发送量完成1208.83万人(含补退票人数)，为年度计划的100.7%，同比减少46.1万人，下降3.7%；货物发送量完成2097.2

万吨,为年度计划的114.9%,提前54天完成年计划。

2002年,福州铁路分局运输计划继续实施“放开闽北,稳住闽中,强攻闽南,盘活闽东,贯通闽西”的策略,适时调整营销战略,优化客货运输营销组织,拓展运输市场,克服不利因素影响,基本达到福州铁路分局综合经营责任制考核目标。年初,福州铁路分局针对运输市场需求和周边运输环境变化,对周转量等指标的变化进行研究和预测,并及时进行适时跟踪分析,为决策提供参考,在下半年货运市场旺季趋淡的情况下,采取运价下浮措施,逐步扭转货运下滑的局面,以确保分局货运周转量达到目标。年底,上海路局对福州铁路分局货运量、机车日产量两项年度计划调整。货运发送量由2100万吨调整为2080万吨,机车日产量由62万吨·千米调整为57万吨·千米。

2003年,福州铁路分局除客运指标因“非典”影响没有达到计划以外,其他指标都达到年初计划,而且多项运输指标刷新福州铁路分局历史纪录。其中换算周转量完成261.57亿吨·千米,为年度计划的106.33%,比上年增加15.96亿吨·千米,增长6.5%,提前17天完成年度计划。

2005年,福建省台风水害较为严重,海棠、麦莎、泰利、龙王等强台风轮番登陆,造成鹰厦、外福线路多次中断,列车停运,加上春运停开管内客车11对和直通列车1对,造成全年旅客发送量未完成年计划。货运方面,由于国家宏观调控政策和4月货物运价上涨等因素影响,货源严重不足,货运量较上年有较大下降;高速公路的快速发展,也对铁路货运市场造成很大冲击,影响了铁路货运发送计划的完成。

二、修建(投资)计划管理

1996年,福州铁路分局及时做好项目概预算调整,努力争取项目立项,使全年计划投资追加1.65亿元,从而保证部分基建项目资金。年内完成的计划项目有:鹰厦线韶山型机车配套工程,外福线杜坞落坡工程,福州车辆段空调检修线工程,福州地区给水扩容工程,福州程控电话扩容改造工程和漳平、三明车站的站房改造工程。其中电力机车韶山SS_4型配套工程和三明、漳平站房改造工程已安排投资立项,其余四项已安排扩建初步设计。年内完成福州站站场技术改造、福州机务段内燃整备、厦门客技站和鹰漳段6站扩能等四个项目的概预算调整上报工作。全年福州铁路分局修建计划投资完成3.35亿元。其中基建计划投资完成9300万元,更改计划投资完成1.15亿元,大修计划投资完成1.27亿元,各种专项资金完成7552.1万元。

1997年,福州铁路分局完成投资2.19亿元,为年计划的100%。其中大修完成1.03亿元,更新改造完成1.16亿元。年内完成的主要计划项目有:来舟第二空压站、永安车辆段滚动轴承车间改造,来舟至永安段扩能工程和鹰厦线第二代红外线初步设计的申请立项;鹰厦线韶山4型电力车配套工程,福州地区给水扩容,福州客技站空调检修线的扩建初步设计;福州客技站、福州机务段内燃整备改造工程的概预算调整工作。

1998年,福州铁路分局实行投资计划转机改革试点新办法,更新改造资金按上年第二季度末应该计折旧固定资产的70%分类提取并自行安排，投资计划管理的自主权增大，更新改造资金从上年的2450万元增加到1.34亿元。全年累计完成投资2.16亿元，为年计划的99.8%。

1999年，福州铁路分局计划部门经过调查研究，优化比选方案、审核预算，根据分局财力情况，分轻重缓急，优先安排急需解决的项目138项、1772万元；节约投资300万元，其中鹰厦线通信数字通道设备节约投资200万元；送审决算工程30项，核减投资319万元，其中住宅24幢审计核减决算投资282万元。全年，福州铁路分局累计完成投资1.98亿元，同比减少1811.3万元，下降8.4%。其中更新改造计划完成1.79亿元(其中铁道部管理项目2181万元，上海路局管理项目7030.6万元，福州铁路分局直管项目2777.2万元)；集资和专项基金完成1818.9万元；住宅更新改造投资完成4156.7万元，施工面积8.09万平方米，竣工7.47万平方米，竣工户数1150户；行车安全投资完成2281.3万元。主要项目有：鹰厦线漳(平)厦(门)段红外线内资配套工程，鹰厦线来舟至永安段扩能加强工程，鹰潭至永安段和外福线通信数字通道工程，客货营销生产设施改造工程，续建二等站以上的车站计算机售票系统，福州客技站、厦门客技站、福州空调检修基地配套设施工程，漳州、杏林货场建设工程等。

2000年，福州铁路分局更新改造项目完成投资1.69亿元，包括部管项目2600万元，路局指定项目4729.6万元，福州铁路分局自行安排项目9621万元。其中，行车安全设施项目重点工程有：鹰厦线第二代红外线配套房建通信电力设备安装工程完工，福州铁路分局红外线检测中心房屋装修及设备安装工程完工；道口平改立交竣工交验；鹰厦线列车尾部反馈装置于6月安装使用等。客货营销及扩能项目重点工程有：新建厦门客技站6股存线于10月建成投入使用；福州站客运整备设施和郭坑站房开工建设；杏林货场应急工程6月投入使用；南平南新货场开工建设；鹰潭至来舟段3个会让站扩能工程开工建设；涌溪站于9月竣工开站，城头站涵洞、土石方、排水沟等站前工程基本完成，站后工程开工建设；楼前站完成路基工程等。科技信息项目重点工程有：鹰厦线长途通信光缆项目进入收尾阶段，年内开通来舟至漳平段通信光缆；机关局域网办公自动化6月底开通，各站段年底开通；机务TIMS以及车号识别系统开工建设。环保和节能重点工程有：福州、厦门客技站，永安机务段污水处理工程；沙县采石场废水处理工程；福州地区燃煤锅炉按地方环保部门要求更改为燃油锅炉，年内改造完成。

2001年，福州铁路分局充分利用转机试点的灵活投资机制，促进一批续建项目及时建成投产，发挥投资效益，至第二季度转入固定资产6.9亿元。大部分项目都做到当年下达计划，当年竣工交付使用，发挥投资效益。来漳段无线列调以及漳平站提高编组能力的两项前期工作通过方案设计会审，列入次年投资计划。全年福州铁路分局完成投资1.66亿元，比上年相比减少273.7万元。其中部管项目600万元，路局指定项目4976.9万元，福州铁路分局自行安排项目1.11亿元。主要项目有：鹰厦线第二代红外线配套设施，提速新型客车检修工装以及三品检查仪安装，来舟列检监控装置，机车运行速度监控装置，机车数字录音装置，来舟至永安段无线列调改造，大站电气集中微机监控，来舟至永安段三个会让站工程，漳平驼峰调速系统等。

2002年,福州铁路分局投资重点在安全设施、扩能提效、客货营销、科技信息、环境节能以及有利于减员增效、增收节支和生产急需设备更新及职工生活项目,以增强福州铁路分局的综合运输能力,提高经济效益。全年福州铁路分局完成投资1.83亿元,比上年增加1716.8万元。其中更新改造投资1.63亿元,基本建设投资2000万元。主要项目有:机车运行速度监控系统,监控装置试验设备,机车数字录音装置,鹰厦线来舟至顺昌、永(安)至麦(园)段电力贯通线工程,提速新型客车检修工装,通用式机车信号工程,厦门客技站3、4道改装整备线工程,鹰厦线电气集中监测工程,160吨伸缩臂救援吊机安装,外福线K21+715处平改立道口工程,永漳段牵引供电扩能项目,漳厦段鹅山、沙建两个会让站工程,TMIS调度管理信息系统以及中、小型站信息管理系统等。

2003年,福州铁路分局完成投资1.35亿元,其中行车安全设施投资3043万元,占更新改造计划投资的22.5%。

2004年,福建铁路大规模建设开始。温福铁路完成计划投资5000万元;赣龙铁路完成计划投资6.15亿元;鹰厦线、外福线大修92.1千米,完成计划投资5852万元。

2005年,福建省铁路基建投资大中型项目3个,投资31.53亿元。其中温福铁路投资12.5亿元,福厦铁路投资7.0亿元,赣龙线投资12.03亿元。全年,南昌铁路局对福建省铁路更新改造投资部管项目1.78亿元,局管项目8.05亿元。主要项目有:通过对莫口、和顺站到发线延长等工程改造,改善点线能力不配套的问题;对主要客运站的雨篷、站台、广播引导系统等客运设施更新改造;对杜坞、魁岐站等主要货场改造;对机车进行提速单司机改造,加快车辆的“5T”建设,对机车、车辆检修设施进行改造与完善,提高机车、车辆检修工装水平及检修能力;加大机车监控装置、红外线轴温探测、三品检测仪、超偏载仪等安全技术装备投入;完善全局站段局域网、广域网建设;对调度指挥系统、来舟编组站YIS系统全面更新升级;新建福州东“大货系统”,对客票系统通道进行升级等。

三、长远计划编制

1996年8月14日,福州铁路分局科技大会讨论科技发展“九五”计划与2010年长期规划纲要,实施科教兴局战略,以实现福建铁路改革和发展的目标。

1999年4月,国家计划委员会发出开展“十五”计划和15年规划思路研究工作的通知,5月,福建省政府召开全省国民经济与社会发展“十五”计划编制工作电视电话会议,并向各市区、省直机关等有关单位发出编制国民经济与社会发展“十五”计划的通知。福州铁路分局立即着手编写福建铁路“十五”重点建设项目的初步设想,上报福建省计划委员会。主要内容是提出在“十五”期间要修建赣龙、温福、福厦三条新线及对漳龙、漳泉线梅湖段进行技术改造。10月,列入福建省计划委员会编制“福建省‘十五’规划重点、大中型项目(初选)表”中。其中,赣龙铁路列入省“九五”结转续建项目,建设年限为2000—2004年,总投资为50亿元,“九五”末要求完成2亿元投资,“十五”期间安排48亿元投资;温福铁路列入省“十五”探讨性项目,建设年限为2003—2007年，总投资38.78亿元。福州铁路分局开始编制福建铁路发展战略。

2000年4月，福州铁路分局完成“十五”计划和2015年运量规划编制，并参加编写福建省计划委员会《二〇〇〇年福建省交通运输规划网纲要》和《二〇〇〇年福建省集装箱规划》有关铁路运输内容。

2002年，为配合做好福建省“十一五”铁路运量规划以及温福线和福厦线运量预测，福州铁路分局计划部门进行铁路运量调查，对调查数据加工处理，在充分掌握福建省社会经济运行环境和交通格局发展趋势等基础上作科学预测，完成《福建铁路“十一五”规划客货运量预测》和《福州—厦门铁路客货运量预测》报告。

2003年，铁道部提出以“扩大路网规模，完善路网结构，提高路网质量”为主攻方向，重新确定路网建设的新思路，组织研究制订《中长期铁路网发展规划》，规划“四纵四横”铁路快速客运通道以及三个城际快速客运系统。其中四纵之一为杭州—宁波—福州—深圳，即东南沿海铁路，并在福建省新建龙岩—厦门铁路，完善东中部铁路网络。

2004年12月17日和2005年4月22日，福建省省长和铁道部部长两次就福建省铁路建设有关问题进行会谈。会谈就铁路建设规划、加快铁路建设保证工程顺利进行及铁路运输问题取得一致意见，并签订协议。这些协议完善和丰富了《中长期铁路网规划》。按照规划设计，至2010年福建境内铁路营业里程要达到2714千米。

四、经济调查

1996年5月25—26日，福州铁路分局对福州、厦门、南平、永安等主要客运站和77/78次、95/96次旅客列车作客流调查，并组织站段计划人员深入厂矿企业、机关院校开展经济调查。

1997年5月，福州铁路分局组织运输站段开展旅客客流抽样调查，分别在45次、175次、177次旅客列车上及福州、厦门车站对旅客的构成、去向、乘车目的进行调研，写出调查分析报告。10月，对福建省客货吸引区作经济调查，为运输任务的分析和预测提供相应依据。

1999年10月，福州铁路分局开展重点厂矿企业运输情况调查，采取拉网式分五组负责落实，经过两个月完成调查登记任务，形成调查汇总资料。

2000年9月，福州铁路分局组织车务、机务段等13个直属站段开展福建铁路客货运量的经济调查。运输计划人员查访重点厂矿企业三明钢铁厂、龙岩矿务局、永安矿务局、顺昌水泥厂，摸清了福州铁路分局管内产运销变化及其近期发展规划对铁路运输的需求情况，对运输条件的变化和整个吸引区的产业结构、经济成分情况也作了详细了解。在综合分析的基础上，计划部门编制2001—2002年福州铁路分局运输计划建议书。

2001年10月，福州铁路分局成立以副分局长为组长，运输、计统、客运、机务等部门负责人为成员的经济调查领导小组。重点调查福建水泥有限公司、三明钢铁厂、三明化工厂、青山纸业、南平纸厂、潘洛铁矿、青州造纸厂、永安矿务局、南平林业局、漳州乡镇企业局等十多个重点厂矿单位，摸清了铁路沿线企业状况和福建省内产运销变化情况及其近期发展规划的铁路运输需求量。在深入分析、综合平衡的基础上,计划部门于11月中旬编制2002年福州铁路分局运输计划建设报告上报上海铁路局,为路局、分局运输经营决策提供依据。

2002年,福州铁路分局经济调查项目增加充实区域经济调查基本情况以及各种交通方式运力规模分布、运量构成、假日运量和区域社会经济规划等内容,并对经济调查质量实行奖惩考核制度。重点专题调查有:“万年青”水泥运输的调查、关于机务段油罐车“以车代库”的调查,以及单机开行和现在车运用情况的调查等。

2004年5月,南昌铁路局直接管理福建铁路。在确定海铁联运选址方面,路局运输部门通过南昌局管内货源来路去向的经济调查,对比发现厦门港比宁波港更加优越。9月,江西省赣州市政府与厦门市政府签订水铁联运合作意向书。

五、统计管理

1996年,铁道部筹建R-SMIS即铁路计划统计管理信息系统。该系统是中国铁道运输大型信息系统中的一个子系统,由铁道部、铁路局、福州铁路分局三级管理平台组成。为了实现早日联网,福州铁路分局在办公大楼8号楼三个办公室和福州铁路分局调度所统计室接入与机房相联的微机插口,完成局域网布线。12月中下旬,完成局域网和广域网的联机。

1997年,福州铁路分局在网络上加载数据后实现R-SMIS三级联网。

1999年5月2日,福州铁路分局实施铁道部、国家统计局发布的铁路系统统计人员持证上岗管理办法。从此铁路统计人员纳入依法规范管理行列。福州铁路分局运输、工业、投资统计人员计101人符合办证条件,申请办理统计证。

2000年10月,漳(平)龙(川)铁路梅坎段建成开通,龙岩铁路公司运输统计工作发生较大变化,福州铁路分局和上海/广州铁路局(集团公司)及龙岩、广梅汕公司对运营时间分界口的设立以及运输统计工作做出初步探讨和规定,以规范分界口的运输统计工作。同时针对海沧公司开通办理货物临运(比照专用线)的统计问题及其分界点(东孚站)的具体操作作出具体安排。由于预想在前,措施制定得当,实施过程中及时协调解决了铁路合资公司与国铁统计之间出现的新问题。在这两个铁路公司投入运营后,未发生因统计工作而扯皮的现象。

2001年1月1日,新的《铁路货车统计规则》《铁路机车统计规则》实施。新的规则在适应铁路“网运分离”改革,满足运输财务清算等方面做了较大的调整,统计指标增加,数据更细,工作量也加大。特别是机车统计实行新的十八点统计软件。一季度实行新旧两套表一起上报制度。4月举办2期《铁路货车统计规则》学习班,参加学习的有一百余人。同时协助泉州铁路公司《铁路货车统计规则》举办学习班一期。

2002年,根据铁道部统计证年检通知,福州铁路分局计统分处组织4批45人参加上海局举办的统计人员培训班,学习计算机统计软件使用。

2002年5月,恢复各机务段和来舟车站统计机构设置,重新核定统计人员编制。各机务段于7月全部恢复统计机构和主任配置。

2003年为《中华人民共和国统计法》颁布实施20周年，福州铁路分局组织站段各级统计人员及相关人员300多人参加《中华人民共和国统计法》知识竞赛。福州铁路分局计划统计分处张建华评为铁道部依法统计先进个人。

2004年5月，福州铁路分局统计机构被撤销，福建境内铁路统计由南昌铁路局计统处统一管理。

2005年，结合铁道部规划，南昌铁路局组织研制机车运用软件，集列车确报、机车运行监控系统、燃料系统于同一平台，为机车统计服务。

（一）工业普查

1996年底，全国第三次工业普查结束。福州铁路分局运输主业、工附业、集体经济等33个单位参加这次普查，从1995年至1996年4月全面铺开，历时一年。福州铁路分局成立普查办公室，由计统、财务、劳资、多经、集经共同负责全分局普查，并按运输业、多经、集经、工会、公安、生活、教委等系统进行普查。经摸底调整和填报报表，全福州铁路分局共有法人单位和产业单位456家参加全国普查。在这次普查总结阶段有5名干部和1个单位被评为铁道部先进个人（单位）。

至2005年底，福建铁路系统未再进行工业普查。

（二）“违流”货车统计

1999年1月1日，为减少因横南线分流货（重）车违反特定径路造成货物周转量损失，在上海铁路局的支持下，福州铁路分局在来舟车站设立“违流”货车统计点，开始实行“违流”统计。全年挽回“违流”周转量损失4.45亿吨·千米，挽回周转量清算收入1178.5万元。福州铁路分局对部分统计指标作统计分组、口径调整和调查预测，对分界口统计作了规范。

2000年，福州铁路分局查堵核实2.94万辆“违流”重车，挽回损失货物量4.21亿吨·千米，折合周转量清算收入1113.5万元。

2001年，福州铁路分局查堵核实5.81万辆“违流”重车，挽回损失货物量9.43亿吨·千米，折合周转量清算收入1951.3万元。

2002年，福州铁路分局查堵核实10.86万辆“违流”重车，挽回损失货物量15.78亿吨·千米，折合周转量清算收入2856.8万元。

2003年，福州铁路分局查堵核实10.70万辆“违流”重车，挽回损失货物量16.60亿吨·千米，折合周转量清算收入2239.0万元。

（三）运输统计

1996年，福州铁路分局客货运输统计、十八点统计、机务统计工作较好。其中货物发送统计全年绝对误差率为0.20%，比上年下降3.7个百分点；有4个月全分局消灭误差；来舟、漳平、三明、厦门4个直属站全年误差为零，永安、龙岩、漳州、南平4个车务段全年有1个车站发生差错；旅客发送统计全年绝对误差为0.03%，比上年下降6.7个百分点，其中南平、永安、沙县车站全年误差为零;货车周转时间误差减少,中(途)停时“水分”下降;货车使用效率提高,全年累计节约货车占用费51万元。

自1997年R-SMIS建成以来,由于应用软件开发滞后,未能充分发挥预期功能。至1999年,R-SMIS运输子系统在其他路局安装运用成功,7月上海路局计统处组织在福州铁路分局进行业务培训和系统安装调试,取得成功。该系统集统计报表查询、指标对比分析、统计台账、汇编资料生成、随机报表生产、查询等自动化处理功能,改善了福州铁路分局运输统计信息查询的时效性、灵活性和准确性。

从1999年1月1日起,按照铁道部规定,旅客运输速报统计的结算时间由原来的24点改为18点,实行18点结算制。根据上海路局的电报通知规定,从1999年4月1日起,旅客发送量速报统计按当日发送人数和购当日票乘车人数分别上报,与旅客票价收入速报口径相一致。福州铁路分局实行铁道部《铁路成本计算系统营运指标统计办法》,统一由调度所统计报告室负责汇总上报。

2000年上半年,针对统计执法检查中发现漳州车务段运输统计基础比较薄弱的状况,福州铁路分局责成该车务段加强对中间站的统计台账、统计质量检查考核制度、规章学习等基础工作的管理,并协助其开展统计规章制度学习培训。至年末,漳州车务段的运输统计管理和基础工作得到明显改进,基础统计逐步规范化。

2001年1月1日,机车统计通用软件实施。12月1日,福州铁路分局十八点统计新软件投入试运行。同时车务各车站也完成运输十八点统计软件的改版升级,实现通过X·25网传播报表数据。为适应三明钢铁厂增产增运的需要,三明车站运输组织调整,把三明东站与三明钢铁厂的连接线由原来的只进不出改为既进又出,这样就对三明钢铁厂专用线货车统计工作增加了难度。福州铁路分局计统部门在充分考虑厂方利益和确保统计质量的前提下,协调好三明站、三明东站、三明钢铁厂之间的关系,拟定车站与拉钢货车进出信息联网,三明站与三明东互控的解决方案。

2002年5月23日,全路进行货车清查。福州铁路分局成立以副局长为组长、相关处室负责人为成员的货车清查领导小组,下设货车清查办公室9个,货车清查小组169个,成员600余人。福州铁路分局及各合资公司共清查登记货车7117辆(部属货车6577辆,企业自备车540辆)、守车32辆,清理“六种车”540辆,调整部属运用车44辆,从现在车中剔除部属车18辆;清理“老牌车”并投入运用的5辆,清理“死车”16辆,为福州铁路分局节约一批货车使用费。

2003年4月1日起,福州铁路分局执行新修订的《铁路货车统计规程》。此次修订主要是针对分界口车号识别系统,统计复示系统开通使用,对分界口货车出入统计办法作了相应调整,以适应科技进步的需要。

2004年,福州铁路分局被撤销,南昌铁路局直接管理福建省铁路,运输统计不以福州铁路分局为单位统计。

2005年,为适应跨省直管站段大跨度管理模式的新形势要求,南昌铁路局先后修订部分考核办法，规范和统一合资铁路公司部分统计指标口径，如实反映管内工作量及货车运用效率，制定合资公司管内装车统计有关规定。

（四）统计监察和执法检查

20世纪90年代末，根据上海铁路局有关规定，福州铁路分局计划统计科配备2名运输统计监察人员。运输统计监察主要负责以下工作：(1)填发“统计监察查询书”，组织检查运输统计质量。(2)举办运输统计培训班，举行车号人员、机务统计人员技术表演赛，不断提高统计人员业务素质。(3)控制货物发送吨数业务数与精密数的误差，加强“三核对”制度［即货票与财收，车务段（直属站）与车站，福州铁路分局十八点统计室与车务段（直属站）三个核对］，使货物发送吨数业务数与精密数的误差率下降到0.08‰。(4)开展统计法规大检查。根据铁路局通知要求，在各站段自查基础上，采取集中抽查办法，重点对10个车站装车数指标和11个三等站以下的中、停时指标进行抽查，对抽查中发现的误差和虚假行为进行通报批评并给予必要的经济制裁；针对铁路局在检查中暴露出的“口袋车”现象，结合铁道部关于整顿运输纪律，维护集中统一指挥通知精神，对有关站装车数进行专题检查，要求严格按照计划装车，如实上报，落实计划审批制度，加强考核，扭转下半年“口袋车”现象。(5)开展统计法规执行情况大检查。成立统计法规大检查小组，深入抽查有关单位。

2000年5—8月，福州铁路分局开展统计执法大检查。在组织站段全面自查的基础上，以运输统计为重点，分别对漳州站、厦门站、永安机务段等22个运输站段的运输统计质量进行检查，同时抽查部分单位的投资统计。对统计基础差、管理不善，在统计上弄虚作假的站段给予经济处罚和通报批评处理。7月，上海铁路局组织四个运输专业检查组同时对福州铁路分局6个站段检查验收，发现存在统计基础工作不平衡的问题。

2001年6—9月，福州铁路分局开展统计执法大检查。7月，对南平车务段各车站及光泽、顺昌、益口等24个车站运输统计质量及其基础工作情况检查，发现机务段统计机构调整对机车统计质量影响的问题突出，引起上海铁路局重视，随后解决了机务段、车务段统计机构设定和人员编制问题。9月，上海铁路局统计对规检查，漳州车务段、漳平机务段2个单位15位统计人员受到路局表彰。

2002年7月，福州铁路分局开展统计执法检查工作。执法检查以路局检查为重点，站段自查为主，福州铁路分局抽查为辅。8月下旬，上海路局运输专业执法检查组对邵武车务段、漳平机务段等8个单位的统计执法、自查情况及有关统计指标进行抽查。9月中下旬，福州铁路分局全面检查邵武车务段、永安车务段各站的运输统计质量及基础工作，重点抽查福州东站、闽清车站，同时抽查厦门水电段等6个单位的投资统计质量。针对福州机务段反映的“运统一”质量影响机车总重吨千米等指标质量问题，福州铁路分局于10月组织福州东、来舟、武夷山车站和福州机务段统计对规检查，发现个别“运统一”司机报单，存在虚填吨位现象，单机车次使用不规范，车站与司机间“运统一”交接时有脱节，一定程度影响相关统计指标质量。

福州铁路分局责成有关单位立即纠正。

2003年9月,福州车站编制旅客列车编组顺序表没有认真核对,造成2002次加挂车辆原始数据连续9天差错,造成不良影响。福州铁路分局对此通报批评,并作经济处罚。

2005年,福州铁路分局开展全局统计执法大检查活动,对误差大或严重弄虚作假的单位进行通报批评。

第三节 财务管理

一、财务核算机制

1996年,根据铁道部、上海铁路局要求,福州铁路分局公布基层单位当年经济核算及清算办法和有权支出考核办法,建立激励有效、约束有力的盈亏机制,增强站段经营责任和成本消化能力,提高总体效益。

1996年5月1日,漳泉线泉州至湖头区段与国铁办理临运业务,12月26日,横南线建阳至南平南区段开始临运。这两项临运收入由福州铁路分局收入检查分处代为管理(包括规章制度和人员培训等),营业收入由国家铁路和地方铁路单独核算,相互清算。

1998年,福州铁路分局管内独立决算单位71个。其中运营单位42个,工附业单位3个,医院3个,疗养院1个,防疫站1个,中学5所,技工学校1所,公安处、检察院、法院各1个,工程段1个,其他单位11个。全年运输换算周转量完成228.4亿吨·千米,运输清算收入14.35亿元,运输总支出14.25亿元,交纳税金4649.4万元,利润总额-3915.2万元。

2001年,福州铁路分局纳入运输业务汇总会计报表范围的基层独立决算单位有67个,其中运营单位39个。7月1日,邵武电务段、永安电务段分别并入福州电务段和厦门电务段,其会计业务及会计报表自三季度开始纳入福州电务段和厦门电务段核算。

2003年,福州铁路分局管内基层独立决算单位有60个(含福州铁路分局机关财务、劳动调剂、养老保险资金结算、建设管理中心),其中运营单位37个,医院1个,疗养院1个,技工学校1所,公安处、检察院、法院各1个,独立核算工业单位3个,其他附业单位14个。全年,福州铁路分局换算周转量为261.57亿吨·千米,比上年增长6.5%;运输进款27.27亿元,比上年增长2.03%;运输清算收入为34.30亿元,比上年增长69.7%;运输总支出33.03亿元,比上年增加54.02%;总亏损8328万元,交纳税金1.11亿元。

2004年5月,福州铁路分局撤销。福建国有铁路财务由南昌铁路局统一管理,撤销福州铁路分局级管理层次。

二、运输收入清算

1996年,福州铁路分局换算周转量225亿吨·千米,每万吨·千米运输成本为506.42元。

运输清算收入为 11.05 亿元，比上年增加 13.7%。

1997 年，福州铁路分局运输清算收入 12.11 亿元，比上年增加 9.6%。

1998 年，福州铁路分局运输清算收入 14.34 亿元，比上年增加 18.4%。

1999 年，由于龙岩、泉州合资公司成立，横南线分流运输以及“京九”线扩大代收款范围的影响，福州铁路分局运输进款和周转量未完成计划。福州铁路分局工作量清算收入 8.83 亿元，运输进款收入 18.09 亿元，中转作业清算收入 523.84 万元，资金占用费清算 368.06 万元，限制口交接列车数量考核被核减清算 59 万元，其他清算收入 5.7 亿元。上海铁路局考虑到福州铁路分局经营环境变化较大，年底给予一次性补偿 2852.83 万元。

2000 年，福州铁路分局完成工作量清算收入 9.43 亿元，其他清算收入（不含税）6.36 亿元，主要由以下几项构成：①固定资产折旧按计划清算 2.34 亿元。②内燃机车中修和电力机车中修分别清算收入 419.40 万元和 118.65 万元。③客车段修清算收入 1195.00 万元。④机车能耗、空调车用油等价差增加清算收入 4020 万元。⑤客车春季整修清算收入 110.7 万元。⑥局管大修清算收入 1.99 亿元。⑦工务线路中修清算收入 130 万元。⑧空调候车室费用按年计划清算 1306.20 万元。⑨周转量超计划 2%以内，部分增加变动成本补偿 178.36 万元。⑩小型节能技改措施费清算 11 万元。⑪边远地区中小学办学补助 10 万元。⑫乘务员公寓卧具、备品补助 5 万元。⑬工务线路维修补贴 542.52 万元（含追加“三轴”项目 373.42 万元）。⑭自然灾害损失清算 1814.60 万元（自然灾害抢修费用 1684.60 万元和防洪预抢项目 130 万元）。⑮开行行包专列清算 1160 万元。⑯工资超计划清算 4037 万元。⑰其他增支清算 4186.76 万元。

2001 年福州铁路分局运输清算总收入为 28.52 亿元，主要由以下几项构成。①现收清算收入 3.53 亿元。②客运自营收入超基数清算收入 31.03 万元。③周转量清算收入 7.69 亿元。④货运周转量超基数清算收入 824.98 万元。⑤中转作业清算收入 830.07 万元。⑥为合资公司提供机车牵引服务费收入 2430.97 万元。⑦合资公司货车使用费收入 1880.7 万元。⑧其他清算收入 16.48 亿元。

2002 年福州铁路分局运输清算收入 20.20 亿元，主要由下列 5 项构成。①现收清算收入 2.56 亿元。②收取合资公司的机车牵引费和货车使用费 4985.12 万元。③周转量清算收入 9.20 亿元。④单项清算收入 5798.72 万元。包括编组站中转作业、空调候车室费用、车站旅客服务等项目的清算收入。⑤专项补偿收入 7.12 亿元。包括大修、内燃机车中修、电力机车中修、客运机车牵引服务、机车贷款利息、行包专列付费支出、实际列支的营业外支出附加费与计划的差额、自然灾害损失、机车能耗和货车使用费超计划、工资附加费和住房公积金超计划，按规定列支的工资和折旧超计划部分，追加的工务维修费用、软票系统收益性支出、其他客观增支因素等专项补偿项目。

2003 年福州铁路分局运输清算收入 34.30 亿元，主要由下列 10 项构成。①现收清算收入 3.90 亿元。②与合资铁路关联收入包括货运机车牵引费及货车使用费取得的清算收入 6299 万元。③货运收入超基数加成收入116万元。④周转清算收入8.45亿元。⑤中转作业清算收入959万元。⑥车站旅客服务清算费用3653万元。⑦空调候车室费用1375万元。⑧客运机车牵引清算9975万元。⑨软票系统收益性支出清算175万元。⑩其他清算收入7.33亿元。

2004年5月以后,铁道部取消福州铁路分局运输收入清算,由南昌铁路局向铁道部清算,福建省境内站段单位直接向南昌铁路局清算。

三、运输成本核算

福州铁路分局从1994—1999年连续6年亏损。1996年初,上海铁路局下达给福州铁路分局的亏损计划为1.02亿元;4月1日全路货运调价0.5分/(吨·千米)后,调整福州铁路分局的亏损计划为4155万元;下半年亏损计划目标又调为686万元。为完成上海铁路局的增产节约目标,福州铁路分局力求科学合理地下达全年基层站段的运输总支出计划,本着"消除实际水平法"和"保必须,压一般,禁违纪,反浪费"的原则,依据"零基预算"和"增(减)量预算"原理,结合铁路运输生产的特点,考虑(电力机车)牵引动力变化等因素后,综合平衡分批下达,通过合理下达成本计划以消除单位之间成本攀比的心态;并实行成本倒逼步骤,从资金拨款上加以控制,凡是上半年超支的单位,下半年必须在消化超支的基础上才能申请拨款。同时实行限额支出管理和有权支出节约奖超支罚款办法以及工附业利润完成计划与否,50%幅度内上下浮动单位职工的"效益工资"等措施。福州铁路分局专门成立以分局长任组长的加强经营管理对策领导小组,先后组织18个专业检查组对超支大户进行成本专项调整和审计,由财务监察和内部审计调减成本开支220万元。全年,上海铁路局下达给福州铁路分局运输总支出计划为10.01亿元,分局实际完成11.39亿元,扣除上海铁路局弥补大修、工资等刚性支出超计划1.36亿元后,净超支148.11万元,超计划0.15%。福州铁路分局利润总额亏损为7533.64万元。其中运输业务亏损7024.76万元,工附业亏损1281.55万元。

1997年,福州铁路分局进一步推广运用"零基预算"原理和定额编制法编制各单位成本计划,抓住成本管理的主要矛盾,有效控制好成本费用开支"龙头"单位,将工务、机务部门和福州车辆段等10个支出大户纳入考核范围,作为日常重点监控单位;规定凡未完成货车中时和停时计划的单位,一律按照计划的车辆小时和局定的货车使用费、折旧费换算为超支费用纳入有权支出考核,并规定多元经济实体使用主业设备、设施和水电费要分摊;对8个超支大户和14个站段作成本调查和财务监察,调减成本114.95万元。福州铁路分局按照支出计划拨付资金,缺口部分统一由福州铁路分局贷款,不允许站段擅自向金融机构贷款。全年,福州铁路分局运输总支出12.85亿元,较年计划增长10.38%。其中折旧2.2亿元,机车运行用煤费用1457.8万元,机车运行用油费用4418.9万元,货车使用费8063.7万元,直达线上料支出5771.9万元,货车修理成本支出5042.1万元,更新改造工程支出1.15亿元,不包括工资、折旧、大修的其他支出6.69亿元。上海铁路局下达给福州铁路分局的亏损计划为8562万元,分局实际亏损为1.18亿元。剔除由于"管直方案"中管内进款由"大管内"(上海铁路局管内)改为“小管内”(福州铁路分局管内)影响后,福州铁路分局完成上海铁路局预定的盈亏目标。

1998年,福州铁路分局作为铁道部十个“学大连转机制、上管理”试点单位之一,制定一系列加强成本控制的措施和办法,具体措施有:从约束机制上加大成本考核力度,推行成本中心管理实施办法,对超支者除按比例扣罚单位应付工资外,还要扣发单位领导的季度生产奖和职工效益工资;控制福州铁路分局的业务主管处室奖金,其奖金要与福州铁路分局盈亏目标完成情况挂钩;更新修订支出大户考评办法,凡支出超支者,扣除职工的效益工资,从20%起扣,直至扣完;由福州铁路分局总经济师带队检查,对支出大户实行逐家逐户督促、指导;控制差旅费支出,要求各单位不得参加非铁路单位承办的学习班、培训班或研讨班,福州铁路分局机关差旅费从15元/天下调到8元/天,基层各单位也主动降低差旅费,对各种名义的会议费、会务费一律不予报销;压缩机车和车辆运用支出,对调度所实行经济考核,将奖金直接与机车、车辆运用效率挂钩,仅货车使用费一项就比计划减支482.4万元;加大审计和监察力度,年内调减运输总支出138.43万元;对文教部门实行内部分立、经费包干、超支不补的措施;对电力机车能源消耗实行趟趟计奖考核等。

1999年,铁道部作出提前一年“扭亏为盈”的决策。福州铁路分局面临经营性资产重组,即泉州、龙岩公司成立以及横南铁路分流,加之管内运输市场需求不旺,福州铁路分局努力完善和强化成本管理,压缩支出。年初制订基层站段成本责任中心管理办法,对车、机、工、辆、房建水电等单位实行标准成本中心管理,对技校、党校、职校、防疫站、厦门园林所以及疗养院实行费用中心管理,对公检法和中小学实行经费包干办法。在上海铁路局的计划下达后,福州铁路分局运用管理会计的“零基预算”和定额编制法,分劈下达站段的成本计划。对工业和施工企业则实行资产经营责任制的管理考核办法。福州铁路分局完善站段的经济核算和清算办法,政策导向激励运输部门增运增收,生产维修单位加强成本管理,控制支出。福州铁路分局选定管内机务段、工务段6个单位为支出大户,选定机车用柴油等15个开支项目为支出大项,实行“两挂钩”考核办法,即:支出大户的成本完成情况,不但与单位工资总额挂钩,还与职工个人的效益工资浮动挂钩。福州铁路分局两次调减和压缩各站段的运输总支出,严格拨款控制支出。针对上半年电力机车用电量波动大,福州铁路分局两次组织190人次会同机务干部添乘检查,对邵武机务段160余趟列车现场调查、记录,查阅司机报单和“铁电7”统计资料,为制定用电管理制度打基础。福州铁路分局为提高机车利用率,降低机车使用成本,对机车调车小时和走行千米(辅小修)增长幅度超过总重增长幅度的费用不予清算。10月起,福州铁路分局停止办理控购手续,减少非生产性支出。

2000年,福州铁路分局由于电力机车用电、内燃机车用油大幅度提价;增开两趟行包专列,增加行包专列使用费、机车能耗支出;上海铁路局追加部分工务维修费;分界口接入重车增加,货车使用费加大;发生自然灾害抢修费用;住房公积金列支比例提高;由于工资附加费及退休统筹金超计划等原因造成运输总支出增加,达15.43亿元,比年度初始计划12.69亿元增长21.59%。扣除工资、折旧、大修后的总支出为7.58亿元,比同口径初始计划6.02亿元增长25.91%,增支1.56亿元。全年,福州铁路分局运输业务实现利润632.71万元,较年度计划602万元增盈30.71万元;工附业业务实现收支平衡;所得税为199.61万元;累计亏损达6.27亿元。

2001年,由于成本列支的口径和范围发生变化,福州铁路分局运输总支出从初始计划的14.83亿元增加到27.50亿元;工资列支4.01亿元,超初始计划7535万元。福州铁路分局按规定的分类折旧率提足折旧,列支3.48亿元,较原计划增列1.02亿元;大修费用计划内列支9631万元;列车空调更改1亿元;上海铁路局计划外下转列支客运付费支出8.54亿元(含行包专列使用费的付费支出);上海铁路局计划外下转列支机车、客车贷款利息4126.03万元;上海铁路局计划外下转列支多种经营投资的客车租用费5820万元;其他支出为9.49亿元(含垫付铁道费用848.43万元)。超支的原因主要是运输任务增长,使得机车能耗、货车使用费等支出大幅度上升,上海铁路局追加工务维修费、水害费用、行车设施费用、绿皮车整治费用、客车春季整修费等;铁通公司一季度费用在福州铁路分局的运输成本中列支;退休人员生活费用移交地方发放后,福州铁路分局仍然负担较大数额的支出;工资附加费支出不断增加等。是年,福州铁路分局实现利润总额1395.22万元。其中运输业务利润979.29万元,投资收益249.52万元(主要是中铁快运公司上交历年滚序利润248.6万元),缴纳所得税387.65万元,实现净利润1007.57万元。

2002年,福州铁路分局亏损1.89亿元,投资收益0.69万元,缴纳所得税15.43万元。

2003年,福州铁路分局采取一系列措施控制支出:实行运输设备大修管理办法,控制非生产性支出,划清运输主业与多元经济之间的收入、成本界限,杜绝相互挤占;加强福州工务段、机务段等8个支出大户的成本支出动态分析,及时调整生产和支出结构,做到收益最大化;除特殊情况外,不准SS_4型机车牵引客车或行包专列;加强调度日班预算,加速中间站车辆移动,强化卸车出货组织,对机务用油车辆(油罐车)占用及时提出卸车预算,减少待卸车、空车对流,充分利用卸后装车;从5月开始,月度运输分析会议必须分析福州铁路分局运输总支出的发展态势,包括支出大项的动态、机车能源消耗、车辆运用、运输组织对运输成本的影响;加强防洪管理,将自然灾害损失降低到最小限度;压缩大型会议的召开,合理安排预防“非典”费用;采取物资招标采购以节约采购成本;加强日常的财务监察,报表年审单位委托会计师事务所负责;建立福州铁路分局财务信息网,加强福州铁路分局内部沟通;组织人员对超支大户检查,派员参加永安机务段三季度经济活动分析会;试行全面预算管理,开展2004年度预算编制试点;对工务段和机务段上报的间接管理费支出分析资料进行核对、校正;对有关单位超规定在成本中列支的项目予以纠正,做好年度财务决算及其决算预审等。当年,福州铁路分局运输总支出为33.03亿元。

2003年,福州铁路分局亏损9156.47万元,其中运输业务实现利润1582.25万元,投资收益亏损9910.76万元,缴纳所得税827.96万元。

表 4-2　**1996—2003 年福州铁路分局运输支出及单位成本情况表**

年份	运输总支出(万元)	客货换算周转量(亿吨·千米)	每万换算吨千米成本(元)
1996	113985	225.08	562.42
1997	128569	228.6	562.32
1998	142519	228.4	623.99
1999	143912	219.7	655.40
2000	154311	221.53	649.62
2001	275030	237.10	1159.97
2002	214457	245.61	8731.63
2003	330312	261.57	1262.80

表 4-3　**1996—2003 年福州铁路分局运输利润完成(盈亏)情况表**

单位:万元

年份	利润总额	其中		
		运输利润	投资收益(盈余公积)	营业税金及附加
1996	－7533.64	－6252	519.58	3582
1997	－11847.83	－10921	2814	3925
1998	－3915	－3359	3193	4649
1999	－3375.8	－3096	162.36	4710
2000	599.57	632.71	－33.14	5188
2001	1395.16	979.29	249.52	6544
2002	－18919	－18919	0.69	15.43
2003	－8328	1582.25	－9910	827.96

四、固定资产管理

1996 年末,福州铁路分局固定资产原值 76.09 亿元,累计折旧 22.06 亿元,固定资产净值 54.02 亿元。固定资产原值比上年净增加 7.04 亿元,增长 10.2%。福州铁路分局所有者权益为 55.74 亿元。其中实收资本 55.85 亿元,资本公积 1.80 亿元,盈余公积 2700.60 万元,年末分配利润亏损 21868.90 万元。所有者权益比上年净增加 49670.52 万元,增长 9.8%。

1997 年,福州铁路分局固定资产原值 79.59 亿元,累计折旧 23.77 亿元,净值 55.81 亿元。固定资产原值比上年净增加 3.49 亿元,增长 4.6%。所有者权益 60.60 亿元,其中实收资本 61.50 亿元,资本公积 2.19 亿元,盈余公积 2814 万元,未分配利润－3.37 亿元,所有者权益比上年净增加4.86亿元,增长8.12%。按路局要求,福州铁路分局明确了分局与多种经营企业投资与被投资的关系,福州铁路分局实收资产净值为6308.88万元。按路局口径,福州铁路分局国有资产保值增值率为100.57%。

1998年,福州铁路分局固定资产原值75.65亿元,累计折旧24.48亿元,净值51.16亿元。由于梅剑湖段及天湖山支线投资转出给泉州铁路公司5.89亿元,福州铁路分局固定资产原值比上年减少3.94亿元;所有者权益为69.29亿元,其中实收资本66.01亿元,资本公积6.74亿元,盈余公积3193.92万元,未分配利润-3.78亿元,所有者权益比上年增加8.69亿元,增长14.35%;国有资产保值增值率为99.98%,完成99.97%的路局考核目标。

1999年4月30日,福州铁路分局将漳龙线、龙坎线成建制移交龙岩铁路有限责任公司,投资转出固定资产3.98亿元。年末,福州铁路分局固定资产原值78.26亿元,累计折旧25.48亿元,净值52.76亿元,运输业所有者权益72.78亿元。

2000年,福州铁路分局固定资产原值76.09亿元,累计折旧25.90亿元,净值50.17亿元;运输业所有者权益70.48亿元;在建工程转固定资产3.68亿元。12月31日,福州铁路分局将福州电务段通信资产移交给铁道通信信息有限责任公司,划出固定资产原值4.16亿元,净资产3.25亿元。

2001年,厦门铁路水电工程公司、福州铁路华林建筑段、福州工程段改制、邵武铁路综合工程有限责任公司、永安建筑段、厦门工务段增资扩股、厦门电盛贸易公司、福州铁路车辆检修服务部、邵武铁路材料厂地方产品采购供应服务部转增资本金。福州铁路分局财务分处对上述国有资产监督管理,对实物资产出资评估,防止国有资产流失。年末,福州铁路分局固定资产原值87.38亿元,累计折旧28.69亿元,净值58.68亿元,运输业所有者权益72.41亿元。

2002年,按照铁道部铁路运输企业固定资产管理办法规定,福州铁路分局规范基层单位固定资产的购建、运用、折旧计提、维修、报废和调入调出等核算,同时依照该办法规定的固定资产统一分类折旧率足额计提固定资产折旧。年末,福州铁路分局固定资产原值88.19亿元,累计折旧29.24亿元,固定资产净值58.94亿元,所有者权益75.40亿元。其中实收资本72.54亿元,资本公积7.85亿元,盈余公积3398.60万元,未分配利润-5.32亿元。

2003年,福州铁路分局固定资产原值98.59亿元,累计折旧34.49亿元,固定资产净值64.10亿元,所有者权益80.70亿元。其中实收资本79.86亿元,资本公积7.82亿元,盈余公积4185万元,未分配利润-7.40亿元。

2004年5月,福州铁路分局撤销。上海铁路局将福州铁路分局2003年末固定资产原值98.59亿元资产移交南昌铁路局。

2005年,福建省境内国有铁路固定资产为78.61亿元。武夷山铁路有限责任公司固定资产原值32.71亿元,累计折旧3.67亿元,净值29.03亿元。泉州铁路有限责任公司固定资产原值29.02亿元,累计折旧6.24亿元(含梅剑线移交折旧2.71亿元),净值22.78亿元。龙岩铁路有限责任公司固定资产原值19.75亿元,净值13.15亿元。

五、流动资金管理

1996年，福州铁路分局运输总支出11.39亿元，扣除折旧1.83亿元、机车用煤1947.1万元、机车用油3675万元、直达线上料费用8493.6万元和货车使用费7189.8万元外，福州铁路分局全年货币需要量为9.03亿元。但当年运输进款只完成15.48亿元，扣除上缴上海铁路局8.56亿元后，实际作为抵拨款资金只有6.91亿元，加上年初路局往来欠款8906万元，与实际需要货发量相比缺口达3亿元，且福州铁路分局已累计亏损2.18亿元，加剧了资金供求紧张局面。年内，福州铁路分局滚动资金严重不足，鹰厦线电气化全线开通时缺口1438.7万元，45/46次进京旅客列车全列空调开行缺口666万元，大修更改周转金缺口46.6万元，机车用煤、机车用油及直达线上料储备资金缺口3255.2万元，合计全福州铁路分局流动资金缺口达5406.5万元。为缓和资金供需矛盾，福州铁路分局下发加强资金管理的通知，集中福州铁路分局各单位及其主办的各类经济实体的银行存款统一调度，并先后向金融机构贷款1.1亿元，以缓解资金流动困难的状况。全年福州铁路分局贷款利息支出从上年的124万元增加到601万元。

1997年，福州铁路分局运输收入进款16.48亿元，定额上交路局资金8.83亿元，福州铁路分局实得抵拨款资金7.65亿元，平均每月6375万元。而福州铁路分局运输总支出12.85亿元，实际货币资金需求量为10.34亿元，平均每月需要8621.5万元。相比之下，全年资金缺口2.69亿元，平均每月缺口2246.5万元。为解决资金的供求矛盾，福州铁路分局利用调度结算中心的调剂职能，加强对福州铁路分局资金的集中管理，统筹安排，大力开展增收节支活动，降低库存储备资金，加速资金周转，完善材料厂预拨款制度，解决福州铁路分局内部单位的三角债，使资金安排基本保证运输安全生产的需要。全年，福州铁路分局净增加银行贷款5000万元，贷款总额从1.1亿元增加到1.6亿元，贷款利息支出达1405万元，比上年同期602.97万元增加了802.13万元，增长133％。

1998年，福州铁路分局实际货币需要为11.64亿元，平均每月9700.99万元；资金缺口达11973.6万元，平均每月缺口997.8万元。流动资金紧张的主要原因为：①福州铁路分局继续亏损，占用了部分资金。②6月13日—7月3日水灾造成线路中断，运输进款完不成任务，福州铁路分局应得抵款与计划比减少了7300万元。③福州铁路分局以前年度的累计亏损为3.37亿元，占用了大量资金，造成欠款太多，还债压力大。年内，材料配件储备平均余额为9300.5万元，而福州铁路分局收到路局的流动资金只有2718.8万元，缺口6581.7万元。其中直达线上料、机车运行用煤、用油平均储备为4768.1万元，与路局下达定额1480万元相比，缺口3288.1万元；一般料、配件平均储备为4532.4万元，与路局下达定额1238万元相比，缺口3293.6万元，直接影响分局的资金周转。针对此种情况，福州铁路分局清理对外投资联营活动中的不规范资金，加大资金活动过程中的监督力度，逐步建立健全债权债务内部抹账制度，努力保证运输生产对资金的需求。

2000年,福州铁路分局运输收入进款19.90亿元,定额上交上海铁路局资金8.88亿元后,实得抵拨款资金11.02亿元,平均每月9184.4万元;全年实际货币需要量为12.72亿元,平均每月1.06亿元;实得抵拨款比实际货币需要量少1.7亿元,平均每月少1420.6万元。年内,上海铁路局零星增拨运营款1.8亿元,基本解决了福州铁路分局运营资金缺口问题。年末,福州铁路分局欠路局8332.3万元(含福州铁路分局代垫合资公司货车使用费、折旧费),若减支上海铁路局同意承担的1996年前福州铁路分局的亏损资金6154万元和代垫合资公司货车使用费、折旧费2160.6万元,福州铁路分局欠路局往来款为17.7万元。

2001年,福州铁路分局运输收入进款25.69亿元,定额上交路局资金12.36亿元,实得抵拨款资金13.33亿元,平均每月资金为1.11亿元;运输总支出为27.50亿元,实际货币需要量为16.95亿元,平均每月需要1.41亿元;实际抵拨款与实际需要量相比少3.62亿元,平均每月少3020.8万元。年内,路局零星增拨运营款1亿元。年末,福州铁路分局借款余额1.85亿元(其中向路局资金结算中心借款4000万元,向福州铁路分局资金结算中心借款1.45亿元),借款利息支出364.4万元(含资金中心收益748.9万元);累计亏损6.05亿元,对资金周转影响较大。

2002年,福州铁路分局货币资金余额为1.65亿元,较之年初增加3902.6万元。全年现金月均抵拨9753.68万元,路局增拨运营款月均2500万元,月均资金需要量为1.29亿元。年末,福州铁路分局欠路局往来款241.50万元;向资金结算中心支付利息921.02万元。

2003年,福州铁路分局货币资金余额为1.06亿元,较之年初减少5877.2万元。全年现金月均抵拨10243.91万元,月均货币资金需求量为1.26亿元。全年,福州铁路分局向资金结算中心支付利息921.02万元。

2005年,为确保赣龙线4月1日实现货运分流,南昌铁路局制定《龙岩临管处财务管理办法》,及时拨付开办费到相关单位,顺利实现赣龙线分流。

六、收入检查

1996年,福州铁路分局稽查车站110个,旅客列车269趟,收回入账各类漏收、少收款2.63亿元,补收无票旅客票款2283.1万元,全年堵漏保收款5533.5万元。

1997年,福州铁路分局稽查列车240趟次,补收票款15.2万元;稽查车站95站次,查出车站漏收、少收款233.1万元,当年收回183.4万元。

1998年,福州铁路分局稽查列车273趟,补收票款28.2万元;稽查车站97站次,查出车站漏收、少收款267万元,当年收回216.8万元。

1999年,福州铁路分局稽查列车232趟次,补收票款11.1万元;稽查车站108站次,查出车站漏收、少收款296.99万元,当年收回181.45万元。

2000年,福州铁路分局稽查列车201趟次,补收票款10.85万元;稽查车站122站次,查出车站漏收、少收款328.41万元,当年收回213.68万元。

2001 年,福州铁路分局稽查列车 226 趟次,补收票款 16.42 万元,稽查车站 135 站次,查出车站漏收、少收款 356.09 万元,当年收回 260.12 万元。

2002 年,福州铁路分局开展运输收入专项检查活动,查出漏收、少收票款 37.25 万元,全部收回上缴。9 月 3 日—10 月 9 日,福州铁路分局对办理客运业务的二等以上车站站台秩序专项整治,查堵无票旅客 2527 人,查堵收入 11.69 万元。

2003 年 3 月,福州铁路分局对福州、厦门站 11 个客票代售点的运输收入进款和票据管理作专项检查和整顿。6 月 11 日—7 月 10 日,福州铁路分局收入稽查专业人员组成工作组,对 22 个三等以上车站和两个合资公司重点检查。全年查出漏收、少收款 68.87 万元,全部收回上交。

2005 年,福州客运段车上查票补票收入 1.26 亿元。

七、财务收支审计

1996 年,福州铁路分局对分局综合治理办公室、分局会计师事务所、分局资金调度中心、分局外运办、分局自备车管理所、厦门佳成装卸公司等 6 个单位自成立以来的财务收支情况进行审计,并对厦门园林管理所 1995 年度财务收支情况以及分局基建分处 1995—1996 年上半年的财务收支情况审计。共查出违纪金额 133.77 万元,其中挤列成本 78.55 万元,其他 55.22 万元;收缴应上缴款 52.28 万元,冲转有关账目 3.20 万元。在查出的违纪金额中,厦门佳成装卸服务公司违纪金额达 79.99 万元,占年财务收支审计查出的违纪金额 59.8%。主要事实是:主办单位厦门车站为抽走注册资本金 50 万元,以叉车租用费名义开具假账单给公司,公司据此列入营业费用,挤列成本;1995 年 9 月,公司发放一次性奖金 17050 元,列入应付福利费科目;违反规定按营业收入的 20%提取劳务费 17.89 万元,列入营业费用,全部发放给职工;20 名职工深圳旅游费用 10.42 万元列入营业费用,挤列成本。福州铁路分局对厦门站佳成装卸服务公司进行通报批评,对其负责人行政记过处分,对挤列成本的 17.89 万元劳务费和 10.42 万元的员工旅游费用分别由厦门站应付工资和应付福利费承担,做调整公司以前年度损益处理;对违反规定用福利费发放的奖金 17050 元,由公司应付工资列支,调整公司应付福利费。年内,福州铁路分局审计无违纪单位三个,分别是分局资金调度中心、厦门园林管理所和分局自备管理所。

1997 年,福州铁路分局对福州建筑段、沙县采石场进行财务收支审计,查处违纪金额 31 万元。其中:转移截留收入 22 万元,挤列成本费用 2 万元,虚列成本费用 1 万元,其他 6 万元。国有资产流失 22 万元,潜亏 1 万元;纠正违纪金额 30 万元,冲转有关账目 30 万元。

1998 年,福州铁路分局对永安车辆段、邵武机务段、邵武工务段、邵武电务段进行财务收支审计,查处违纪金额 80 万元。其中:隐瞒截留 8 万元,转移截留收入 16 万元,挤列成本费用 34 万元,虚列成本费用 3 万元,其他 19 万元;国有资产流失 23 万元;纠正违纪金额 79 万元,冲转有关账目 67 万元。

1999 年,福州铁路分局对漳平供电段、永安医院、福州医院、福州站、福州铁路美术广告公司等单位财务收支情况审计，查处违纪金额646万元。其中:转移截留收入40万元，挤列成本费用33万元，虚列成本费用467万元，其他106万元，损失浪费64万元(投资损失)，国有资产流失104万元，资金不落实77万元，账目差错金额192万元，违纪金额487万元。纠正违纪金额647万元，其中应上缴上级款158万元，返还被侵占挪用资金22万元，冲转有关账目467万元。

2000年，福州铁路分局对福州电务段、福州铁路分局房改办、福州机务段、邵武医院、福州铁路分局资金结算中心、上海局民兵服务部福州工作分部、福州铁路分局工程总公司住房资金管理中心、铁建物资公司、厦门工程公司等9个单位进行审计，从中查出违纪金额123万元。其中:挤列成本费用43万元，虚列成本费用5万元，少列成本费用3万元，其他72万元，损失浪费15万元，潜亏3万元，资金不落实8万元，账目差错金额1万元。纠正违纪金额120万元，其中应上缴上级款65万元，冲转有关账目3万元，其他52万元。

2001年，福州铁路分局对福州车辆段、厦门水电段、铁道集团四公司、电务公司、铁建集团一公司5个单位进行审计。查出违纪金额120.59万元，损失浪费金额82.6万元，审计处理处罚金额131.07万元。

2002年，福州铁路分局对福州铁路高级技术学校、福建省铁道学会及其所属经济实体，以及铁建集团上海明珠线项目部、厦门分公司、第二工程公司、闽龙铁路工程公司、贸易公司、铁建上海工作处等8个单位进行财务收支审计，从中查出违纪金额233.15万元。其中:虚列收入0.5万元，多计成本费用支出6.69万元，少计成本费用支出10万元，侵占挪用公共资产138.78万元，其他违纪金额77.08万元。经审计处理处罚227.64万元，其中:审计罚款0.61万元，冲转有关账项29.04万元，其他处理处罚197.99万元。

2003年，福州铁路分局分别对永安车辆段、厦门站和福建星辰经济发展公司财务收支进行审计，查处违纪金额36.64万元。其中:福州铁路分局返还的土地管理费未作收入处理2.06万元，亏损挂账34.58万元，以及福利费支出超范围用于公款旅游等。有的单位招待费超支较严重，通过审计对上述问题作了整改和纠正。

2004年，南昌铁路局审计处完成财务收支审计21项。其中福建境内单位有厦门福铁工贸公司、福建汇源运输代理有限公司、泉州福铁运输有限公司，无违纪单位。

2005年，南昌铁路局对原福州社会保险管理中心，原福州劳力调剂中心、福建铁路投资发展总公司、武夷山合资铁路公司、泉州合资铁路公司、龙岩合资铁路公司、福铁地方铁路公司、厦门海沧公司、厦门铁路实业公司、邵武大修段等单位进行审计，无违纪单位。

第四节　物资环保管理

一、物资供应

20世纪90年代中后期，铁路系统物资缺口大，货源不足。福州铁路分局物资部门首先做好各单位物资需求量的摸底，按照保证运营维修、重点工程和兼顾一般原则，协同材料厂平衡各单位主要物资的需求量；再组织平价资源弥补物资供应不足，串换线材，多争取福建省分配的钢材、水泥和成品油；然后配合运输科，装运自提物资，保证物资到货率。福州铁路分局物资部门和永安、邵武材料厂发挥主渠道作用，积极争取货源，满足运输生产的需要。

1996年，福州铁路分局供应钢轨43.7千米、油普枕6.94万根、混凝土枕6440根、岔枕259.27立方米、钢材3708吨、水泥2.14万吨、木材440立方米。邵武、永安两个材料厂全年供应总额为8366.1万元。其中调拨柴油3487.7万元，供应运营3668.83万元。

1997年，福州铁路分局供应钢轨86.6千米、油普枕6.90万根、混凝土枕7.56万根、道岔22组、钢材4833吨、水泥2.74万吨。永安、邵武两个材料厂全年供应总额为10724.58万元。其中调拨柴油4094.23万元，供应运营5973.13万元。

1998年，福州铁路分局材料消耗总额3.13亿元，进料总额3.08亿元。其中供应钢轨104千米、道岔30组、油普枕8.45万根、水泥枕8.84万根、岔枕528.3立方米、桥枕159.56立方米、钢材4329吨、水泥2.70万吨。两个材料厂全年供应总额10618.9万元。其中调拨柴油3810.02万元，供应运营生产单位6211.59万元，非运营单位597.29万元，均超额完成年度计划供应任务。

1999年，福州铁路分局材料消耗总额3.26亿元，进料总额3.19亿元。其中供应钢轨107.8千米、道岔47组、岔枕721.802立方米、油普枕62514根、岔心134个、尖轨117根。机车用柴油在下半年时一度紧张，上海铁路局物资处、材料厂和机务段共同协作，合理组织资源，保证柴油供应，以确保铁路运输生产的不间断，又争取到低价的柴油资源。永安、邵武两个材料厂全年材料供应总额1.07亿元。其中调拨柴油4544万元，其他运营单位材料供应6232万元，超额完成年度供应计划。

2000年，受国际油价大幅上涨的影响，国内油价6次上调，机车柴油供应一度紧张。全年，福州铁路分局物资供应总额3.3亿元。其中机车柴油8058.06万元、钢轨93千米、道岔60组、水泥枕3.77万根、油普枕5.03万根、油岔枕1020.92立方米。邵武、永安材料厂供应运营业总额达7868.58万元。

2001年，福州铁路分局加强物资归口管理，发挥物资部门的职能作用及材料厂、物资处在供应中的主要渠道作用。全年福州铁路分局物资进料总额达3.3亿元。其中钢轨111.77千米、道岔41组、岔心193个、混凝土枕7.52万根、油普枕5.54万根、油岔枕400.75立方米。年内，永安、邵武材料厂供应总额1.64亿元。其中调拨柴油6803万元(2.49万吨)，供应运营单位9607.53万元(邵武材料厂5812.53万元、永安材料厂3795万元)。为保障供应，福州铁路分局财务分处增拨上述两个材料厂物资采购拨料款，实行集中划账。

2002年，福州铁路分局加强物资归口管理，发挥物资供应主渠道作用，加强物资申请计划和质量管理，做好物资供应服务。全年福州铁路分局物资进料总额达2.92亿元。其中钢轨71.5千米、道岔13组、岔心77个、混凝土枕3.29万根、油普枕4.60万根、油岔枕510.83立方米。永安、邵武材料厂完成供应总额1.75亿元。其中调拨柴油7116.97万元(邵武材料厂供应14513吨,金额2482万元;永安材料厂供应13273吨,金额3533.8万元),供应运营单位材料1.03亿元。

2003年,福州铁路分局物资进料总额3.84亿元。永安、邵武材料厂完成供应总额1.8亿元。其中调拨柴油8686.8万元(邵武材料厂16500吨、4462.55万元;永安材料厂14575吨、4224.25万元),供应运营单位9405.86万元。年内,油价受国际形势影响,来回波动,市场上0号柴油一度脱销,各级物资部门坚持"专业归口,分类管理,分级负责"的物资供应体制,把机车柴油的供应放在重中之重的位置,以确保机车柴油供应。

2004年,永安、邵武材料厂分别更名为永安、邵武材料供应段。全年,永安材料供应段物资供应1.01亿元,其中运营7900万元,供应兑现率为99.8%;邵武材料供应段物资供应1.22亿元,其中运营9189万元,机车柴油供应6714吨,金额2142.34万元。

2005年1月1日,邵武材料供应段并入永安材料供应段。是年,永安材料供应段物资供应1.8亿元,供应兑现率为98%。

二、仓库管理

1996年,福州铁路分局"十一"物资大清查,通过清查,促进仓库管理和规章制度的落实。共清查库存物资47408项、5904.8万元,盘盈1项、7.56元,盘亏11项、15.33元。同时,福州铁路分局开展标准仓库、优秀仓管员的评比和优质服务劳动竞赛活动,共评出优秀标准仓库27个,标准仓库8个。

1997年,福州铁路分局继续压缩库存,在上年压库14.12%的基础上再压缩库存3.58%。福州铁路分局组织"十一"大清查,清查物资47186项、5709.58万元,盘盈7项、884.46元,盘亏8项、7795.99元,库存总额为5709.58万元。其中邵武大修段压缩库存1000万元,利于资金周转。

1998年,福州铁路分局探索新的仓储管理方式,从8月1日起,福州铁路分局在永安地区6个单位实行一般料以材料厂为中心的集中采购储备试点,取消其他一般料的物资储备,由永安材料厂集中采购储备,以减少重复储备,充分发挥材料厂中心料库的作用。年末,该库存降至69.53万元,而材料厂库存并未增加。福州铁路分局"十一"大清查物资49010项、4797.33万元;压缩库存达912.25万元,库存比上年同期降低15.98%,加速了资金周转。

1999年,福州铁路分局开展积压物资调剂活动,调剂积压物资19.6万元,其中材料厂调剂35笔、5.5万元。福州铁路分局物资处和大修段向局外调出P50型道岔12组、P50型鱼尾板1.5万块,计189.6万元;福州机务段调出积压蒸汽配件料12万元。福州铁路分局管内36个基层单位实际在库物资46544项、4272.57万元,比上年同期下降10.9%、524.76万元,库存周转天数由上年的67.9天加快至52天。年内,福州铁路分局评选优秀标准仓库单位33个。

2000年,福州铁路分局管内36个基层单位(不含福州工程总公司)清查实际在库物资

42779 项、4143.03 万元，盘盈 5 项、7.74 元，盘亏 7 项、28.99 元；锈蚀 31 项、1.99 万元。盈亏及质量问题占库存总额的 0.04%，大多数单位库存总额比上年明显下降。

2001 年，福州铁路分局盘活库存，改善仓储设施，健全管理制度。经清查，福州铁路分局管内 34 个基层单位（不含福建集团公司）实际账面物资 44963 项、4065.07 万元。其中盘盈 3 项、11.90 元，盘亏 7 项、5.89 万元，锈蚀 32 项、4.55 万元。盈亏及质量问题占库存总额的 0.25%。扣除福州工程段划归铁建集团的因素，福州铁路分局"十一"大清查时库存总额实际上比上年同期下降 24.55 万元，库存资金周转天数为 50.7 天。

2003 年 10 月 1 日，福州铁路分局清查全分局 35 个基层单位（不含铁建集团公司），账面资金 3975.50 万元，实际在库物资 39968 项、3975.68 万元，盈亏及质量问题占库存总额的 0.04%。年内，有 28 个单位仓库被评为优秀标准仓库。

三、物资消耗定额管理

1996 年，福州铁路分局对机务、车辆、工务、电务、建筑、水电系统、轨枕厂等 19 个单位、590 个班组、2991 项品名的物资消耗定额重新修订，按定额发料，降低物资消耗，并组织上述单位代表，赴南京参加全路局修旧利废经验交流会，现场观摩南京东机务段经验，促进物资节约工作。年内，福州铁路分局开展废钢铁执法监察，查处个别单位倒卖废钢铁违纪事件；上交路局废钢铁 3870 吨，其中废钢材 1714 吨，废钢轨 2156 吨，全面完成路局调拨任务。

1997 年，福州铁路分局以物资消耗定额管理为中心，做好物资节约降耗工作，年内根据机务系统物资消耗大等情况，及时组织修订邵武机务段、永安机务段电力机车的材料消耗定额。其中修订机车中修 165 项、机车小修 378 项、辅修 215 项品名的材料定额，提高定额覆盖面，增强定额考核，降低物资消耗，达到物资节约的目的。全年主要物资节约总值 557.24 万元。其中：钢材计划节约 340 吨，实绩 467.39 吨，完成率为 137.47%；生铁计划节约 400 吨，实绩 949.8 吨，完成率为 237.45%；木材计划节约 1300 平方米，实绩 1440.15 平方米，完成率为 110.78%；水泥计划节约 560 吨，实绩 755.16 吨，完成率为 134.95%；有色金属计划节约 4.5 吨，实绩 5.4 吨，完成率 120.03%；修旧制度计划 145 万元，实绩 237.46 万元，完成率为 163.77%。福州铁路分局上交路局废钢铁 10921 吨，为计划的 205.01%。其中废钢材 2086 吨，废钢轨 8835 吨，全面完成路局调拨任务。

1998 年，福州铁路分局开展修旧利废，加强废旧物资的管理，做好节约降耗。根据铁道部规定，节约物资计算价值统一为：钢材 3000 元/吨，木材 500 元/立方米，水泥 300 元/吨，有色金属 16500 元/吨，生铁 800 元/吨，修旧利废为修复品使用后按原价 50%计算。福州铁路分局组织金属回收上缴，加强营销，全年销售和上交废钢铁 11091 吨，为年计划 6660 吨的 166.59%。其中废钢轨 7860 吨，废钢材 3231 吨，税后收入 1100 万元，用来补充工务设施提资不足部分。全年物资节约总值为 594.37 万元。

1999 年，福州铁路分局开展供应单位的资质审定，清理进料渠道，利用市场竞争机制，合理组织资源,在保证供货质量的前提下,降低进料价格。全年物资节约总值为679.20万元。其中钢材399.07万元,生铁827.29万元,木材1544.63万元,水泥746.96万元,有色金属2.39万元,修旧利废389.70万元。福州铁路分局上交上海路局废钢铁10164吨,为年计划7300吨的139.2%,其中废钢轨8184吨。

2000年,福州铁路分局工务系统综合车间对回收的废旧物资进行分类加工、修补、拆配拼装、改制,节约资金20余万元。各单位认真执行铁道部、路局有关废钢铁管理的规定,组织回收上交废钢铁,共上交12448吨,其中废钢轨10025吨,废钢材2423吨。

2001年,福州铁路分局拓展修旧利废的范围,降低生产成本。各单位上交废钢铁15439吨,比上年增加2991吨,其中废钢轨12912吨,废钢材2513.6吨。

2002年,福州铁路分局各生产单位上交废钢铁12117吨,为年计划8800吨的137.69%,其中废钢轨8849吨,废钢材3268吨。

2003年,福州铁路分局组织站段实行废钢竞价销售,废油回收管理。全年,福州铁路分局(含铁建集团)节约钢材388.84吨,有色金属2.07吨,生铁244.5吨,水泥1315吨,木材1643立方米,修旧利废676.04万元,完成节约总值937.30万元,为路局下达年计划的159%;上交废钢材2380.37吨,废钢轨9734.87吨,合计12115.34吨。

四、机械动力设备管理

福州铁路分局机械动力设备基本集中在福州机务段、永安机务段、福州车辆段、永安车辆段、邵武工务大修段等生产单位。

(一)机械动力设备检查评比

1996年,福州铁路分局组织机械动力设备大检查。经查定全分局共有机械动力设备4822台,固定资产总值1.80亿元,其中主要设备3771台。评出福州铁路分局级设备管理优秀单位6个,先进单位6个,合格单位29个,红旗设备177台;推荐福州东站、福州机务段参加上海路局级设备管理优秀(先进)单位评选,推荐8台红旗设备参加上海路局级红旗设备评选。

1997年,福州铁路分局在自查的基础上,组织复查42个单位和部门。评出福州铁路分局级设备管理优秀单位6个,先进单位6个,合格单位28个,不合格单位2个,红旗设备177台;推荐永安车辆段、福州车站参加路局设备管理先进单位评比,推荐8台红旗设备参加上海路局级红旗设备评比。

1998年,福州铁路分局结合福建省“设备管理月”活动开展设备大检查,评出福州铁路分局级红旗设备160台。

1999年6—11月,福州铁路分局组织设备大检查。查定主要设备3017台,固定资产总额19047.7万元,完好率94.07%,利用率58.67%,封存设备146台、509.6万元;评出福州铁路分局级红旗设备165台,推荐8台参加上海路局级红旗设备评选。

2000年,福州铁路分局评出红旗设备183台,从中推荐11台参加上海路局级红旗设备评比。

2001年9月,福州铁路分局对设备的账卡物相符、设备管理、安全、技术状态、质量、大修更新等情况全面检查,并加大设备统计工作力度,注重设备固定资产数据与财务数据统计口径的同步与一致,确保账、卡、物相符。经查定,福州铁路分局各单位(不含福建铁建集团)共有机械动力设备5856台,固定资产原值2.78亿元;其中主要设备4345台,完好率94.32%,利用率60.79%,红旗设备458台,无设备重大以上责任事故。从中评选出福州铁路分局级红旗设备161台,并推荐永安车辆段、福州车站及其10台设备参加上海路局设备管理先进单位和红旗设备评比。

2002年,福州铁路分局评出分局级红旗设备159台,从中推荐6台参加上海路局级红旗设备评比。

2003年,福州铁路分局继续开展以设备安全为重点的大检查,对使用中的锅炉、压力容器及管道、起重设备等专项安全检查,边检查边整治,及时消除隐患,并对设备的账卡物相符、设备管理、安全、技术状态、质量、大修更新等情况重点检查,评出福州铁路分局级设备管理优秀单位4个、先进单位3个、合格单位25个。

(二)机械动力设备大修和更新改造

1996年,福州铁路分局设备大修62台,投资191.7万元;设备更新21台,投资245.1万元;调剂设备17台,计132.25万元;报废设备97台,计225.49万元。

1997年,上海铁路局安排福建境内设备更新1台52万元,大修9项94.5万元;福州铁路分局管理的设备安排更新19台98.4万元,大修61项187.8万元,报废设备87台147.82万元,调剂设备12台54.3万元。年内,福州机务段轨道车大修基地大修重型轨道车6部,邵武大修段象牙山汽车修理厂、福州建筑沁园汽车修理厂、福铁永安工务段汽车修理厂大修汽车共完成产值5543万元。

1998年,福州铁路分局在充分调查设备技术状况基础上,科学合理地安排大修更新,把住合同签订、解体鉴定以及检修质量、竣工验收、预决策等环节,更新设备53项、420.16万元,设备大修72项、382万元,设备调剂12台、71.96万元。邵武、永安、福州三个汽修厂大修汽车182辆,完成产值83万元;福州机务段轨道大修基地通过大修资格认定,大修重型轨道车9台,完成产值72万元。

1999年,福州铁路分局更新设备48项、512.75万元,设备集中采购24项、364.8万元,节约投资13.9万元,大修设备59项、315.4万元。福州机务段轨道车大修基地大修重型轨道车9台。

2001年,福州铁路分局更新设备37台、506.5万元,大修设备57台、170.7万元。

2002年,福州铁路分局抓住检修单位的资质认定、修程、技术标准、成本、验收等环节,组织机械设备修理,大修设备35项、169.4万元,通过招标更新设备296台、1807.10万元。

2003 年，福州铁路分局做好设备配置规划和前期选型论证工作，严格执行设备购置归口管理，设备招标采购，通过选型、招标、集中采购，提高设备投资效益。大修设备 44 项、122.1 万元，更新设备 60 台、857.46 万元，设备更新系数提高 0.542。

2005 年，福州机务段各种机械动力设备 318 台(套)、固定资产值 4.5 亿元；永安机务段各种机械动力设备 511 台(套)、固定资产值 7.65 亿元；福州车辆段机械动力设备 475 台(套)、固定资产值 1.90 亿元；永安车辆段机械动力设备 472 台(套)、固定资产值 9132.3 万元；厦门给水电力段机械动力设备 311 台；福州给水电力段机械动力设备 386 台。

表 4-4　**1996—2003 年福州铁路分局机械动力设备情况表**

年份	保有总数(台)	固定资产原值(万元)	主要生产设备		
			设备数(台)	完好率(%)	利用率(%)
1996	4923	18505.49	3861	93.4	58.32
1997	5023	18907.00	3995	95.19	58.42
1998	5238	20798.42	4066	94.79	58.45
1999	5343	22359.9	3017	94.17	58.67
2000	6502	31278	4184	94.26	58.32
2001	6046	28900	4345	94.32	60.79
2002	6382	38148.4	4578	93.73	64.83
2003	5912	34707	4011	95.81	65.56

五、节能管理

1996 年，福州铁路分局坚持推行生产生活用能(节约)承包经济责任制，分局与 42 个主要站段及耗能大户签订生产生活用能承包经济责任制，实行层层包保，按季度考核，执行能源消耗节约奖和超消耗惩罚手段，以经济(奖罚)手段促进节约，使能源消耗在总体上处于受控状态，确保福州铁路分局节能降耗目标实现。与路局下达的年度生产生活各项能耗指标比，全年节省煤 6055 吨，节省燃料油 518 吨，节省电 466 万千瓦时，节省水 86 万吨，折合节约标准煤 7428 吨；每百万换算吨·千米周转量综合能耗为 10.08 吨标准煤，较福州铁路分局安全路风经营责任制综合考评的 10.45 吨下降 0.36 吨。

1997 年，福州铁路分局节能管理中心坚持资源开发与节约并举，把节约放在首位的方针，加强管理，强化技改，提高节能工作的科技含量，努力降低能源消耗，压缩运输成本支出。路局和福州铁路分局下达高耗能设施改造资金 3 项、123.3 万元，福州铁路分局更新改造 15 项、67.4 万元，列财务成本及大修 7 项、10.23 万元，项目承办单位 18 个。主要节能项目有蒸汽管道保温、水泵更新、自动功率因数补偿、太阳能热水器、绿色照明工程实施等。全年，福州铁路分局每百万换算吨·千米周转量综合能耗为10.12吨，比上年下降1.6%。

1998年，福州铁路分局能耗总量控制在23.3万吨标准煤以内，每百万吨·千米综合能耗为9.93吨标准煤，比上年下降0.19吨标准煤，全年节约4433吨标准煤，价值452万元。完成节能技改项目29个，计90.8万元。其中电动机变频调速装置、电卡式预付费供电管理系统和车站自控供电系统等项目在福建省属首例。永安车辆段安装变频调速装置后，可使空压机节电20%。

1999年，福州铁路分局以能源消耗总量控制为龙头，对各机务段用能管理情况作全面的基础调查，把过去"放开电力机车用电考核"改为"逐步实行定额考核"。通过测算，福州铁路分局将年耗标准煤60吨以上的设备确定为重点耗能设备，实行定额考核数重点设备为326台；并普查主要耗能设备状况，认定管内在用的属于国家公布的淘汰落后产品为523台(处)，为分局设备总数的35%。分局在永安车务段管内小站试装"远距离抄表系统"，以此整顿车站用电秩序，实行远距离数据采集和监控，强化计量管理。全年安排节能技改项目24个，总投资84.3万元。其中邵武大修段承办的"太阳能浴车改造"和福州客运段承办的"客车上水远端控制装置"在全路局内属领先水平，受到业内人士和用户的好评。全年福州铁路分局百万换算吨·千米耗标准煤9.51吨，比上年下降4.3%；节约标准煤9500吨，节约成本支出968万元。

2000年，福州铁路分局投资151万元，完成32个节能技术改造项目。重点推广应用281平方米太阳能集热器，年均可节能57万元。

2001年，福州铁路分局引进ZDJ-2000多功能机车电能表，在邵武机务段安装使用，电力机车单耗因此下降138.6千瓦时/(万吨·千米)。

2002年，福州铁路分局投资201万元，完成41个节能技术改造项目，集中用于电气、热力、供用水及太阳能利用等方面。其中投资101万元，安装238台太阳能热水器；在来舟站驼峰空压机安装变频调速装置，使大动率电机实现软启动和平稳运行，大幅节电；在福州机务段内燃机车试用"超美"燃油和润滑油添加剂，同比节油5.88%。

2003年，福州铁路分局节约工作按照年初确定的"推进技术进步，强化基础管理，力促降耗节支，推动集约经营"的思路，探索节约新途径。全年，福州铁路分局每百万吨·千米耗标准煤下降0.16吨，综合节约率达8.4%；节约标准煤2197吨，节支225万元；生产生活用水、用煤量比上年同期下降20%，用电量下降7%；但因为鹰厦线来舟至漳平段牵引机车换型，机车单耗上升2.2%，多耗能以标准煤计算为4500吨，增加成本支出520万元。福州铁路分局投资133万元，完成节能技改、大修项目23个。其中节电项目投资34万元；太阳能利用项目投资45万元，安装热水器321平方米；开展地热资源利用开发的推广示范工作。这些技改项目每年可节约372吨标准煤和173吨水。

2005年，南昌铁路局组织开展资源节约活动，完善福建境内各铁路单位的节能三级管理网络，加大节能监察力度，推广节能"四新"应用，提升能源利用效率，全面完成节能工作任务。

六、污染治理

福州铁路分局工业污染源,重点是机务、车辆部门,所以从20世纪90年代开始,逐步在各机务、车辆段建废水处理厂,对含碱、酸、油的废水采取集中处理后排放。

1996年,福州铁路分局完成永安机务段6吨蒸汽锅炉消烟除尘污染治理计划、永安车辆段2吨蒸汽锅炉消烟除尘和福州生管段邵武地区1吨蒸汽锅炉到风和噪声治理。

1997年,福州铁路分局安排治理项目5项。其中路局投资80万元的漳平机务段工业废水处理治理工程竣工投产。福州铁路分局投资的4个项目中,除漳平机务段4吨锅炉烟尘治理因投资不足需次年续建外,其余3项竣工投产。福州铁路分局总工程师室配合中国铁科院对厦门疗养院污水治理、永安机务段工业废水治理、福州客运段洗衣污水处理等项目进行可行性调研,并委托铁科院编制上述污水处理工程方案设计。

1998年8月,福州铁路分局成立环境保护委员会,下发《福州铁路分局环境保护责任制实施办法》,对机务、车辆等重点单位下达环保考核指数。全年安排污染治理项目9个,投资129万元。其中厦门疗养院生活污水治理工程土建部分完工,进入设备安装阶段;投资80万元的漳平机务段污水处理工程竣工投产,污水处理工艺流程为:污水—隔栅—调节池—气浮—沙滤—蓄水池—排放,每小时处理能力为20吨。

1999年,福州铁路分局安排污染治理项目12项,其中烟尘治理项目7项,投资44.07万元,年内全部竣工投产;污水治理项目5项,投资92.5万元,年内竣工3项。6月5日(世界环境日),福州铁路分局参加省环保局、省交通厅、省旅游局、团省委等9单位在福州火车站举办的"福建省治理白色污染"联合宣传活动。9月,福州铁路分局购置价值14.3万元环境监测仪器配备给福州防疫站。

2000年,福州铁路分局安排污水治理资金537万元,主要用于永安机务段沙县采石场、厦门客技站等污水处理项目。其中永安机务段建成的污水处理项目被铁道部、上海铁路局列为"控双达标"项目,该污水处理设施投入运转后,每小时能处理污水30吨。年初,福州铁路分局和机务段、车辆段、医院等11个环保重点单位签订环境保护目标责任状;年终,除个别单位因环保设备问题外,其余重点单位的污水、锅炉烟尘等排放均已达标。

2001年,福州铁路分局工业废水处理率97.19%,工业废气处理率100%;排污单位达标率100%,污染物排放总量削减2%。全年,福州铁路分局安排污染治理项目9个,污染治理资金459万元,其中更新改造资金439万元,环保补助费17万元,大修费3万元。年内,有6个环保项目竣工,其中废水治理项目4个,废气治理项目2个。福州铁路分局对27个污染源进行监测,监测数据500个,污染项目经处理后均达标排放。

2002年,福州铁路分局对22个污染源进行监测,监测数据386个,污染项目经处理后均达标排放。

2003年,福州铁路分局主要污染物排放总量分别是:化学耗氧量7.98吨,石油类排放量1.48吨,二氧化硫排放量108.76万吨,烟尘排放量16.60吨,均在路局规定的排放指标之内。

2004—2005年，南昌铁路局为了使并局后的环保工作得到统一管理，适应铁路跨越式发展要求，根据国家、铁道部颁布的有关环保法律、法规内容并结合并局后的实际情况，对原福州铁路分局的环保目标责任制实施办法进行了修订和完善。

第五节 劳动人事管理

一、人事管理

（一）职工人数

1996年末，福州铁路分局职工总数37330人，其中正式职工37066人，临时工264人，职工总数比上年减少308人。职工中从事运输业占79.1%，建筑业占0.7%，工业占1.3%，商业占0.1%，卫生占3%，教育占2.4%，国家机关占3.2%，多种经营业占10%。年内接收复员退伍军人194人，录用大中专毕业生294人，录用技校毕业生114人，职工退休离休209人，解除劳动合同217人，死亡61人，调出福州铁路分局80人。

1997年末，福州铁路分局职工总数37323人，其中正式工37059人，临时工264人，比路局下达的计划少7人。职工中从事运输业占77%，建筑业占0.7%，工业占1.3%，商业占0.1%，卫生占3%，教育占2.3%，国家机关占3.2%，多种经营业占12%。年内接收复员退伍军人323人，录用大中专毕业生288人，录用技校毕业生102人，补员83人，调入26人，职工退休离休559人，退职39人，死亡54人，停薪留职52人，各种原因解除合同78人，调出54人。

1998年末，福州铁路分局职工总数35462人，控制在路局下达的37323人计划内。其中运输业从业人员29479人，其他从业人员5983人。分局劳动人事管理坚持总量控制，把住进人关，政策性进人严格按计划执行，鼓励职工调出，减少局外调入，提倡兼岗并岗，实现节约用人的目标。年内接收复员退伍军人431人，录用技校毕业生139人，录用大中专毕业生283人，调入19人，补员44人，职工退休1788人，死亡57人，解除合同11人，输出劳务288人，调出630人。

1999年末，福州铁路分局职工总数34034人，控制在路局下达的34118人计划之内。其中运输业人数22965人，控制在路局下达的22973人计划内。运输业累计减员4075人，完成路局累计减员计划4067人的100.2%。

2000年末，福州铁路分局职工总数36898人，控制在路局下达的37105人计划之内。其中运输业人数为22105人，比上年减少860人。年内接收复员转业军人262名，录用大学毕业生70人，录用中专毕业生267人，录用技校毕业生268人，职工退休退职249人，死亡44人，解除劳动合同79人，除名26人，个人外出劳务144人。

2001年末，福州铁路分局职工总数35324人，比上年减少1574人，其中划交铁通福建分公司1088人，职工总数控制在路局下达的35810人计划内；运输业人数为21891人（其中在岗21368人，不在岗523人），控制在路局下达的21893人计划内。全福州铁路分局27个运输站段精简机构和人员：管理人员由2217人减为1329人，减幅40%；机构由263人减为136个，减幅 48%;行政领导由 131 人减为 78 人,减幅 40%。分局严把政策进入关,鼓励职工自谋职业或外出劳务,全年接收复员转业军人 157 名,录用大学毕业生 58 人、中专毕业生 171 人、技校毕业生 66 人,比上年减少 49%。

2002 年,福州铁路分局职工总数 29632 人,比上年减少 5692 人,其中福州客运段和车辆段共 4174 人成建制划交上海铁路局客运公司;运输从业人员 18376 人(其中在岗职工 18003 人,不在岗职工 373 人),完成路局下达的减员任务。分局劳动管理方面坚持总量控制,严把进入关,合理调整结构,确保生产一线用工。接收复员退伍军人 106 名(其中择优选送 42 人到苏州铁路机械学校机务班学习),录用大学毕业生 87 人、中专毕业生 96 人、技校毕业生 66 人,职工退休 383 人,终止和解除劳动合同 110 人,其他原因减员 52 人。

2003 年末,福州铁路分局职工总数 30922 人,其中运输从业人员 21622 人。

2004 年末,福建省铁路单位人数统计:福州车站 533 人,福州东站 1045 人,来舟车站 472 人,漳平车站 399 人,厦门车站 376 人,邵武车务段 1343 人,南平车务段 962 人,永安车务段 1415 人,漳州车务段 1400 人,福州机务段 1089 人,永安机务段 1338 人,福州给水电力段 653 人,厦门给水电力段 467 人,福州供电段 652 人,漳平供电段 518 人,福州车辆段 1240 人,永安车辆段 1087 人,福州工务段 1071 人,永安工务段 1046 人,厦门工务段 962 人,福州电务段 485 人,厦门电务段 386 人,福州客运公司 3037 人,福州生活管理段 531 人,福州建筑段 358 人,厦门建筑段 207 人,邵武材料厂 96 人,永安材料厂 82 人,福建铁路投资发展总公司(多经)1036 人,福建福铁地方铁路开发公司 39 人,邵武轨枕厂 204 人,三明机械厂 79 人,郭坑工务修制厂 79 人。

2005 年,福建省铁路职工总数 32573 人,其中运输从业人员 27856 人,其他从业人员 4717 人。

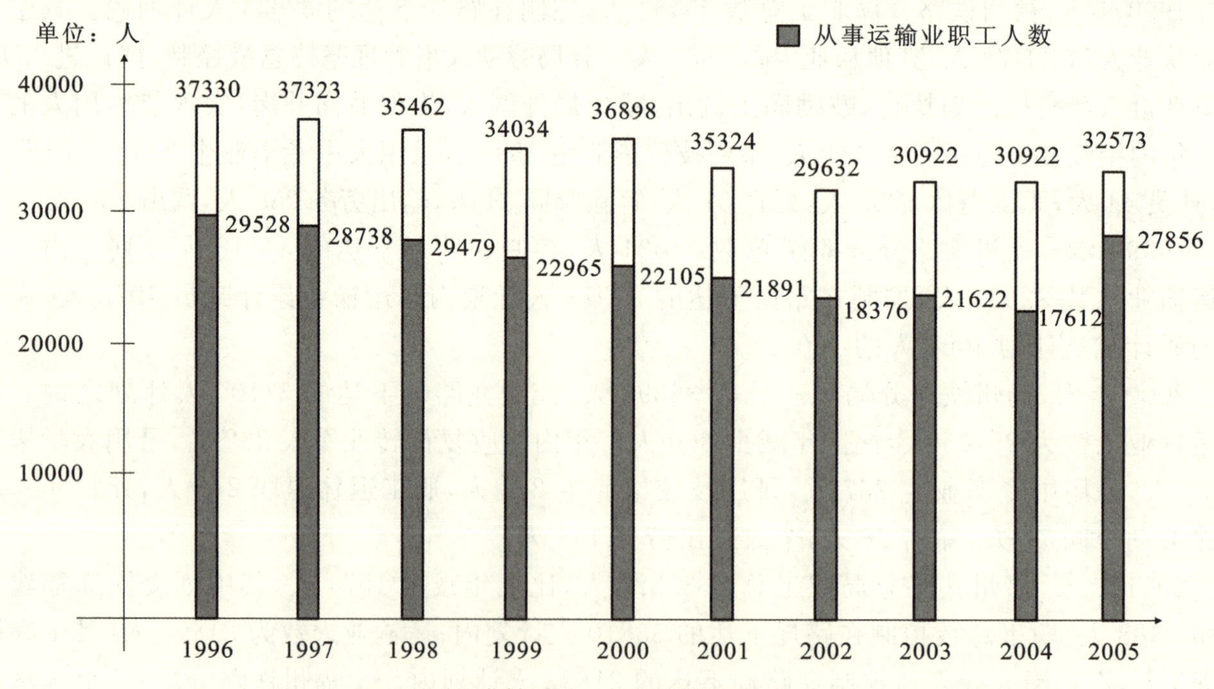

图 4-1 1996—2005 年福建铁路职工总数和从事运输业职工人数示意图

(二)行政干部任用管理

1996 年,福州铁路分局调整站段领导班子 33 个,一批年富力强的干部走上领导岗位。福州铁路分局党校举办中青年后备干部培训班两期,培训 82 人。提拔 13 名 1982 年以后毕业生担任领导干部。其中任分局长助理 1 人,担任站段正职 3 人,担任分局机关部门正职 1 人。

1997 年 5 月,福州铁路分局党政开展领导班子和领导干部考核工作,并在福州东站和福州客运段进行试点。在取得经验的基础上,由干部分处(人事分处)牵头,分局领导带队,组织分局纪委、党委组织部、多经党委和教育党委共 38 人组成 5 个考核组对 53 个站段的领导干部作德、能、勤、绩全面考核,建立领导干部档案,调整一些领导班子和领导干部,选拔了一批德才兼备的优秀青年干部,特别是选拔一批 1982 年以后的大学毕业生担任领导干部。全年调整站段领导班子 27 个,调整副科级以上干部 122 人,从领导岗位上退下来 35 人,调整交流 47 人,呈报路局提职提级 37 人。

1998 年,福州铁路分局继续大力选拔一批优秀青年干部进入领导岗位,基层单位领导班子成员中 45 岁以下的占 39.2%。

1999 年,福州铁路分局有 35 岁以下担任科级以上领导职务的干部 62 名,其中分局长助理 2 名,站段党政正职 11 名,机关部门正职 1 名。1982 年以后大学毕业生担任站段和机关副科以上领导职务的 42 名,其中分局长助理 2 名,机关部门正职 1 名,站段党政正职 5 名。3 月,在 1995 年建立的后备干部队伍基础上,补充一批年轻、文化层次高的后备干部;同时机关党委配合人事分处,筹建分局机关部门后备干部队伍。人事分处考核后备干部 210 名。

2001 年,福州铁路分局加大干部人事制度改革力度,将主要着力点放在干部选任制度尤其是领导干部的选任改革上。实施《领导干部选拔任用中公开推荐和任前公示试行办法》《领导干部任职年龄的规范》《基层领导班子及其成员绩效考评办法》等规定;首次在福州铁路分局范围内试行公开招聘分局机关党群部门专职干部,优选 20 名进入机关党群干部储备库,当年选用 4 名;15 名专业公司经理授聘书任职;实行领导干部任职年龄的限制规定,凡年满 58 岁者一律不再担任领导职务;干部选任突出民主内容,规范民主程序的改革,经民主推荐公开选拔的站段领导干部 25 人,分局机关部门领导 6 人;调整 35 个站段领导班子和 117 名基层领导成员的任职,其中任正职 57 人,新提拔 47 人。福州铁路分局主要运输站段领导班子均配齐一名以上 1982 年后毕业的大学本科生,达到路局规定的干部配备要求。

2002 年,福州铁路分局完善干部人事信息系统,建立和完成福州铁路分局 7000 余名干部的基本信息集和简历集。

2003 年,福州铁路分局调整党政正职 50 人,提职 16 人,新提拔到领导岗位的 66 人。其中公开选拔 48 人,占新提拔干部数的 72.7%;提拔 1985 年以后毕业大学生 31 人,占 47%;从后备干部中选拔提任的占 48.5%。

表 4-5　　**1996—2003 年福州铁路分局干部情况表**

单位:人

年份	总数		学历			行政干部				技术干部		
	计	女	大专以上	中专	高中	局级	处级	科级	其他	高级	中级	初级
1996	7867	2266	2297	2524	1536	3	77	248	476	250	1676	4231
1997	7944	2286	2591	2571	1455	3	73	737	7131	238	1718	4347
1998	7416	2284	2141	2202	1284	3	60	661	6692	223	1591	4133
1999	7304	2335	1515	857	1001	3	88	651	3515	239	1673	4071
2000	8247	2510	3307	2545	1277	2	99	770	7348	288	1934	4601
2001	7726	2386	3350	2207	1207	2	125	330	326	318	1933	4214
2002	7164	2228	3157	2146	1131	3	136	352	386	145	883	1663
2003	5824	1767	2723	1436	978	3	85	180	245	151	1192	2394

(三)技术干部管理

1996 年,针对专业技术干部队伍结构不合理,特别是年轻的高层次人才缺乏,高中以下学历比重大的状况,福州铁路分局通过严格评聘标准,保证评聘质量;注重挖掘年轻优秀人才,不拘一格选拔人才;严格控制单位内部有效专业技术职务的评聘,增加年龄限制的硬性条件等措施进行当年的专业技术职务评审。全年,福州铁路分局评聘通过各类专业技术职务 259 名。其中中级 106 名,占 40.9%;高级 38 名,占 14.7%;45 岁以下年轻高级专业技术职务 12 名,占高级职务总数的 31.6%。单位内部有效专业技术职务评聘通过 20 名,其中中级 8 名,人数受到有效控制。福州铁路分局注重做好学科带头人和中青科技人才的培养选拔,经过考核评定,选拔分局青年优秀科技人才 23 人,学科带头人 19 人,推荐铁道部中青年科技人才 1 名,路局级学科带头人 8 名,路局中青年科技人才 19 名。福州铁路分局在《福铁报》上开辟专栏宣传学科带头人的事迹,并在分局科技大会表彰 59 名优秀技术骨干。

1997 年,福州铁路分局有 30 人取得高级专业技术职务,按技术系统分为:工程 13 人,教育 11 人,财会 1 人,卫生 5 人,其中 1982 年以后大学毕业的占 40%;104 人取得中级专业技术职务;297 人取得初级专业技术职务;内聘专业技术职务人员大幅减少,仅有 7 人。1 月和 5 月,福州铁路分局组织有关人员深入福州、邵武、永安地区调研,对分局现有的人才规模、数量和质量以及分类情况作准确统计,在此基础上组织人才需求预测和人才培养规划,指导福州铁路分局整体性人才资源开发工作有序稳步推进。福州铁路分局加大培养科技拔尖人才力度:永安机务段黄墀才、永安车辆段徐光汉列为铁道部青年科技拔尖人才;分局代总工程师陈德儒获铁道部"有突出贡献的青年专家"称号;永安机务段黄观寅被评为铁道部"优秀拔尖人才”。至此，福州铁路分局有获部级突出贡献的青年专家1人，部级科技拔尖人才3人，分局级学科带头人7人，分局级中青年科技人才32人，初步建立了分局级优秀科技人才队伍。

1998年，福州铁路分局专业技术职务评聘工作进一步规范，3名持假学历者被发现并通报。各系列申报评审通过512人。其中高级申报61人，通过32人；中级申报192人，通过165人；初级申报321人，通过315人。工程系列通过数为325人，其中高级通过13人，中级通过72人，初级通过240人。福州铁路分局从优秀学生干部、优秀学生、学生党员中确定跟踪培养对象8人，至此分局已有38人确定为培养对象。年末，福州铁路分局有路局中青年科技人才22人，路局学科带头人8人，分局中青年科技人才32人，分局学科带头人7人。

1999年，福州铁路分局职务评聘改革，发挥职称评聘在专业技术队伍建设中的调节、导向和杠杆作用，强化专业技术干部素质：申报高级专业技术职务者，必须参加上海路局统一组织的论文评鉴，提交的参评论文必须是在福州铁路分局以上出版刊物发表的，卫生系列需在全国性刊物上发表过；加重业务实绩和专业能力的比重分量，提高专业队伍内涵，对老同志的“照顾”逐渐减少；加强专业队伍结构层次的调整，强化中青年专业技术人才的梯队建设。申报各级专业技术职务678人，参评657人，通过和向上推荐627人。经福州铁路分局评审通过和推荐晋升高级技术职务38人，中级142人，初级444人；通过审批高级技术职务27人，中级119人，初级444人。

2001年，福州铁路分局强化优秀中青年科技人才和学科带头人的培养，选拔公布福州铁路分局级学科带头人6名，中青年科技人才32名。年内组织专业技术人员参加各类英语培训112人，计算机培训和考试585人，选送参加MBA考试4人(通过3人)，选拔院校专业长期学习进修12人；推荐获评审资格471人，经各系列专业评审委员会评审通过445人。

2002年，福州铁路分局经反复比选，推荐铁道部学科带头人10名，青年拔尖人才7名。全年专业技术职务评聘参评论文331篇，其中高级参评论文49篇(政工专业5篇)，中级参评论文282篇(政工专业30篇)；职称外语考试报名349人，参加考试298人，198人合格；各系列专业技术职务申报参评人数为高级11人，中级147人，初级23人；通过评审和评审推荐的为320人(政工专业44人)。分局试行评聘分开，财务、经济、统计、工程质量、计算机软件、卫生防疫6个系列的中级技术职务先后进入全国资格考试，共有42人通过国家考试并予以聘任中级任职资格。全年，分局有207人通过专业业务答辩考评。

2003年，福州铁路分局各类专业技术干部总数3737人，占分局干部总数的64.17%，比上年下降18.38%。年龄在45岁以下2573人，35岁以下1353人；大学本科以上文化程度868人；在岗高级技术职务人数151人；高级、中级和初级技术职务结构比例为4∶32∶64。分局对70名任期到2002年底的路局、分局两级“学科带头人”和中青科技人才开展任期考核，从中推荐选拔2003—2005年新一届路局、分局两级“学科带头人”60人。

2005年，南昌铁路局出台“首席工程师”评选办法，在一些技术含量高、安全责任大的重要岗位和专业设立“首席工程师”，重点发挥专业技术人员在保障安全生产、解决生产中“急、难、险、重”问题的作用。福建境内在福州电务段先行试点,为之后在全局主要运输站段全面推行首席工程师制创造条件。

(四)“三员一长”管理

福州铁路分局历年来重视机车乘务员、检车员、调车人员和运转车长(即“三员一长”)的管理,对其补充、提升、改职都要以满足运输生产需要为前提,保证这些工种处于满员状态。1984年以前,机车乘务员的改职、提升应报铁路局批准。1984年后,改由福州铁路分局批准。1991年,福州铁路分局重新修订“三员一长”管理竞赛办法,坚持按季度开展评比竞赛活动。

1996年,福州铁路分局技术工人16393人。其中“三员一长”人数4381人,比定员多配10人。

1997年,“三员一长”人员总数4334人。

1998年,福州铁路分局“三员一长”管理坚持季度考核制度,督促有关单位配好“三员一长”人员,“三员一长”人员总数为3801人。

2000年,福州铁路分局为解决机车乘务员不足、年龄偏大的问题,选送42名符合条件的职工脱产到铁路技校学习机车乘务员业务。各站段成立“三员一长”管理领导小组,日常工作由劳资人事室负责,建立管理网络和例会制度,及时分析“三员一长”状况,管理做到有序可控。

2002年,福州铁路分局对机车乘务员从事非本职工作者进行清理,该归队的归队,该改职的改职,以确保运输生产的需要。年末,福州铁路分局机车乘务员1967人,调车人员724人,检车员509人。

2003年,福州铁路分局从接收的复员军人中选调41人送福州铁路分局技校培训后担任车站运转人员,选调22名复员退伍军人及技校毕业生23人送苏州运输学校培训后担任机车乘务员;从工务部门选调31人经培训后到人员紧缺的车务段担任运转人员。

(五)工人(劳力)调配

20世纪90年代以来,福州铁路分局劳动力管理实行总量控制,1995年6月1日实行每周五天工作制后,为解决劳动力紧张,除采取压缩二、三线人员补充第一线岗位外,同时进行兼岗并岗,一岗多能,调整班制,改革劳动组织的尝试,对确实缺员较多的单位,准许使用少量临时工以缓和劳动力不足的矛盾。

1997年初,福州铁路分局建立下岗、待岗制度,形成“上岗靠竞争,报酬靠贡献,岗位能上能下,职工能进能出”的新机制,并规定新进入劳务工必须由分局劳动市场运作。为做好下岗、待岗人员的再就业和转岗培训工作,福州铁路分局从失业救济金中拨出90多万元用于下岗待岗人员转岗培训。福州铁路分局劳务市场向泉州铁路公司转出劳务工23名,调到武夷山铁路公司4名,向福州客运段输出劳务工7名。全年通过地方政府有关部门办理职工家属农转350名,办理进榕户口114名。

1999年,厦门—北京旅客列车开行,福州铁路分局从各单位调剂443名人员从事列车乘务工作,从福州车辆段和永安机务段调出18名技术工种人员到厦门客技站从事车辆库检工作。福州铁路分局将漳龙等三条支线连同1253名职工移交泉州、龙岩铁路有限责任公司,并调出316名职工到其他合资铁路公司。

2002年,福州铁路分局劳力调配上坚持总量控制,严把进入关,合理调整结构,确保生产一线用工。年内安置复员退伍军人106名,其中择优选送42人到苏州铁路机械学校机务班学习,补充机车乘务员工种。

2003年,福州车辆段成立,福州铁路分局将福州客运公司有关客车运用、检修的人员划交福州车辆段管理。

二、劳动工资管理

(一)劳动定额与计件工资

1995年末,福州铁路分局劳动定额管理面、计件工资管理面和定额工时覆盖面分别达到92.4%、90.7%、92%,比上年分别提高0.5%、0.9%、5%。福州铁路分局经试点,在福州、永安、漳平、厦门工务段实行单一计件工资制度,解决了工务部门劳动力紧缺和工资分配不合理问题。

1996年,福州铁路分局推行单一计件工资,在邵武工务段、厦门电务段、永安电务段试点,扩大计件工资面。是年,福州铁路分局劳动定额管理面、计件工资管理面和定额工时覆盖面分别达到97%、100%、94.6%,分别比上年提高4.9%、9.3%、2.6%。

1997年,福州铁路分局劳动定额管理面、计件工资管理面和定额工时覆盖面分别达到97.6%、100%和92%。鉴于劳动组织的调整,作业方式的变化,新工艺、新设备的应用,原有劳动计划定员编制标准不能适应生产发展的需要,福州铁路分局参照路局标准,结合分局实际情况,制定《福州铁路分局劳动计划定员编制标准》。福州铁路分局为搞活内部分配,完善计件工资管理制度,定期组织经验交流,深入基层单位检查了解计件工资分配情况;开展定额对标,加大计件工资捆绑力度,使分配直达,起到奖勤罚懒、激励职工积极性的作用。

1998年,福州铁路分局根据路局贯彻铁道部编制运输行业定员的标准工作会议精神,与有关业务分处一道对车务、机务、工务、电务、车辆、供电、水电系统近两年主要生产班组的工作量和人员做了大量调查,记录数据为制定新的劳动定员标准提供依据,也为制定福州铁路分局的定员标准打基础。劳动定额管理面、计件工资管理面和定额工时覆盖面分别达到96.2%、100%、92%。

1999年,福州铁路分局加强定额管理,扩大计件工资范围,劳动定额管理面、计件工资管理面和定额工时覆盖面分别达97.4%、100%和93%,比上年略有提高。福州铁路分局在充分调查的基础上,参照上海路局的标准,结合分局的实际情况,制定并公布《福州铁路分局运输业劳动定员标准》和《福州铁路分局运输业劳动定员标准管理办法》。

2001年,福州铁路分局按照路局的安排,参与铁路重要岗位标准的制定工作,向路局报送供电系统接触网工、供电值班员等6个工种的岗位标准资料。福州铁路分局完善单一计件工资制度,加大捆绑力度,拉开岗上和岗下、高岗和低岗人员的收入差距。其中机车人员实行以乘务工时为计件单位的单一计件工资制,收入与乘务工时挂钩,多跑多得,少跑少得,上不封顶。至此,机车司机的平均收入达到福州铁路分局人均收入的两倍。全年劳动定额管理面、计件工资管理面、定额工时覆盖面分别达97%、100%、93%。

2002年,福州铁路分局落实上海铁路局强化调车安全的措施指示,深入铁路沿线对车务部门的运转调车人员的岗位设置和机务部门机车乘务员的工作量,以及电务部门信号人员的岗位设置调查、摸底,为重新修订运输业定员提供依据。经与运输分处共同协商,福州铁路分局为鹰厦线,外福线四、五等站增加调车人员定员71人,比站段上报的需求量少用183人,确保运输业减员任务的完成。

2003年,福州铁路分局围绕贯标、减员、增效的方针,进一步搞活内部分配,继续探索和深化劳动组织改革,以提高定额管理水平。全年劳动定额管理面、计件工资面、定额工时覆盖面分别达92%、100%、93%。

2005年,南昌铁路局修订并公布《南昌铁路局定员定额工作考核办法》《南昌铁路局计件、定额工资制效果评估办法》《南昌铁路局劳动定额管理办法》《南昌铁路局职工工作时间规定》及《南昌铁路局计件、定额工资制工作管理办法》等管理文件。年末,南昌铁路局劳动定额管理面、计件工资面、定额工时覆盖面分别为94.1%、96.6%、91.6%。

(二)工资津贴

1995年,福州铁路分局工资基金管理进一步完善分配办法,加强宏观调控,修订公布《主要运输单位工资总额与经济效益挂钩实施办法》《文教卫生等单位二项总额浮动包干实施办法》《一九九五年度工资总额调控办法》。

1996年3月27日、7月5日、10月13日,上海铁路局分别实现行车安全800天、900天和1000天,福州铁路分局按照上海路局文件规定三次增加浮动工资。在行车安全800天中,有34532名职工增加两挡浮动工资,月人均增加工资13.72元,从4月1日起实行。在行车安全900天中,有34856名职工增加两挡浮动工资,月人均增加工资13.72元,从7月1日起实行。在行车安全1000天中,有32590名职工增加两挡浮动工资,即在安全600天时增加的两挡浮动工资转为技能工资。此外,有35360名职工再增加四挡浮动工资,月人均增资28.49元。

1996年7月1日起,福州铁路分局全员劳动合同制风险津贴标准由原来的岗位、技能工资之和的10%调整为15%,月人均增加津贴19.40元。

1997年1月1日起,福州铁路分局乘务津贴、施工津贴在原标准基础上提高87.5%。

1999年,福州铁路分局有33678名职工增加工资,月人均增加工资105.78元,月增资总额356.3万元。全年,分局发放工资总额4.9亿元,与路局下达计划持平,比上年增加1207万元；职工人均收入 14361 元，比上年增加 900 元，增长 6.7％。

2000 年 1 月 1 日起，福州铁路分局夜班津贴由原来的 2～3 元调整为 4～7 元，并调高了警衔、医疗、卫生防疫、厦门特区津贴。7 月 1 日起，调高职工技能工资标准和工龄工资标准，相应增加风险津贴。福州铁路分局有 35249 名职工（含工程总公司、设计院）增加了工资，月人均增资 50.20 元。

2001 年 4 月 1 日，上海铁路局增加工资，福州铁路分局相应调整岗位工资标准，四挡浮动工资转为技能工资，并调整新参加工作人员工资，分局 35163 名职工增加工资，月人均增资 105 元。福州铁路分局对 2001 年 4 月 1 日及以前参加工作的具有本科以上学历的毕业生给予一次性工资补贴，补贴标准为：厦门 6000 元，福州 4000 元，执行五类工资区 3000 元，其他地区 2000 元。硕士毕业生和博士毕业生在此基础上分别增加 2000～4000 元，以吸纳和稳定人才。

2002 年 5 月 1 日起，福州铁路分局调整岗位工资标准，四挡浮动工资转为技能工资，同时提高工龄工资标准（生效时间为 1 月 1 日），有 30471 名职工增加工资，月人均增资 128 元。

2003 年，福州铁路分局发放职工工资总额 6.5 亿元，为上海路局下达年度计划的 99.9％，比上年 6.18 亿元增加 3207 万元，增长 5.19％；职工人均收入 20830 元，比上年 19576 元增加 1254 元，增长 6.41％。

2004 年 8 月，福州铁路分局并入南昌铁路局，并局后的工资标准根据就高不就低原则进行整合。

表 4-6　**1995—2005 年福州铁路分局工资总额及人年平均工资情况表**

单位：人；千元；元

年份	职工人数	工资总额	人年平均工资
1995	37638	385178	10538
1996	37330	445840	12179
1997	37323	481040	13157
1998	35462	478580	13461
1999	34034	490661	14361
2000	36898	572810	15578
2001	35324	545540	17529
2002	29632	595910	19317
2003	30922	650410	20830
2005	27856	771502	27478

注：2005 年数据为南昌铁路局在福建省境内的铁路单位职工人数和人均工资。

（三）奖励（奖金）

1996年以后，福州铁路分局单项奖有畅通、超轴、满载、挖潜、超应卸车、正晚点、机煤卸车、煤炭制约、直达列车、货运合同、堵漏保收、主要物资节约、废钢铁上缴提成奖等。

2000年，福州铁路分局根据上海铁路局文件精神和分局财务状况，本着奖励要紧贴效益、安全和精神与物质奖励相结合的原则，对福州铁路分局的82个奖励办法（项目）进行清理、整顿，保留70个，合并5个，废止7个。

2001年，福州铁路分局继续控制奖金发放，调整奖励结构，取消与安全、效率无关或关系不大的奖励办法。停发年终奖，重新修订站段行车安全奖励办法，使奖励紧贴安全效益。出台“管外去向装车考核办法和客运营销措施及客运达标考核办法”，以加大增加运输收入的奖励力度。

2003年，福州铁路分局对分局99个奖励办法进行清理，保留73个，修订10个，废止15个，下放站段管理1个。

（四）劳动生产率

“八五”计划末年的1995年，随着鹰厦线电气化改造完毕，福州铁路分局机车牵引定数提高到2700吨，全员劳动生产率为78万换算吨·千米/人，比上年的75.83万换算吨·千米/人增长2.86%。

1996年，福州铁路分局运输全员劳动生产率为78万吨·千米/（人·年），为年计划80.7万吨·千米/（人·年）的96.7%，与上年持平。

1997年，福州铁路分局运输全员劳动生产率为80.2万吨·千米/（人·年），为年计划80.6万吨·千米/（人·年）的99.6%。

1998年开始，福州铁路分局运输全员劳动生产率计量方式由往年的万吨·千米/（人·年）改变为运输收入/（人·年），当年为71702元/（人·年）。

1999年，福州铁路分局运输收入18.07亿元，运输业平均人数23048人，运输全员劳动生产率为78510元/（人·年），比上年增长9.4%。

2000年，福州铁路分局运输收入19.90亿元，运输业平均人数为23499人，运输全员劳动生产率为84690元/（人·年），比上年增长7.9%。

2001年，福州铁路分局运输收入25.62亿元，运输业平均人数为21871人，运输全员劳动生产率为11.71万元/（人·年），比上年增长38.3%。劳动生产率大幅度提高的原因主要是通信人员划交铁通公司，导致运输业平均人数减少8.5%。

2002年，福州铁路分局运输收入26.11亿元，运输业平均人数18471人，运输全员劳动生产率为14.13万元/（人·年），比上年增长3.83%。

2003年，福州铁路分局运输收入27.27亿元，运输业平均人数21722人，运输全员劳动生产率为12.56万元/（人·年）。

2004年，福州铁路分局撤销后，福建铁路运输统一由南昌铁路局管理，减少了管理层次，实现了长交路，劳动生产率有所提高。

三、劳动安全

1996年，福州铁路分局无职工责任因工死亡事故，至年底福州铁路分局实现2526天无职工责任因工死亡事故，实现连续6个安全年。

1997年，福州铁路分局无职工责任因工死亡事故，实现连续7个安全年，劳动安全天数在全路54个分局中列第四位。年内发生职工责任因工重伤事故2起。

1998年，福州铁路分局无职工责任因工死亡事故，至年末实现连续第8个安全年。年内发生职工责任因工重伤事故2起。

1999年末，福州铁路分局实现劳动安全3621天。

2000年，福州铁路分局加强劳动安全领导，开展劳动安全宣传教育活动，强化安全联控各项措施，至年末实现劳动安全3987天。全年发生职工责任重伤事故2件、轻伤事故5件，重伤事故件数在福州铁路分局年度控制数之内。

2001年，福州铁路分局劳动安全工作继续贯彻“安全第一，预防为主”的方针，按照“规范管理、强基达标”的要求，强化管理，狠抓落实，深化安全点控制、严防惯性事故的发生，重点加强锅炉压力容器的安全管理和机动车辆的安全管理，严格事故报告统计制度。年内，福州铁路分局无职工责任死亡事故，发生因工责任重伤事故2件，轻伤事故8件。

2002年6月29日，《中华人民共和国安全生产法》颁布，于11月1日起施行。福州铁路分局对学习宣传贯彻安全生产法做了重要部署，层层举办培训班，组织职工学习有关行车事故责任追究、职工严重违章违纪解除劳动合同等实施办法和细则，提高职工安全意识。至年末福州铁路分局管内无职工死亡事故。

2004年，福州铁路分局发生职工死亡事故2起：8月16日2时04分，杏林站运转车间一班甲调在站内货8道取送车调车作业中，因为抢点，简化作业程序，在推进连挂时，制动员跳上列车前部第二轴时未抓牢扶手，脚踩空掉下，被车辆与高站台挤压造成腹内脏器损伤，脾破裂失血性休克，抢救无效死亡；9月2日1时35分，漳平站运转三班制动员调车作业到7道解43车时，中途下车，在横越3道时，未认真瞭望，被K398次旅客列车碰撞致死。

四、社会保险

（一）养老保险

1996年，福州铁路分局养老保险制度改革实现四个统一，即统一制度、统一标准、统一管理、统一使用资金。年末，福州铁路分局有离退休职工11475人，退休统筹基金收支平衡略有节余，企业负担减轻，离退休人员的实际收入有较大幅度的提高。为建立多层次的养老保险体系，从1月起，职工个人按工龄长短按月缴纳本人工资总额的2%～5%的储蓄性养老保险金。年底，福州铁路分局有76个单位和部门的职工参加这项保险，储蓄金额达十多万元。

1997年,福州铁路分局基本养老保险金总收入1.1亿元,其中职工个人缴1883万元;总支出8943万元,收支相抵节余2108万元。职工个人储蓄性养老保险开始实行,全年收存职工个人储蓄性养老保险金3123万元。7月1日起,职工个人缴纳的基本养老金、保险金比例由4%提至5%;职工缴纳储蓄性养老保险的比例由2%~5%提至3%~6%;11298名离退休人员基本养老金调整,其中离休干部人均增加74元,中华人民共和国成立前参加革命工作老工人人均增加70元,退休人员人均增加43元。年末,福州铁路分局有退离休职工12039人。

1998—1999年,福州铁路分局完成基本养老保险行业统筹移交社会统筹的工作,实现行业管理和省级社会统筹的接轨,开始执行《福建省城镇企业职工基本养老保险条例》。

2000年,根据福建省劳动厅《关于调整原行业统筹企业2000年缴纳基本养老保险费比例的通知》规定,福州铁路分局自1月1日起企业缴费费率调整为18%,个人缴费比例调整为6%,并对1999年7月1日—1999年12月31日期间铁路企业退休的人员增加养老金26元。

2001年1月1日起,离退休人员养老金列入福建省社会统筹。9月底,离退休人员的养老金全部实现社会化发放。年末,福州铁路分局离退休职工15749人(包括福州铁路工程集团),企业补充养老金累计2.32亿元。

2002年,福州铁路分局为职工建立一次性商业补充养老保险,共有27004名职工投保,人均保额873元;26859名职工调整企业补充养老保险标准,每人月均增加金额15.1元。年末,福州铁路分局离退休职工11516人,企业补充养老保险金累计2.33亿元(不含代管的公司)。

2003年,福州铁路分局职工增加一次性企业补充养老保险金,人均增加651万元。年末,企业补充养老保险金累计达3.10亿元。

2004年末,福建省境内铁路单位及代理单位养老保险参保职工13945人(包括泉州、龙岩、武夷山铁路有限责任公司及福州勘测设计院、铁道通信信息有限责任公司福建分公司、中铁快运有限公司福州分公司和中铁集装箱公司福州运营部等代理单位718人)。全年缴纳基本养老保险费2.03亿元。其中职工个人缴纳5776万元,占缴费总额的28.4%;单位缴纳14590万元,占缴费总额的71.6%。全年支付养老金1.73亿元。其中福建省统筹基金列支1.64亿元,占养老金总额的95.2%;企业负担832万元,占养老金总额的4.8%。

2005年,福建境内铁路单位缴纳基本养老保险费2.18亿元,其中职工个人缴纳5930万元,占缴费总额的27.2%;单位缴纳1.59亿元,占缴费总额的72.8%。全年福建省境内铁路职工个人缴纳补充养老保险费429.72万元,单位缴纳4297.22万元。年末,福建省境内铁路离退休人员14253人(包括代理单位790人)。

(二)医疗保险

1999年8月,福州铁路分局成立医疗保险中心,为实施医疗保险改革做好准备。2001年,按照福建省政府的有关规定,结合铁路的实际情况,对福州铁路分局职工参保方式、管理办法进行探讨和论证,提出实施方案。2002年1月1日起,启动医疗费用的分担机制,福州铁路分局包括三个合资公司、铁通公司、客运公司63897名在职和离退休职工的参保登记完成，其中在职49506人，离退休14391人。另外15000余名职工供养直系亲属参保登记也进入审核认定阶段。2003年7月1日，福州铁路分局医疗保险实施。

（三）失业保险

1996年，福州铁路分局缴纳待业保险金260万元，上缴省劳动厅70万元，分局留用部分用于支付下岗人员生活费、富余人员转岗培训费等。

1997年，福州铁路分局缴纳待业保险金361万元，上缴劳动厅70万元，分局留用部分用于支付下岗人员生活费、富余人员转岗培训费以及再就业工程费用。

1998年1月1日起，福州铁路分局执行《福建省企业职工失业保险条例》，单位按照职工月工资总额的2%缴纳失业保险费，个人按照1%缴纳失业保险费。

1999年，福州铁路分局贯彻福建省有关失业保险的规定，合资铁路公司失业保险金纳入福州铁路分局管理。福州铁路分局全年支付失业保险费和转岗培训费177万元。

2001年，福州铁路分局根据《福建省地税局关于铁路失业保险费征缴体制问题的通知》《福建省社会保险费征缴办法》规定，局管内各站段直接向机关所在地的地税部门缴纳失业保险费，实行属地征收，分局劳调中心不再代为筹集和管理。

2002年，福州铁路分局根据福建省劳动和社会保障厅《关于全面建立失业保险缴费凭证制度的通知》规定，要求各单位在做好单位缴费凭证制度的基础上，按月做好人员异动，建立个人失业保险缴费记录。

2004年，福州铁路分局根据《关于做好铁路系统职工失业保险有关工作的通知》《关于要求福州铁路分局缴交失业保险基金历年滚存结余的通知》规定，完成个人缴费年限的认定以及年审工作。

2005年，厦门市实行“五险合一”政策后，对在厦门境内工作，但户籍、养老及医疗保险关系不在厦门市的铁路职工，其失业保险关系不予受理，经南昌铁路局与福建省政府有关部门协商后，问题得以解决。

（四）工伤保险

2000年，福州铁路分局根据国家和铁道部的有关规定，制定并公布了《福州铁路分局职工工伤保险实施办法》，对工伤保险实施行业统筹。

2001年，福州铁路分局对71名职业病和工伤职工伤残等级予以鉴定，审批其相关待遇，并作工伤保险由行业统筹转为社会统筹的准备工作。

2002年，福州铁路分局对10名职工伤残等级和护理依赖等级予以审定，审核支付工伤各类费用160万元，建立工伤职工电子档案。

2003年7月3日，福州铁路分局制定《驻闽铁路运输系统职工工伤保险实施办法》，规定非建筑施工行业按工资总额的0.8%、建筑施工行业按工资总额的1.0%缴纳工伤保险费。

2005年,南昌铁路局工伤保险管理委员会成立,对福建境内历史遗留工伤人员资料进行清理,逐一登记建档,对尚未作工伤资格认定的,经反复与福建省劳动和社会保障厅请示、汇报与协商,重新认定路局在福建省境内826名工伤人员的资格,其中死亡247人、伤残579人。自10月1日起,驻闽铁路运输系统职工工伤保险整体并入南昌铁路局职工工伤保险统筹。

第六节 房建地亩管理

一、房建管理与维修

1996年,福州铁路分局房建地亩管理由福州铁路分局工务分处负责,工务分处副分处长兼土地办主任,下辖福州、永安两个建筑段(有9个领工区、34个工区班组)。土地管理由分局对下属车务、工务、建筑、直属站等20个主要用地基层单位实行横向指导。年末,福州、永安建筑段职工724人,其中工人575人、管理人员149人。

1998年,福州铁路分局房建整修成本年计划为20.17元/换算平方米,实际支出为26.40元/换算平方米(内含直接材料费5.86元);全面养护检修全成本实际支出为1.51元/换算平方米,综合房建设备维修养护全成本实际支出为6.05元/换算平方米。全年,分局实际计划检修完成62.99万换算平方米,为计划的103.56%,占房建设备总数的19.91%;巡回检修运营房屋及站场设备平均3遍,住宅宿舍及公共建设设备1～2遍。

2000年,福州铁路分局房建维修养护管理部门职工677人,其中生产人员538人、管理人员139人,下辖福州和永安两个建筑段,共7个领工区、32个工区班组。分局房建设备总数量为9040栋(件)、316.45万换算平方米,比上年增加4.14%。其中:房屋6581栋、268.90万平方米,占总数的84.97%;站场及公共建筑设备2459件、47.55万换算平方米,占总数的15.03%。房建固定资产总值5.88亿元,比上年增加9.56%。

2004年,福州建筑段负责鹰厦线鹰潭至来舟段、外福线(全部)和福马线的71个车站以及沿线铁路地区的房地产管理维修,管辖房建设备4195栋(件)、98.93万平方米及公共建筑设备946栋(件)、27.65万平方米。永安建筑段负责鹰厦线来舟至厦门段57个车站以及铁路沿线厦门至永安地区的房地产管理维修,管辖房屋建筑面积4617栋(件)、15.08万换算平方米。

(一)房屋建筑正常大修

1996年,福州铁路分局正常房建大修面积1.9万平方米,费用118.30万元,其中用于水电病害重点整治41.78万元。竣工验收33件,合格率100%,优良率为69.7%。此外,由建筑段完成的来自福州铁路分局安排的其他大修款源为90.89万元。

1997年,福州铁路分局正常房建大修2.2万平方米,费用83万元,其中用于水电病害重点整治的费用为38.30万元,占总费用的46.14%。竣工验收30件,其中优良22件,合格8件,一次验收合格率为100%,优良率为73.33%。此外,由建筑段完成的来自福州铁路分局安排的其他大修款源为126.27万元。福州铁路分局对永安机务鉴定棚和邵武机务洗修库严重漏雨及严重腐蚀破裂变形病害采用轻型钢制波浪形瓦屋面进行大修,彻底解决病害问题。

1998年,福州铁路分局房建大修计划为312.30万元,其中下达给建筑段162.90万元,其余下达给各使用单位。年内由建筑段完成的正常房建大修24453换算平方米,费用162.90万元,其中用于水电病害重点整治的费用83.22万元,占总费用的27.85%。竣工验收63件,其中优良47件,合格16件,一次验收合格率100%,优良率为74.6%。此外,由建筑段完成的来自福州铁路分局安排的其他大修款源为149.40万元。

1999年,福州铁路分局房建大修投资金额778.43万元,其中下达给建筑段395.73万元,其余下达给各使用单位。全年由建筑段完成的正常房屋建筑大修49011换算平方米,费用261.1万元,为年计划的100%。竣工验收61件,其中优良42件,合格19件,一次验收合格率100%,优良率为68.85%。

2000年,福州铁路分局房建大修计划为355万元,为上年的45.03%。其中下达给建筑段127.86万元,其余下达给各使用单位。年内由建筑段完成的正常房建大修35446换算平方米、165.86万元,为年计划的46.72%。竣工验收52件,其中优良32件,合格20件,一次验收合格率100%,优良率为61.51%。

2001年,福州铁路分局房建大修计划为282.40万元,其中下达给建筑段42万元,其余下达给各使用单位。分局正常房建大修35599换算平方米、159.80万元,为年计划的56.59%。竣工验收34件,其中优良26件,合格8件,一次验收合格率100%,优良率为76.47%。分局结合大修,整治危险倒塌房屋1栋、235平方米,整治严重漏雨房屋6栋、5035平方米,整治水道及电线照明设备病害房屋25栋、23664平方米,清淘化粪池927座。

2002年,福州铁路分局房建大修(含保价大修)计划为604.70万元、64件。由建筑段完成的房建大修为429.40万元、49件,为年计划的71.01%。竣工验收49件,其中优良37件,合格12件,一次验收合格率100%,优良率为77.08%。

2004年,福州建筑段完成42.33万平方米的房屋建筑物大修,包括福州公寓一期改造工程大修。厦门建筑段重点完成危房和漏雨、漏水、漏电等三级房屋大修,三级房屋整治率达6.78%。

(二)房屋建筑物综合养护维修

1996年,福州铁路分局房建设备养护维修方针和原则较往年有所改变,由于维修资金短缺,难以按原有的修程标准进行维修,当年试行"状态修",即试行以"状态为主,周期结合"的修理方法,把主要精力和有限的资金用于整治危房、漏雨、水电病害等三级房屋及公共设备排污堵塞等病害上。年内实际完成整修房屋面积51.69万换算平方米,占房建设备总数的17.65%,达到铁道部17%的要求;质量验收975件,一次验收合格率为98.97%,优良率为61.57%,不合格10件;完成计划检修57.98万换算平方米,占房建设备总数19.79%;整修成本年计划每换算平方米19.77元,实际支出25.36元(其中含直接材料费6.44元)。

1997年,福州铁路分局整修面积51.39万换算平方米,占房建设备总数的17.55%,达到铁道部17%的要求。质量验收941件,其中,优良628件,合格307件,不合格6件。一次验收合格率为99.36%,优良率为66.74%。整修成本年计划每换算平方米22.37元,实际支出为24.34元(其中直接材料费为6.81元)。年内完成计划检验62.28万换算平方米,为年计划58.59万换算平方米的106.30%,占房建设备总数的21.26%。对全部房建设备实行全面养护,达到了巡回检修运营房屋及站场设备平均3遍,住宅宿舍及公共建筑设备平均2遍的要求。分局全面养护检修的全成本,按房建设备总数计算,年计划每换算平方米为1.27元,实际支出为1.42元(内含直接材料费0.26元);综合房屋设备维修养护(含整修、检修两部分)全成本,按房建设备总数计算,年计划每换算平方米为5.07元,实际支出为5.69元,其中直接材料费用为1.46元。

1998年,福州铁路分局房建设备整修完成52.26万换算平方米,为年计划51.68万换算平方米的101.13%,占房建设备总数的16.52%。

1999年,福州铁路分局重点整治放在危房、漏雨、水电等三级房屋及公共排污堵塞、站台侵限等主要病害上,年三级房屋整治率达71%,站台侵限整治率达87.20%,对未售住宅房屋全面推行维持性"状态修"制度,修制不再分整修或计划检修。

2000年,福州铁路分局完成整修面积45.52万换算平方米,为年计划42.68万换算平方米的106.64%,占房屋建筑设备总数的14.93%,未达到铁道部17%的要求,整修全成本实际支出为1.26元(内含直接材料费为0.54元);完成计划检修35.81万换算平方米,为年计划34.58万换算平方米的103.57%,占房建设备总数的11.75%,未达到路局20%的要求。分局综合房建设备维修养护全成本,每换算平方米实际支出5.8元,与年计划齐平。

2001年,福州铁路分局房建维修继续贯彻"状态修"原则。年内整治三级病害房屋60件、23949换算平方米,整治率为40.25%;整治站台侵限1件、791换算平方米,整治率为13.73%。各建筑段对未售住宅房屋仍全面推行维持性"状态修"制度,修制不再分整修和计划检修。年内完成整修面积46.45万换算平方米,为年计划41.03万换算平方米的113.20%,占房建设备总数的13.63%,未达到铁道部17%的要求;年内完成计划检修38.43万换算平方米,为年计划33.50万换算平方米的114.73%,占房建设备总数的11.28%,未达到路局20%的要求。分局对主要行车房屋及设备(站屋、运转室、候车室、货物仓库、站台雨篷)平均年检3遍,一般站段运行生产办公室、房屋设备平均年检2遍,住宅宿舍及公共建筑设备平均年检1遍,以确保设备使用安全。分局综合房建设备维修养护(含整修、检修两部)全成本,按房建设备总数计算,年计划为5.8元/换算平方米,实际支出5.03元/换算平方米。

2003年,福州铁路分局整治三级房屋6.02万换算平方米,整治率11.96%;整治站台侵限15266换算平方米,整治率6.04%。

二、住房制度改革

1995年以后,福州铁路分局贯彻执行《国务院关于深化城镇住房制度改革的决定》和《铁道部贯彻〈国务院关于深化城镇住房制度改革的决定〉的实施办法》以及福建省地方政府有关政策，遵循“政策按中央，方案系统全，资金自循环，交叉随地方”的原则，结合福州铁路分局实际，总结经验，修改、完善、实施福州铁路分局既有的各项房改政策，搞好综合配套的福州铁路分局住房制度改革，全面建立住房公积金制度，抓好“自资公助”职工住宅施工管理工作和厦门铁路地区公有住房出售工作，探索在铁路住宅小区推行物业管理的办法。自1995年开始，住房公积金制度在福州铁路分局全面实施。按照“个人存储，单位资助”的原则，凡福州铁路分局在职固定职工、劳动合同制职工，按其月工资(岗位工资＋技能工资)5％的比例交纳住房公积金，单位也按月提供相同数额的住房公积金。两者均归职工个人所有，存入职工个人住房公积金账户，由住房公积金管理机构统一管理，专项用于职工购、建、大修住房。

(一)出售、出租公有住房

1996年，福州铁路分局在福州铁路地区出售公有住房1925套，回收资金1867.9万元；厦门铁路地区出售公有住房633套，回收资金1051.1万元。年末，福州铁路分局住宅建筑面积达123.36万平方米，比上年增加4.39％。其中居住面积84.04万平方米，居住总户数为23653户，平均每户建筑面积指标为52.15平方米，居住面积指标为35.53平方米。

1997年，福州、厦门、三明、龙岩、永安铁路地区(站段)公有住房出售。年末，福州铁路分局出售公有住房1294套、计87992平方米，回收资金1379.59万元。其中福州地区867套、62371平方米、回收资金961.7万元，三明地区427套、25621平方米，回收资金417.89万元。福州铁路分局管内住宅建筑面积128.11万平方米，比上年增加3.85％，其中居住面积85.30万平方米。

1998年，福州铁路分局铁路公有住房出售地区扩大到南平、龙岩、邵武、漳平等地。出售住房4470户，回收售房款9784万元。福州铁路分局停止安排现行的集资建住房、简单住房改造、自筹资金住房和单位自购商品住房等类型的住房建设新开工计划，要求在建住宅工程在1999年底前全部竣工。年末，福州铁路分局管内住宅建筑面积135.55万平方米，比上年增加5.81％，其中含客厅的居住面积为90.93万平方米，不含客厅的净居住面积为63.30万平方米，居住总户数26474户，平均每户建筑面积指标为51.20平方米。分局单身宿舍有福州、邵武、永安、漳平、厦门北、厦门共6处，建筑面积16642平方米。

1999年，福州铁路分局相继组织漳州、沙县、永安、三明、南平、福州等铁路地区售房，出售公有住房3900户，回收售房款5020万元。年末，累计出售住房13251户，回收售房款1.48亿元。

2000年，福州铁路分局分别在沙县、顺昌、来舟出售公有住房。年内出售公有住房1159户，回收售房款941万元。年末，累计出售住房18567户，回收售房款1.53亿元。

2001年，福州铁路分局在福州、漳州、光泽出售公有住房。年内出售公有住房690套，回收售房款639.86万元；累计出售公有住房19257套，回收售房款1.60亿元。分局为准确掌握干部职工家庭住房状况，将41000份职工住房情况调查表输入电脑，出台《福州铁路分局进一步深化住房制度改革实施方案及福州铁路分局住房货币化分配实施办法》，提交福州铁路分局八届职代会第三次会议审议和上海铁路局房委会审批。7月1日起，宿舍住宅租金在上年的基础上提高20%,框架结构住宅租金达到2.20元/平方米。全年宿舍住宅房租收入281.68万元,为年计划215万元的131.01%。年末,福州铁路分局管内住宅建筑面积163.17万平方米;由建筑段管理的地区性单身宿舍有福州、邵武、永安、漳平、厦门北、厦门等6处,建筑面积21268平方米,居住面积10714平方米,居住单身职工1044人,人均建筑面积20.37平方米,人均居住面积10.44平方米。

2002年,福州铁路分局在福州、光泽、漳州出售住房,出售公有住房380套,回收售房款568.74万元,累计出售公有住房19637套,累计回收售房款1.65亿元。年末,福州铁路分局管内住宅建筑面积154.44万平方米,其中已售住房面积118.42万平方米,未售住房面积为36.02万平方米;出租住房11116户,面积45.84万平方米,楼房租金平均为1.20元/平方米,平房租金平均为0.45元/平方米,全年住宅房租收入390.60万元。

2003年,福州铁路分局管内住宅建筑面积159.62万平方米;单身宿舍有6处,建筑面积2.5万平方米,有效居住面积1.61万平方米;全年住宅房租收入409.86万元。年底,福州铁路分局出售公有住房制度终止。

(二)住房公积金管理

从1997年7月1日起,福州铁路分局将职工个人住房公积金缴支额由岗位、技能和工龄三项工资为基数,调整为按职工本人上年月平均工资为基数,较大幅度增加职工住房公积金的缴交额。年末,福州铁路分局归集住房公积金累计5485.58万元,办理723位离退休职工住房公积金提取手续,累计提取住房公积金91.30万元。

1998年,福州铁路分局累计归集住房公积金9304万元;为2718户购(建)房职工办理住房公积金支取手续,累计支取516万元;为2164位离退休职工办理住房公积金支取手续,累计支取592万元。

2000年,福州铁路分局累计归集住房公积金2.01亿元,因职工购(建)自住房及离退休支取住房公积金累计5218万元。

2002年,福州铁路分局住房公积金归集8940万元,比上年增加795万元,累计归集3.71亿元,余额2.18亿元(其中购买国债500万元);2558名职工因购(建)自住房及离退休支取住房公积金2076万元;617户职工申请公积金贷款3.72万元。

2003年,福州铁路分局归集住房公积金9841万元(其中集体企业单位归集262万元),使用住房公积金7804万元:其中1665名职工因购(建)住房提取住房公积金1948万元;849名离退休职工提取住房公积金抵押贷款4936万元;购买国债2160万元。福州铁路分局累计归集住房公积金总额4.70亿元,累计使用住房公积金总额2.39亿元。

三、土地管理

1996年,福州铁路分局以土地确权领证为重点,下达土地管理收入任务计划。3月25—

26日，召开福州铁路分局第七次土地管理工作会，福州铁路分局与下属17个站段签订土地管理收入责任状。年末福州铁路分局完成土地确权领证面积899.35公顷，累计领证率为92.92%，土地管理费收入142.91万元，为年计划的168.13%。

1997年，福州铁路分局抓好土地确权领证，努力增加土地管理费收入。4月，福州铁路分局召开第八次土地管理工作会议，与站段签订责任状。年末，完成土地确权领证面积171.22公顷，累计领证95.29%，比上年增长2.37%，土地管理费收入86.24万元。

1998年5月，福州铁路分局召开第九次土地管理工作会议。年末，福州铁路分局拥有土地6324.29公顷，土地确权领证面积为19.80公顷，累计领证面积6043.7公顷，累计领证率为95.56%；土地管理费年收入107万元。分局收集整理建档土地证档案35卷计40本，其他土地档案116卷。

1999年，福州铁路分局解决漳平市境内西山采石场土地确权问题，因此节约60余万元开支，并做好厦门、永安、沙县、三明、大田、古田等市(县)土地证年检工作。分局发现和制止路外单位及个人占地事件6起，出资30余万元修建南平南、厦门北折返段、魁岐中坑等处围墙，以保护铁路用地不被侵占；将漳龙线268.24公顷土地和龙坎线159.29公顷土地移交龙岩铁路有限责任公司使用管理；将漳泉线436.36公顷土地移交给泉州铁路有限责任公司管理。年末，福州铁路分局拥有土地6272.15公顷，土地确权领证面积为107.77公顷，累计领证面积为6060.71公顷，领证率为96.73%，土地管理费收入84万元。

2000年，福州铁路分局累计土地领证面积6115.27公顷，占总面积6315.34公顷的96.83%，土地管理费收入91万元。分局完成16个县市境内360宗土地证书的年检工作和21家土地证书的省级换证工作，年检率81%，换证率5%；结合年检实地调查，全面实行地界巡查，查出路外违法占地事件4起，支出20万元修建保地围墙。

2001年，福州铁路分局完成漳平市境内的芦芝、易坑、梅水坑车站，福州建新百花村，福州五、六住宅小区，公安处，体育活动中心和杏林变电所等宗地的土地确权领证，累计领证面积达6155.83公顷，领证率为97.19%；完成三明、福州、漳平、沙县境内的89宗计1137.22公顷的土地证省级换证工作。

2002年10月，分局组织土地清查，发现并制止路外违法侵占铁路土地事件3起。福州铁路分局完成沙县、漳平市和永安市境内部分土地证省级换证工作，换证面积806.52万平方米，累计换证1421.94万平方米，换证率为22.60%；完成福州党校、职校、桂山住宅3.92万平方米的土地确权领证，累计领证面积6164.42万平方米，解决了福州党校等单位住宅区长期因无土地证而无法报建和办理房改房个人土地证的老大难问题；签订借用铁路土地合同114份，土地收入104万元。

2003年，福州铁路分局组织清查土地资产和调查土地使用情况，汇总成表，通过上海路局验收。年末，福州铁路分局土地面积为6351.52万平方米(其中领证面积6176.69万平方米，领证率97.25%，待领证面积174.83万平方米)，其中：铁通公司用地2.18万平方米，公安用地1.48万平方米，医疗卫生用地10.67万平方米，福建集团和福州铁路设计院企业用地13.71万平方米，中小学和技校用地59.25万平方米，运输主业和多经用地6263.96万平方米。

第五章　科技教育

福建铁路科学技术工作由福州铁路分局总工程师主管，日常管理由分局总工程师室负责；计算机应用管理和信息化建设由分局电子计算所负责；职工教育培训工作由分局教育分处负责。

1996—2005年，福建铁路系统有67项科研成果获路局级科技进步奖，取得较好的经济与社会效益；计算机网络逐步形成，分局机关、各主要站段均建成局域网，相继建成运输组织、客货营销、经营管理等信息系统；分局通过委托外培、与专门学校联合办学、鼓励职工参加自学考试等多种形式，加强职工学历教育，提高职工队伍整体素质。

第一节　科技工作

一、综合技术管理

铁路运输技术管理实行总工程师负责制。基层站段（院、厂）由各单位总工程师或分管技术工作的行政领导负责科技工作，并设有专兼职人员管理科技日常工作。

1996年，福州铁路分局组织两次内部讨论会，对梅坎铁路技术设计事项进行研讨，形成书面意见。4月，福州铁路分局参加福建、广东两省和铁道部联合召开的梅坎铁路技术设计审查会，会议将分局意见纳入梅坎铁路技术设计审查会议纪要。同月，分局完成漳泉肖铁路临运咨询。12月中旬，福建省计委组织对福厦铁路预可行性研究报告进行审查，福州铁路分局总工程师室提出修建一级干线的建议。同月，分局完成横南铁路临运咨询。

1997年，福州铁路分局组织对厦门地区海沧铁路专用线方案及扩大初步设计进行审查。海沧铁路专用线由厦门市政府承担大部分投资，该线在鹰厦线角美站与前场站间的东孚村附近接轨，全长17.5千米，按一级工业企业专用线标准修建，下设1个工业站及2个港区车站，总投资约2亿元。分局总工程师室提出梅剑段技术改造方案，为配合漳泉肖铁路的运营，梅剑段必须技术改造。由于投资有限，设计变更为：在不改变原有线路平纵断面、通信、信号制式的前提下，仅对线路加强、大桥加固、病害整治、隧道通风设计进行修改，为漳泉肖铁路运营创造条件。分局完成邵武电厂扩建引起的药村车站扩建24项工程的方案设计审查；参加福建炼油厂、福建第二化工厂、泉州后诸港铁路专用线的设计审查；配合铁道部第四勘测设计院对外福线技术改造电气化和龙岩至漳州铁路修建开展调查；对鹰厦线鹰潭至邵武路段由韶山 3 型电力机车改韶山 4 型电力机车型号更换进行扩大初步设计及对分局光缆工程建设方案设计进行审查。

1998 年，福州铁路分局配合铁道部第二、四勘测设计院完成温福、福厦铁路航测，为控制铁路用地打下基础。在省计委的指导下，分局多次与公路部门协商有关高速公路与温福铁路交叉重叠问题，取得双方较满意的效果。分局参加温福铁路建设前期工作研讨会，通过研讨，浙江省、福建省、铁道部达成共识，加快温福铁路前期工作的进程；参加铁道部召开的赣（州）至龙（岩）铁路修建可行性研究报告审查会，与铁道部第四勘测设计院研讨关于修建厦门—龙岩—赣州铁路的方案设计，促使该线通过方案审查、立项，在“九五”末期动工；参加海沧、梅坎铁路的设计、审查和优化工作，对该铁路建设中遇到的方案和工程相关问题给予协调、协助；参加铁道部在北京召开的外福线扩能工程可行性报告审查会，提出外福线电气化改造扩能的必要性和可行性，取得铁道部的认可，通过评审，并在会后配合铁道部第四勘测设计院对现场进行路勘、选点；参与横南、漳泉肖铁路初验，为这两条铁路开通运营编制列车运行图，提供技术资料，参加客货列车牵引试验。

1999 年，福州铁路分局编写福建铁路“十五”重点建设项目初步设想上报省计委，提出在“十五”期间修建赣龙、温福、福厦三条新线及对漳泉线、漳龙线进行技术改造。

2000 年 2 月，国家计委委托中国国际工程咨询公司对赣龙铁路主项进行评估考察。6 月，铁道部计划司、鉴定中心组织专家对赣龙铁路初步设计进行现场调研。9 月，铁道部在北京召开赣龙铁路可行性研究及初步设计审查会。12 月，亚洲开发银行对赣龙铁路进行贷款考察。上述工作均在福州铁路分局协调组织、参与或配合下完成。

2001 年，为做好福建省“十五” 重点规划前期工作，福州铁路分局配合省有关单位与福厦线的投资方进行研讨和磋商，参加福厦、温厦铁路引入福州地区的规划协调会议，提出两线在福州地区接轨方案意见，并配合完成赣龙铁路建设的前期工作。

2002 年，福州铁路分局组织永安车辆段变电所改造，永安工务段三明基地、厦门站第二地道、海沧修建危险品货场方案审查会并参加项目验收。

2003 年年初，福州铁路分局编写完成福州铁路分局“十一五”规划征求意见稿，并上报路局。3 月，福州铁路分局编写完成福建铁路跨越式发展中关于路网规划部分的内容，并参加福州市江阴港铁路专用线预可行性研究报告审查会。5 月，分局参加中国国际工程咨询公司组织的福厦铁路预可行性研究报告审查和沿线踏勘。8 月，分局组织参加赣龙铁路开通配套工程、漳龙线电气化技术改造前期和鹰厦至漳龙联路线方案研究工作。10 月，分局参加厦门进岛公路铁路桥方案审查。12 月，分局参加温福线补充工作审查。

二、科研项目及成果

1996 年，福州铁路分局对上年完成的科技项目进行分局级评审，有 26 项获分局技术进步奖，奖金 28500 元；向上海铁路局申报上年完成的科技项目，17 项获路局科技奖，其中三等奖 9

项,四等奖8项。

1997年,福州铁路分局在山区铁路提速的研究,鹰厦线电气化完成后运输综合能力的提升,加强对机务、工务、车辆等固定及移动设备的在线检测、故障判断及预报预警技术,实施TMIS工程试点、拓宽信息技术的应用研究和重点组织技术力量实施路局项目等五个方面开展科研工作。全年下达科技项目80个、计量项目10个;安排科技开发经费91.99万元,比上年增长16.4%。其中更改费用支出35.5万元,比上年增加5万元;运输成本支出费用56.49万元,比上年增加7.49万元。福州铁路分局6项科技成果获路局科技进步奖,5项科技成果获路局合理化建设和技术改进成果奖;47项科技项目完成技术鉴定及验收,其中通过铁道部组织的技术鉴定1项,通过路局技术鉴定4项,通过路局科委组织的产品、工艺检验项目2项,通过福州铁路分局组织的技术鉴定46项。在以上项目中,机务18项,医疗防疫11项,工务7项,计算机技术5项,运输4项,车辆和电务各1项。分局TMIS工程中央系统具备试点条件,在厦门至漳平间6个车站进行试点。

1998年,福州铁路分局主要在鹰厦、横南两线运输分工研究,来舟至漳平段扩能研究,加强对机务、工务、车辆等固定及移动设备的在线检测、故障判断及灾害预报预警技术等方面开展科研工作。全年安排科研资金123.1万元,比上年增加31.11万元,增长33.8%。福州铁路分局科研成果获路局科技进步奖17项,二等奖1项,三等奖5项,四等奖11项;完成分局级技术验收38项。

1999年,福州铁路分局安排科技经费159.39万元(其中更改费用80万元,运输成本费用79.39万元),确定65个科技攻关项目,重点针对鹰厦线来舟—永安—漳平段提速扩能研究,单线区段取消守车运行安全研究和提高漳平站运输综合能力研究等科研攻关,在整体上推动分局科技进步“十大标志性工程”的进展。科技成果“SS_4改进型机车速度传感器、故障监测与防逆电操纵装置”“列车位置监视装置”在实践中得到转化和推广运用,取得较好的经济效果。有36项科技成果获分局科技进步奖,13项获路局科技进步奖,24项获路局技术改进奖。

2000年,福州铁路分局安排科技经费184.4万元,其中更改费用90万元用于34个科技项目,运输成本费用94.4万元用于63个项目。重点组织对来舟—永安—漳平段提速扩能相关项目的攻关,电气化铁路安全稳定及检测等项目进行研发。全年完成49项福州铁路分局级技术验收,完成11项路局级技术鉴定的评审和2项路局级产品工艺验收。

2001年,福州铁路分局出台《福州铁路分局科技发展“十五”计划和2015年长期规划纲要》和《关于加快福州铁路分局技术创新的意见和合理化建议、技术改进成果奖励实施细则》。福州铁路分局安排科技开发费用493.50万元,安排科技项目118项,其中分局机关以及站段73项,铁建集团45项;评出上年分局科技进步奖37项,其中一等奖1项、二等奖9项、三等奖16项、四等奖11项;完成64项成果开发研制,有38项成果通过鉴定验收,有3项产品通过投产鉴定,有2项成果获上海市优秀发明选拔赛二等奖。

2002年,福州铁路分局安排科技项目50项,安排科技开发费用219.9万元;另有6项课题列入路局开发计划，路局安排费用20万元。年内，分局有33项成果通过分局鉴定验收，有2项产品通过路局产品鉴定；评出分局科技进步奖35项，组织12项成果参加路局科技进步奖评审，18项技术改进成果申报路局合理化建议和技术改进奖；选送5项成果在北京第五届中国国际现代化铁路装备展示会参展。

2003年，福州铁路分局“电车机车电耗检测分析系统”达到国内先进水平；“变频调速器在大修换轨机械应用”和“CST-Ⅱ型在线电力负荷便携式测试仪”等成果达到路内先进水平；“赣龙铁路福建段管理体制研究”等课题通过路局评审。

2005年，由永安机务段、南京东电公司联合研制的“轮对探伤缺陷监测记录系统”获得南昌铁路局科技进步二等奖。

表5-1 **1996—2005年福建铁路系统获上海(南昌)铁路局科技进步奖项目情况表**

序号	项目名称	获奖时间与级别	研制单位
1	SS_3B型电力机车电子柜测试台	1996年三等奖	永安机务段、株洲电力机车研究所
2	货车转向架检修作业线	1996年三等奖	永安车辆段
3	货车制动梁检修作业线	1996年三等奖	永安车辆段
4	JGY-1型便携式内燃机车电动率检测仪	1996年三等奖	福州车辆段
5	SZY型便携式速度转速校验仪	1996年三等奖	福州机务段
6	SS_3型电力机车初制动自动卸装置	1996年三等奖	邵武机务段
7	YFU-1机车运行技术状况记录装置	1996年四等奖	永安机务段、华东交通大学电气系
8	SJ-1型股道集中显示报警装置	1996年四等奖	邵武机务段
9	提高来舟编组站驼峰调车系统安全与效率的研究	1996年四等奖	来舟站、长沙铁道学院运输系
10	牵引供电微机网络管理系统	1996年四等奖	邵武供电段
11	福州铁路分局到达车流阶段查询系统	1997年三等奖	福州铁路分局电算所
12	通用常备客票信息处理及共享系统	1997年四等奖	福州铁路分局电算所
13	来舟车站现在车管理系统	1997年四等奖	来舟站、上海路局电子中心、福州铁路分局电算所
14	QFQ-Ⅲ型轨道车起复器	1997年四等奖	福州工务段
15	韶山3B型机车硅态整修柜均流均压试验台	1998年二等奖	永安机务段、上海交通大学
16	GTYC-3000型荧光磁粉探测机电气控制装置	1998年三等奖	永安车辆段
17	牵引供电拟变电所微机模拟故障装置	1998年三等奖	漳平供电段
18	微机控制闸调器试验台	1998年三等奖	永安车辆段、大连铁道学院
19	HX-1型虹吸管式自动冲洗水箱	1998年三等奖	福州建筑段

续表 5-1

序号	项目名称	获奖时间与级别	研制单位
20	液压捣固机快速下道装置	1998 年三等奖	漳平工务段
21	韶山 3B 型电力机车劈相机试验台	1998 年四等奖	永安机务段、华东交通大学
22	便携式防空转装置测试仪	1998 年四等奖	永安机务段、株洲电力机车研究所
23	提高高压开关柜绝缘防护性能的研究和应用	1998 年四等奖	厦门水电段
24	鹰厦线来舟—漳平段轮轨润滑磨耗研究	1998 年四等奖	永安工务段、永安机务段
25	SS_3 型电力机车电气故障诊断装置	1999 年二等奖	永安机务段、上海铁道大学
26	SS_4 改型电力机车速度传载故障检测与防逆电操纵装置	1999 年三等奖	邵武机务段、株洲电力机车研究所
27	SS_3 型电力机车防止逆电运行保护装置	1999 年三等奖	永安机务段
28	SS_3 型电力机车制动工况补机保护装置	1999 年四等奖	永安机务段
29	旅客列车信息触摸查询系统	1999 年四等奖	福州铁路分局电子计算所
30	鹰厦、横南两线分工及运营方案比较研究	1999 年四等奖	福州铁路分局、上海铁道大学、南昌铁路局运输处
31	新型拉杆式逼(复)轨器	1999 年四等奖	福州机务段
32	电气化区段隧道漏水整治技术的研究	1999 年四等奖	永安工务段
33	LMI 型专用加固支架	1999 年四等奖	龙岩车务段
34	伺服电机性能试验装置	1999 年四等奖	永安机务段
35	提高鹰厦铁路来舟—永安—漳平段运输能力方案研究	2000 年二等奖	福州铁路分局、福州工程咨询公司
36	计算机辅助编制机车周转图	2000 年二等奖	福州铁路分局、上海局机务处
37	空调客车门式移动控修平台	2000 年三等奖	福州车辆段、三明铁路机械厂
38	采用钢板贴合法整治圬工梁承载力不足的研究	2000 年三等奖	永安工务段
39	隔离开关操作过程联锁保护装置	2000 年三等奖	永安机务段
40	行车日志(运统二、运统三)微机编制处理系统	2000 年四等奖	福州铁路分局电子计算所
41	铁路客车单元式空调机组综合性能试验台	2000 年四等奖	福州车辆段、长沙铁道学院
42	SS_3 型电力机车调速电路故障显示装置	2000 年四等奖	永安机务段
43	DF5 机车安装 JK-2H 监控记录装置及使用调车控制模式研究	2000 年四等奖	福州机务段
44	列车位置临示装置	2000 年四等奖	福州铁路分局工务分处永安工务段

续表 5-1

序号	项目名称	获奖时间与级别	研制单位
45	L 形悬臂式隧道内接触网故障抢修装置	2000 年四等奖	邵武供电段
46	福建铁路沿线暴雨研究	2001 年三等奖	福州铁路分局、福建省气象台
47	货车钩尾尾框及缓冲器综合检修线	2001 年三等奖	永安车辆段
48	韶山型电力机车牵引电机主极裂纹、断路检测仪	2001 年三等奖	永安机务段、华东交通大学
49	取消城口、西洋站外固定行车可行性研究	2001 年三等奖	福州铁路分局、永安机务段
50	关于理顺福建管理体制的研究	2001 年三等奖	路局企管处、福州铁路分局
51	漳平站改编能力研究	2001 年四等奖	漳平站、同济大学沪西校区运输系
52	变电所运行状态记录仪	2001 年四等奖	漳平供电段
53	隧道内接触网事故抢修支撑装置	2001 年四等奖	漳平供电段
54	高压喷射注浆法加固地基研究	2001 年四等奖	福州建筑段、福州铁路分局总工程师室
55	WKH-3 型电气化铁道微机馈线保护装置	2003 年二等奖	福州供电段（原邵武供电段完成）
56	变频调速器在线路大修换轨机械应用	2003 年三等奖	邵武线路大修段、上海铁道大学
57	120.69 米涵顶进施工技术	2003 年三等奖	福铁建设(集团)公司第二分公司
58	SS_4 改型电力机车电子柜状态检测装置	2003 年三等奖	邵武机务段、同济大学电气工程系
59	微机型照明截波监控系统	2003 年三等奖	厦门水电段
60	便携式多通道光电速度传感器测试记录仪	2003 年三等奖	永安机务段、厦门瑞维自动化工程有限公司
61	全断面光面爆破技术在山尾旗隧道施工中的应用	2003 年四等奖	福建建设(集团)公司永安第一分公司
62	弓网状态动态图像记录装置	2003 年四等奖	漳平机务段
63	同步变压器测试台	2003 年四等奖	永安机务段
64	关于赣龙铁路福建段管理体制的研究	2003 年四等奖	福州铁路分局
65	轮对探伤缺陷监测记录系统	2005 年二等奖	永安机务段、南京东电检测装备有限公司
66	韶山 SS_4G 型机车 93 重联阀自动转换及自动报警装置	2005 年三等奖	永安机务段、福州蓝科电气公司
67	电力机车机班电耗考核系统	2005 年三等奖	永安机务段、厦门端维电气公司

注:2005 年度为南昌铁路局科技进步奖。

第二节 信息化建设

一、电子计算机应用配备

1996年,福州铁路分局有小型计算机11台,微型计算机450台,服务器10台。

1997年,福州铁路分局有小型计算机13台,微型计算机491台,服务器14台。

1998年,福州铁路分局有小型计算机14台,服务器16台,微型计算机550台,打印机500台,终端70台,通信设备200台。福州铁路分局电算所机房面积309平方米,资产560万元,职工28人;基层站段有95个机房,面积1000平方米,电子室7个,计算机操作专职人员46名。

2000年,福州铁路分局有小型计算机22台,微型计算机(包括服务器)1386台,电算所机房运行服务器11台。

2001年,福州铁路分局有小型计算机26台,微型计算机(包括服务器)1854台,电算所机房运行服务器29台。

2002年,福州铁路分局有小型计算机29台,微型计算机(包括服务器)2121台,打印机1017台,电算所机房微机服务器38台,总价值6123万元。

2003年,福州铁路分局有小型计算机11台,微型计算机2464台(包括服务器),打印机1143台,网络设备683台,电源及空调设备627台,其他设备590台,总价值8319万元。其中,基层站段用于计算机售票微机服务器37台,用于铁路运输管理信息系统(TMIS)微机服务器53台,用于货运营销和管理系统(FMOS)微机服务器27台,用于车号自动识别系统(ATIS)微机服务器12台。

二、信息运用系统开发与运用

1996年4月1日,福州铁路分局货运计划项目系统的计划外部分功能系统投入运行。5月30日,常备旅客月报信息共享系统项目通过福州铁路分局验收,推广到福州、厦门等各主要客运大站和车务段使用。至此,福州铁路分局运输计划系统项目全部功能实现,做到站段原提输入、网络传输、分局审批及特殊条件限制统计汇总等全程计算机化,特别是对货主报计划随到随批,对大货主实行微机联网。年内,漳平东站VAX-3100小型机装机调试成功,YT1项目移植到该机运行;代用票、区段制票共享系统软件开发成功,在福州铁路分局各大站售票窗口使用;客运列车服务指南系统在77/78次和45/46次优质优价列车中投入试运行。

1998年,福州铁路分局货运营销和生产管理系统开发项目完成福州东、厦门北、漳州、三明、南平等5个站的集装箱追踪系统,实现集装箱信息联网共享;福州东站货物到达计算机全程跟踪管理系统投入试运行,应用稳定,效果良好;福州铁路分局根据路局安排完成了货运计划系统的网络通道建设、硬件设备发放软件系统培训以及试点单位南平车务段现场硬件安装和软件调试。

1999 年 1 月，路局召开全面启动货运营销和管理系统(FMOS)动员会。3 月底，福州铁路分局各直属站(福州客运站除外)、各车务段以及车务段所在地的车站和三明、郭坑、杏林、厦门北站等 18 个站段设备及软件均安装完毕，推动了货运营销工作。福州铁路分局和上海路局电子所(中心)联合开发"MTIS"大节点货车追踪系统软件。该项目于 7 月初调试成功；7 月 15 日在永安现场通过铁道部验收；8 月在厦门北、漳平、永安、来舟、邵武和福州东站等车站全面完成硬件、软件安装调试，投入运行。

2000 年，福州铁路分局 OMIS 项目(办公自动化信息管理系统)投入运用。全年分局开发信息应用项目 21 项，其中 TMIS 项目 11 项，PMIS(铁路客票系统与预订系统)项目 3 项，其他项目有十八点运输统计系统，收入进款网络管理系统，集装箱"一口价"管理系统，货运保价管理系统，点对点货车运输成本核算系统，以及收入分处、处运办、公安处、安检室、机务分处、军代处系统等。

2002 年 7 月，福州铁路分局办公局域网和福州铁路分局信息中心等项目通过铁道部验收。

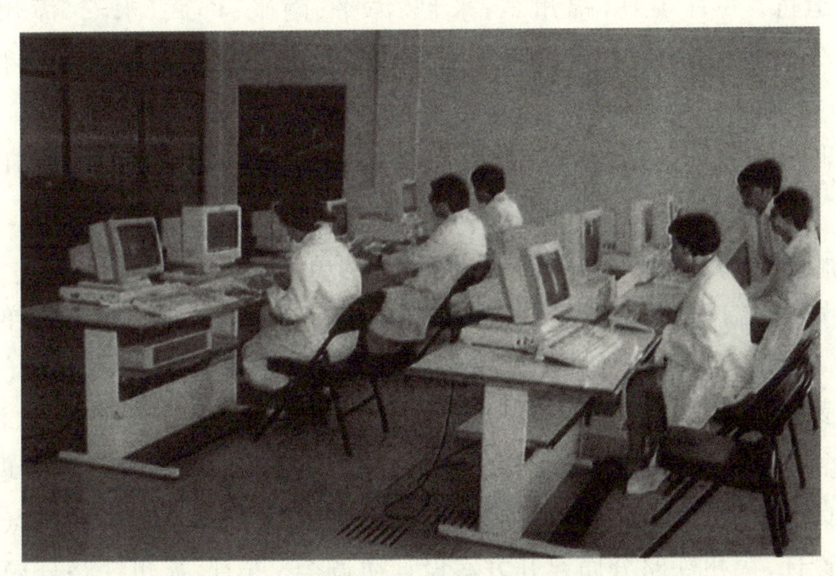

图 5-1 福州铁路分局电子计算机所

2003 年，福州铁路分局 TMIS 系统全部投入运用。主要有调度管理系统、车站管理系统以及车号系统建设，包括分界口现车系统和统计复示系统的安装、电子确认等。

(一)电子售票系统建设

1998 年，福州、厦门、漳州、南平、永安等车站电子售票系统建设施工，福州铁路分局电子所协助车站改造两路电源、硬件通信架设、软件安装调试、操作人员培训。福州铁路分局 13 个车站实现电子售票，福州站、厦门站开通市内电子联网售票，使用客票系统信息共享系统站段有：福州、三明、漳州、厦门、南平、邵武、永安、龙岩、漳平、来舟、顺昌、闽清、古田、光泽车站。

2000年底,福州铁路分局电子售票系统应用软件升级为3.0以上版本,莆田、泉州、石狮、南安、宁德等15个电子远程售票点建成使用。

2001年,南平南、青州站售票系统建成投入应用。

2002年7月,福州铁路分局19个计算机售票系统车站完成售票系统4.0版本软件升级。

2003年4月,福州铁路分局完成福州站和厦门站计算机售票系统备用服务器以及电算所车站应急备用服务器硬件系统的安装。

(二)TMIS(铁路运输管理信息系统)工程建设

1996年11月26日,铁道部电子中心对福州铁路分局TMIS设计方案进行审查,总设计造价1220万元。

1997年,福州铁路分局在厦门站、厦门北站进行TMIS系统试点工作。

1998年4月,福州铁路分局完成郭坑、漳州、漳平3个站的TMIS试点报告软件的安装调试,在X.25网上正常运行;完成福州东站、来舟站及永安站现在车管理系统设计。

2000年,福州东、来舟、邵武、永安、漳平、郭坑、漳州、杏林、厦门北等9个车站的货车大节点追踪系统投入运行。6月1日,福州东、来舟、漳平、南平、邵武、永安、漳州、三明、郭坑、杏林、厦门北等11个车站和南平、漳州、邵武、永安4个车务段货运营销与生产管理系统(FMOS系统)投入运行。

2002年,福州铁路分局根据铁道部和上海铁路局的统一安排,完成TMIS工程的各项建设任务:

(1)车站信息管理系统建设。年内完成20个车站的信息管理系统建设。该系统开通运行的车站和时间分别为:益口、郭坑站3月,顺昌站4月,杏林站5月,沙县、西洋、古田、马尾站6月,厦门北、光泽、三明东站7月,荆西、杜坞站8月,南平南站9月,南平和厦门站10月,坑边、峰海、嘉福、魁岐站11月。加上2001年以前已建成投产的9个站,即来舟、漳平、福州东、邵武、永安、三明、益口、漳州、闽清站,至年末福州铁路分局有29个站的信息管理系统投入运行。

(2)调度信息管理系统(IMIS)建设。4月,上海铁路局在福州铁路分局试点开展分局调度信息管理系统施工设计,福州铁路分局召开方案设计协调会。6月,福州铁路分局项目施工设计上报路局,成立系统建设工作领导小组和工作小组。9月3日,路局同意该建设方案,并确定投资计划和工程建设进度。年末,福州铁路分局调度信息管理系统完成鹰厦线邵武—来舟—永安、永安—漳平、漳平—厦门等5个行车调度和区间内97个车站的调度信息系统建设任务。

(3)货运制票新软件的版本更新和三级建库。9月,根据铁道部和路局统一部署,福州铁路分局对货运制票技术人员和使用人员展开培训,对设备升级,全面改造通信网络。年末,完成货运制票新旧软件的切换和福州铁路分局发票信息库的建设。

(4)车号自动识别系统(ATIS)建设。5月底,福州铁路分局完成福州东、永安、厦门北、南平南、梅水坑站的车号系统建设并投入运行。至此,福州铁路分局9个站、4个机务段及相关列检所、电子室和分局红外线检测中心、调度所统计调度室等全部完成车号系统建设，并于12月通过铁道部验收。

(5)货运计划系统(FMOS)。福州铁路分局根据上海路局要求，通过对硬件设备改造补充、网络系统改造和功能扩充、应用软件重新安装调试、使用人员培训补强等，至12月完成管内4个车务段、12个车站以及合资公司有关车站的货运计划系统(FMOS)建设并开通使用。

2003年，福州铁路分局TMIS系统全部投入运用。福州铁路分局管内安装双向车号自动识别设备(AEI)14套，分别安装在余家站、陈墩站、漳平站、来舟站(3套)、邵武站(2套)、永安站(2套)、漳平站(2套)、厦门北站、福州东站。

第三节 职工教育培训

一、教育机构与队伍

1996年，福州铁路分局职工教育系统设职工学校(含分局电大工作站及职工成人中专)、函授辅导站(设在原福州铁路分局邵武地区职工业余学校内)各1个。基层站段教育室35个，其中被铁道部命名为标准化教育室3个，被上海铁路局命名为标准化教育室12个，被分局命名为标准化教育室4个。专职职教人员181名，占职工总数的5.4‰，教学用房面积19069平方米。

1998年，基层站段教育室减至34个。至2000年，基层站段教育室32个，其中被铁道部命名为标准化教育室8个，被上海铁路局命名为标准化教育室9个，被分局命名为标准化教育室4个。专职职教人员141名，占职工总数的4.79‰，教学用房面积22031平方米。

2001年，福州铁路分局职工教育系统设职工培训中心(含分局电大工作站及职工成人中专)、函授辅导站各1个，基层站段教育室30个。专职职教人员243名，占职工总数的0.86‰，教学用房面积50092平方米。

2003年，基层站段教育室29个，其中被铁道部命名为职工教育达标单位4个，被上海铁路局命名为职工教育达标单位13个。专职职教人员239名，占职工总数的0.91‰，教学用房面积53704平方米。

2004年，福州铁路分局职工中专教育主办学校为福建铁路机电学校(福州培训中心)。

2005年，福州铁路机电学校(福州培训中心)移交福州市政府管理。

二、技术培训

1996—2003年，福州铁路分局定职新工人2678名，全部进行岗位培训，考试合格方准上岗；福州铁路分局职工学校举办规范性岗位培训班95期3117人，合计18.25万人·天；福州铁路分局向上海路局职工学校输送职工1614名参加路局规范性岗位培训班学习；福州铁路分局各基层站段举办适应性岗位培训班共11680期，培训492034人次。

2002—2003 年，福州铁路分局有 19000 名职工参加各种类型培训。

2004 年，南昌铁路局对接收的福建省境内 102 名退伍军人作择业文化统一考试。根据考试成绩将从事电力机车乘务员的 50 人、车辆检修 30 人，录取到华东交通大学高职学院(原南昌铁路机械学校)接受两年半脱产成人中专学历教育；将从事运输作业的人员录取到福州职工培训中心接受半年的初级岗位培训。

2005 年 9 月 25—27 日，南昌铁路局对接收的福建省境内铁路职工子女(退伍军人)118 人(男 99 人，女 19 人)组织统一文化考试，随后由福州职工培训所负责集中岗前培训。其中：安置到福州供电段拟从事接触网岗位的 30 人；安置到永安车务段(10 人)、漳州车务段(19 人)拟从事连接员、制动员岗位的 29 人；安置到厦门工务段(34 人)、永安工务段(18 人)拟从事线路桥隧工岗位的 52 人。全年，南昌铁路局在福建境内举办中间站长和车站值班员轮训、单司机培训、复退军人岗前培训、工班长取证培训、防护员取证培训、“三进”列车长培训、中级机械钳工培训、牵引变电新技术培训、机车轴承检测培训等各类培训班共 38 期，培训 1341 人次。

表 5-2　　**1996—2003 年福州铁路分局技术工人等级结构对照表**

单位：人；%

年份	工人总数	初级技术		中级技术		高级技术		技师	高级技师
		人数	占比	人数	占比	人数	占比	人数	人数
1996	28216	2434	8.62	10069	35.68	3818	13.53	72	0
1997	27941	2194	7.85	6902	24.70	5344	19.12	42	0
1998	26539	2027	7.63	7193	27.10	3763	14.17	131	0
1999	25434	4186	16.45	6147	24.16	3839	15.09	163	0
2000	26781	2563	9.57	6015	22.45	4841	18.07	232	3
2001	26276	4147	15.78	6748	25.68	1817	6.91	199	5
2002	22396	2454	10.95	8212	36.66	1560	6.96	202	2
2003	23825	809	3.39	8334	34.98	1377	5.77	218	3

三、学历教育

1996 年，福州铁路分局管内有 344 名职工向分局教委注册登记参加 22 个专业自学考试，有 6 名职工获得专业自学大专毕业证书，福州铁路分局共发自学奖金 2100 元。

1997 年，经过铁道部组织的成人中专入学考试，福州铁路分局管内有 16 名职工被铁路成人中专录取；福州铁路分局与南昌铁路成人中专联合举办货运中专函授班，管内车务系统 35 名职工参加学习。年末，福州铁路分局管内有 367 名职工向福州铁路分局教委注册登记参加 23 个专业自学考试，有 14 名获业余自学大专毕业证书，福州铁路分局共发自学奖 4900 元。

1998年9月,福州铁路分局有59名职工学员被南昌铁路成人中专录取参加客运管理专业函授班学习,并就近安排在福州客运段函授,学校负责学员的学籍管理和教学大纲、教学计划的制定以及教学质量把关。

1999年,在铁道部组织的成人中专入学考试中,有20名福州铁路分局职工被铁路中专学校录取;有447名职工在福州铁路分局教育分处注册登记参加18个专业业余自学考试,24人获得自学考试大专毕业证书,福州铁路分局共颁发自学考试奖金11100元。

2000年10月,福州铁路分局与苏州铁路机械学校协商,将参加铁道部统一招生录取在该校的通信、信号、铁道运输、铁道车辆、电力机车专业半脱产班222名职工分别安排在福州运输技校、来舟站、福州车辆段、邵武机务段就近上学,函授学习。苏州铁路机械学校负责学员的学籍管理,教学大纲、教学计划的制定和教学质量把关,协办单位负责做好日常教学的管理和任课老师的聘请。年末,福州铁路分局管内有501名职工向分局教育分处注册登记参加18个专业自学考试,有24名获得业余自学考试大专毕业证书,福州铁路分局共发自学奖金12020元。

2001年10月,录取在苏州铁路机械学校的铁道供电专业半脱产班102名学生和录取在金华铁路司机学校的铁道工程专业半脱产班99名学生分别安排在邵武供电段、漳平供电段和福州工务段、厦门工务段就近上学,函授学习。年末,福州铁路分局管内有711名职工向福州铁路分局教育分处注册登记参加19个专业自学考试,有10名职工共获得业余自学奖金5400元。

2002年10月,福州铁路分局将参加铁道部统一招生录取在苏州铁路机械学校的电力机车专业半脱产班42名学生和录取在金华铁路司机学校的铁道工程、铁道运输、电力机车、内燃机车专业半脱产班264名学生分别安排在邵武车务段、永安车务段、漳州车务段、漳平机务段就近上学,函授学习。年末,福州铁路分局管内有757名职工向分局教育分处注册登记参加19个专业自学考试,有28名职工获得业余自学考试大专毕业证书,福州铁路分局共发放业余自学考试奖金14230元。

2003年,福州铁路分局将参加铁道部统一招生考试录取到苏州铁路机械学校半脱产班的212人和录取到金华铁路司机学校的207人,分别安排在福州机务段、永安车辆段、福州铁路分局职工培训中心和邵武工务段、永安工务段、邵武大修段、南平车务段就近上学。年末,福州铁路分局管内有778名职工向分局教育分处注册登记参加19个专业自学考试,其中有27人获得自学考试大专毕业证书,福州铁路分局共发放自学考试专业对口奖金11632元。

1996—2003年,福州铁路分局职工参加全国成人高考,共有801名职工被录取进入铁路大专院校学习;经铁道部组织的成人中专入学考试,有87名职工被铁路中专学校录取。福州铁路分局电大工作站举办的职工业余财会大专班,有30名学员经过三年半的业余时间学习并顺利毕业。福州铁路分局电大同时与省电大、省直工作处联合举办全日制师范英语大专站,在校生46名。

2004 年,经福州市教委批准,福建省铁路机电学校(福州铁路职工培训中心)录取福建省境内铁路专业成人中专非脱产新生 962 人。年内,福建省境内铁路地区执行普通中专并轨招生计划,招生 183 人。其中:南京铁路运输学校轨道交通专业招初中生 21 人,学制五年;轨道运输专业 38 人,学制四年;轨道工程专业 10 人,学制四年。苏州铁路机械学校轨道动力运用与检修(电力)专业招生 4 人,学制五年;轨道驾驶(电力)专业招生 50 人,学制四年;电力轨道供电专业招生 20 人,学制四年。金华铁路司机学校轨道驾驶招生 24 人,学制四年。郑州铁路机械学校轨道车辆运用与检修专业招生 16 人,学制五年。年末,福建省境内铁路主要行车工种岗位职工文化达标率为 60%。

2005 年,南昌铁路局为全面完成铁道部关于"到 2005 年,年龄在 40 岁以下的运输业主要岗位职工,必须实现文化达标"的要求,继续委托福建铁路机电学校办学,福建省境内职工 1056 人参加学习。至年末,福建省境内铁路教学点 11 个,学员 2962 人。

第六章　机构单位

1996—2004 年 5 月，福建省境内铁路由隶属上海铁路局的福州铁路分局管理。

1996 年 6 月 26 日，铁道部、福建省、龙岩市政府共同出资组建龙岩铁路有限责任公司，负责建设梅坎铁路福建段。

1997 年 12 月 30 日，横南铁路全线贯通，武夷山铁路有限责任公司和泉州铁路有限责任公司成立，分别经营横南铁路和漳泉铁路的运输，公司以书面协议委托福州铁路分局进行铁路运输管理。

1999 年，海沧铁路通车。受厦门市政府和上海铁路局委托，福州铁路分局组建厦门海沧铁路有限责任公司。该公司作为海沧铁路经营管理法人，是福州铁路分局子公司。1999 年 4 月30 日，龙岩铁路有限责任公司接管漳龙线、龙坎线运营。

2004 年 5 月，福州铁路分局撤销，福建省境内铁路由南昌铁路局管理，实行铁路局直接管理站段体制，福建省境内成立福州铁路办事处，直至 2005 年未变化。

第一节　运输管理机构

一、福州铁路分局（福州铁路办事处）

福州铁路分局机关位于福州市晋安区沁园支路 49 号。

1996 年，福州铁路分局管辖鹰厦线（自余家起 688.13 千米）、外福线（186.68 千米）、漳泉线（至剑斗 57.13 千米）等 3 条干线和漳龙线（61.95 千米）、龙坎线（36.18 千米）、永嘉线（27.83 千米）、福马线（20.78 千米）、漳州线（11.45 千米）、南平东线（5.55 千米）等 6 条支线的运输经营，辖内车站 130 个，其中一等站 4 个、二等站 8 个、三等站 11 个、四等站 88 个、五等站 19 个。运营里程 1104 千米，线路延展长度 1659.18 千米。其中正线 1108.69 千米。正线中有电气化铁路 712.57 千米。机车配属 289 台，其中电力机车 158 台，客车配属 567 辆，福州铁路分局固定资产原值 76.08 亿元，累计折旧 22.06 亿元，净值 54.02 亿元。固定资产比 1995 年增加 7.03 亿元，增长 10.18%。分局行政限额内职能机构设：办公室、总工程师室、行车安全监察室、企业管理分处、运输分处、货运分处、客运分处、机务分处、车辆分处、工务分处、电务分处、基建分处、计划统计分处、财务分处、人事分处、劳资分处、审计分处、卫生生活分处、教育委员会、收入检查分处、人民武装部。分局行政限额外职能机构设：多种经营发展中心、集体经济分处、对外经济办公室、养老保险中心、退管办。分局附属机构设:节能管理中心、锅炉压力容器检验所、电子计算所、设计室、液化气站、城管中队、职工制服组。分局党群系统设:党委办公室、组织部、宣传部、老干部部、政法综治办公室、思想政治工作研究会办公室、关心下一代工作委员会办公室、党校、纪律检查委员会(下设执法监察室、案件审理室、纪检监察室、办公室)、工会(下设办公室、组宣部、生产部、保障工作部、火车头体育协会、经济开发办公室)、团委。分局基层单位设:4个办事处、5个直属站、5个车务段、1个客运段、4个机务段、5个工务段、4个电务段、2个车辆段、2个水电段、2个供电段、2个建筑段、1个大修段、1个工程段、1个生活管理段、1个园林绿化管理所、3个工厂、1个采石场、2个材料厂、3个医院、1个防疫站、1个疗养院、5所中学、1所技校、1所职工学校、11所小学。年末,福州铁路分局职工总数37330人。其中正式职工37066人,临时工264人。

1996年底,分局撤销西山采石场;撤销行政管理科,机关财务、总务、保卫工作划归分局办公室,分局生活协调工作划归卫生生活分处;撤销分局物价管理科,在分局多种经营发展中心设立物价部,负责分局物价工作;撤销房改办,房改行政职能由有关部门共同负责;撤销来舟办事处;监察分处与分局纪委合署办公;分局路风办与客运分处实行一套编制两块牌子;原直属分局的厦门铁路房地产开发公司划给福建铁路经济发展总公司领导;成立分局装卸管理中心,领导各装卸作业所;成立分局机要通信室,原由福州电务段负责的分局机要通信工作由该室负责。

1997年,分局管辖鹰厦、外福和漳泉(梅湖段)3条干线,漳州、漳龙、龙坎、永嘉、南平东、福马和天湖山7条支线。运营里程1140千米,线路延展长度1718.140千米,其中正线1151.786千米,正线中有电气化铁路712.572千米。分局将三明直属站与永安车务段合并,称永安车务段;三明东站、三明站、荆西站划给永安车务段;分局养老保险中心更名为社会保险事业管理中心;资金调度中心改称为资金调度结算中心;卫生生活分处改称为卫生房建生活分处。

1997年,武夷山铁路有限责任公司经营的横南铁路自江西省永平站(不含)至福建省南平南站(不含)铁路的客货运输,以书面协议委托福州铁路分局进行铁路运输管理;泉州铁路有限责任公司经营漳泉肖铁路的客货运输委托福州铁路分局进行铁路运输管理。

1998年,福州铁路分局管辖福建省境内全部的国家铁路和江西省境内鹰厦线余家至资溪71.8千米。正线营业里程1140千米,线路延展长度1731.48千米,电气化铁路712.57千米,车站132个。固定资产原值75.64亿元,累计已提折旧24.48亿元,净值51.16亿元。机车配属279台,其中内燃机车87台,电力机车148台,客车配属626辆。职工35462人。分局成立教育分处,撤销教委,原由分局教委直接管理的小学划给有关铁路中学管理;成立再就业服务中心,负责分局下岗职工再就业培训、重新就业等工作;分局资金结算中心在厦门北、永安、漳平设立办事处。3月,成立分局运输营销中心;9月,成立分局建设工程承发包管理部,作为铁路建设单位对分局建设项目实施全面管理,同时撤销大中型项目管理部;11月,成立分局代收款清算中心,负责代收款的清算工作,同时撤销分局地方铁路附加费收入检查组。福州铁路城建管理监察中队更名为监察大队。

1999年,福州铁路分局管辖鹰厦和外福2条干线,福马、南平东、永嘉、漳州4条支线。正线营业里程945.7千米,线路延展长度1496.96千米,电气化铁路687.2千米。分局撤销龙岩车务段、漳平办事处和漳平工务段;将原由劳资分处负责的劳动保护和压力容器安全监察工作划归行车安全监察室,同时将锅炉压力容器检验所和劳动保护服务中心成建制划给分局行车安全监察室领导;成立福州铁路分局医疗保险中心;成立上海铁道结算中心福州分中心,同时撤销分局资金调度结算中心;将原属分局的漳龙线、龙坎线和漳泉线梅水坑至湖头段的工务设备、车站、电务和水电设备、机务折返段、车辆列检所、生产生活用房、食堂、公寓以及干部、职工分别移交给龙岩和泉州铁路有限责任公司。

2000年,福州铁路分局管辖正线营业里程945.7千米,线路延展长度1511.98千米,电气化铁路889.6千米。5月1日,上海铁路局福州工程总公司划归福州铁路分局领导,为分局下属公司,实行独立核算、自负盈亏,具有法人资格,对原下属各工程公司仍实行全面领导;上海铁路局福州勘测设计院划归福州分局领导,为分局下属基层单位,实行独立核算、自负盈亏,具有法人资格。7月31日,撤销分局审计事务部,成立机关事务管理中心、收入稽查队,原由分局办公室管理的机关总务、保卫、事务、汽车班,划归分局机关事务管理中心,原由收入检查分处负责的收入稽查工作划归收入稽查队;撤销分局设计室,工作并入福州铁路勘测设计院。10月1日,原由分局直属管理的福州工程段成编制划归福州工程总公司领导。

2001年,福州铁路分局管辖正线营业里程945.7千米,线路延展长度1496.963千米,电气化铁路687.2千米。1月1日,原属分局的通信资产设备、工作、职工划交铁通福建分公司。1月9日,福州工程总公司组建改制后更名为福建铁路建设(集团)有限公司。7月1日,邵武、福州电务段合并称福州电务段,永安、厦门电务段合并称厦门电务段。分局职工学校与运输技工学校合并,称福州铁路高级技术学校(分局职工培训中心)。

2002年,福州铁路分局管辖正线营业里程945.7千米,线路延展长度1536.019千米,电气化铁路899.762千米。1月1日,厦门铁路中学(含铁路小学)成建制移交厦门市政府。3月15日,分局将福州客运段、福州车辆段成建制划交上海铁路局客运公司,分局不再担负客车运用、检修等相关职责。4月,分局撤销分局客运分处,相关职能划交运输分处,并成立分局客运管理中心由运输分处领导。5月,分局将福州铁路卫生防疫站承担的卫生监督职能和疾病预防职能分开,分别成立福建铁路卫生监督所和分局疾病预防控制中心,实行一套班子、两块牌子、职责分清、财务分账、人员分开的管理方式,福州铁路卫生防疫站的牌子暂时保留。7月1日,分局将来舟铁路小学成建制移交南平市延平区人民政府。9月1日,分局撤销福州铁路第二小学,并入福州铁路实验小学。12月,成立福建省医疗保险管理中心铁路分中心,负责福州铁路分局,泉州、武夷山、龙岩铁路有限责任公司,铁道通信信息有限责任公司福建分公司,上海铁路局客运公司福州分公司等职工的医疗保险管理工作,并撤销福州铁路分局医疗保险管理中心。

2003年,福州铁路分局管辖鹰厦线(自余家起687.5千米)、外福线(186.67千米)等2条干线和永嘉线(27.83千米)、福马线(20.78千米)、漳州线(11.45千米)、南平东线(5.59千米)

等4条支线的运输经营。4月1日,邵武供电段迁址福州并更名为福州供电段,永安建筑段迁址厦门并更名为厦门建筑段。9月1日,上海铁路局客运公司福州分公司划归福州分局管理,并成立福州车辆段,将福州客运分公司承担的客车运用、检修工作及相应的人员和资产划归福州车辆段。11月26日,成立分局路风收入稽查(监察)大队,分局收入稽查队并入该大队;撤销分局再就业服务中心、外运服务中心、自备车管理办公室、计算机服务中心、集装箱管理中心、以劳养武管理站,业务工作划交相关部门。12月1日,福建铁路建设集团公司、福州铁路勘测设计院移交中国铁道建筑总公司。

2004年5月9日,福州铁路分局合并于南昌铁路局,分局机构撤销,南昌铁路局直接管理福建和江西省境内铁路。南昌铁路局在福州设办事处,办事处主任、书记由副局长兼任。

表6-1　**1996—2004年福州铁路分局历任党政正职领导名表**

姓名	职务	任职时间
黄焕忠	福州铁路分局长	1995.6—2003.6
尤祥礼	福州铁路分局党委书记	1995.6—2001.5
黄桂章	福州铁路分局长	2003.6—2004.5
陈为坤	福州铁路分局党委书记	2001.5—2004.5

二、武夷山铁路有限责任公司

武夷山铁路有限责任公司于1997年12月30日成立,由铁道部、福建省人民政府共同出资组建。公司机关位于福建省南平市中山路(原文体路)1号,公司负责经营横南线自江西省境内永平站(不含)至福建省境内南平南站(不含)222千米铁路的客货运输,实行自主经营、独立核算、自负盈亏。

1998年,公司在册职工555人,年工资总额281.74万元,公司设办公室、劳人部、计财部、经营部、设备部、工程部、多经部7个部门。

1999年末,公司在册职工807人,公司固定资产原值4.73亿元,累计已提折旧142.60万元,净值4.71亿元,固定资产原值比上年增加4.68亿元。线路延展长278.76千米,其中正线222千米,站线53.40千米,段管线4.17千米,特别用途线1.18千米,专用线0.38千米。正线中有道岔169组,道口9处,桥梁107座、15951.8延米,隧道553.62万延米,涵渠784座、17942延米,另有代维专用线1条0.38千米。公司管理横南线22个站,其中江西段4个站、福建段18个站(其中预留2个站);运营20个站。

2000年末,公司在册职工895人,固定资产原值30.90亿元,全年运输进款1.8亿元,完成货发20.04万吨,客发54.19万人次。

2001年末，公司在册职工912人，固定资产原值31.02亿元，全年运输总收入2.60亿元，其他业务收入25.79万元。

2002年末，公司在册职工932人，全年运输总收入2.30亿元，其他业务收入407.5万元，完成货发23.6万吨，客发109.5万人次。

2003年，公司在册职工950人，全年运输总收入2.60亿元，其他业务收入261.05万元，完成货发56.29万吨，客发102.2万人次。至年末，实现安全生产1848天。

2005年10月1日6时15分，公司管内仙店车站开通。至年末，公司在册职工992人，固定资产原值32.71亿元，累计已提折旧3.68亿元，净值29.03亿元。全年货发28.8万吨，客发126.5万人次，分流重车15.9万辆；货运收入1685.7万元，客运收入4449.3万元，货运分流26350.6万元，合计运输总收入3.24亿元；其他业务收入169.91万元。营运成本1.85亿元，管理费用2692.61万元，财务费用8706.6万元，营业外净支出164.18万元，营业税金及附加1081.77万元，合计运输总支出3.11亿元，其他业务支出86.7万元。全年完成装车4855辆、28.8万吨，与上年相比减少530辆、3.07万吨，静载重59.3万吨；卸车7732辆、45.83万吨，同比减少115辆、增加0.26万吨；货运进款1685.69万元，与上年相比减少191.81万元；客发126.5万人次，同比减少0.7万人次；接入货物列车5115列，公司开行小运转1242列，办理车数213614辆。其中重车166754辆，空车43845辆，与上年同期相比减少1901列、85709辆；接入客车5637列、94475辆，与上年同期相比增加980列、17970辆。全年运输总收入32485.6万元，运输总支出31196.8万元，归还银行贷款5014.5万元，实现净利润1363.53万元，换算周转量2749.9百万吨·千米。

三、泉州铁路有限责任公司

泉州铁路有限责任公司是铁道部和福建省人民政府共同出资组建由铁道部控股的合资铁路公司，于1997年12月30日挂牌成立，1998年12月1日开通运营。公司总资产25.43亿元，注册资本15.5亿元。其中铁道部出资9亿元，占58%；福建省出资6.5亿元，占42%。公司位于泉州市城东仕公岭，负责建设、经营管理自鹰厦线梅水坑站至肖厝站的干、支线铁路，自主经营、自负盈亏。公司下设18个车站，其中泉州站为二等站，安溪站、南安站、泉州西站、惠安站、肖厝站、大深站、湖头站为三等站，其余为四、五等站。

1998年，公司固定资产总值25.6亿元，职工总数709人。全年装车6033车，发送货物35.53万吨。卸车9339车，发送旅客4.21万人，运输进款1559万元，为国铁代收运输进款6678万元。

1999年，公司全年发送旅客50.75万人，发送货物164.87万吨，装车27984车，运输进款5498万元，为国铁代收运输进款1.25亿元。

2000年，公司职工总数1177人，固定资产净值23.80亿元。全年运输进款8860万元，经营总收入1.30亿元，实现利润2015万元。

2001年2月2—4日,公司管辖的湖泉肖段干线工程通过国家工程验收;5月下旬,漳泉肖铁路全线通过铁道部安全检查评估,自7月1日起开办全路客运直通业务。至年底公司运营里程为233.748千米。

2002年,公司固定资产原值28.20亿元,净值23.50亿元。全年经营总收入1.60亿元,其中主营收入1.20亿元,附营收入0.40亿元,年度亏损1.70亿元。

2003年,公司职工总数1277人,固定资产原值28.70亿元,净值23.50亿元,负债总额16.10亿元。全年完成货物运输量613.40万吨,旅客发送量28.40万人次,实现经营总收入1.70亿元,其中主营收入1.50亿元,附营收入0.20亿元。年内公司完成梅水坑至剑斗段的通信光缆改造、湖头站6502设备改造以及道口设备改造工程。

2005年,公司管内每日开行客车2对,其中一趟为泉州—汉口的直通快速旅客列车,一趟为泉州—漳平的管内旅客列车;日开货车18对。列车通过能力25对,年运输能力1670万吨。全年货物到达量406.5万吨,客货换算周转量11.09亿万吨·千米,货物运输量821.7万吨,旅客发送量48.3万人次。全年经营总收入3.12亿元,其中主营收入2.66亿元,附营收入4584.97万元;经营总支出2.89亿元,其中主营支出2.64亿元(含利息支出6106.68万元、折旧支出4748.55万元、营业外支出16.03万元),附营支出2519.4万元;实现利润2226.63万元(未剔除外汇损益−5709.62万元)。

四、龙岩铁路有限责任公司

龙岩铁路有限责任公司位于福建省龙岩市登高东路东段172号,1996年6月26日,由铁道部、福建省人民政府、龙岩市人民政府共同出资组建,为合资铁路企业,负责建设梅坎铁路福建段。公司下设15个车站,2个工务线路车间,1个工务路桥车间,1个工务综合车间,1个工务机工队,1个电务车间,1个房水电车间,1个物资设备车间,1个机务车间,1个列检所,1个装卸作业所。

1998年,公司完成建设工程投资4亿元。

1999年4月30日,公司接管既有线漳龙线(不含漳平站)、龙坎线运营,两线正线营业里程100千米。全年运输货物发送量249.6万吨,进款3387万元。

2000年,公司管辖漳龙线福建段正线营业里程149千米,线路延展长度187.61千米,其中正线143.51千米。管内车站15个,其中二等站3个、三等站3个、四等站6个、五等站3个。公司职工1267人,全年主营收入7556.12万元。

2001年3月1日,公司管辖的漳龙线开行闽粤直通列车。至年末,公司员工总数1364人,固定资产原值12.05亿元,净值10.49亿元。

2002年6月,公司配合福州联合资产评估公司完成漳平至龙岩(东)、龙岩北至坎市段铁路资产评估。11月29日,公司管辖的梅坎铁路通过国家竣工验收。

2003年,公司实施"以货补客"战略,完成货物发送632.73万吨,货物到达219.95万吨,旅客发送 88.48 万人次，主营收入 1.20 亿元，亏损 1444.80 万元。

2004 年 8 月，公司按南昌铁路局提出的“一套人马、两块牌子”的合署办公模式，以公司机关为主体，成立龙岩铁路管理处筹备组，介入赣龙铁路福建段的验收、接管工作。

2005 年末，公司员工总数 1477 人，公司资产 14.87 亿元(其中固定资产原值 19.75 亿元，净值 13.15 亿元)，净资产 7.40 亿元，全年总收入 2.12 亿元。公司在全额付息的基础上，首次实现归还银行贷款本金 3098 万元，在提足折旧的情况下，实现净利润 232 万元。公司管内二等车站有铁山洋站、龙岩站、龙岩东站；三等站有雁石站、坎市站、永定站、上杭站、冠豸山站、长汀站；四等站有坂尾站、苹林站、红炭山站、富岭站；五等站有基太站、苏坂站、龙北站、象牙村站、仙师站、小池镇站、苎园站、新泉镇站、中复站、河田站、金峰山站。公司有道岔 198 组，桥梁 62 座 6970 延米，隧道 59 座 15021 延米；管内路堤 59.782 千米，半堤半堑 34.565 千米，路堑 41.320 千米；管内道口 9 处，其中有人看守 8 处，无人看守 1 处；人行过道 1 处；另有代维专用线 18 条 24.1 千米。临管处管内有道岔 58 组，桥梁 117 座 24658 延米，隧道 83 座 51893 延米；管内路堤 46.637 千米，半堤半堑 27.268 千米，路堑 30.539 千米；管内道口 0 处；另有代维专用线 1 条 1.014 千米。公司管内有 6502 电气集中站 13 个，色灯电锁器站 1 个，微机联锁站 1 个，驼峰场 1 个。联锁道岔 177 组，半自动闭塞 141.5 千米，道口信号 6 处，信号换算道岔组为 1034.66 组。通信长途光缆 158 千米，通信长途电缆 158 千米，地区通信总容量 1000 门＋500 线，无线列调开通里程 15 个车站，通信换算电缆 1320.54 皮长千米，换算道岔组为 633.86 组。电力贯通线 144.79 千米，其中架空线 123.05 千米。临管处管内有 6502 电气集中站 9 个，联锁道岔 59 组，半自动闭塞 160.5 千米，信号换算道岔组为 667 组。电力贯通线 184.07 千米，其中架空线 122.20 千米(临管处通信设备归铁通龙岩分公司管理)。管内办理客运业务的车站 2 个，旅客候车室 4 个、2585 平方米，行包房 2 个、521.9 平方米，售票房 2 个、385 平方米，站台旅客雨篷 3 个、10140 平方米。临管处管内办理客运业务的车站 3 个，旅客候车室 11 个，行包房 3 个，售票房 3 个，站台旅客雨篷 5 个。

五、厦门海沧铁路有限责任公司

海沧铁路支线于 1998 年 7 月 10 日开工修建，由厦门市人民政府和上海铁路局共同投资 2 亿元建设，1999 年 12 月建成试通车。同时，受厦门市人民政府和上海铁路局委托，福州铁路分局组建厦门海沧铁路有限责任公司作为海沧铁路支线工程的建设项目法人和建成后经营管理法人公司。公司管内海沧铁路支线正线 17.9 千米，到发线、货物线 8.2 千米，道岔 31 组，桥梁 8 座(其中中桥 3 座)，涵洞 88 座，道口 16 个(其中有人看守道口 4 个，有人监护道口 1 个)。公司动力设施有 GCY350A(480PS)型轨道调车机 1 台，MG36/16 龙门吊 1 台，MG40 龙门吊 1 台，QY25A 汽车吊 1 台，H18 林德叉车 2 台，E15C 林德叉车 2 台，CPCD60 厦门叉车 1 台，CPCD30 叉车 1 台。公司营业大楼面积 1726 平方米，仓库 6934 平方米，生产用房 1511 平方米，汽车 5 辆。公司铺设供水管道 5 千米，建有 200 立方米消防池 2 座、300 立方米消防池 1 座,25 米高、150 立方米水塔 1 座,150 立方米蓄水池 1 座;建有高压配电室 3 座,高压架空线路 0.52 千米,高压电缆 0.52 千米,低压电缆约 11 千米,杆塔照明 32 座,仓库照明 215 盏。

2000 年,公司正式员工 77 名,其他用工(临时工、农民工)36 名及委托装卸人员 100 名。9 月1 日,海沧铁路通过东孚站与全路各站开办整车运输业务。

2002 年 2 月,厦门晋联物流公司选择公司管内海沧铁路海沧货场开行发往乌鲁木齐方向的“五定”班列。公司全年完成国铁运输收入 5476 万元,支线内运营收入 624 万元,支出 960 万元,年度亏损 336.54 万元。

2003 年 2 月,福建省鸿达物流公司选择公司管内海沧铁路白礁货场开行 X58/7 次行包专列。5 月 7 日,铁道部批准海沧铁路开办 20 英尺、40 英尺集装箱业务。公司全年运输货物 13690 车、75.5 万吨,完成运营总收入 822.43 万元,总支出 1233.44 万元,亏损 411.02 万元。公司年末在册职工 92 人。

2005 年,公司在册职工 178 人,净资产价值为 1.54 亿元,委托评估价值为 1.86 亿元。公司全年货运到发 24536 车,货物运量 134.6 万吨,较上年分别增加 2732 车和 16 万吨,增长 12.5%和 13.5%。其中集装箱发到 8591 车,占公司总装卸作业车数的 35%,较上年增加 2051 车,增长 31.4%。代收国铁运输进款 15069.3 万元,较上年减少 2631.5 万元,减幅 14.8%。公司经营收入 2157.56 万元,较上年 1635.2 万元增长 31.9%。全年实现利润 30 万元,其中运营进款 1970.3 万元,较上年增加 593.7 万元,增长 43.1%;货运保价 91.8 万元,行包保价 50.7 万元,保险收入 43.9 万元。

第二节 设计施工单位

一、福州铁路勘测设计院(铁道第四勘测设计院福州勘测设计院)

福州铁路勘测设计院位于福州市晋安区沁园支路 41 号,为国家建设部审定的铁路甲级勘测设计单位,内设房屋建筑、结构、给排水、电力电气、采暖通风与空气调节、设备工艺、工程地质与水文地质、经济调查与行车组织、铁路线路、铁路站场及枢纽、桥梁、隧道、通信、信号、概算等专业部门,配备计算机辅助设计系统和外业勘探测量设备。

1997 年,福州铁路勘测设计院完成工程设计 56 件,质量合格率 100%、优良率 89.6%。设计项目主要有浙赣线“八五”工程二十里街至新塘边自动闭塞信号及电力施工设计,上海市城市轨道交通明珠线江湾、汶水东站房建施工设计,中外合作邵武电厂站后工程施工设计。全年经营总收入 593.1 万元(其中主业 480.2 万元),营业总支出 585.7 万元,利润 7.4 万元。

2000 年,福州铁路勘测设计院完成外福线南平南站新建货场工程、福州客技站客运整备及配套设施附属工程、金温线温州西站货场扩建及良岸站优化工程、浙江慈溪市阳光大道市政道路工程、厦门东渡港区三期工程 5～11 号泊位港区铁路工程、萧甬复线桥涵及电气化工程、石狮市区广播电视网络CATV光缆工程、南昌铁路局九村活动中心及二期住宅工程等施工设计。其中,“关于解决股道中间单出轨一次性排列调车进路问题”标准设计获福建省优秀QC成果二等奖;“南昌铁路局九村住宅方案”的施工设计获福建省优秀QC成果奖。全年完成产值折合概算2.69亿元,营业收入844万元,其中勘测设计收入631万元,监理收入166.16万元,其他收入46.84万元。

2001年,福州铁路勘测设计院完成福建三明国家储备粮库扩建铁路专用线维修及相关配套工程、中国移动通信福建分公司厦门至漳州光缆线路、泉州至泉港通信管道光缆线路工程施工设计、沙县至南平联通光缆线路工程施工设计、漳龙线雁石站新货场及铁路专用线施工设计、金温铁路龙湾站货场规划及施工图设计、漳平站驼峰计算机可控顶系统施工设计、永嘉线通信工程施工设计、漳泉线湖头站福州泉州三安集团公司铁路专用线改建扩建工程设计、外福线提高列车运行速度方案研究报告、杜坞站续建工程施工设计等项目,全院CAD出图率达到90%。全年完成产值折合概算3.22亿元,营业收入980万元,其中勘测设计收入807万元,监理收入72万元,其他收入101万元。

2002年7月1日,福州铁路勘测设计院岩石勘察专业类测量资质由乙级升为国家甲级。设计院全年完成勘察设计115件,其中国家、省、部、局及其他重点工程设计有:浙赣线电气化提速技改工程设计,外福线提速小半径曲线改造可行性研究,鹰厦线22个站信号微机监测,阜淮二通道自动闭塞,福州铁路分局调度楼工程施工设计,福州站站房改建,温福线福州至连江段、福厦线福州至乌江段的工程地质勘查等工程。全年完成产值折合概算3.23亿元,营业收入966万元,其中勘测设计收入776万元,监理收入120万元,其他收入70万元。年内,设计院“合理选择厦门市轻轨交通一期工程方案”QC小组获全国工程建设优秀QC小组奖。

2003年10月19日,福州勘测设计院划归中国铁道建筑总公司管理。设计院全年完成折合概算产值3.35亿元,实现营业收入930.2万元。全年折算实物工程量:线路33.37千米,桥梁18座1059.34延米,涵洞117座1608.85横延米,房建44586.93平方米,测量31.62平方千米,钻探3322标准米;折算产值:给水1536.04万元,电力2084.11万元,设备85.2万元,通信1569.4万元,信号1697.05万元。

2004年2月,福州勘测设计院划归铁道第四勘测设计院管理,更名为铁道第四勘测设计院福州勘测设计院。

二、福州铁路工程总公司

福州铁路工程总公司位于福州市晋安区沁园路77号,下辖第一、二、六、七工程段,福州电务工程段,龙岩水泥厂和永安采购供应站。

1997年,公司固定资产原值14789万元,净值9871万元,职工总数3261人。公司拥有机械运输设备923台(套),设备原值5395万元,总功率32110千瓦,人均功率9.89千瓦。年内新置机械动力设备38台(套),设备原值625万元,总功率813千瓦。

2000年,公司注册资金1.18亿元,职工总数3273人,固定资产原值1.83亿元,净值1.20亿元,机械运输设备899台(套),总功率26744.80千瓦,人均功率10.31千瓦。下属基层单位有:第一工程公司(永安)、第二工程公司(漳平)、第三工程公司(南平)、第四工程公司(福州)、福州工程段、福州电务工程公司、龙岩水泥厂。

2001年1月9日,公司企业改制,组建福建铁路建设(集团)有限公司,公司注册资金1.1亿元。公司拥有机械动力设备981台(套),设备原值6898.69万元,总功率22367千瓦,人均功率7.20千瓦。年末职工总数3107人。

2002年,公司投入930.84万元,购置DPK-32型铺轨机(配套轨排生产线)、旋转钻机重型轨道车、24米施工便梁、龙门吊等14台大中型施工设备,整体施工能力提升。加上已有的贝雷片组装式公路架桥机(配套50吨汽车起重机)、混凝土搅拌站、混凝土输送泵、光纤接续精密设备等,公司拥有各种大型机械动力设备1000余台,固定资产2.44亿元,净值1.27亿元。年末,公司职工3036人,全年营业总收入6.62亿元。

2003年11月19日,公司划转中国铁道建筑总公司,组建二十四局。

2005年,公司职工2189人,资产总额7.14亿元,其中流动资产5.91亿元,固定资产原值1.83亿元,净值9415万元。公司拥有机械运输设备643台(套),设备原值6565万元,净值2611万元,总功率15321千瓦,技术装备率2.97万元/人,动力装备率6.94千瓦/人。同年,公司获得福建省“企业集团100强”和“集团资产100强企业”称号。

(一)工程施工项目

1993年11月1日,公司承揽的横南线永平至乌石段(DK29~DK63)33.75千米施工工程开工,1997年12月25日铺通。

1998年4月8日,公司承揽的梅坎线A标段工程开工。站前主体工程于1999年9月基本完工,12月28日铺轨到闽粤省界。2000年10月25日移交并开始试运营。

2000年12月26日,公司承揽的外福线电气化技改工程全线开通。

2001年,公司承揽的尤溪口站、江坂站开站工程,来舟站编尾场工程,南平南新货场工程,福州站地道雨篷工程,福州站剩余技改工程和樟林站驼峰牵出线工程开工,并均于年底之前竣工验收移交。

2001年1月,公司承揽的峡阳库区铁路路基加固工程开工,8月31日完工,9月通过验收移交。10月,公司承揽的梅坎线A标段新增铁山洋抗滑桩工程、漳龙线红炭山站技术改造、龙岩西客站地道延长及三处水害防护工程通过验收并移交运营。

2002年,公司承揽的赣龙铁路第十九标段完成路基土石方136.16立方米,站场土石方27.4立方米,特大桥1168.3成桥米,大桥585.6成桥米,中小桥8.16成桥米,涵洞30座、1132横延米,隧道2297.5延米;公司承揽的漳龙线既有线技改完成:站场土石方9.5万立方米,浆砌、干砌圬工9950立方米,混凝土挡墙3840立方米,涵洞6座51横延米,房建工程1274平方米,站线铺轨3.257千米,铺道岔12组,铺石碴9030立方米;公司承揽的福州站高架候车室工程于2002年5月31日开工,至年底2号、3号站台的一层楼面完工。

2003年3月25日,公司承揽的宣杭铁路复线第八标段开工,合同竣工期为2005年5月15日。5月19日,公司承揽的武九线扩能提速ZH-5标段工程开工,合同竣工期为2005年3月31日。5月下旬,公司承揽的京沪线提速曲线改造931段工程开工,至10月下旬主体工程基本完工。该工程位于安徽省滁县境内,线路采用既有线左侧双线绕行,起止里程为下行DK930～DK935.938千米处。线路设计速度为客车每小时160千米,货车每小时90千米,最小曲线半径为1600千米,为P60型轨无缝线路。主要工程量为路基土石方66.5万立方米,新建无缝线路10.3千米,改建无缝线路1千米,路基附属圬工1.05万立方米,中桥1座30.21延米,涵洞13座276.10横延米。10月,公司承揽的赣龙铁路第十九标段工程14.48千米提前3个月完工,交付铺架。11月29日,公司承揽的赣龙铁路21标段铺架工程开工。

2004年12月30日,公司承揽的赣龙铁路21标段铺架工程竣工。主要工程量为正线铺轨158.01千米,站线铺轨24.68千米,铺道岔68组,架梁699.5孔、桥面25648延米。

2005年8月30日,公司承揽的浙赣铁路电气化改造11标段工程竣工。主要工程量为:区间路基土石方278万立方米,站场土石方104万立方米,公路立交桥1座,双线大桥1座,架桥5座,涵洞111座计2033横延米,新线正线铺轨46千米,改建正线轨道6.2千米,新铺站线轨道21千米,新铺道岔90组。

(二)优秀工程和先进工艺

1993—1996年间,公司承建的京九铁路沙河街编组站、乐化至永修路基工程以及沙河街配电所、南昌至九江长途光缆通信工程被评为京九铁路优质工程。

2001年,公司开发的“线路平、纵、横工程施工计算机辅助系统”技术通过上海铁路局科技成果鉴定,次年获上海铁路局年度科学进步三等奖;公司承建的上海轨道明珠线停车场工程获火车头优质工程一等奖;公司承建的福州东站跨线仓库和鹰厦线蛟湖大桥工程分别获铁道部和福建省优质工程奖。

2002年,公司采用贝雷片双导梁架设特大桥35米T形梁方法改进及软土地基现浇后张法预应力混凝土连续梁施工质量控制的两项合理化建议分别获上海铁路局2002年度合理化建议和技术改进二、三等奖。

2003年,公司承建的上海铁路局党校教学楼工程和福州二水源主干管穿越钢筋混凝土框架保护涵工程同获上海铁路局优质工程;公司宁启项目部滁河大桥QC小组被评为2003年度铁道工程建设优秀QC小组;公司第二分公司承建的120.69米涵顶进施工技术获上海铁路局科学技术进步奖三等奖;永安第一分公司在山尾旗隧道施工中的全断面光面爆破技术应用获上海铁路局科学技术进步奖四等奖。

2005年,公司承建的福州火车站(房)、赣龙铁路小池特大桥和山尾旗隧道工程同获福建省优质工程“闽江杯”奖。

附　　录

附录一　大 事 年 表

1996 年

2 月 5 日　福建省省长陈明义、常务副省长王建双率有关部门负责人到横南铁路建设工地视察并慰问建设者，同时对铁路建设提出要求。副省长施性谋等领导到福州铁路分局检查工作，福州铁路分局领导汇报福州铁路分局各项工作及地方铁路建设等情况。

2 月 7 日　福州铁路分局邀请全国人大代表王耀华、全国政协委员林逸、省人大常委计克良、省政协常委高沛苍及福建日报社、福建人民广播电台等新闻单位记者对铁路工作进行为期两天的视察。

2 月 8 日　福建省副省长黄小晶率有关部门负责人到福州站检查春运工作。

2 月 9 日　铁道部机务局、计划司运营处领导率部调研组，对鹰厦线电气化销号、鹰厦线北段引进 SS_4 型机车及配套设施、永漳段简改链、福州新水源等问题开展调研。

2 月 12 日　福州铁路分局长黄焕忠签发嘉奖令，嘉奖迅速侦破 1 月 30 日和 2 月 1 日福州站连续发现假票案件的有功人员。

3 月 2 日　上海铁路局副局长刘涟清率路局有关部门负责人到福州铁路分局，就漳龙线和龙梅线（福建段）合资公司组建问题与福州铁路分局领导及有关部门负责人座谈。对两个合资公司的组建工作、指导思想、方案论证以及与地方政府的联系等问题，提出指导性意见。

3 月 28 日　福州铁路分局召开七届一次职代会。会议由工会主席王龙海主持，福州铁路分局长黄焕忠作行政工作报告，党委书记尤祥礼作总结讲话。福建省经贸委副主任张少卿、省总工会副主席钟维平、上海铁路局副局长王麟书、福州铁路分局党政领导等 300 人参加。

3 月 30 日　福建省政府授予福州铁路分局 1995 年度安全生产责任制考核先进单位称号。福州铁路分局实现连续安全行车无重大、大事故 1600 天。

4 月 1 日　福州铁路分局副分局长李魁明与龙岩行署专员及福建省地铁总公司领导就加快福建龙岩铁路有限责任公司成立进行座谈，会议决定：撤销原由三方成立的梅坎铁路福建有限责任公司筹建处，成立龙岩铁路有限责任公司筹备组。

4 月 8 日　由邵武大修段承担施工的福建省首段 21 千米 P60 轨线路，在外福线 0 千米处开始铺设。

4月23日　福州铁路分局党委被上海铁路局党委授予发展党员工作先进单位称号。

5月1日　7时20分，漳泉铁路首趟3496次货物列车从泉州站开出。

5月21日　福州铁路分局在古田召开建线现场会，福州铁路分局党政工领导率福州铁路分局机关有关部门及基层各主要站段负责人共60多人参加。

5月24日　铁道部电子中心主任张金寿与福州铁路分局代总工程师陈德儒就TMLS建设项目的试点工作进行探讨，并确定福州铁路分局率先在全路进行TMLS站段联网系统与中央数据库系统的试点工作。

6月10日　福建铁路经济发展总公司与莆田金匙啤酒有限公司签订列车冠名权广告合同。45/46次列车被命名为“贝克”号，合同期限两年。

6月20日　上海铁路局副局长刘涟清、福州铁路分局总经济师陈林芳在福州拜会福建省政府及有关部门领导，并与省政府副秘书长洪长平、省体改委副主任何龙章，就福建省铁路的建设和发展及福州铁路分局改制等问题进行交谈，双方在多数问题上取得一致意见。

6月27日　福州铁路分局召开第四届安全生产运动会开幕式。运动会历时5个月，共设项目31个，12月9日闭幕。

7月1日　福建铁路有线电视台挂牌开播，电视台具有收转60套电视节目的能力，开通30套，输送19套(自办2套)。

7月8日　福州铁路分局实现安全行车无重大、大事故1700天。

7月16日　福州铁路分局被评为1995年度福建省企业思想政治工作优秀单位。

8月5日　福建省常务副省长王建双、副省长黄小晶率有关部门负责人沿南平至建阳，对横南铁路进行现场调研。

8月21日　福州铁路分局长黄焕忠赴南平与福建省地方铁路建设开发总公司、南平市及横南铁路有限公司领导共同召开“横南铁路临运工作研讨会”。

8月29日　铁道部、上海铁路局试点单位——福州东站“货运中心”挂牌运营。

9月9日　福州铁路分局党政领导组织召开贯彻领导干部会议精神督查会议。对立项督办的65项经营管理措施落实情况进行检查，并提出必须千方百计抓落实、立足成效抓关键、深入站段抓督导、卡死指标抓分析等4条要求。

9月26日　福州铁路分局召开路风建设委员会会议，通报当前的路风形势并对第四季度路风工作作了部署。

10月7日　以福建省政协常委、社会法制委员会副主任韦立为组长的省职工“四职教育”和“平等协商、集体合同”制度专项调查组一行，到福州铁路分局进行专项调查。

10月15日　铁道部政策法规司副司长曹仲雄、上海铁路局副局长刘涟清和福州铁路分局长黄焕忠及福州铁路分局有关部门负责人与福建省政府代表、省体改委副主任陈桦及有关部门负责人，就福建铁路体制改革进行会谈。

10 月 16 日 福州铁路分局实现连续安全行车无重大、大事故 1800 天。

10 月 25 日 福州铁路分局党委召开电话会议,部署在福州铁路分局管内开展的“诚心待客,热情服务,争当精神建设火车头”为内容的站车文明服务活动。

10 月 31 日 上海铁路公安局在福州召开表彰全国二级英模方长华大会。

11 月 5 日 龙岩铁路有限责任公司第一次董事会在龙岩召开。龙梅铁路(福建段)投资三方(铁道部、福建省、龙岩行署)分别派出代表参加董事会。福州铁路分局长黄焕忠任董事长。

11 月 12 日 福州铁路分局在外福线南平至福州区间组织“武夷号”特快列车提速试验。上下行分别压缩 25.5 分钟和 31.5 分钟,上下行旅速分别提高 9.83 千米/小时和 11.44 千米/小时。

11 月 13 日 三明站和永安车务段合并,称永安车务段。

12 月 1 日 横南铁路铺轨到武夷山站,提前 1 个月实现福建省委、省政府提出的目标。

12 月 4 日 福州铁路分局领导陈德儒、陈林芳率有关处室负责人前往横南线进行现场咨询,查看南平南站至建阳间线路、站房等设备情况,并与福建省地方铁路开发建设总公司、横南铁路建设指挥部负责人,就横南线开通临运前所需签订的有关协议及技术管理、经营管理方面亟须准备的设施等问题交换意见,并就 12 月 26 日开通庆典有关事宜进行协商。

12 月 5 日 福州铁路分局实现无责任职工因工死亡事故 2500 天。同日,上海铁路局、福州铁路分局在邵武至鹰潭区间进行韶山 4 型电力机车牵引试验,试验分机务、供电和电务三个系统进行,试验取得成功。

12 月 23 日 铁道部政策法规司副司长曹钟雄、上海铁路局企管处处长俞浩敏、福州铁路分局总经济师陈林芳与福建省体改委、财政厅、计委、经贸委、地方铁路总公司等有关部门领导进行商谈,就福建铁路体制改革的具体问题进一步交换意见。

12 月 26 日 横南铁路南平南站至建阳临时运营通车。

1997 年

1 月 9 日 福建省政府在福州铁路分局召开全省春运电话会议。

1 月 24 日 福州铁路分局实现连续安全行车无重大、大事故 1900 天。

1 月 27—30 日 铁道部党组成员、总工会主席陈效达在福州铁路分局长黄焕忠、党委书记尤祥礼等陪同下先后添乘 77 次列车,检查客运段、福州站等单位,对福州铁路分局各项工作给予充分肯定。

2 月 12 日 福州铁路分局召开贯彻部局领导干部会议精神对策小组会议,围绕客货营销、企业改革、集约经营、开辟经济增长点及精神文明建设等方面进行研讨。

2 月 24 日 上海铁路局路风办副主任张云中率路局客货运价外收费检查组对福州铁路分局 5 站 2 车运价外收费工作进行全面检查。全福州铁路分局计清理 43 个收费项目,其中停止或暂停 11 个项目。

3月11日 铁道部工会副主席冯子彬，在路局体协秘书长江振亚和福州铁路分局工会主席王龙海陪同下，检查福州铁路分局工会工作，并先后到漳州、厦门、福州地区检查指导工会工作。

3月15日 福州铁路分局连续实现劳动安全2600天。

3月19日 福州客运段福京十组、福州东站货运内勤出货市内台、邵武机务段韶山644包乘组、厦门站贵宾室、厦门水电段永安检修车间电机组等5个青年班组被授予福建省"青年文明号"称号。

3月24日 福州、福州东、厦门、邵武、南平、永安、三明、漳州、古田站，45/46次、77/78次、"武夷号"、"永安号"列车被授予福建省"创文明行业、建满意窗口"竞赛活动示范单位。

4月1日 福州—重庆304次旅客列车开行。

4月2日 《福建铁路职工特殊重病医疗互助基金管理办法》实施。

4月16日 福州开往宁波首趟假日旅游列车开行。

4月17日 厦门市市长洪永世率市政府有关部门负责人，到厦门站就有关开行厦门至北京特快列车、集装箱海铁联运、海沧铁路支线建设、厦门站站房改造、铁路无人看守道口监护等5个问题进行现场办公。

5月4日 福州铁路分局实现连续安全行车无重大、大事故2000天。

5月7—9日 上海铁路局局长邓金华等在福州铁路分局领导陪同下，对鹰厦线各单位进行建线平推检查。

5月13日 福州铁路分局召开运输安全电话会议，传达全国安全电视电话会议和部、局安全紧急电话会议精神。会议决定，立即在全福州铁路分局开展安全生产大检查活动，成立大检查领导小组，党政工团齐抓共管，分片包保，组成5个地区检查组和8个专业检查组到一线检查。

5月15日 福州铁路分局召开党委全委扩大会，会议选举黄焕忠、黄主恩为出席中共福建省代表会议代表。

6月13日 国家计划委员会物价检查组与福州铁路分局领导交换意见，对福州铁路分局主业、多经、集经、公安、工会"三产"等有关公司的收费情况基本执行国家、省、部制定的政策表示满意，并针对检查中发现的问题提出整改要求。

6月22日 外福线K1＋660～730处发生塌方，福州铁路分局党政领导率有关人员赶赴现场组织抢救工作。塌方造成中断行车22小时，影响客车运休3列、货车13列。

6月23日 福州铁路分局实现无职工责任因工死亡事故2700天。

7月11日 鹰厦线北段因受暴雨袭击，K69、K78多处发生塌方断道。福州铁路分局领导赶赴现场，成立抢险指挥部组织抢险工作，沿线县市和驻军人力支持抢修工作。15日12时开通，中断行车106小时30分。

7月31日 上海铁路局副局长刘涟清与福建省体改委副主任陈桦召集路局、福州铁路分局及省地铁有关部门负责人，就贯彻部和省领导会谈精神，加快横南及漳泉肖铁路组建公司事宜进行座谈，并达成初步共识。

8月12日 福州铁路分局实现连续行车安全无重大、大事故2100天。

8月13日 2时58分,广州—福州469次旅客列车在外福线K29+600处撞上坍体,造成机车和行李车大破,硬座车中破1辆,破损2辆,无人伤亡,中断行车5小时59分,责任属中铁二局。

8月27日 福州铁路分局召开"三乘"路风整顿工作组会议。

9月1日 福州铁路分局运输营销管理部货运办公室投入运行。

9月5日 福州铁路分局与福建三江集团股份有限公司在福州站联合举行"三江号"列车冠名揭牌仪式。

9月6日 上海铁道报社记者在杭州开往厦门的595次旅客列车上,发现列车"脏、乱、差""三乘"人员以票谋私、赌博等现象,并在《上海铁路报》上以"595现象"为题作连续报道。

9月7日 由上海铁路局纪委书记张双喜率领的安全检查组到福州铁路分局听取各业务部门关于安全工作的汇报。

9月9日 福州铁路分局班组建设现场会在永安车辆段召开。

9月15日 福州铁路分局召开"三乘"路风整顿动员大会,同时宣布对近期发生的几起路风不良反映进行处理,"三乘"单位有关当事人、责任包保及管理干部,72人受到处分,其中开除路籍留路察看8人,辞退1人。

10月1日 福建省委、省政府领导陈明义、赵学敏、黄瑞霖到福州铁路分局视察工作。

10月22日 福州铁路分局"十佳青年"命名表彰大会暨事迹报告会在福州召开。

11月19日 南平市政府、福州铁路分局和福建省地方铁路总公司在南干市召开会议,决定成立武夷山铁路有限责任公司筹备组,由范鸿云任组长,兰斯文任副组长。

11月20日 福州铁路分局实现连续行车安全无重大、大事故2200天。

12月1日 国家重点工程横南铁路福建段铺架贯通,提前1个月实现省委、省政府确定的建设目标。

12月20日 厦门、漳州等6站与铁道部中央系统数据联网并投入试运行,实现了旧系统向新系统的安全转换。

12月29日 铁道部副部长蔡庆华在福州听取上海铁路局局长邓金华、福州铁路分局长黄焕忠关于组建武夷山(横南)铁路有限公司、泉州(漳泉肖)铁路有限责任公司的情况汇报,同日还听取龙岩铁路有限责任公司负责人关于梅坎铁路前期工作的情况汇报,并对今后工作提出要求。

12月30日 横南铁路全线贯通暨武夷山、泉州铁路有限责任公司成立庆典分别在武夷山、泉州举行。同日铁道部副部长蔡庆华与厦门市市长洪永世、副市长刘成业会谈,就海沧铁路支线和厦门客技站建设等问题交换了意见。

1998年

1月18日 福建省省长贺国强,省委常委、福州市委书记赵学敏,副省长曹德淦、汪毅夫以及省、市有关部门的领导在福州铁路分局领导黄焕忠、尤祥礼等陪同下视察福州站春运工作。

1月25日 福建省副省长黄小晶、省政府副秘书长洪长平等到福州铁路分局检查春运工作。

2月6日 厦门—北京396次临客开行。

2月12日 铁道部副部长蔡庆华、建设司司长王麟书、上海铁路局副局长刘涟清、工会主席金记康，在福州铁路分局领导黄焕忠、陈德儒、杨建中陪同下，检查厦门站春运和客技站建设工作，并察看了海沧铁路修建情况。

2月13日 铁道部、福建省、广东省在厦门召开梅坎铁路工程协调小组第一次会议。铁道部副部长蔡庆华等领导会后到梅坎铁路的铁山洋、龙岩西、坎市、永定等站视察。

2月16日 泉州铁路有限责任公司董事会第一次会议在泉州召开。上海铁路局副局长刘涟清、省地铁总公司董事长张明炀及全体董事、监事出席会议。

2月26日 以省政协副主席、省统战部部长金能筹为团长的在闽全国人大代表、政协委员及省各民主党派部分负责人到福州铁路分局视察铁路工作。

2月28日 福州铁路分局实现无责任行车重大、大事故2300天。

3月2日 福州铁路分局党委召开六届二次全委会，审议通过福州铁路分局长黄焕忠作的行政工作报告和党委书记尤祥礼作的党委工作报告。

3月3日 国家计委批准梅坎铁路开工建设。

3月8日 梅坎铁路(福建段)开工庆典在永定县举行。铁道部部长傅志寰、福建省省长贺国强、上海铁路局局长邓金华和福州铁路分局领导黄焕忠、尤祥礼等参加。

3月17日 5点10分469次列车(广州客运段乘务)停靠福州站后发生爆炸，当场死亡3人，重伤2人，轻伤5人。18日案件告破，乃陕西一农民因家庭纠纷杀人后，在该车引爆自杀。

5月18日 福州铁路分局和武夷山铁路有限责任公司在福州联合召开武夷山铁路公司运输管理委托方式研讨会。

5月25日 福建省委书记陈明义带领省直机关有关部门领导，视察梅坎铁路坎市立交桥动工地点，并听取铁路建设工程详细汇报，对工程建设表示满意。

6月8日 福州铁路分局实现无责任行车重大、大事故2400天。

6月12日 上海铁路局局长王兆成到福州铁路分局检查指导工作，对福州铁路分局围绕路局“一个前提、两件大事、约法三章”的工作思路所做的大量工作给予充分肯定，并对福州铁路分局今后工作提出要求。同日王兆成一行拜会福建省领导并商议有关事宜。

6月15日 厦门至新疆集装箱专列开行。同日，鹰厦线北段上清至圳上间K30＋862～887处，因连日暴雨，造成堑坡溜坍约4000立方米，以致中断行车。经组织抢修于16日9时线路开通。

6月18—30日 由于连日普降暴雨，鹰厦北段、外福线塌方断道235处，影响行车78处。总塌方量超过30万立方米，线路下塌、冲空4000多米，冲毁中桥1座。经福州铁路分局组织抢修,25日大禾山至鹰潭间恢复通车,交出客货车7列。30日鹰厦线全线恢复通车。

7月2日 外福线K152+451处白沙中桥于9时28分抢通,恢复行车。

7月3日 福建省委书记陈明义到光泽站视察水害情况,询问光泽站受灾、铁路恢复运营以及赈灾工作情况,对铁路迅速抢通线路、恢复运营表示满意。

7月10日 海沧铁路开工仪式在厦门海沧国际货柜公司码头举行。

7月20日 福州铁路分局召开抗洪抢险总结表彰电话会议。

8月11日 上海铁路局党委书记王汝宽到福州铁路分局检查指导抗洪抢险军运工作。

8月25日 福州铁路分局机关召开全体干部职工大会,福州铁路分局长黄焕忠就如何实施福州铁路分局机关减员分流和再就业工作进行再动员。

9月10日 福建首趟"五定"班列从厦门站开出。

9月16日 福州铁路分局实现无责任行车重大、大事故2500天。

9月22日 福州铁路分局圆满完成赴九江抗洪抢险部队回送军运任务。

9月30日 厦门—北京108/107次特快列车开行。

10月9日 上海铁路局副局长刘涟清到武夷山、龙岩、泉州3个铁路有限责任公司检查指导工作。

10月12日 泉州铁路有限责任公司一届二次董事会在泉州召开。

10月23日 上海铁路局局长王兆成到福州铁路分局检查工作。

10月26日 省纪委检查组对福州铁路分局查办案件工作进行专项检查。

11月10日 铁道部建设司司长王麟书到横南线和梅坎线检查工作。

11月11日 福州铁路分局召开中间站工作会议,宣读了铁道部、路局和福州铁路分局关于峡阳站、格口站实现安全生产一万天的表彰电报,并进行经验介绍和论文发布。

11月26日 横南线进行工程初验。

12月1日 漳泉肖铁路经铁道部批准开通运营。

12月8日 漳泉铁路全线运营,首趟泉州开往武夷山优质优价特快旅客列车开行。

12月10日 横南铁路全线运营暨旅客列车开行典礼在新落成的武夷山站举行。

12月25日 福州铁路分局实现无责任行车重大、大事故2600天。

1999年

1月14日 福州铁路分局召开春运工作会议,提出以效益为中心,以安全为前提,以提高运输质量为重点。

1月26日 铁道部副部长蔡庆华率部建设司、计划司及鉴定中心负责人在上海铁路局副局长傅钦华、福州铁路分局长黄焕忠等陪同下,察看横南铁路全线。

1月27日 铁道部副部长蔡庆华一行检查梅坎铁路(福建段)。

1月29日 铁道部副部长蔡庆华参加铁道部与福建、广东两省召开的梅坎铁路建设领导小组第二次会议，听取龙岩、广梅汕铁路有限公司关于梅坎铁路建设情况的汇报，并对下一步工作提出要求。

2月1—6日　外福铁路电气化项目通过中国国际咨询公司专家评估。

2月10—13日　铁道部副部长盛光祖一行在福州铁路分局管内车站及泉州铁路有限责任公司检查指导春运工作。

2月10日　福建省副省长黄小晶、省政府副秘书长洪长平、省经贸委副主任刘炎、福州市副市长王克益等，在福州铁路分局党委书记尤祥礼陪同下到福州站检查指导春运工作。

2月15日　福建省委副书记习近平在福州铁路分局长黄焕忠陪同下，到福州站看望慰问干部职工，并向大家拜年。

3月2—9日　上海铁路局党委副书记、驻福州铁路分局春运工作组组长张双喜在福州铁路分局党委书记尤祥礼陪同下，先后在南平车务段、武夷山铁路有限责任公司、邵武站、来舟站、三明站、永安站、厦门客运分段、厦门公安段、泉州铁路有限责任公司和福州站检查节后春运工作。

4月4日　福州铁路分局实现无责任行车重大、大事故2700天。

4月6—10日　外福铁路电气化项目通过铁道部审查和扩初设计鉴定。

4月17—18日　上海铁路局局长王兆成、副局长傅钦华一行在福州铁路分局检查指导工作，就外福线电气化改造项目先后察看了福州站、福州机务段、樟林站，听取福州铁路分局领导高占元、陈德儒有关电气化改造项目汇报。

4月22日　全国铁路总工会女工委员会二届三次（扩大）会议在福州铁路分局召开。

4月29日　福州铁路分局撤销漳平工务段、龙岩车务段和漳平办事处。同时将其所辖设备、人员等一并划归泉州、龙岩铁路有限责任公司。

5月5日　福州铁路分局召开国防动员会成立大会。福州铁路分局党委书记尤祥礼、分局长黄焕忠任国防动员委员会主任。

5月6日　福州铁路分局召开“纠行风、抓规范、落实百点计划”会议。会上提出福州铁路分局深化路风建设，开展规范服务，落实百点计划的具体措施。

5月18日　福州铁路分局召开稳定工作紧急会议，传达福建省委、省政府17日召开的省直机关领导干部会议精神和部、局有关指示精神，全面部署敏感时期福州铁路分局管内稳定工作的主要任务。

5月24日　福州铁路分局实现劳动安全3400天。

5月27日　鹰厦线沙县至上游间K345＋350～400处，因地方水库放水冲击线路造成溜坍，钢轨悬空45米，中心高13～14米。经工务部门抢修，线路于29日17:30开通。

5月27—29日　鹰厦线提速试验取得圆满成功。

6月4日　福州铁路分局召开领导班子成员会议，上海铁路局党委书记王汝宽、局长王兆成、路局公安局党委书记曹德隆在会上宣布了福州铁路分局和公安处领导班子充实调整的命令，并对福州铁路分局领导班子建设提出要求。

6月23日 福建省、福州市行风评议小组到福州铁路分局检查指导工作。

6月27日 福州地区万门程控总机暨外福线光接入网(可视电话)开通。

7月1日 福建省副省长朱亚衍在厦门市副市长赵克明陪同下,对海沧铁路支线工程进行现场全线检查,并对有关工程提出要求。

7月13日 福州铁路分局实现无责任行车重大、大事故2800天。

7月14日 福州—昆明154/3次旅客列车开行(由昆明铁路分局担任乘务)。

7月15日 福州铁路分局团委召开青工行车安全3000天总结表彰广播大会暨事迹报告会。

7月16日 福建省委常委、常务副省长张家坤视察梅坎铁路永定河三号大桥和多宝坑隧道。

8月7日 鹰潭—厦门首趟全程提速试验列车5503次顺利到达厦门,试验达到预定要求。

8月12日 外福线电气化改造工程开工,上海铁路局副局长傅钦华下达开工令。铁道部建设司司长王麟书、福建省政府副秘书长张志清为外福线电气化改造揭幕。

8月28日 梅坎铁路开始铺轨。

9月1日 福州铁路分局实现劳动安全3500天。

9月7日 厦门站管辖的厦门北、杏林站和集美乘降所划归漳州车务段管辖。

9月20日 福建省行风评议组在福州铁路分局召开行风评议工作座谈会,通报了三季度对福州铁路分局行风检查情况。

10月9日 9914号台风(12级)正面袭击厦门、漳州,并伴有暴雨,对鹰厦线运输生产造成严重影响,厦门至礤口、郭坑至漳州区段封锁,滞留旅客列车7趟,折返1趟。

10月21日 福州铁路分局实现无责任行车重大、大事故2900天。

10月28日 永安机务段第一台电力机车大修开工。

11月4日 上海铁路局副局长傅钦华参加福州铁路分局领导班子和机关处级干部"三讲"教育第二阶段动员会,并对第二阶段工作提出要求。

11月10日 福州铁路分局举行"中国十大杰出青年"丁榕先进事迹报告会。

11月25日 福建省护路办举行成立揭牌仪式并召开护路领导小组第一次会议。

11月30日 鹰厦线角美与前场站间东孚站(四等)开通,该站是通往海沧经济开发区的一个枢纽站。

12月17日 福州铁路分局召开第二届青年职业技能大赛暨首届福州铁路分局"十大青年科技标兵"命名表彰电话会议。

12月25日 福州地区铁路电话与福州市电信局实现联网。

12月28日 梅(州)坎(市)铁路福建段(48千米)全线铺通。同日,永安机务段首台电力机车大修落成(历时2个月)。

12 月 30 日　厦门海沧铁路举行试通车仪式。福建省代省长习近平，交通部副部长李居昌，厦门市委书记、市长洪永世，上海铁路局副局长傅钦华，福州铁路分局长黄焕忠及 31 军军长林炳尧等为试通车剪彩。

2000 年

1 月 1 日　厦门—北京 107/108 次首趟全列空调旅客列车开行。

1 月 24 日　上海铁路局党委副书记、春运工作组组长张双喜到福州站、福州客运段检查指导春运工作。

1 月 29 日　福州铁路分局实现安全生产 3000 天。

1 月 30—31 日　铁道部副部长盛光祖率部体改法规司司长曹钟雄、多经中心主任魏明海、集装箱中心副总经理钱迈等在上海铁路局局长王兆成、党委副书记张双喜等陪同下到福州铁路分局检查指导工作，并到福州站和闽南地区货运市场进行调查指导工作。

2 月 3 日　福建省副省长黄小晶在福州铁路分局总工程师陈德儒陪同下，到福州站检查春运工作并看望慰问工作在春运第一线的铁路职工。

2 月 22 日　福州站站房改造方案首次论证会在福州站召开，省计委、经贸委、财政厅、福州市规划局、规划设计院、福州铁路分局、外福线电化改造指挥部、铁四院等单位负责人和专家参加会议。

福建省副省长贾锡太、省政府副秘书长洪长平等到福州铁路分局调研，听取福州铁路分局长黄焕忠关于春运工作和请求省政府帮助解决的有关事宜汇报。

2 月 24 日　铁道部运输局局长童安炎在路局副局长张春新、福州铁路分局长黄焕忠陪同下检查厦门站、厦门客技站工作。

2 月 25 日　福州铁路分局与地方企业签订行包专列承包意向书，铁道部运输局局长童安炎、路局副局长张春新出席签字仪式。福州铁路分局副分局长黄桂章代表福州铁路分局与地方有关企业分别草签行包专列意向书。

2 月 28 日　福州铁路分局成立福州铁路投资发展总公司，撤销福建铁路经济发展总公司。新成立的投资发展总公司代表福州铁路分局对全福州铁路分局多经企业行使出资者权利，负责经营和管理多经国有资产，承担国有资产保值增值责任的企业法人实体，与福州铁路分局和其他投资主体共同组建或控股 10 个专业化的有限公司。

3 月 2 日　福州铁路分局在厦门召开海沧铁路运营协调会，上海铁路局副局长管天保到会并提出要求。同日，管天保在福州铁路分局副分局长黄桂章陪同下，到海沧铁路东孚站检查试运营准备情况。

3 月 7 日　上海铁路局基建工作会议在福州召开，上海铁路局副局长傅钦华在会上总结去年工作，分析铁路建设形势，对下段工作作出部署。

3 月 9 日　上海铁路局质量监督会议在福州召开，上海铁路局副局长傅钦华在会上总结上年工作,对2000年质量工作作了安排。

3月14—15日 福州铁路分局召开八届二次职代会。

3月17日 福州铁路分局召开行车安全3000天总结表彰大会,福建省副省长贾锡太到会祝贺。福州铁路分局长黄焕忠总结安全生产3000天,并提出下阶段安全生产工作重点。部安监司、省政府、上海铁路局、省经贸委、驻上海局军代处等领导在会上宣读贺电。省委办公厅、省安委会、省地方铁路建设开发总公司、福州市政府、上海铁路公安局等有关单位领导参加了会议。

3月18日 福州铁路分局举行厦门—丰台行包专列开行仪式,福建省副省长贾锡太、朱亚衍,铁道部运输局局长童安炎,上海铁路局局长王兆成及省经贸委、厦门市等有关领导出席仪式,并为首趟行包专列剪彩。同日,厦门—重庆448/447次旅客列车开行。

3月23日 中央政治局委员、国务委员、中央军委副主席迟浩田率国务院、中央军委国防动员联合调查组,视察福州铁路分局有关车站。听取福州铁路分局长黄焕忠关于福建铁路军事运输设施和战备建设情况的汇报,迟副主席代表国务院、中央军委向铁道部、上海铁路局、福州铁路分局干部职工及军代处同志表示衷心感谢,并对军运工作提出要求。南京军区、总参动员部、作战部、总后军交部、国家计委经济动员办、福建省、厦门市等有关部门领导陪同视察。

3月28日 杏林—哈尔滨行包专列开行。

4月6日 福建东南旅游客运有限责任公司成立。

4月13日 最高人民检察院铁检厅厅长陈大豪在福建检察院副检察长陈义兴、上海铁路检察分院副检察长江文志和福州铁路分局纪委书记阎志华陪同下到福州铁路检察院检查指导工作。

4月14日 福建省水利厅副厅长、省防汛指挥部办公室主任庄先等一行在福州铁路分局副分局长杨建中陪同下到福州铁路分局检查防洪工作,察看外福线白沙桥水毁工程修复情况。

4月17—18日 福州铁路分局召开客运、路风、旅游工作会议,福州铁路分局长黄焕忠参加会议,并就抓好路风工作提出要求,福州铁路副分局长高占元就旅游工作作出部署。

4月19—25日 福州铁路分局长黄焕忠、总工程师陈德儒率机关有关部门负责人到邵武、福州地区现场办公,听取各单位及来舟站、南平车务段等负责人就本单位急需解决的问题汇报,提出解决问题的原则性意见和处理程序。

5月8日 福州铁路分局实现无责任行车重大、大事故3100天。

5月9—14日 上海铁路局副局长李庆鸿率有关人员检查鹰厦线K22+850处堑坡溜坍病害点,察看鹰厦线K416上海大修机械化段的钢轨打磨作业,并到邵武、福州地区工、电单位检查调研。

5月10日 福州铁路分局长黄焕忠率有关部门负责人到永安地区现场办公,听取各单位工作情况和急需解决问题的汇报,并确定解决问题具体方案,党委书记尤祥礼、总工程师陈德儒参加现场办公会。

5 月 17 日 上海铁路局宣布调整福州地区工程管理体制。上海铁路局副局长傅钦华宣读路局、路局党委关于将福州铁路工程总公司和福州铁路勘测设计院划归福州铁路分局领导的决定,同时宣布人事任免命令。

5 月 20—21 日 上海铁路局局长王兆成等先后到厦门和平码头专用线和厦门站、厦门客技站检查指导工作,听取福州铁路分局和永安车辆段的工作汇报,并对当前安全工作提出要求。

5 月 26 日 福建省副省长黄小晶在福州铁路分局领导黄焕忠、陈德儒、杨炯华陪同下,视察梅坎铁路福建段工程建设情况。

6 月 7 日 福州铁路分局长黄焕忠率有关部门负责人到厦门地区开展现场办公,听取各单位情况汇报,通报当前经营形势和运输生产情况,提出确保"双过半"具体措施。总工程师陈德儒参加现场办公会。

6 月 14—15 日 上海铁路局副局长傅钦华到福州客技站检查指导工作,并参加福州站"三讲"教育民主生活会。

6 月 17—20 日 福建铁路管内普降大雨、暴雨,沿海地区普降暴雨和特大暴雨。受水灾影响,福州铁路分局和泉州公司管内多处线一度中断行车,鹰厦线 8 处、外福线 2 处塌方断道。灾情发生后,福州铁路分局长黄焕忠立即召开领导班子会议,研究制订抢险方案,并率机关人员赴鹰厦线北段组织抢险工作。福州铁路分局副分局长高占元、黄桂章到福州铁路分局调度所组织抢险。福州铁路分局副分局长赵成魁、杨建中分赴永安、厦门地区水害现场组织抢险复旧工作,各有关单位迅速组织劳动力分头投入抢险,并先后开通线路,至 20 日 17:55 线路全面开通。

6 月 19 日 福建省省长习近平、副省长贾锡太先后委托省政府值班室打电话到福州铁路分局值班室,询问水害抢险情况,并提出抢险工作指导性意见。

6 月 25 日 上海铁路局局长王兆成在福州铁路分局黄焕忠分局长陪同下,到鹰厦线 K628 水害工地了解灾情,慰问一线抢修复旧人员,要求对鹰厦线南段的路基病害要有计划地逐年解决。

6 月 26 日 梅坎铁路全线贯通庆典仪式在闽粤交界多宝坑隧道广东一侧举行。铁道部副部长蔡庆华,福建省副省长黄小晶,上海铁路局局长王兆成、副局长傅钦华,福州铁路分局黄焕忠分局长等领导及铁道部、福建省、广东省有关部门的负责人,广铁集团公司、广梅汕公司、沿线地市领导出席庆典。

6 月 30 日 福州铁路分局长黄焕忠率有关部门负责人到福州公安处开展公检法系统现场办公,总工程师陈德儒、总经济师陈林芳参加现场办公会。

7 月 12 日 铁道部公安局、上海局、省公安厅联合召开大会,对被公安部授予全国公安系统一级英模称号的福州站派出所女民警丁榕进行命名表彰。

8 月 16 日 福州铁路分局实现无行车重大、大事故 3200 天。

8 月 23 日 10 号台风在晋江沿海登陆,给福州铁路分局运输生产造成很大影响,漳泉线多处大面积塌方断道,中断行车。福州铁路分局长黄焕忠于台风登陆前即赶赴泉州组织抗台抢险,确定断道抢险期间的客货车运行、货运组织和行车组织方案,并在安溪站成立由泉州公司总经理为总指挥的临时运输指挥部。至29日,漳泉线全线恢复通车。

9月14—16日 梅坎铁路福建段工程初验委员会对梅坎铁路福建段进行初验,确定梅坎铁路福建段46.83千米的新线及相关工程的施工质量总体评定优良。

9月19日 福建省委书记陈明义、省委秘书长黄瑞霖、副省长汪毅夫,福州市委书记何立峰一行在福州铁路分局领导黄焕忠、陈德儒、黄桂章等陪同下察看福州站站房及福州开往南平、黄山的旅客列车,听取黄焕忠分局长就国庆假日列车的组织、开行情况、客流状况及福州站站房改造情况汇报。陈明义书记等领导对福州铁路分局不断适应旅游市场的需求、充分挖掘铁路潜力、积极开行国庆假日列车、满足广大旅客需求表示满意,并要求省市有关部门关心、支持福州站站房改造工作,不断改善省会城市的“窗口”形象。

9月22日 福建省委书记陈明义、省委秘书长黄瑞霖、副省长黄小晶,福州市委书记何立峰一行在福州铁路分局领导陈德儒、杨炯华陪同下,视察樟林站电化技改工程。

9月30日 经铁道部批准梅坎铁路于18:00开通临管运营。

10月6日 福州铁路分局实现劳动安全3900天。

10月10—11日 铁道部总工程师王麟书在路局副局长傅钦华陪同下全线检查外福线电化施工进展情况,并召开外福线电化工程建设汇报会。

10月17日 上海铁路局副局长李庆鸿在福州铁路副分局长杨建中陪同下察看QQS300A中型清筛机在药村至邵武间的清筛作业,并到邵武轨枕厂检查工作。

10月27日 上海铁路局副局长刘涟清分别到来舟站、武夷山公司检查指导工作。

11月9日 上海铁路局副局长龚道增到永安机务段来舟折返段、来舟救援列车和永安救援列车检查指导工作,并参加永安车辆段ISO 9002质量体系认证书颁证仪式。

11月16日 福州铁路分局召开技术创新大会,福州铁路分局长黄焕忠作“实施科教兴局战略,加快技术创新步伐,努力为福州铁路分局跨世纪发展注入不竭的动力”的主题报告。路局副局长管天保参加会议。

11月24日 福州铁路分局实现行车安全3300天。

福州市常务副市长方贤明主持召开解决铁路建设等有关问题协调会,听取福州铁路分局总工程师陈德儒就铁路“十五”及2015年发展规划用地控制、列车开行、福州火车站站房建设、进榕户口指标、外福线电化工程征地、铁路学校移交地方等问题的专题汇报并拟订解决意见。

12月11日 上海铁路局局长陆东福到福州铁路分局检查指导工作,听取福州铁路分局长黄焕忠、党委书记尤祥礼关于福州铁路分局2000年工作情况及2001年工作思路的汇报和武夷山公司就横南线开行客车所做的安全准备工作的汇报,拜会福建省副省长黄小晶,并深入福州车辆段检查工作。

12月14日 福建省委书记宋德福、省长习近平乘K972次列车在福州站候车时听取福州铁路分局长黄焕忠关于春运准备情况、福州站站房改造规划的汇报。

12 月 22 日　外福线电化工程通过上海铁路局组织验收，上海铁路局副局长、外福线电化验交委员会主任傅钦华主持验收工作。

12 月 22—25 日　铁道部组织联合安全评估组由部安监司副司长吕长清率队，对横南铁路进行安全评估，认为南平至上饶段已基本具备开行旅客列车的条件。上海铁路局副局长龚道增、南昌铁路局副局长余卓民、福州铁路副分局长张锡金等参加安全评估。

12 月 26 日　上海铁路局在福州举行外福铁路电气化工程开通庆典，福州铁路分局长黄焕忠主持庆典，铁道部总工程师王麟书、省政府副秘书长卢增荣、路局党委书记王汝宽、福州铁路分局党委书记尤祥礼为外福铁路电气化开通剪彩。

12 月 27 日　铁道部总工程师王麟书、上海铁路局副局长傅钦华到福州工程总公司检查指导工作。

12 月 28 日　福州铁路分局召开运输（春运）工作会议。

2001 年

1 月 8—10 日　上海铁路局副局长龚道增率路局“强基达标”综合检查组对福州铁路分局进行检查。

2 月 1—2 日　上海铁路局工会主席金纪康在福州铁路分局工会主席王龙海陪同下先后到厦门站和厦门工务段检查指导春运工作，慰问一线职工。

2 月 2—4 日　漳泉肖铁路湖泉肖段通过由铁道部等 7 家单位组成的国家验收委员会的验收。

2 月 13 日　上海铁路局副局长龚道增到漳平机务段、漳平供电段检查指导工作。

2 月 14—16 日　梅坎铁路通过由铁道部安监司副司长吕长青率领的部安全评估组的安全评估，具备开行旅客列车的条件。上海铁路局副局长龚道增，广铁（集团）公司副总经理陈章连，福州铁路分局领导黄焕忠、张锡金等参加了评估。

2 月 16 日　上海铁路局党委副书记张双喜、项鼎元到厦门站、厦门水电段、泉州铁路有限责任公司和福州站、福州车辆段、公安处、福州机务段、福州客运段检查指导春运工作。

2 月 19 日　铁道部驻华东安全特派员刘培祯到福州铁路分局检查指导工作，并先后深入福州客运段、泉州铁路有限责任公司检查、调研安全工作。同时，在福州铁路分局副分局长张锡金陪同下到福州机务段、福州车辆段和厦门折返段检查指导工作。

2 月 20—21 日　铁道部总工程师王麟书率铁道部春运工作组到福州铁路分局检查指导春运工作，听取福州铁路分局领导黄焕忠、尤祥礼、黄桂章关于春运工作的汇报，并到福州站检查春运工作。

3 月 1 日　梅坎铁路开通客运。福建、广东两省间广州—厦门、深圳—福州客运径路分别缩短 910 千米和 600 千米。次年 11 月 29 日，梅坎铁路通过国家验收。

3月4日 福州铁路分局实现安全生产3400天。

3月14日 铁道部、福建省、浙江省合资建设温福铁路协议书在北京签署。福建省省长习近平、铁道部部长傅志寰、浙江省省长柴松岳出席签字仪式。

3月19日 福建铁路建设(集团)有限公司举行成立揭牌仪式,福州铁路分局长黄焕忠主持仪式并宣布集团公司成立,上海铁路局副局长俞光耀、福州铁路分局党委书记尤祥礼为集团公司揭牌。

3月28日 中国铁通公司福建分公司举行成立揭牌仪式。福州铁路分局领导黄焕忠、尤祥礼、陈林芳、杨建中参加仪式。

3月28—29日 上海铁路局副局长李庆鸿到福州工务段检查指导工作,并徒步检查外福线K58+900等路基病害点。

3月29—30日 铁道部党性党风集中教育调研指导组组长马俊臣在路局党委副书记项鼎元、福州铁路分局党委副书记俞昌营的陪同下到漳州车务段、厦门疗养院检查指导工作。

4月1—3日 铁道部华东地区安全工作会议在福州召开。铁道部驻南京安全特派员刘培祯,上海、济南铁路局有关部门负责人及所属各分局领导等参加会议。

5月17—19日 全国铁路运输法院院长会议在厦门召开。最高人民法院审监庭副庭长黄尔梅,上海市高等法院党组副书记、常务副院长乔宪志,福建省高等法院副院长刘炎,上海铁路运输中级法院院长王法祥,福州铁路分局党委书记陈为坤等领导到会并讲话。全国各地58位铁路运输法院院长参加会议。

5月25—27日 铁道部安监司副司长吕长青一行分9个专业小组,在上海铁路局副局长龚道增,福州铁路分局领导黄焕忠、张锡金陪同下,对泉州铁路公司运输安全基础工作和开行跨局旅客列车条件进行安全评估,认为漳泉线按目前线路允许速度已基本具备开行跨局旅客列车的条件。

5月29日—6月1日 上海铁路局党委常委、工会主席金纪康率路局党性党风集中教育检查指导组,在福州铁路分局领导俞昌营、王龙海的陪同下,到漳平、永安、南平、邵武地区检查指导党性党风集中教育工作。

6月12日 福州铁路分局实现安全生产3500天。

6月18日 上海铁路局工会主席金纪康在福州铁路分局党委书记陈为坤陪同下,参加永安车辆段党性党风集中教育第三阶段的民主生活会。

6月23—24日 上海铁路局局长陆东福在福州铁路分局领导黄焕忠、陈为坤等陪同下,到福州机务段、福州东站、福建铁路建设集团有限公司慰问一线干部职工,检查安全工作。陆东福局长听取了福州铁路分局长黄焕忠、福州铁路分局党委书记陈为坤的专题工作汇报,并登乘机车检查外福线沿途车站、线路及列车运行情况,对福州铁路分局所取得成绩给予充分肯定。

6月26日 福建省省长习近平,副省长黄小晶、贾锡太到福州铁路分局调研,在听取福州铁路分局党政领导汇报后,对福州铁路分局总体工作给予肯定。

上海铁路局纪检监察案件检查、信访工作座谈会在邵武召开。上海铁路局纪委副书记朱道如作报告，各铁路分局就纪检监察案件检查和信访工作进行了经验交流。福州铁路分局纪委书记阎志华在会上介绍了福州铁路分局开展党风廉政建设和反腐败工作的情况。

8月7日　铁道部副部长孙永福在福建省副省长贾锡太陪同下，到龙岩踏勘赣龙线，部计划司司长曹菁、部建设司负责人杨建兴、部鉴定中心副主任何华武、上海铁路局副局长傅钦华、福州铁路分局长黄焕忠等参加考察。晚上，在福州听取铁四院关于温福线可行性研究的情况汇报，并对温福铁路、赣龙铁路建设提出要求。

8月9日　铁道部副部长孙永福和福建省副省长贾锡太到新店、樟林、马尾对温福线走向及不同的福州既有线接轨方案进行实地考察，并踏勘宁德站建设地址。

8月10日　铁道部副部长孙永福到福州铁路分局调度所检查指导工作，并听取上海铁路局领导陆东福、傅钦华和福州铁路分局黄焕忠分局长的工作汇报。

铁道部、福建省领导就福建铁路建设交换意见，铁道部副部长孙永福、福建省副省长贾锡太分别就赣龙铁路和温福铁路建设提出要求。

8月13日　铁道部在福州召开温福铁路建设座谈会，全国政协委员、福建省政协原主席游德馨等参加会议。

8月20日　福州铁路分局实现安全生产3600天。

8月21日　铁道部副部长王兆成在上海铁路局陆东福局长、福州铁路分局黄焕忠分局长陪同下，视察厦门铁路实业发展有限公司和东山水产基地。

8月26日　福州铁路分局党委召开党员代表大会，选举福州铁路分局党委书记陈为坤、永安机务段副段长黄墀才为中共福建省第七次党代会代表。

8月27—28日　上海铁路局副局长刘建民到福州铁路分局检查工作，并从南平添乘K163次机车到福州，沿途检查道口、施工防护和机车乘务员作业标准化，检查福州车辆段“绿皮车”整治和改造情况，听取福州铁路分局领导张锡金、黄桂章关于福州铁路分局安全专项整治的情况汇报，并到厦门地区检查货运工作，参加上海铁路局在厦门召开的货物运输福州片座谈会。

8月30日　福建省副省长贾锡太到福州铁路分局检查“十一”运输安全生产工作，听取福州铁路分局长黄焕忠关于运输生产、节日安全的工作汇报。

9月6—7日　上海铁路局副局长俞光耀在福州铁路分局副分局长高占元陪同下，先后到福州铁路分局、福州站、福州水电段检查调研，并在福州主持召开厦门铁路实业发展有限公司移交福州铁路分局的会议。

10月3日　上海铁路局副局长俞光耀在福州铁路分局总经济师陈林芳陪同下到武夷山站现场察看国庆期间旅客运输组织工作。

10月11—12日　上海铁路局党委副书记张双喜率路局基层党组织“三个代表”重要思想学习教育活动督导组到福州铁路分局调研指导工作。

10月15—19日 上海铁路局工会主席金纪康到福州铁路分局检查指导安全专项整治工作并到部分站段检查指导工会工作。

10月25—27日 上海铁路局党委书记杜光远到福州铁路分局调研,并在福州铁路分局长黄焕忠、福州铁路分局党委书记陈为坤陪同下拜访福建省委常委、省委秘书长黄瑞霖。路局党委书记杜光远在福州铁路分局党委书记陈为坤陪同下,先后到福州东站、厦门车站调查了解日常运输安全情况,并登乘K176次旅客列车本务机车,察看厦门至郭坑区间的线路状况、行车设备以及道口管理情况。

11月11日 福州铁路分局实现安全生产10周年。

11月13—16日 铁道部计划司副司长黄民率温福线调研组踏勘温福铁路走向及宁德、福安等站点设置和福州地区接轨方案布局情况,并与当地政府领导交换意见。

12月4—5日 上海铁路局副局长龚道增率路局安全生产专项整治验收工作组到福州铁路分局检查工作,听取福州铁路分局领导黄焕忠、张锡金的工作汇报,并深入福州机务段检查工作。

12月7日 上海铁路局党委书记杜光远在福州铁路分局党委书记陈为坤陪同下,从漳平添乘K175次机车到郭坑检查运输安全工作。

12月8日 铁道部、福建省在龙岩市上杭县联合举行赣龙铁路福建段开工动员大会。福建省委书记宋德福宣布开工,省长习近平代表省委、省政府对赣龙铁路开工表示祝贺,铁道部部长傅志寰委托部总工程师王麟书作书面讲话。福建省委常委、副省长黄小晶主持大会。上海铁路局局长陆东福代表建设单位讲话。

12月17日 福建铁路老战士协会成立20周年纪念大会在福州举行。

12月29日 福州铁路分局实现安全生产3700天。

2002年

1月6—8日 上海铁路局工务、电务工作会议在福州召开。上海铁路局副局长李庆鸿到会并提出要求。

1月23日 上海铁路局组织部长会议在厦门召开。上海铁路局党委副书记张双喜到会并提出要求,福州铁路分局党委副书记俞昌营代表福州铁路分局党委到会祝贺。

2月1—9日 铁道部党组成员、政治部主任王宪魁率铁道部春运工作组到福州铁路分局检查指导春运工作。在上海铁路局党委书记杜光远及福州铁路分局领导黄焕忠、陈为坤、高占元、黄桂章等陪同下,王宪魁一行先后到福州站、福州客技站、福州铁路分局调度所、福州机务段、厦门站、厦门水电段、泉州铁路公司等单位检查指导,并看望慰问福州、厦门铁路地区的老劳模、部分烈士家属及特困职工家庭。

2月17—19日 上海铁路局副局长俞光耀先后到厦门站、厦门客技站、福州站、福州机务段和泉州铁路公司检查工作,并听取福州铁路副分局长黄桂章关于春运工作的汇报。

2月26日　上海铁路局副局长傅钦华在福州铁路分局总工程师陈德儒陪同下到龙岩铁路公司检查工作。

2月27日　铁道部副部长蔡庆华率铁道部建设管理司、计划司及鉴定中心负责人，在福建省政府副秘书长卢增荣、上海铁路局副局长傅钦华，福州铁路分局领导黄焕忠、陈德儒，龙岩市委书记张燮飞、市长袁荣祥，福建省地方铁路公司董事长张明炀的陪同下，视察赣龙铁路福建段的蛟洋隧道、山尾旗隧道施工现场。

3月1—2日　上海铁路局副局长俞光耀先后深入福州站、福州铁路中心医院、漳州车务段、厦门站检查指导工作。

3月12日　上海铁路局客运公司福州分公司成立。上海铁路局副局长、客运公司总经理、党委书记刘建民主持会议，上海铁路局局长陆东福、党委副书记张双喜到会并讲话。铁路局领导张双喜、刘建民，福州铁路分局领导黄焕忠、陈为坤为福州客运分公司揭牌。

3月28日　福建省政府为福州铁路分局实现安全生产10周年举行颁奖授匾仪式。

3月28—31日　上海铁路局工会主席俞宝麟在福州铁路分局工会主席朱生垣的陪同下，先后到福建铁路建设(集团)公司、福州建筑段、福州水电段、泉州铁路公司等单位调研。

4月8日　福州铁路分局实现安全生产3800天。

4月19—20日　全国铁路战备工作会议在福州召开。国家交通战备办公室副主任孙凤东、铁道部计划司司长曹菁、上海铁路局副局长刘建民到会并讲话。会议期间，曹菁司长还就福建铁路建设规划、福州站站房改造、更新改造计划安排等听取福州铁路分局总工程师陈德儒的汇报。刘建民副局长还先后到福州客运分公司和泉州铁路公司检查指导工作。

4月24—25日　以刘潮升为组长的铁道部“三个代表”学教活动调研指导组在上海铁路局党委副书记张双喜陪同下到福州铁路分局检查指导工作，听取福州铁路分局党委书记陈为坤的汇报，并到福州生活管理段、漳州车务段等单位检查指导学教工作。

4月26—27日　上海铁路局工会主席俞宝麟率安全生产督查组到福州东站、福州机务段、福州站、福州工务段视察安全大检查活动开展情况。

5月15—16日　福建境内铁路先后发生水害59处，福州铁路分局长黄焕忠，福州铁路副分局长张锡金、黄桂章驻守调度所指挥，福州铁路副分局长高占元、杨建中分别深入现场组织抢险。

5月17日　上海铁路局召开防洪紧急电话会议，局长陆东福传达铁道部领导对防洪抢险工作的指示，向奋战在抢险一线的福州铁路分局广大干部职工表示慰问和敬意。

上海铁路局通报表扬并奖励福州机务段蒋国华机班在南平南至洋丹仔间K31＋900处发现坍体后防止旅客列车颠覆事故。

5月18日　上海铁路局副局长李庆鸿、龚道增分别在外福线和邵武地区检查指导工作。

5月20日　在福建省党员代表会议上，福州铁路分局党委书记陈为坤当选中国共产党第十六次代表大会代表。

7月5日 新建铁路温州—福州段可行性研究通过铁道部技术鉴定和评审,铁道部总工程师王麟书,上海铁路局副局长傅钦华、总工程师杜厚智,福州铁路分局总工程师陈德儒参加评审和鉴定。

7月14日 铁道部总工程师王麟书在上海铁路局副局长傅钦华陪同下到福州铁路分局检查工作。

7月17日 福州铁路分局实现安全生产3900天。

8月1日 武夷山、泉州、龙岩等3家铁路有限责任公司一届九次董事会分别在福州召开。董事长黄焕忠分别与3家铁路有限责任公司总经理签订2002年经营责任状。福建省地方铁路总公司董事长张明炀、上海铁路局副总会计师徐炳耕、福州铁路分局总经济师陈林芳等董事会、监事会成员参加会议。

8月7日 泉州铁路有限责任公司管内山洪暴发造成水害断道,49488次列车2时50分在石砻至泉州西间K146+300处发生机后第7位脱线,8、9位颠覆,福州铁路分局领导黄焕忠、杨建中连夜赶到现场指挥抢险,福州铁路分局领导陈为坤、黄桂章驻守调度所指挥,经抢修于6时15分开通线路。

8月28日 龙岩铁路有限责任公司管内漳龙线象牙村至永定区间K114+450~550处挡墙因水害及工程质量问题开裂外鼓,11时30分封锁区间。福州铁路分局长黄焕忠赶赴现场组织指挥抢险。30日凌晨4时拨道到位,至9月11日抢通线路。

9月30日 上海铁路局党委副书记张双喜率工作组到福州铁路分局检查指导国庆黄金周运输安全工作。

10月1日 福州铁路分局实现劳动安全3周年。

10月1—6日 福州铁路分局党政领导陈为坤、俞昌营、黄桂章等陪同上海铁路局党委领导张双喜、项鼎元先后深入福州站、福州客运分公司、武夷山站、厦门站检查指导假日运输工作。

10月25日 福州铁路分局实现安全生产4000天。

10月31日 上海铁路局党委书记杜光远在福州铁路分局党委书记陈为坤陪同下到福州站检查站房改建工作。

11月6日 福州铁路分局党委书记陈为坤赴北京参加中国共产党第十六次全国代表大会。

11月26日 上海铁路局副局长龚道增到永安杭务段检查工作。

11月27日 上海铁路局局长陆东福在福州铁路分局长黄焕忠陪同下到漳州、杏林、厦门北站、厦门集装箱公司、厦门站开展调研。

11月29日 铁道部副部长王兆成率有关人员在福建省常务副省长黄小晶陪同下现场调研新建铁路福厦线,并参加铁道部、福建省关于铁道建设交换意见会。

梅(州)坎(市)铁路通过国家验收。

12月3日 全国铁路男子篮球赛在福州铁路分局火车头体育馆开幕。

12月16—18日　上海铁路局副局长刘建民到福州铁路分局检查工作，听取福州铁路分局长黄焕忠关于2002年运输工作情况及2003年工作设想的汇报。刘建民副局长参加在福州东站召开的武夷山、龙岩、泉州等3家铁路公司总经理和福州铁路分局部分车务站段长座谈会，并先后到泉州铁路公司、厦门站检查工作。

12月19—20日　上海铁路局党委副书记项鼎元率“双创”（争创党风廉政建设先进单位、创建好班子）检查考核组对福州铁路分局“双创”活动进行检查，肯定福州铁路分局两年来在班子建设、党风廉政建设以及运输生产、企业发展上取得的成绩。

12月25日　福州火车站新站房奠基暨开工动员大会召开，福建省政府副秘书长张志南宣读省政府贺信，福州铁路分局党委书记陈为坤代宣读铁道部贺电，福州市市长练知轩、上海铁路局副局长傅钦华到会讲话。

2003年

1月11日　上海铁路局副局长刘建民到厦门站检查指导春运工作。

1月14日　铁道部运输局田根哲主任率有关人员到福州铁路分局调研。

1月18—19日　上海铁路局党委书记杜光远、副局长俞光耀在福州铁路分局长黄焕忠、福州铁路分局党委书记陈为坤等陪同下，先后到厦门、福州站、福州东站检查指导工作。

1月20日　最高人民检察院检察长韩杼滨在福建省检察院检察长倪英达的陪同下到福州铁路分局视察工作，与在榕的福州铁路分局党政领导及福州铁路分局老领导进行座谈，并到福州铁路检察院看望工作人员。

1月24—26日　铁道部部长傅志寰率铁道部春运工作组在福建省委常委、常务副省长黄小晶，上海铁路局局长陆东福、党委书记杜光远的陪同下，视察福州铁路分局工作。傅部长一行先后视察了赣龙铁路蛟洋隧道工地、梅坎线运营、厦门站和福州站春运工作以及福州铁路分局调度所运输组织、福州客技站车辆整备等情况，听取福州铁路分局长黄焕忠、党委书记陈为坤关于福州铁路分局工作部署及春运情况的汇报。其间，傅志寰还慰问奋战在一线的铁路职工和支援春运工作的武警战士。25日晚，傅志寰与福建省委书记宋德福会晤。

1月27—28日　上海铁路局副局长俞光耀在福州铁路分局党政领导陪同下，先后到福州站、福州机务段、福州东站检查春运工作，并检查福龙客车公司多经工作。

1月29日　福建省副省长李川、省总工会副主席赵志伟在福州铁路分局党政领导陪同下，看望慰问全国劳模、公安部一级英模陈善珉。

2月7—8日　上海铁路局副局长龚道增率节后春运工作组到福州听取福州铁路分局春运及安全工作汇报，并先后到福州站、福州机务段、福州水电段、福州供电分段检查工作。

2月9日　福建省副省长李川到福州铁路分局检查工作，听取福州铁路分局长黄焕忠、党委书记陈为坤关于福州铁路分局整体工作及2003年春运工作情况汇报，转达卢展工省长对铁路广大干部职工的问候，对福州铁路分局多年来为福建省经济发展所作贡献表示感谢，并对铁路工作提出要求。

2月9—14日 上海铁路局副局长龚道增率春运工作组到泉州铁路公司、厦门站、厦门水电段、漳平供电段、漳平机务段、漳平站、龙岩铁路公司、永安机务段、永安车辆段、邵武供电段、邵武机务段、邵武车务段检查指导春运工作。

2月13日 铁道部副部长蔡庆华到龙岩铁路公司检查工作。

2月14日 福建省委书记宋德福到龙岩站检查春运工作。

2月28日 温福铁路福建有限责任公司筹建组揭牌成立。

3月4日 上海铁路局党委书记杜光远到福州铁路分局检查保稳定工作,听取福州铁路分局党委书记陈为坤工作汇报,肯定了福州铁路分局的做法和成效。

3月5日 上海铁路局安全工作会议在福州召开,上海铁路局副局长龚道增参加会议。

3月11日 全国职工思想政治工作研究会副秘书长杨文上在铁道部思研会秘书长焦传斌、福建省委宣传部有关领导的陪同下,到福州铁路分局调研。

3月21日 厦门—三明城际快速旅客列车K872次在厦门站举行首发仪式。

4月3日 上海铁路局国防动员工作会议在厦门召开,铁路局党委副书记张双喜参加会议。

4月15日 上海铁路局副局长李庆鸿率督导组到邵武地区检查督导防洪工作,并在邵武召开外福线大修施工协调会。

4月16—17日 上海铁路局党委副书记项鼎元到福州铁路分局检查安全工作和调研。

4月23日 上海铁路局党委副书记项鼎元到福州铁路分局检查“非典”防范工作。

福州铁路分局长黄焕忠、福州铁路分局党委书记陈为坤召集福州客运分公司、福州铁路分局有关部门和站段主要负责人传达上海铁路局“4.23”防治“非典”紧急电话会议精神,并制定贯彻措施,进一步强化福州铁路分局防治“非典”工作。

福建省委精神文明建设指导办公室、上海铁路局精神文明建设指导办公室授予福州东站“全国创建文明行业先进单位”牌匾。

4月26日 以民政部副部长杨衍银为组长的国务院“非典”防治工作督导组在福建省委副书记黄瑞霖、副省长汪毅夫,厦门市委副书记吴凤章陪同下,到厦门站检查防范“非典”工作。

5月13日 福州铁路分局实现安全生产4200天。

5月18日 闽南至沪、浙城际快速直达货物列车开行仪式在厦门北站举行,福建省经贸委副主任刘炎、福州铁路分局领导黄桂章参加仪式并讲话。

5月24日 福建省省长卢展工在龙岩市委书记张燮飞、市长刘赐贵陪同下到龙岩站检查铁路防治“非典”工作。

6月27日 福建铁路医疗保险制度改革领导小组会议在福州铁路分局召开,会议研究确定2003年7月1日为驻闽铁路运输系统基本医疗保险制度改革启动时间。

7月3日 福州铁路分局召开党政联席(扩大)会议,传达学习全国铁路跨越式发展研讨会和全国铁路运输安全座谈会精神,并提出贯彻措施。

7 月 7—11 日　新建福厦铁路预可行性研究通过中国国际工程咨询公司的现场评估。

8 月 1 日　福州铁路分局实现劳动安全 1400 天。

8 月 5 日　上海铁路局副局长傅钦华在福州铁路分局领导陪同下，检查福州站站房改造工程的安全、质量及施工进度情况。

8 月 5—6 日　龙岩、泉州、武夷山铁路有限责任公司一届十一次董事会分别在福州召开，会议根据铁道部、上海铁路局的推荐提名，选举福州铁路分局长黄桂章担任龙岩、泉州、武夷山铁路有限责任公司董事长。三个公司总经理分别与公司董事长黄桂章签订“2003 年度资产经营责任书”。

8 月 7 日　上海铁路局副局长龚道增到邵武机务段检查工作。

8 月 14 日　铁道部副部长陆东福在上海铁路局领导刘涟清、杜光远、傅钦华及福州铁路分局领导黄桂章、陈为坤和福建省计委、龙岩市政府领导陪同下，检查赣龙线吊钟岩特大桥、蛟洋隧道、古田隧道、松头江特大桥及长汀车站建设工地，并对赣龙铁路建设工作提出要求。

8 月 15 日　上海铁路局局长刘涟清、党委书记杜光远到福州铁路分局听取福州铁路分局长黄桂章、党委书记陈为坤的工作汇报，并到福州站站房改造工地检查建设情况。

同日下午，上海铁路局领导刘涟清、杜光远和福州铁路分局领导黄桂章、陈为坤拜会福建省常务副省长黄小晶，双方就铁路改革发展进行交流。

8 月 18 日　福建首台铁路自动抄平起拨道捣固车投入运用仪式在闽侯站举行。上海铁路局副局长李庆鸿，福州铁路分局长黄桂章、党委书记陈为坤参加剪彩。

8 月 21 日　福州铁路分局实现安全生产 4300 天。

9 月 4 日　上海铁路局副局长俞光耀到福州铁路分局检查指导主辅分离、辅业改制工作。

9 月 7—11 日　上海铁路局副局长龚道增到福州铁路分局检查指导工作。

9 月 12 日　上海铁路局工会主席俞宝麟到福州铁路分局检查工会工作。

9 月 12—14 日　上海铁路局党委书记杜光远在福州铁路分局党委书记陈为坤陪同下先后到厦门、邵武铁路地区调研，听取两地区有关学校、医院等单位干部职工对主辅分离、辅业改制的意见和建议，并就分离改制工作对各单位提出要求。

9 月 15 日　永安铁路中心小学和三明铁路职工子弟学校移交地方政府签约仪式在永安、三明举行。

9 月 25 日　福建省副省长李川在福州铁路分局长黄桂章陪同下到福州站检查“十一”黄金周运输准备情况。

9 月 28—29 日　上海铁路局党委书记杜光远、副局长傅钦华在福州铁路分局党委书记陈为坤的陪同下，分别拜会福建省省长卢展工和龙岩市市长刘赐贵，就赣龙铁路建设和铁路社会职能移交工作作汇报，积极争取地方政府支持铁路主辅分离工作。之后，铁路局党委书记杜光远到厦门站检查“十一”黄金周运输工作。

10月14日 上海铁路局党委副书记张双喜率干部考核组到福州铁路分局对领导班子及成员进行德能勤绩廉考评。

10月20日 邵武大修段Z151型5017号蒸汽轨道起重机挂于41052次货物列车尾部4位,16时16分列车运行在京九线临西—清河城间上行线K362+135处第一轮对脱轨,中断京九线上行正线行车3小时46分,构成行车大事故。

10月21日 福州铁路分局党委书记陈为坤拜会福建省委常委、组织部部长李宏,汇报当前铁路主辅分离的改革情况,并请求省委有关领导协调邵武市加快与福州铁路分局的协商,推进学校、医院移交地方工作的进度。

10月25日 福州铁路分局连续召开党政联席会、"10.20"事故扩大分析会、紧急电话会议,深入反思事故教训,对打好安全翻身仗进行部署,并宣布福州铁路分局对事故的定责意见及对有关单位、部门负责人的处分决定。

10月30日 福州铁路分局党政主要领导拜会福建省委常委、福州市委书记何立峰,汇报福州铁路分局工作和主辅分离推进情况。

11月3日 武夷山、泉州、龙岩铁路有限责任公司董事长、总经理联席会议在福州召开。

11月6日 海沧铁路有限责任公司董事会三届一次会议在福州召开,选举福州铁路分局长黄桂章担任海沧铁路有限责任公司董事长。

11月12日 全国人大代表、福建省人大常委会副主任童万亨、谢先文率全国人大代表、福建人大代表30余人视察龙岩站。

12月12日 铁道部党组成员、全国铁路总工会主席黄四川在上海铁路局领导杜光远、俞宝麟陪同下到福州铁路分局调研。

12月13日 上海铁路局副局长龚道增在福州铁路分局总工程师王秋荣陪同下到福州水电段、福州供电段检查工作。

12月15日 上海铁路局副局长李庆鸿在福州铁路副分局长张锡金陪同下检查外福线K112+208至K112+708段无缝线路铺设工作。

12月16日 铁道部党组成员、全国铁路总工会主席黄四川在福州铁路分局工会主席朱生垣陪同下到泉州铁路公司调研。

12月24日 中共福州铁路分局第七次代表大会在福州召开,福建省委副书记王三运、省委副秘书长阮荣祥、上海铁路局党委书记杜光远、福建省委组织部副部长马兴岚出席会议。朱生垣、张锡金、陈为坤、林奋强、俞建峻、黄桂章、阎志华被选为中共福州铁路分局第七届委员会常委,陈为坤当选为书记,黄桂章、俞建峻当选为副书记。阎志华当选为纪委书记,林灼辉当选为副书记。

12月25日 上海铁路局副局长刘建民在福州铁路分局领导王秋荣陪同下到福州站检查春运准备工作。

12月26日 铁道部副部长胡亚东、铁道部运输局副局长傅选义在上海铁路局领导刘涟清、刘建民和福州铁路分局领导黄桂章、俞昌营、王秋荣的陪同下，先后到福州铁路分局调度所、福州站站房改造工地、福州东站营业大厅、集装箱作业场等处所视察工作。

2004 年

5 月 9 日 福州铁路分局与南昌铁路局合并，福州铁路分局被撤销，南昌铁路局直接管理闽赣两省境内铁路。

7 月 14 日 南昌铁路局代局长黄桂章拜会福建省副省长李川。李川对铁路多年来给予福建省的运力支持和对促进福建省地方经济发展做出的贡献表示感谢，并希望南昌铁路局继续发挥先行官作用，为建设“对外开放、协调发展、全面繁荣”海峡西岸经济区做出新的更大贡献。

7 月 16 日 南昌铁路局与厦门市政府在厦门召开铁路合作建设会议，就海沧铁路产权及港口与铁路合资、前场站扩建及物流园建设和开行市郊列车等有关问题进行磋商并初步达成共识。南昌铁路局代局长黄桂章与厦门市常务副市长丁国炎出席会议，并就铁路局与厦门港联手做大口岸经济，努力打通江西货物的出海通道这一战略构想深入探讨。

8 月 4 日 厦门市政府与南昌铁路局就开展福建海铁联运事宜进行座谈。

8 月 18—20 日 铁道部党组成员、副部长陆东福率部有关司局负责人对赣龙线工程施工建设进行检查。

9 月 14 日 南昌铁路局代局长黄桂章拜会福建省委副书记、常务副省长黄小晶，并作工作汇报。黄小晶对南昌铁路局取得的成绩表示祝贺，并勉励南昌铁路局为福建经济发展做出更大贡献。

10 月 19 日 福建省副省长刘德章到南昌铁路局商谈粮食运输事宜，并转达福建省委代理书记卢展工的问候，对铁路为福建省社会经济发展做出的贡献表达谢意。

10 月 23—24 日 南昌铁路局代局长黄桂章、总会计师熊辉敏在福州出席武夷山、龙岩、泉州公司第二届董事会第一次会议。经各方产权代表推荐选派，组成武夷山、龙岩、泉州铁路有限责任公司第二届董事会，完成董事会换届工作。

11 月 16—17 日 铁道部部长在福州与福建省委书记卢展工、代省长黄小晶等福建省领导，就铁路建设合作进行会谈，签署《关于加快福建铁路建设有关问题的会谈纪要》。

12 月 24 日 温福铁路（福建段）开工典礼在福建太姥山下的畲乡财堡村举行。福建省委书记卢展工、代省长黄小晶，铁道部副部长陆东福，福建省副省长李川，南昌铁路局和温福铁路沿线市、县领导及有关部门负责人出席开工典礼。

12 月 30 日 闽赣第三条铁路大通道——全长 290.1 千米的赣龙铁路全线铺通，于次年 4 月开通运营。

2005 年

1 月 27 日 福建省副省长李川一行到福州站视察春运工作。

1月28日 受中共福建省委书记卢展工、省长黄小晶的委托，由福建省政府副秘书长张志南带领的赴南昌铁路局春节慰问团，看望南昌铁路局干部职工，转达省委、省政府的慰问。

3月9—10日 铁道部副部长陆东福率部有关部门负责人到龙岩检查工作，并召开赣龙铁路建设工作汇报会，听取南昌铁路局情况汇报，并与福建省副省长李川就铁路建设、赣龙铁路"4.1"运营分流等工作进行商谈。

3月15日 铁道部、福建省合资组建东南沿海铁路福建有限责任公司合同书和章程签字仪式在南昌举行。

4月1日 赣龙铁路临管运营开通仪式在龙岩车站举行。10时许，27018次货物列车驶离龙岩站开往赣州东站。铁道部、福建省、江西省有关领导，铁路沿线地方政府和南昌铁路局领导出席仪式。

5月15—18日 福厦铁路现场踏勘和前期工作研讨会在闽召开。南昌铁路局有关领导，部门负责人及中国铁路工程总公司，中国铁道建筑总公司，铁道第一、第二、第四勘测设计院负责人和设计人员近百人参加全线现场踏勘，就该线重点控制工程先行开工方案、标段划分方案、施工组织设计优化方案进行研讨。

5月26日 南昌铁路局局长黄桂章、党委书记吴伟率有关人员拜会福建省人民政府领导，汇报福州分局与南昌铁路局合并一周年的工作情况。

6月10日 东南沿海铁路福建有限责任公司成立大会在福州举行。

6月19日 受福建境内闽江流域暴雨水害及泥石流影响，鹰厦线、外福线、横南线、赣龙线先后多次发生险情，路基坍塌、水淹线路、行车中断、列车停开。经铁路部门抢修后，25日线路恢复正常。

7月1日 福建省副省长苏增添、铁道部副部长卢春房在福州听取东南沿海铁路福建有限责任公司董事长黄桂章和总经理朱惠刚有关温福铁路(福建段)、福厦铁路项目进展情况工作汇报。

7月20日 长67千米，有56个300米小半径曲线的鹰厦线沙县至永安区段，成功铺通无缝线路，开创全国在小半径曲线上铺设无缝线路的先河。

7月25日 福建省政协主席陈明义，福建省委常委、宣传部部长荆福生，福建省副省长李川，福建省政协副主席叶家松一行，在龙岩市领导的陪同下，到龙岩站检查指导工作。现场察看站前广场、候车大厅、贵宾室等作业处所，询问解站房建设的投资情况、客车开行与客流情况，对龙岩站的建设和管理给予高度评价，要求车站坚持以人为本，与时俱进，为旅客提供优质服务。

8月14日 由福建省企业与企业家联合会、南昌铁路局、东南沿海铁路福建有限责任公司联合主办的"海峡两岸纪念抗战胜利60周年名人名家书画邀请展"在福州举行。福建省委书记卢展工、副省长李川等领导出席开展仪式，卢展工为展览剪彩。南昌铁路局局长、东南沿海铁路福建有限责任公司董事长黄桂章代表企业方致辞。

8 月 26 日　温福铁路(福建段)开工建设,计划建设工期 4 年半。

9 月 29 日　铁道部部长在福州会见福建省委书记卢展工、省长黄小晶。福建省委书记卢展工对铁道部长期以来支持福建铁路建设,特别是近年来,福建铁路的立项和建设进展很快表示感谢。

9 月 30 日　福厦铁路开工建设,计划建设工期 4 年。

10 月 11 日　赣龙铁路首次开行客车。

11 月 15—24 日　铁道部《中国铁路教育史》编审会在厦门召开。

12 月 8 日　南昌铁路局向福建省政府移交福州铁路机电学校交接工作仪式在福州举行。

12 月 24—26 日　铁道部党组成员、副部长陆东福,部总工程师何华武率有关部门负责人对向(塘)莆(田)铁路建设进行现场踏勘。在赣闽两省踏勘期间,陆东福分别与江西省省长黄智权、福建省省长黄小晶会谈,听取和征求两省对向莆铁路建设的意见和建议,赣闽两省对两条铁路建设所涉及的一些基本原则达成一致意见。

附录二　重要文献辑录

福建省计委关于梅坎铁路有关问题会议纪要

〔1996〕11 号

1996 年 2 月 27 日上午由省计委主持召开梅坎铁路有关问题协调会，省政府办公厅、省地方铁路总公司、福州铁路分局、龙岩地区计委、龙岩铁路建设开发公司等单位参加了会议，会议就梅坎铁路争取在 1996 年上半年完成组建龙岩合资铁路有限责任公司，1996 年底前正式动工等有关问题进行磋商，并达成一致意见，现将会议确定的有关问题纪要如下：

一、关于组建龙岩合资铁路有限责任公司各方产权代表问题。

与会同志一致认为龙岩铁路有限责任公司应按照《公司法》的规范组建，由部（铁道部）、省（地方铁路总公司）、地（龙岩地区）三方根据出资比例各自委派产权代表参加公司董事会。铁道部已以铁计函〔1996〕53 号文明确上海铁路局为铁道部产权代表，参加组建龙岩铁路有限责任公司并负责对漳平—坎市段国铁以既有线等实物资产出资部分进行资产评估。因此，我省应由省地方铁路总公司为主，协调省、地两方面关系，和上海铁路局共同起草公司组建方案包括经营合同及公司章程等的请求审批报告，争取在 3 月底前完成，报铁道部和福建省人民政府共同审批，并参与漳平—坎市段国铁的资产评估工作。

二、关于梅坎铁路项目资本金问题。

梅坎铁路（福建段）总投资 73340 万元，需注册资本金 22000 万元，其中铁道部承担注册资本金 70%，计 15400 万元，我省承担 30%，计 6600 万元；省承担部分由省、地各 50%，即省出资 3300 万元，龙岩地区出资 3300 万元，分两年（1996 年、1997 年）注入。由于 1996 年两条在建铁路即横南铁路和漳泉肖铁路工程进入冲刺阶段，筹资任务艰巨，铁路附加费每吨千米增加 1 分钱方案尚未出台，省注册资金 1996 年注入有较大难度，因此会议商定：1996 年省注入注册资本金 500 万元，龙岩地区注入注册资本金 2800 万元（含 1995 年投入资金），同时争取铁道部注册资本金按同比例到位。

三、省内各方积极争取铁道部能在 4 月中旬完成梅坎铁路技术设计文件签字审查工作。

四、省地方铁路总公司要将工作中的重大情况及时报告省政府。

福建省人民政府专题会议纪要

〔1996〕53 号

关于研究福建铁路体制改革和温福铁路前期工作的会议纪要

3 月 25 日下午，黄小晶副省长主持省政府专题会议，听取宁德地区行署专员汤金华、副专员龚守栋汇报温福铁路前期工作,施性谋副省长参加了会议。会议进行了讨论,并对组织研究福建铁路体制改革方案的有关工作做了安排。现纪要如下:

一、关于组织研究福建铁路体制改革方案。

会议认为,加快我省铁路建设和发展的根本出路在于改革现有管理体制,根据3月15日铁道部和福建省领导商谈的意见,福建铁路体制改革的指导思想是:政企分开、区域运价、自主经营、自负盈亏、自筹资金、自我发展、自我完善、自我约束,实行部省双重领导、以部为主。我省应围绕这一原则,研究提出具体的改革方案,促进福建铁路体制改革工作。

会议确定,请省政府办公厅郑文辉副主任负责,由省体改委牵头,省计委、建委、经贸委、财政厅、国资局、福州铁路分局、地铁总公司等有关部门参加,组成一个工作小组。在原已研究的福建铁路体制改革方案的基础上,按照部、省领导商谈的精神,进一步修改完善后,提交两个材料:一是提供部、省领导商谈的福建铁路体制改革方案;二是提供给省政府领导的参考材料,其中包括铁路运营成本的测算、实行不同的区域运价方案下的还本付息和筹集新线建设资金情况的测算等。以上两个材料要求在4月15日之前提出方案,省政府将广泛征求意见后于5月份邀请铁道部领导来闽共同商定。

二、关于温福铁路前期工作。

根据3月1—5日铁道部和福建省领导商谈的意见,为了促进项目前期工作,会议确定:由省计委商浙江省计委共同主持,于4月下旬在宁德召开温福铁路项目可研报告的预审会议,邀请国家计委、铁道部等国家有关部门参加。

对温福铁路项目筹资问题,首先应积极争取列入国家合资铁路,并暂按项目资本金占总投资的30%,由铁道部和福建省(包括有关地市)各承担一半,其余投资通过项目融资解决。同时争取吸引外资参与建设。

三、关于安排梅坎铁路动工前的准备工作

会议要求省直有关部门和龙岩地区抓紧工作,按5月份动工的时间表落实各项准备,主要是研究组建合资公司,商议制订公司章程,安排年度计划和资金等,请省政府办公厅近期内安排一次专题会议具体研究落实。

福建省人民政府专题会议纪要

〔1996〕54号

关于研究梅坎铁路动工准备工作有关问题的会议纪要

4月3日下午,黄小晶副省长主持省政府专题会议,听取龙岩地区行署专员游宪生和福州铁路分局副局长陈忠义汇报梅坎铁路动工准备工作安排意见,会议进行了讨论,现纪要如下:

会议认为,根据3月15日省政府领导与铁道部领导商议的意见,梅坎铁路的控制性工程应在5月动工建设,届时铁道部领导将来闽检查指导,我省将向铁道部领导汇报、商谈福建铁路体制改革和有关建设项目等铁路改革和发展的重大问题。为此,省、地有关部门要密切配合,抓紧各项准备工作,确保梅坎铁路控制性工程在5月份铁道部领导来闽时正式动工建设。会议议定了以下事项:

一、尽快落实梅坎铁路业主机构的组建工作。应在4月中旬完成公司章程、合同等文件向省政府、铁道部报批工作,成立公司董事会,组建精干、高效的公司工作机构,办理公司的工商注册登记手续,4月下旬正式挂牌成立。按铁道部及上海铁路局的授权,请福州铁路分局牵头,省地铁总公司和龙岩地区参与工作,抓紧落实。

二、认真做好梅坎铁路技术设计审查工作。由省建委、福州铁路分局、省地铁总公司负责配合铁道部工程技术设计鉴定中心,组织召开4月21日至24日的技术设计审查会,省有关部门应抓紧研究有关设计文件,会务工作由龙岩地区行署负责安排。

三、周密安排控制性工程动工准备工作。会议同意,5月份动工的控制性工程选在坎市路段。请龙岩地区行署立即通知设计单位,尽快提交动工路段的设计文件。项目业主单位和省建委应及早开展梅坎铁路工程招标工作,考虑到控制性工程动工必须与铁道部领导来闽时间相衔接,必要时可以选定路线较短、工程量适当的动工路段,先期组织议标,确保施工队伍按时进场动工建设。请龙岩地区行署负责办理工程征地拆迁等有关工作,为工程动工创造条件。请福州铁路分局负责联系了解铁道部领导来闽的时间安排情况,做好衔接工作。

福建省人民政府专题会议纪要

〔1996〕142号

关于横南铁路现场办公会议纪要

8月5日至7日,王建双常务副省长、黄小晶副省长带领省直有关部门负责同志现场察看了横南铁路南平至建阳段工程建设情况,并召开现场办公会议。会议听取了横南铁路建设指挥部总指挥、南平市刘昌霖副市长关于横南铁路工程建设情况汇报,研究议定了加快横南铁路福建段建设和实现今年临运目标的有关事项。

会议认为,横南铁路作为进出我省铁路的第二通道和国家重点建设项目,在国家有关部门的关心支持和省委、省政府高度重视下,经过省、市各级各部门的共同努力,各参建单位的艰苦奋战,开工建设三年来的进展情况是好的,工程建设已取得了可喜的阶段性成果。会议充分肯定参建的各级、各部门特别是铁路、银行等在支持该项目建设上作出的努力和贡献,南平市各级政府和沿线人民为修建铁路也作出了无私的奉献和牺牲。在横南铁路建设中体现出来的这种团结协作、克服困难、奋勇拼搏的精神要进一步发扬光大。现在,离计划工期全线贯通的时间只剩下一年多了,摆在我们面前的建设任务仍十分艰巨。会议要求各有关方面紧张动员起来,上下一致,再鼓干劲,抓紧下半年施工的黄金季节,加快工程建设步伐,努力完成今年的建设目标,为按时建成一条合格优质的铁路而共同奋斗。下一步工作的具体要求是:

一、关于今年的工期目标。按照年初省委、省政府提出的，省人大常委会通过的横南铁路福建段“铺轨到武夷山、临运到建阳”的总目标，要求在今年12月份完成上述目标，并确定在12月26日举行南平至建阳临运通车仪式。请省建委、南平市会同各建设单位，按这个目标倒计时安排各项建设工作，建立目标责任制，检查督促落实到位。

二、关于临时运营问题。横南铁路南平至建阳段年底实现临运的牵涉面广、任务重、要求高，省直有关部门和南平市各有关方面要高度重视、积极配合，同时请福州铁路分局从现在起介入临运的各项筹备工作。具体任务是：

(一)抓紧研究制定临运方案。临运工作要按照“统一领导、统一运营、统一运价”的原则进行组织，并注意与今后正式营运的体制相衔接，在制定方案过程中，要组织力量到北京、上海等地，向国家有关部门和上海铁路局等交换意见、取得共识。这项工作请省政府副秘书长洪长平负责，福州铁路分局、省地铁总公司、横南指挥部及省直有关部门共同研究，尽快提出切实可行的方案报省政府审定。

(二)尽快组建横南铁路临运协调领导小组，由福州铁路分局为组长单位，牵头并会同省、市有关方面共同做好临运的各项准备工作，要科学安排、合理分工，建立工作责任制，确保临运前线路的必备设施和保障体系到位，实现安全运营。

(三)关于横南线临运价格问题，请南平市物委会同横南铁路指挥部共同研究先拿出意见报省物委，由省物委牵头会同福州铁路分局、省地铁总公司及省有关部门共同研究，提出横南铁路临运价格方案报省政府审定，以保证临运工作顺利进行。

三、关于建设资金问题。

(一)横南铁路福建段调整概算后约有8.24亿元投资缺口，会议研究了以下解决意见：一是积极争取铁道部与我省合资建设横南线，在福建段总投资中争取铁道部安排30%的投资，请省计委会同省地铁总公司等抓紧向上联系，多请示汇报，落实国家计委协调铁道部合资的有关工作；二是要严格控制投资规模，概算不能再突破，请省建委会同省地铁总公司加强施工管理，各建设单位都要严格执行投资概算，不得随意增加项目和敞口花钱，关于站后工程要按照“固本简末，先通后备”的原则，由横南铁路建设指挥部商福州铁路分局有计划地分期分批安排建设，努力降低工程造价；三是抓紧研究提高铁路运价或增加铁路附加费的方案，请省物委牵头会同省计委、财政厅、经贸委和福州铁路分局等部门共同研究，提出有关方案报省政府研究；四是省财政进一步支持横南铁路建设，有关地方税征收返还和预算内安排一部分建设资金的问题，届时请省财政厅研究提出意见报省政府。

(二)关于今年年度投资缺口问题。横南铁路工程建设今年需安排的实际投资约有4.2亿元的缺口，省、市各有关部门要千方百计、多方筹措，最低限度要保证2.5亿元到3亿元资金落实到位：一是请省计委抓紧组织省地铁总公司和横南指挥部向上汇报，落实国家计委追加横南线2亿元的建贷规模；二是省建行、工行和兴业银行等要进一步支持工程周转贷款和短期贷款，解决施工中资金时间差和临时资金周转问题。不足部分，请省财政厅安排周转金以确保工程建设需要。

四、切实抓好铁路建设的工程质量。

省、市有关部门和各参建单位要牢固树立质量意识,对工程质量问题要紧抓不放,确保建成一条优质合格的铁路。一是要健全施工、监理、建设单位三级质量保证体系,对已经出现的病害路段和工点要抓紧整治,不留后患;二是要高度重视安排生产,加大宣传力度,确保施工安全;三是要加强工程监理,明确监理职责,保证监理人员及时到位,横南铁路建设指挥部要与工程监理单位研究完善工程监管办法,并落到实处。以上工作由省建委抓总,横南铁路建设指挥部具体抓落实。

五、完成目标必须建立明确的责任制。

省和南平市各级政府及各有关部门要增强紧迫感并各负其责,确保横南线今年阶段性目标和明年总目标顺利实现。

(一)南平市沿线各级政府分管领导和工程建设各有关单位负责人要确保到位,及时深入施工现场发现和协调解决有关问题,努力创造一个良好的建设环境,保证施工的顺利进行。

(二)质量安全措施要到位。施工单位、监理单位要加强力量,明确责任,确保工程质量和安全施工,发生问题要严肃追究当事人的责任。

(三)省重点办要加强工程进度和资金调度的协调工作,定期向省政府汇报有关工程进展情况;各有关部门要继续做好服务工作,全力以赴及时协调解决横南线工程建设出现的问题;省计委要追踪了解国家有关部委协调横南线投资体制的情况,负责落实国家计委追加安排横南线建贷指标,重要情况和问题及时向省政府报告。

中华人民共和国铁道部
广东省人民政府
福建省人民政府

铁鉴函〔1997〕62号

关于梅州至坎市铁路技术设计的批复

铁道部第四勘测设计院:

你院上报的梅坎铁路技术设计文件(四设二勘设函〔1995〕150号、〔1996〕210号)收悉;铁道部、广东省、福建省1996年4月21日至23日在龙岩市联合召开了技术设计审查会,认为你院在技术设计中贯彻了铁鉴函〔1994〕366号文关于梅坎铁路初步设计的批复。在合理分布分界点,提高输送能力,尤其在青溪水库、松口等线路方案的优化中作了大量工作。在下一阶段设计中,仍应狠抓基础资料,优化线路平纵断面,落实工程措施,严格控制建设规模及工程概算,严格控制用地数量,提高总体性水平。现将技术设计批复如下,请按照执行。

一、运量、行车及站场

(一)运量:初期按客车 3 对、货运年输送能力 400 万吨设计。

(二)行车组织。

1.初期开站:象牙村、永定、仙师、茶阳、大埔、松口、雁洋、梅州东共 8 个车站。

2.缓建车站的线下工程一次建成。

(三)站场。

1.同意梅州区段站的设计,铺正线、到发线 6 条,调车线 4 条,按 15 条道做土方。

2.同意铁山洋区段站的设计,铺正线、到发线 6 条,调车线 5 条,预留 3 条调车线。调车线设减速顶,站场标高优化压低。上述两站预留工程只做土方工程。

3.龙岩北站保留,按 450 米的到发线有效长设计。除股道改造外,不增加其他工程。

4.龙岩西站设正线、到发线 3 条,基本站台、中间站台各 1 座,中间站台外预留 1 条到发线并规划发展用地。

5.永定站改移道路应进一步优化。

6.丙村移站后设 1 条到发线;雁洋站改按 2 条到发线设计。

7. 松口、大埔、仙师、永定各缓建 1 条货场线。

二、线路及轨道

(一)困难地段最小曲线半径不小于 100 米。

(二)办理客货作业的车站工坪坡度不大于 1‰,其他站可按 6‰设计 。

(三)相邻纵断面坡度代数差按不大于 12‰设计。

(四)同意取消蓬棘站采用松南长隧道补充直方案。

(五)同意大坪、湖雷站西移的线路方案。

(六)同意丙村站西移取消青草铺线路方案。

(七)同意三河坝梅江桥比较方案。

(八)同意青溪水库短桥线路方案。

(九)龙岩至坎市既有线改建工程初期缓建。其他同意设计意见。

三、地质路基

(一)施工图阶段进一步加强地质勘查工作,优化设计;减少高填、深挖和高挡墙。一般控制路肩墙、路堤墙高度不超过 12 米,路堑墙高度不超过 15 米。锚杆挡土墙设置应慎重。现场应做锚杆拉拔试验,根据测试数据,修正挡墙设计,确保稳定安全。路基施工图应认真研究施工中必需的安全经济措施,在施工图中作细致的说明。

(二)DK41～DK46、DK49～DK54、DK63～DK80 及松口—梅州段,均有较大断裂平行线路顺河谷发育,要查明其对深挖方工程的影响,采取措施,加强支挡。为保证高挡墙临时开挖边坡在施工时期的稳定,必要时可增加临时锚喷支护,挡护墙间要留足够宽平台。

(三)DK0～DK19 线路通过煤系地层,宜对煤矿开采发展情况进一步了解,对线路压煤地段,提出安全带要求。

(四)严重风化花岗岩地段路基基床可不换填,但对路基边坡要适当加强防冲刷措施。

(五)软土路堤设计除满足稳定性要求之外,后期沉降控制在0.5米之内。

(六)同意既有线K25+740～K25+840滑坡工点在原有支撑渗沟抗滑挡墙基础上,增设一排抗滑桩及在滑坡范围内外增设截、排水沟的整治设计,一次根治,不留后患。

(七)锚杆挂铁丝网喷射混凝土坡面防护中的铁丝网可采用高强度塑料土工网格代替,以降低造价。

(八)同意一般位于低洼地带及水田地段路堤坡脚设置宽1米、高0.5米抬高式护道,但对位于大面积田地段的路堤坡脚可适当设置1米高小浆砌片石脚墙收坡,节约用地和保护坡脚。

(九)路堤填筑必须加强监理工作,严格按照设计及规范有关规定,分层夯实碾压至要求的密度,确保填筑质量。为保证路堤边坡稳定,电缆沟应埋设在路堤坡脚之外。

(十)多宝坑隧道进口。必须先做好改沟排水工程之后,才准开挖路基和隧道施工。

(十一)同意成立3个路基领工区(广东2个,福建1个),以加强路基养护维修工作。

四、桥涵

(一)进一步落实汀江、梅江、石窟河桥址处的通航水位。

(二)原则上同意汀江大桥的设计方案。

(三)梅江三河坝大桥,按补充的与水流流向基本垂直的第1方案,采用32米简支梁桥式优化设计。

(四)梅江西阳大桥,适当调整线位和墩位,使通航孔与水流基本垂直,同意设32米简支梁桥式。

(五)受既有水库和规划水库影响范围的桥梁和桥台锥体,要考虑水库塌岸的影响。

(六)受抚石公路改线影响的永定河4号桥等,要落实公路现状,合理调整设计。

(七)尽量压低罗塘河桥涵高,以减少线路填土高度。

(八)非山区地段,涵洞口周围各50米范围不得施工取土。

(九)龙门溪中桥按排洪设计,不另行考虑道路。

(十)永定河3号,大桥10号、11号墩承台落至地面线下,核查12号墩基础高程。其余季节性河流桥梁,桥墩基础顶面也应落至地面线下。

(十一)溪口大桥,河湾处的1号墩基础适当加深,必要时落至岩面。

(十二)采石场1号、2号大桥要落实桥台处岩石的稳定性。

(十三)取消预留的200座涵洞的数量。

五、隧道

(一)全线隧道斜交洞门较多,施工图设计中应做好以下工作:

1.结合线路平、纵断面的优化,尽量减少隧道与地表斜交程度,改善洞门和洞口段受力条件。

2.结合洞口地形、地貌条件,采取适宜的预加固措施或适当延长明洞。

3. 对黄洲坝等隧道斜洞门或斜切式洞门要将洞边、仰坡的围岩稳定加固与洞门结构统一考虑。

（二）全线应推行锚喷支护作为施工支护，并严格按照锚喷构筑法的要求进行设计、施工，避免大量使用木支撑。施工图设计中应将衬砌、防排水设计和施工支护措施统筹考虑，提出适合本线特点的合理配套的施工方法，指导现场施工。

（三）隧道通过Ⅱ、Ⅲ类软弱围岩地段时，应结合隧道工程地质、水文地质特点和施工条件采取有针对性的预加固措施进行施工，尽量不采用先拱后墙法施工。若采用先拱后墙法施工，应结合隧道具体情况，考虑增加临时横撑、锁脚锚杆、纵向抬梁等措施，防止拱部下沉、开裂。

（四）根据本地区雨量丰沛的特点，取消林坪 1 号、2 号、飞鹅岭、蓬棘 2 号等隧道内的锚喷衬砌设计，改按用锚喷支护做施工支护的模注混凝土。

（五）全线隧道无仰拱地段，隧底铺底厚度不小于 20cm。

（六）隧道内排水盲沟设计中，应对背贴式排水盲沟和弹簧管式排水盲沟进行详细的技术经济比较，在投资相差不大时，可优先采用弹簧管式排水盲沟。

（七）箭滩隧道进口段桥台伸入隧道内，应将桥台与隧道洞口段作为整体结构进行设计，施工不应分别设计，设置隧道扩大段。

（八）永定隧道出口与岐岭公路交叉处明洞设计应结合线路两侧房屋的拆迁和防护比较，研究缩短明洞、改善公路跨越铁路的结构设计，降低公路路面标高减少引道两侧拆迁等因素，并结合线路降坡综合研究，进行优化设计。

（九）多宝坑隧道进、出口施工组织，应结合单面坡的条件，对施工通风、排水和弃碴利用等进行统筹安排，以减少投资。

（十）取消古镇明洞，改按路堑设计。对于学校操场的赔偿问题，请建设单位协助设计部门与地方协商处理。

六、机务

（一）机车交路。

1. 客机车交路。

龙川北机务段担任龙川至漳平及梅州至漳平间客机交路。

漳平机务段担任漳平至龙岩西间客机交路。

2. 货机交路。

龙川北机务段担任梅州至铁山洋坎市间货机交路。

铁山洋、漳平间按内燃机车牵引考虑，漳平机务段担任漳平至铁山洋货机交路。

（二）机务设备。

1. 梅州派驻机车折返段。

同意在梅州站既有机务折返段位置设置派驻机车折返段，既有设备、房屋充分利用，机车整备待班线近期 2 条，远期预留 1 条，整备线路除部分考虑预留双机牵引整备条件外，有效长应压缩,同意整备台位上增设简易整备棚,乙辅修库按一线棚设计,尺寸9米×30米,棚内设2吨起重机1台,柴油库储量3×500立方米,远期预留发展条件。机车转车盘缓上、预留位置,汽车库预留位置,汽车配房仅考虑人员值班及存放必需用品,汽车库化验室房屋面积核减,折返段总平面布置应进一步调整优化。

为补强龙川北机务段检修能力,同意本工程增设机车不落轮旋轮设备1台,小修库内增设5吨桥式起重机。核减机车转车盘1座,机钳间内机床2台。

2.同意坎市机务折返所设计,总平面布置应结合站场调整优化,以节省工程数量。

3.同意铁山洋机务折返段在车站的位置,折返段按内燃设计,机车整备待班近期3条,预留双机牵引及远期相邻线引入扩建条件,同意整备台位上增设简易整备棚,柴油库储量2×60立方米,机车转车盘缓设、预留位置。总平面布置预留远期设置辅修棚条件,汽车配房仅考虑人员值班及存放必需品用房,核减机车转车盘1座及蒸汽整备设备,折返段总平面在本次审查补充资料推荐方案基础上结合站场规划进一步调整优化。

4.同意茶阳站设置摘挂列车机车乘务员换乘所1处。

5.漳平机务段内燃改造不含在本工程中,另行研究解决。

七、车辆

(一)同意梅州、铁山洋两处区段列检所分别按20人/班规模设计,边修线临修棚均为36米×9米。梅州列检所利用既有列检楼房。

(二)永安车辆段增设300米存车线,一次性补助40万元,由路局使用旧轨料包干建成。

八、通信

(一)通信线路。

1.漳平至龙岩至梅州段埋设八芯光缆1条,其中龙岩西通信站至既有龙岩客站通信机械室增加二芯光纤。光缆在各车站环引。另应安排龙岩铁路有限公司通信网进入国铁通信网的相关工程及其费用。

2.铁山洋至龙岩西至梅州埋设7×4×0.9+6×2×0.6长途低频对称电缆1条,其中福建段为充气式,气压维护监测设备接入厦门既有监测中心,广东段为充油式,电缆在各车站环引。

(二)传输设备。

1.近期利用八芯光缆中的四芯光纤开设2个8兆光通信系统,为提高可靠性,通路的分配采用负荷分担方式,终端设备实装数量按近期需要确定。分别在龙岩西、梅州设监控设备。八芯光缆中的另四芯光纤预留,以供将来通信业务发展使用。

2.漳平端的光电传输设备采用既有60伏电源供电。

(三)电话交换。

1.同意龙岩西设500用户线程控电话交换机,暂按接入厦门中心电话所考虑。

2.龙岩西通信站龙岩老客站通信机械室,利用二芯光纤,开设34兆光通信系统(通信机械室端的光、电设备采用既有60伏电源供电)。原200门纵横制电话交换机拆除。既有130

台电话纳入龙岩西新设的500门程控电话交换机。

3.地区电话的安装，只负责本工程新增用户，其余不得纳入。与市话的连接采用自动出、人工入的方式。

(四)无线列调。

1.全线采用TW-43，400兆频段，C制式。频点应与广梅汕既有制式兼容。

2.为满足站车对讲，车站两侧的弱场区，同意设计采用的加设漏泄电缆的方式。

3. 机车电台的配置按运营初期配属机车数量计算。

4.既有漳龙段无线列调为150兆制式，为解决相邻段之间机车套跑问题，可在本线机车上加装150兆机车台，也可在漳龙段各车站上装设400兆地面台，由技术经济比选后，报部核备。

(五)区段通信。

1.同意设置列调、货调及工务电话。为与漳龙段、广梅汕的既有设备一致，本工程新设设备全部采用双音频电话。既有漳龙线的各(养)总机移至龙岩西新通信站。

2. 龙岩西会议电话汇接机改为总机。

3.既有龙岩客站、龙岩北站，以及铁山洋站区段通信分机可分别由光通信系统及7×4×0.9+6×2×0.6电缆引接。

4. 取消确报，分别纳入既有的计算机网。

5.龙岩西的普报接入福州分局既有普报交换机。

6.电力直通电话，采用安装程控电话机解决，取消电力载波机8端。

(六)站场通信。

1.广梅汕公司管内，列检采用通话柱方式。

2.平面调车(含固定配属调机)采用部运输局指定的设备。

3.同意配置公安通信设备，总费用30万元，包干使用，不得调增。

(七)龙岩西通信站核减房屋面积250平方米(核定为450平方米)，梅州机务段无线检修所核减270平方米(核定为270平方米)。

(八)广梅汕公司梅州地区既有通信设施及房屋投资分摊问题。

1.梅州程控电话交换机，用户线按本工程新设电话机数量核定，每线4000元；中继线的数量按本工程新增用户线的四分之一计算，每线4000元。

2.既有电务段办公房屋不分摊，通信站房屋本工程分摊200平方米。

(九)为保证全程网的传输质量，降低工程造价，通信主体设备的选型应通过邀标比选，报部核定。

(十)待龙岩责任有限公司的运输指挥方式确定后，通信网再作必要的修改，报部核备。

八、信号

(一)闭塞。

1.新建梅坎线设计继电半自动闭塞。

2.既有线维持原半自动闭塞。

(二)联锁。

1.新建梅坎线车站设计6502组合架式电气集中。

2.龙岩北至坎市站间既有站按6502组合架式电气集中改造。

3.新建铁山洋站及梅州站两站简易驼峰头部及编组线尾部分路道岔分别纳入该站集中控制,满足单钩溜放作业要求,设计微机联锁。简易驼峰头部设驼峰信号机及调车柱。梅州站利用既有信号楼进行改造。

4.车站联锁道岔定位开口方向应以贯通正线或开通直股为原则进行设计。

5.车站接近区段及站内正线和接发股道移频电码化,机车信号采用通用式。

(三)有人看守道口设计列车接近自动通知信号。

九、电力

(一)设计新建龙岩北10千伏配电所改建在负荷集中的铁山洋站,并减少龙岩北单独馈向铁山洋站的10千伏高压线路工程。

(二)龙岩北、红炭山、富岭、坎市、梅州等既有站电力供应改建工程应与运营单位协商,充分利用既有供电设施,节省投资。并减少在新建10千伏贯通线路上接取负荷,提高供电质量。

(三)梅州既有10千伏配电所新增供梅坎线的馈出设施应与运营单位协商确定。为完善其第二电源,本工程列投资50万元予以补助,由建设单位包干完成。

(四)应按审查核定的意见,在施工设计中调整供电设施、台数及规格,核减10千伏高压架空线路20千米;并将工程量及投资汇总报部。

十、给排水、环保

(一)铁山洋站。

1.同意本站采用深井水源方案,由车站至折返段的管路,按扬水管计算核减管径。

2.优化给水所总平面布置,占地面积不超过1600平方米。

(二)坎市站:对既有水源的水质、水量作进一步调查后提出方案,报部审查。

(三)同意大埔给水所净水器改为20M/h两台。

(四)梅州站。

1.在城市排水管网未建成前,同意车站废水处理后就近排入沟渠内,但管网应按将来排入城市下水道合理布置。

2.同意本线新增工程上水在广梅汕工程既有管网引接,水源部分(含水源头部,一级扬水管、水处理厂)投资,按两工程设计用水量分劈。

(五)取消沿线卫生所废水消毒设施及相关的定员、房屋。

(六)同意适当增强水道工区的检修设备。

(七)本线污水处理等环境保护措施,按国家环保局"环监〔1995〕264号"文及铁道部"铁计函〔1995〕137号"文要求执行。

十一、房建

(一)生产房屋根据各专业审查意见进行修改调整。相邻近的生产房屋应合建综合楼,中间站基本上按合建1栋行车、客货运及电务用房楼和1栋工务用房楼考虑。并结合地形高低错落布置,以节省土石方工程。

1.旅客站房按以下建筑面积规模建设:①龙岩西(3000平方米);②坎市(1000平方米);③永定(1000平方米);④仙师(250平方米);⑤茶阳(520平方米);⑥大埔(1000平方米);⑦水兴口(250平方米);⑧松口(520平方米);⑨雁洋(250平方米);⑩梅州东(250平方米);其余随运输发展需要再行建设。

2.坎市、永定、大埔旅客站房内广播机械室各按15平方米考虑,龙岩西不单独计列广播机械室面积,融入站房面积内。

3.梅州不新增设车务段办公楼、汽车库、乘楼等房屋。

4.中间站车务用房中考虑供行车人员上下班间休用房,每站30平方米。

5.龙岩西及坎市、永定、大埔等站客运办公室用房不单独计列,融入站房面积内。

6.考虑用临时工,装卸间休息室按每站175平方米考虑。

7.全线货物仓库按缓建厂考虑。

8.机务段内不计列自行车棚面积,与机务专业进一步核定近期乘务员公寓面积。

9.公安派出所内考虑设伙食团用房30平方米,中间站驻站民警用房按每站24平方米里外间考虑,与车务用房合建。同意铁山洋区段站增260平方米公安用房,由龙岩西派出所管辖。

(二)同意职工住宅及文教卫生福利;房屋集中于龙岩、坎市、永定、梅州等地修建。

1.地区食堂、招待所、锅炉房,按使用要求集中设计。

2.本工程不考虑设铁山洋、梅州生活供应站。

(三)同意暖通、空调、室内给排水设计。梅州站房内站长及会议室空调不在本工程中单独考虑。

(四)一般生产办公房屋及生活房屋均采用砖混结构。旅客站房等公共建筑外墙面可按贴面砖考虑,内外装修不得使用花岗石、大理石面材,不设自动扶梯、电梯、空调,超出建筑规模及装修标准的费用,均由动议单位承担。

(五)洽龙岩地区城市规划部门考虑铁路运输发展需要,适当规划预留铁路生产、生活房屋扩建用地。

(六)梅州军供站按1500平方米考虑。同意梅州军用站台上增设军用备品库100平方米。

(七)龙岩(西)站房扩大规模的地方投资部分,待与地方政府办妥协议后,进行设计,待地方投资到位后方可建设。

(八)核定面积为10.5万平方米,其中生产房屋5.4万平方米,生活房屋5.1万平方米。

(九)梅坎铁路责任有限公司生产管理运输指挥中心房屋和基地待公司成立后再行确定。

十二、施工组织、概算

(一)同意设计按总工期3年安排施工。同意分别于坎市、梅州站设工地材料厂各1处,分别于铁山洋、梅州站新建股道上设轨节拼装厂、存梁厂各1处,取消梅州轨排换装站。

(二)同意坎市至梅州设计的临时运输便道、临时电力、通信干线的设置意见。临时通信干线按1铜3铁标准设计,指标控制在2万元/千米以内。

(三)工程所需要钢筋混凝土梁和轨枕的供应按如下考虑:福建省范围梁由贵溪和吉安梁厂供应;轨枕由邵武厂供应;广东省范围梁由株洲厂供应,轨枕由常平厂供应。其余地方供应,价格如低于上述厂家,按实予以调整。

(四)沿线当地建筑材料较为丰富,商请地方政府有关部门本着支援铁路建设,繁荣地方经济的原则,根据工程的需要,组织开采供应,价格按设计所确定的严格控制。

(五)对于地处两省交界的多宝坑隧道的施工,按便于组织施工,充分利用弃碴,节约投资的原则,由两建设单位协商,统筹考虑。

(六)同意设计采用的主要概算编制原则,即路基土石方附属工程、小桥涵、房屋工程按地方铁路编制办法编制,其他工程按国家铁路工程概算编制办法编制。按地方铁路编制办法编制概算的工程,其人工费标准可分别按两省现行的行业工费标准进行调整。

(七)原则上同意设计采用的概算编制定额。对于隧道工程,按部新颁定额编制概算。

(八)本线的生产、生活房屋及其附属工程按830元/平方米(均含其相应附属工程)由两建设单位包干建设,对于加大规模和提高标准而增加的费用,由动议单位负担,概算不再调整。

(九)征用土地补偿费,按省部协议精神,福建省6000元/亩、广东省7800元/亩(均含土地补偿费、安置补偿费、青苗补偿费、地面附着物补偿费、菜地开发基金、耕地占用税及手续费等),由地方政府包干,统一办理,概算不再调整;其他建筑物的拆迁补偿根据调查的数量及地方政府的有关文件精神,仅对其被拆建筑物补偿,其他附带的一切费用不予考虑。

(十)同意设计采用的施工用水、施工用电单价,即水0.30元/吨,电:福建0.60元/度、广东0.63元/度,同意设计的汽车运输单价0.66元/(吨·千米)。水、电及汽车运输单价,概算不再调整。

(十一)同意设计概算按部省有关文件调整至1995年底水平。路基土石方及附属工程的施工方法及采用的概算定额,结合地形条件,尽量做到经济可行。

(十二)机车车辆购置费,铺底流动资金暂不纳入概算;考虑到铁道部、福建省批准成立福建省龙岩铁路有限公司,为保证业务工作正常开展,在概算中暂列基地建设费500万元。

(十三)为保证工程顺利进行,降低造价,应充分利用沿线的符合施工资质要求的地方施工队伍参加。

(十四)同意概算中暂列施工监理费540万元。

(十五)建设期贷款利息20000万元(福建省范围7150万元,广东省范围12850万元)。

(十六)核定本工程勘测设计费为3893万元(不含前期费用),其中福建省范围为1513万元,广东省范围2350万元。

(十七)核定梅坎铁路技术设计修正总概算为261970万元(含工程造价增长预留费17060万元),其中福建省范围92760万元(含工程造价增长预留费5880万元),广东省范围内169210万元(含工程造价增长预留费11180万元)。

（十八）设计单位认真做好施工图阶段的优化工作，严格控制投资政策性变化及Ⅰ类变更设计单独审批调整概算外，其他费用均不予调整。设计单位编制施工图投资检算报部核备。

中华人民共和国铁道部
一九九七年三月五日

厦门市人民政府专题会议纪要

〔1997〕064 号

关于海沧铁路建设的会议纪要

1997 年 5 月 25 日厦门市人民政府副市长叶天捷、上海铁路局副局长刘涟清在厦门宾馆就建设厦门海沧铁路的原则事项进行会商。现将会商意见纪要如下：

一、双方一致认为：为了适应厦门特区的经济发展，促进海峡两岸直接“三通”，扩大两岸经贸交流，进一步加强厦门与内地的经济联系，充分发挥厦门港口的辐射功能，以及加强国防建设的需要，双方本着积极的态度投入厦门海沧铁路的建设，促成该铁路早日建成。

二、海沧铁路建设资金的主要部分由厦门市政府负责筹措，上海铁路局承担线上料及其余不足部分。厦门市具体投资数额待初步设计审定后确定。资金拨付可视工程进度分步到位。

三、双方商定，委托福州铁路分局负责海沧铁路的设计、建设、监理和管理工作。由福州铁路分局组建工程建设公司，行使项目法人责任。工程施工按厦门市政府有关规定实行招投标。工程的征地拆迁工作由厦门市政府负责实施，其费用按审定的概算包干。

四、海沧铁路建设，按总体设计先通后备、逐步完善的原则进行设计，尽可能节约投资。工程可行性研究报告，由厦门市计委尽快主持审定，铁路部门积极配合。为了尽快发挥投资效益，厦门市政府将责成有关单位抓好港区及其他接轨单位的线路同步建设。

五、海沧铁路建设竣工后，其全部资产无偿移交上海铁路局。由上海铁路局委托福州铁路分局组建厦门海沧铁路有限公司，负责该铁路的运营管理，自主经营，自负盈亏。厦门市政府将对公司的组建给予支持。

六、海沧铁路在建设和运营期间，享受厦门经济特区有关税、费的优惠政策。上海铁路局在该铁路的接轨及运输组织等方面给予支持。该铁路运营可实行特殊运价，具体运价由公司报厦门市物价局批准后实施。

七、为加快海沧铁路建设，双方商定成立海沧铁路建设协调领导小组，负责协调解决铁路建设中的有关问题。组长由厦门市人民政府副市长叶天捷担任，副组长由海沧管委会副主任邹品柱、福州铁路分局总工程师陈德儒担任。

八、本着上述精神，厦门市政府委托海沧管委会，上海铁路局委托福州铁路分局，就落实纪要有关事宜进一步具体商谈。

福建省人民政府专题会议纪要

〔1997〕121 号

关于研究横南铁路体制及超概算资金筹集有关问题的会议纪要

7 月 4 日上午,洪长平副秘书长受省政府领导委托,主持召开专题会议,研究横南铁路体制及超概算资金筹集有关问题。王建双常务副省长、黄小晶副省长参加了会议。会议分别听取了省体改委陈桦副主任、省计委卢增荣副主任关于横南铁路体制问题和超概算资金筹集等问题的汇报。会议纪要如下:

会议认为,香港回归祖国,将给闽台两岸关系带来重大与深远的影响,我们应紧紧抓住这个有利时机,充分发挥我省的区位优势,大力拓展闽台合作与交流,加快闽台直航步伐,完善和扩大口岸辐射功能,吸引内地出口货源,形成内外物资顺畅流通的大口岸经贸发展格局。要积极争取铁道部的支持,加快横南铁路的建设,并尽快投入营运,提高经济效益。

一、关于横南铁路体制问题。省体改委汇报的横南铁路体制意见,思路比较明确。请省体改委牵头,有关部门参加,按以下原则再做进一步修改:第一,合资公司要按《中华人民共和国公司法》组建规范化公司。第二,按照建立现代企业制度要求,争取铁道部将福州铁路分局改制为国有独资有限责任公司。第三,以横南线(含江西段)全线进行组建合资公司。第四,部省按实际已投入的资金作为资本金。第五,以此测算双方的股比。其余贷款部分的资金,由合资公司承担其债务,并由部省分别授权的独资公司按投资股比分别承担各自的担保责任。对于运价问题,请再进行具体测算。

横南铁路投资概算调整要严格控制。请省计委、省建委对合理且确实需要增加的投资,该调整的调整;对不合理增加的投资,坚决不能调整。

二、关于梅坎铁路建设问题。请省计委和省地铁总公司认真准备项目前期工作完成情况、具体开工建设计划、形象进度、资金需求及筹资来源等汇报材料,向拟召开的一部两省会议汇报,争取今年开工建设。

三、关于福温铁路项目,同意由省计委安排有关部门,先抓紧进行航测等前期准备工作。

四、关于赣龙铁路延伸至厦门问题,请省计委与厦门市联系,请厦门市为主负责开展其项目的前期工作,并列出时间表。对新线建设或老线改造进行方案比选后,再进一步研究确定。

福建省人民政府专题会议纪要

〔1997〕167 号

关于研究漳泉肖铁路体制有关问题的会议纪要

8 月 19 日上午,黄小晶副省长主持召开省政府专题会议,听取省体改委陈桦副主任关于漳泉肖铁路运营管理体制有关问题的情况汇报,并进行了讨论研究。

会议认为,由省体改委牵头拟定的漳泉肖铁路有限责任公司的初步方案,经过多次讨论研究,基本可行。请根据有关部门提出的意见,对方案再做进一步修改完善,尽快提交省长办公会议研究审定。会议议定了以下事项:

一、投资概算问题。请省计委、建委牵头,组织有关部门对漳泉肖铁路建设资金调概进行审查,并按要求请审计部门进行审计。

二、关于公司投资主体,省政府授权省地方铁路建设开发总公司为福建省产权代表。

三、关于公司的资本金构成,请省体改委和地铁总公司,按照第一个方案继续与铁道部有关方面进行商谈。在商谈中要阐明以下观点:第一,为加快合资公司的设立,部省双方的出资额应以清产核资数加以适当修正后予以确认;第二,沿线各级政府和群众为支持铁路建设做出了很大的贡献;第三,鉴于既有线与新线的设计牵引能力不匹配,目前尚不具备成立合资公司的资产条件,拟请铁道部给予积极支持,帮助解决未到位的1.9亿元既有线技改资金问题,并做出相应承诺尽早投入。

四、关于日元贷款贴息问题,省里已确定有关原则意见,但在商谈过程中暂不明确。

五、关于泉州市提出的有关问题:(一)肖厝支线到秀屿港码头和后渚港专用线到后渚港码头两条连接线建设问题,请省计委按照基建程序研究答复。(二)铁路建设人员安置问题,原则上应由合资公司研究确定,但考虑到工作衔接和稳定的关系,建议适当予以照顾。以上两个问题应向省长办公会议报告。

福建省人民政府关于漳泉肖铁路湖泉肖段肖厝支线建设用地的批复

(闽政〔1998〕83号)

泉州市人民政府:

泉政〔1997〕165号文收悉。经研究,同意征用你市肖厝山腰镇耕地8.6241公顷、非耕地0.4652公顷,南埔镇耕地9.79公顷、非耕地0.847公顷,共计土地19.7263公顷(其中耕地18.4141公顷),作为省重点建设项目漳泉肖铁路湖泉肖段肖厝支线建设用地。建设单位应按规定缴纳有关税费。

该项目属划拨用地,土地使用权不得转让、出租和抵押,不得改变土地用途。泉州市人民政府应切实做好被征地单位及群众的生产、生活安置工作。该项目用地计入泉州市一九九七年度建设用地计划。占用基本农田保护区耕地5.76公顷,你市应尽快补足征用土地的具体手续,由泉州市人民政府负责办理。

福建省人民政府

一九九八年三月十六日

厦门海沧铁路支线工程可行性研究报告审查会议纪要

1998年4月16日省计委在福州主持召开厦门海沧铁路支线工程可行性研究报告审查会。参加会议的单位有:省政府办公厅,省建委,经贸委,土地局,环保局,省地方铁路建设开发总公司,福州铁路分局,厦门市政府、计委、土地局、海沧管委会,漳州市政府、计委、建委、环保局,龙海市政府,角美镇事业单位的领导,代表共36人。会议听取了铁道部第四设计院关于"厦门海沧铁路支线工程可行性研究报告"的情况介绍,厦门市计委关于海沧铁路支线专家评审意见的介绍,并进行了认真的审查讨论,现将会议主要意见纪要如下:

一、建设的必要性。

海沧区是厦门市规划建设的台商投资区,海沧铁路的建设,对于缓解海沧地区铁路交通相对滞后的矛盾,进一步提高海沧港区的集疏运能力,改善海沧地区的投资环境,加快厦门特区经济发展,促进海峡两岸"三通"以及加强国防建设都具有十分重要的意义。因此建设海沧铁路是必要的。

二、建设方案、规模和标准。

会议同意由专家推荐的线路走向方案,即由鹰厦线东孚站接轨经角美中学南侧,沿老路基至龙头山开发区,经塘门村西跨角嵩公路,再沿老路基至白礁设港湾工业站,再向东经内坑村、涵头村至澳头村的海沧港区。线路全长17.5千米。

会议同意工程可行性研究报告选用的技术标准,全线按二级工业企业专用线标准建设,单线,限制坡度6‰,最小曲线半径为600米,内燃牵引,牵引定数3000吨,继电半自动闭塞。

三、总投资及资金来源。

同意项目按代管方案,总投资为1.81亿元。资金来源:路基等下部工程由厦门海沧管委会自筹,线上料等由上海铁路局承担。

四、建设工期1年4个月,1998年6月至1999年10月建成。

五、经济效益分析。

原则同意报告提出的经济效益评价。

六、经营管理方式。

海沧铁路为厦门市与铁路部门的共建项目,由福州铁路分局组建工程建设公司,行使项目法人责任。根据厦门市要求,海沧铁路建成后,其全部资产无偿移交上海铁路局,由上海铁路局委托福州铁路分局组建厦门海沧铁路有限公司,负责该铁路的运营管理,自主经营,自负盈亏。

七、其他。

1.请业主单位加快环评报告进度,在下阶段初步设计中,尤其对白礁站的环境保护提出有关措施。

2. 海沧铁路支线已列为1998年全省重点建设项目，请项目业主抓紧做好各项前期工作，办理征地拆迁手续，在征地拆迁中，漳州市应尽力给予配合，争取在1999年10月前建成，向国庆50周年献礼。

福建省计划委员会关于海沧铁路支线工程可行性研究报告(代立项)的批复

闽计交〔1998〕073号

厦门市计委：

你委《关于审批厦门海沧铁路工程可行性研究报告的请示》(厦计投资〔1998〕097号)收悉。为适应厦门经济特区的发展，促进海峡两岸直接“三通”，扩大两岸经贸交流，进一步加强厦门与内地的经济联系，以及加强国防建设，同意建设厦门海沧铁路支线。我委于1998年4月16日在福州召开了厦门海沧铁路工程可行性研究报告(代立项)审查会，并通过了会议纪要。海沧铁路建设规模、投资及资金来源，按会议纪要执行，请你委抓紧做好各项前期工作。

福建省计划委员会

一九九八年四月十七日

福建省人民政府关于省重点工程漳泉铁路肖厝支线建设征用土地的批复

(闽政〔1998〕95号)

泉州市人民政府：

泉政〔1998〕地10号收悉。经研究，同意征用肖厝南埔镇施厝村及邱厝村耕地7.0811公顷、宅基地0.3262公顷、河流0.052公顷，共计土地7.4593公顷，作为省重点工程漳泉铁路肖厝支线ZDIK7＋00～ZDIK9＋330路段建设用地。建设单位应按规定缴纳有关税费。

泉州市人民政府应切实做好被征地单位和群众的生产、生活安置工作。

该项用地计入泉州市一九九八年度建设用地计划。

征用土地的具体手续，由泉州市人民政府负责办理。

福建省人民政府

一九九八年五月十八日

福建省人民政府专题会议纪要

〔1998〕80 号

关于研究省地方铁路有关问题的会议纪要

5 月 22 日下午，张志清、徐谦副秘书长受省政府领导委托，主持召开省政府专题会议，研究我省地方铁路建设和体制有关问题。会议听取省地方铁路建设开发总公司张明炀董事长的汇报，并进行了讨论研究。会议纪要如下：

会议认为，省地铁总公司自 1993 年成立以来，按照铁路投资体制改革和省委、省政府的要求，积极配合有关部门做好我省地方铁路规划和项目前期工作，较好地承担了组织建设横南、漳泉肖两条铁路的任务，为我省铁路建设取得阶段性成果作出了贡献。但也必须看到，随着投资体制改革的深化，铁路建设出现了新情况和新问题，同时，今年国家决定加快铁路建设，为我省发展铁路带来了新的机遇和挑战。为此，要抓紧研究我省铁路在投资和管理体制等方面的改革方案和政策措施，理顺关系，加大投入，加快发展。会议对若干问题提出以下意见：

一、关于地铁总公司体制问题。请省体改委牵头，召集省编办、国资局和地铁总公司，就公司的名称、性质、隶属关系、主要职责、组织形式、人事管理、资金来源以及优惠政策等方面，尽快研究提出方案向省政府专题汇报。具体由省政府办公厅联系并组织落实。

二、关于横南、漳泉肖铁路资金问题。第一，要把两条铁路的资金缺口情况再作进一步核实，对目前存在的投资缺口，提出切合实际、可操作性的解决方案报省政府；第二，要对铁路建设附加费的征收和支付情况作出核账并报告，以便统筹考虑明年初到期兑付的第二期债券本息 2.98 亿元的资金问题；第三，有关漳泉肖铁路扫尾工程 1.75 亿元建行贷款的担保问题，由省地铁总公司负责办理担保手续。以上各项请省地铁总公司联系各有关部门落实。

三、关于新线建设问题。目前，正在进行的赣龙、温福铁路项目前期工作，要争取列入国家“九五”或“十五”计划。今后新线建设、运营管理都要以国铁为主，由国铁控股，地方主要是参股投资，配合建设。

四、关于省地铁总公司新建办公楼追补基建款和装修经费问题，请省计委、建委审核后提出意见。

五、原则同意省地铁总公司参与合资购置全空调软座客车，经营福州—武夷山—厦门特快列车。

福建省人民政府专题会议纪要

〔1998〕110 号

关于研究福建铁路建设有关问题的会议纪要

6 月 26 日下午，朱亚衍副省长主持召开省政府专题会议，研究我省铁路建设有关问题。会

议吸取了省地铁总公司关于福建铁路建设有关情况的汇报,并进行讨论研究。现纪要如下:

关于铁路工程建设有关问题。会议认为,我省梅坎铁路、横南铁路和漳泉肖铁路肖厝及后渚支线,均列入中央和省年度计划的重点项目,其中横南铁路和漳泉肖铁路肖厝及后渚支线是今年要建成投产项目。各业主单位和有关方面要以高度负责的态度,密切配合,按照年度计划的要求,抓紧组织实施。省地铁总公司要认真履行职责,每月向有关部门报送工程简报,内容包括项目的工程进度、资金到位情况、存在问题以及需要协调的有关事项等。

(一)梅坎铁路。作为全省今年"重中之重"的建设项目,当前要抓紧做好以下工作:一是征地拆迁,总的要求是在不突破原来核定的补偿标准的前提下,由省地铁总公司、龙岩市政府负责做好具体工作的督促落实;二是由省财政安排的资本金部分,请省财政厅根据工程建设进度,在 11 月前予以划拨;三是从实际出发,参照广东方面的工程建设进度,可适度超前,及时调整今年我省的投资计划,以发挥最佳投资效益。

(二)横南铁路。按照国家计划要求,该项目今年要全部建成投产。在工程建设计划中要考虑今年"6·22"水灾造成的损失。当前要尽快解决两个问题:一是加强收尾工程中各项目的监督检查工作;二是申请建行追加的 1.945 亿元贷款,有关还款保证问题,凡属省级承担的债得到了铁道部、上海铁路局等的大力支持,取得了很大成绩,并开征了铁路建设附加费。目前附加费遇到两个问题:一是国务院已正式下文,对征收时间和范围作了限制;二是附加费的使用出现短账。为此,按照省政府专题会议纪要(〔1998〕80 号)精神,请省地铁总公司为主,省计委和省财政厅予以配合,抓紧做好以下几项工作:第一,抓紧清理债权债务和收支情况,同时要列出每年、月还债的本息数量;第二,在 7 月份研究提出附加费只能收取到 2001 年 3 月或再延长收取一段时间的两个债务清偿方案。同时,积极配合省物委在适当的时间,向国家计委提出延长收取时间的要求。

(三)请省政府办公厅负责体制方案和债务清偿方案的督促落实,并安排向省长办公会议汇报。

福建省人民政府专题会议纪要

〔1998〕164 号

关于研究我省铁路建设资本金的债务清偿问题的会议纪要

8 月 19 日下午,朱亚衍副省长主持召开省政府专题会议,研究今明两年我省铁路建设资本金的债务清偿问题。会议听取了省地方铁路建设开发总公司张明炀董事长的汇报,讨论研究了有关问题。现纪要如下:

会议认为,今明两年是我省铁路建设资本金偿债高峰期,除将已收的附加费余额和当年可收的附加费全部投入,并提前使用 2000 年和 2001 年征收的附加费外,横南铁路和漳泉肖铁路的资本金有约 3 亿元的资金缺口。为此,会议研究提出以下解决方案:

一、今年年底须筹措用于还贷的资金除国家第二批安排的国债承诺的 1 亿元建设债券外,其差额部分,用2001年前可征收的附加费作为还款保证,向建行贷款。具体手续请省地铁总公司与省建行协商,并请省财政厅予以协助。

二、明年年底须偿付的债务,在考虑好资金来源的前提下,也可采取向建行融资的办法。由于明年举债缺少还款保证,省地铁总公司应会同有关部门尽早研究担保办法:一是考虑用路权做担保;二是考虑由省投资担保公司担保。

三、在安排清偿今明两年债务的同时,应着手研究3亿元资本金缺口的出路问题。总的原则是财政、计委每年安排一块,并从预算外资金中集中一部分用于偿债。打算从明年起,用不超过4年的时间解决这个问题。

四、省地铁总公司要加强对债权、债务的管理,属于合资公司的融资部分,清理后要尽快转移到合资公司,以利于分清各自的职责,进一步加强经营管理。

中华人民共和国铁道部

铁运函〔1998〕359号

关于横南线实行分流运输的通知

上海、南昌铁路局,武夷山铁路有限责任公司:

为发挥横南线的投资效益和在路网中的作用,扩大进出福建的运输能力,铁道部组织南昌、上海铁路局及武夷山铁路有限责任公司(简称武夷山公司,下同)研究确定了横南线分流运输的有关事项,现通知如下:

一、分流运输日期

横南线自1998年2月26日起实行货物分流运输,为保证分流运输的顺利实施,决定1998年12月20日起进行横南线货物列车试运行。

二、分界站设置

上海铁路局(武夷山公司)与南昌铁路局的分界站定为永平站(归属南昌局管辖),为跨局分界口;武夷山公司与福州铁路分局的分界站定为南平南站(归属福州铁路分局管辖)。

三、车流经路

1.横南线暂不办理全路直通货物运输和超限、活口、加冰保温车、军用物资的运输。

2.凡经鹰潭支点装到外福线福州东及福马支线各站的重车改经横南线运输。

3.外福线南平南至福州东及福马支线各站装到鹰潭及其以远的重车改经横南线运输。

4.经余家分界口运输的货运“五定”班列仍维持现行径路不变。

四、货物列车编组计划

永平分界口:

1.南昌铁路局交上海铁路局。

发站鹰潭,到站福州东,编组内容为福州东及其以远,直通列车。

2. 上海铁路局交南昌铁路局。

发站福州东，到站鹰潭，编组内容为鹰潭及其以远和空车不分组，直通列车，南平南补轴。

五、列车运行图

1. 列车运行方向。横峰至南平南为下行方向，反之为上行方向。

2. 列车对数。横南线暂不开行跨局直通旅客列车，永平分界口暂定直通货物列车 4 对，车次为：2911—2918 次。

3. 货物列车牵引定数及换长。由于南平南站场工程尚未完工，不具备改编条件，永平分界口货物列车牵引定数暂定为 2800 吨，列车换长 50.0 米。

4. 有关运行图各项技术资料由上海铁路局、南昌铁路局、武夷山公司相互交换，并报部运输局备案。

5. 为保证行车安全，经由横南线的货物列车必须加挂守车并指派运转车长值乘，运转车长担当区段：横峰至武夷山由南昌铁路局担当，武夷山至福州东由福州铁路分局担当。

六、机车运用

1. 机车交路。鹰潭至武夷山直通货物列车及永平至武夷山补机机车交路暂由南昌铁路局上饶机务段 DF_4 型机车担当，横峰设换乘点；福州东至武夷山直通货物列车机车交路暂由上海铁路局福州机务段 DF_4 型机车担当，南平南设换乘点。

2. 武夷山公司负责武夷山机务段尽快具备机车整备、上砂条件和机车乘务员食宿及驻点铁路电话通信条件；负责解决南平南机车换乘和机车乘务员食宿及铁路电话通信条件。

3. 南昌、上海铁路局和武夷山公司负责横南线各自管辖车站在分流前 10 天开通机车信号地面发码和无线列调，达到机车“三项设备”和监控装置使用条件。

4. 依据横南线线路竣工资料和牵引电算提供的货物列车运行时分标准，经部审核同意纳入本次编图。分流实行前，由上海铁路局、南昌铁路局分别负责，武夷山公司协助，组织完成机车乘务员看道，完成永平至武夷山货物列车牵引试验，编制机车操纵示意图，制定安全行车措施和办法。

5. 武夷山公司未能按设计机车交路担当任务之前，武夷山至南平南间上海铁路局机车使用，由上海铁路局按租用机车办法向武夷山公司清算。

永平至武夷山间南昌铁路局机车使用，由南昌铁路局按有关规定向武夷山公司清算。

6. 根据横南线分流运输急需，由部调整给南昌铁路局 DF_4 型机车 7 台、上海铁路局 DF_4 型机车 3 台，不足部分由两局自行调齐。所需机车乘务员由两局自行安排。

7. 横南线分流运输跨局管辖区段机车运用的其他事宜，由上海、南昌铁路局及武夷山公司商定，纳入有关协议及分界站运输协议。

七、车辆技术作业

1. 货物列车车辆技术互保区段，南昌铁路局鹰潭列检所负责鹰潭至福州东，上海铁路局福州东列检所负责福州东至鹰潭。

2. 车辆技术交流，南昌铁路局与武夷山公司在永平站办理，福州铁路分局与武夷山公司在南平南站办理。

3.上海铁路局、南昌铁路局、武夷山公司按《铁路货车运用维修规程》第44、45条签订货物列车技术交接协议。

4.横南线发生的货车临修按部有关规定办理。

5.武夷山公司须在武夷山站设置货车制动检修所,确保下岭列车安全。武夷山公司应尽快配齐车辆红外二代机轴温探测设备。

6.鉴于横南线坡度状态,列车在长大下坡道前应按《铁路技术管理规程》第179条的规定进行列车自动制动机试验,具体事宜由上海、南昌铁路局商定。

八、调度指挥

1.武夷山公司的调度指挥委托福州铁路分局代管,由福州铁路分局调度所设置相应的调度台。为保证横南线分流运输的顺利实施,各级调度必须严格执行《铁路运输调度工作规则》,坚持集中统一指挥,保证列车安全正点运行。

2.上海、南昌铁路局要在分流运输实行之前召开永平分界口运输协调会议,商定调度日常指挥联系、日(班)计划交换、行车命令、达示的传达、货车商务交换、篷布交接等事宜,制定永平分界口运输协议,并报部运输局备案。

3.根据横南线分流运输工作量和货车周转时间的变化,铁道部将适当增加上海铁路局的运用车保有量,具体由部月度技术计划安排。

九、运输统计

1.自1998年12月19日18时起,永平站建立局间分界站统计,传输略号YBG。

2.凡经横向线分流的重车统计比照《铁路货车统计规则》第47条办理。

3.南昌铁路局对通过横南线横永段分流的货物,随货报12上报管内吨数、吨·千米,并作为其中数单独列报,线号为88,永平分界站代号为51;上海铁路局对武夷山公司的精密统计按合资铁路统计制度办理。

十、货物运价及清算

横南线实行分流运输的运价、计费及清算办法,由部另行公布。

十一、其他

1.武夷山公司要提前向南昌铁路局、福州铁路分局提供相关区段的线路平、纵断面资料及车站站线图,制定行车办法及《车站行车工作细则》,并呈送有关部门。

2.列车预确报由鹰潭站向福州车站和福州铁路分局调度所、福州东站向鹰潭站和南昌铁路局总调度室发报,外福线加挂车辆后,由南平站补报鹰潭站和南昌铁路局总调度室。

3.上海、南昌铁路局要提前组织有关行车人员进行培训学习,熟悉横南线线路、车站情况,掌握各项技术作业标准和列车运行图,编组计划的各项规定,保证横南线分流运输的顺利实施。

中华人民共和国铁道部
一九九八年十二月十四日

福建省人民政府专题会议纪要

〔1999〕92 号

关于全省交通行业重点项目建设协调会议的纪要

4 月 22 日，省政府在福州召开全省交通行业（铁路、港口）重点项目建设协调会，朱亚衍副省长到会讲话。会议由张志清副秘书长主持，听取了各项目建设单位的工作汇报，并对有关问题进行研究，现将会议纪要如下：

（一）会议认为：今年第一季度，我省交通行业铁路、港口重点项目建设进展总体是正常的，大部分项目建设如期或超前进展。同时，各项目业主单位普遍重视建设工程质量，不少已完工的分项分部工程质量优良，2 个预备重点项目的前期工作也在扎实推进。从项目建设实施情况看，厦门湾 10 万吨级航道一期工程、梅坎铁路（福建段）、湄洲湾 3.5 万吨煤码头等进展较快，质量也较好；但厦门海沧铁路支线、肖厝 5 万吨煤炭多用途码头等项目因征地拆迁及施工组织等问题，影响了建设进度，完成计划低于全省重点建设平均水平，特别是按原计划于 1998 年建成的漳泉肖铁路肖厝和后渚支线项目，受多种原因影响延误至今。

（二）关于项目建设单位提出问题的协调意见：

1. 梅坎铁路（福建段）：(1)请业主单位按规定先缴纳征地契税，再向有关部门提出返还申请，待批准后再由财政返还。(2)工程用地指标要在龙岩市包干指标中解决；新增的 100 亩建设用地要按新土地法的规定办理，土地部门尽快办理手续。(3)1999 年新增土地的征地手续和费用标准，在国家土地法实施细则出台前，按省政府即将出台的衔接办法执行。

2. 厦门海沧铁路支线：龙海市角美镇社头村等 4 处征地拆迁问题，请龙海市政府牵头，限期协调落实；厦门市境内的其他拆迁问题，请厦门市政府督促在近期内彻底解决，推进工程建设顺利进行。

3. 赣龙铁路：(1)请省计委、龙岩市、省地铁总公司继续跟踪落实项目的前期工作，尽快促使部省会议召开，促成国家计委尽快批准立项，争取列入今年国务院批开工项目。(2)关于龙岩市政府要求补助征地、拆迁费用的问题，待部省会议后再研究。

4. 外福铁路电气化改造：(1)请省土地局牵头，组织协调落实征地拆迁有关问题。福州、南平、三明市政府要主动协调落实工程沿线土地征迁事宜。(2)请铁路部门尽快向省电力局提供有关技术资料，省电力局要按照铁路部门提出的项目进度要求，抓紧进行电气化改造配套 110 千伏供电系统建设同步完成。(3)项目初设审查纪要出来后，请福州铁路分局送有关部门执行。

5. 漳泉肖铁路肖厝和后渚支线：(1)肖厝支线局部征地问题，要抓紧在上半年解决。年内全部完成站前工程，站后工程由业主根据实际情况调整建设进度。(2)后渚港专用线业主提出具体施工组织计划，泉州铁路公司和泉州港务局要互相支持、配合，促进专用线年内建成。(3)关于营运管理问题，同意按统管方式。

6. 湄洲湾3.5万吨煤炭多用途码头:(1)国家开发银行贷款8500万元中,大部分已按工程进度及时到位,尚余500万元软贷请开行福州分行协助,争取列入今年度计划。(2)关于5000万元企业债券的贴息问题,按规定去年省财政已付足了贴息,业主有关增加贴息的要求,请莆田市政府研究。

(三)会议对项目建设提出以下要求:

1. 要严肃认真地执行年初确定的港口、铁路重点项目建设计划,年终要逐个项目考核计划的执行情况。要抓好工作的落实,一季度进展好的项目要继续努力,争取二季度实现时间过半完成任务过半,滞后的项目,要采取措施在第二季度迎头赶上。各项目业主单位要根据会议的有关协调意见,继续抓好后阶段工作。

2. 有关各方要抓紧协调解决个别项目的施工组织和前期工作存在的具体问题。协调的意见要具体,要有可操作性,重点问题重点解决。被协调的单位和部门一定要服从大局,积极支持、配合项目建设。交通重点工程工期长、投资大、涉及面广,是事关我省出省、出海通道建设的重要基础设施工程,因此,无论工程隶属关系如何,各级地方政府都要支持做好群众的协调工作,应通过建立领导人联系制度,及时帮助解决具体问题。

3. 关于项目工期调整问题。厦门海沧铁路之支线建设因征地拆迁影响而滞后,为了确保软基加固,施工质量,同意建成工期延至年底,但要按程序上报确认,其余项目仍按年初省计委、省建委联合下达重点建设项目责任目标计划执行。

4. 关于组织工作和工程质量问题。要认真负责按标准、按程序抓好项目的前期工作,并安排好施工组织工作。各项目业主要对工程投资、工期、质量负最终责任。在保证质量的前提下,加快建设工期。要用最好的质量、最少的投资、最短的工期,为福建人民奉献精品工程。

福建省人民政府专题会议纪要

〔1999〕232号

关于研究外福电气化工程和福州火车站站房改造有关问题的会议纪要

12月4日晚,张志清副秘书长主持召开专题会议,听取了福州铁路分局有关负责人关于外福铁路建设情况的汇报,讨论研究了外福铁路电气化工程有关问题及福州火车站站房改造问题。上海铁路局傅钦华副局长参加会议。现纪要如下:

一、关于外福电气化工程有关问题。

(一)要统一认识。外福电气化工程是省重点工程建设项目,工期较紧,工程质量要求较高。加快工程建设,不仅是地方经济建设需要,也是国家备战需要,各级各部门要高度重视,大力支持,特别是办理征地拆迁手续要简化,保证工程建设顺利进展。

(二)关于征地问题。请外福电气化工程指挥部尽快与工程沿线土地管理部门进行交底,确定征地范围和类别。有关地市按现行有关法律、政策规定,抓紧分地类进行征地费用测算,测算表于12月20日前报省土地局审核把关。

1.征地费用分成三块进行测算:一是补偿农民的费用;二是上缴国家的费用;三是缴纳地方政府的费用。

2.有关地市要从支持省重点建设项目的原则出发,在进行征地费用测算时,要执行省里支持重点建设项目的有关政策,按最低系数进行测算。同时,要实事求是,结合本地在征地方面的实际费用进行测算。请有关地市在报测算表的同时,也提供当地类似重点工程实际征地费用的材料。

3.关于铁路部门要求在征地费用方面地方政府给予财政补贴和政策优惠。本着依法办事和支持重点项目建设的原则,一方面,上缴国家的税费、支付农民的补偿费要保证;另一方面,地方能支持的要尽量支持,能免的要免,具体再另行商定。

4.林地部分,请外福电气化工程指挥部尽快与林业部门交底,请有关地市、县、区政府协调林业部门尽快给予办理林地报批手续。

二、关于福州火车站站房改造问题。

省会城市火车站站房按照惯例由铁道部与地方共同投资,福州铁路分局提出福州火车站站房改造项目要求省里给予安排。目前首要问题是改造的方案和规模尚未论证,建议由上海铁路局福州铁路分局牵头,省计委、建委、财政厅、福州市政府参加,成立临时工作小组,尽快拿出方案,进行论证,再确定省市投资方案。调研费用,由上海铁路局福州分局为主负责,省计委从前期费用中给予适当补助。

福建省人民政府关于研究外福电气化工程征地及福州火车站站房改建问题的会议纪要

〔2000〕56号

3月8日上午,张志清副秘书长主持召开专题会议,听取了上海铁路局外福电气化工程指挥部、福州铁路分局有关负责人关于外福铁路电气化工程征地问题及福州火车站站房改建考察情况的汇报,并进行了讨论研究。上海铁路局傅钦华副局长参加了会议。会议纪要如下:

会议认为,外福铁路电气化工程开工建设以来,铁路部门与地方密切配合,工程进展比较顺利。征地问题在有关地市、有关部门的共同努力下,工作也取得较大进展。会议议定如下具体事项:

(一)关于外福电气化工程征地问题。

1.请外福电气化工程指挥部对个别点的征地范围作适当调整,并尽快确定,优化方案。

2.有关地市已上报的地价测算情况,请省土地局先向外福铁路电气化工程指挥部交底。同时,尽快对沿线征地费用(除福州车站用地外)进行测算,并一并汇总福州站抢修基地、生活用地上报的征地数量及征地费用,及时送外福铁路电气化工程指挥部,便于上海铁路局通盘考虑。

3.关于地面附着物价格,请省土地局配合外福铁路电气化工程指挥部,和地方政府进一步协商,确定合理价格。

(二)关于尤溪口火车站问题。

关于尤溪口火车站站名,省委、省政府领导早已明确,不能再更改,南平市有责任做好地方工作;征地手续由外福电气化工程指挥部统一办理,征地费用按原规定由三明市负责;征地费用标准,应与延平区其他铁路用地费用一致。

(三)关于福州火车站站房改建问题。

1.福州火车站站房改建项目,请省计委列入前期工作计划。

2.福州火车站站房改建,由铁道部与地方合资建设,具体出资比例待省计委和上海铁路局一起向铁道部汇报后另行确定。省内出资部分的资金拼盘,请省计委协调提出意见报省政府审定。

3.车站站房改建方案与车站附近规划要衔接,福州市规划部门要尽快拿出书面意见。

4.要确实加快项目的前期工作进度,由福建省政府张志清副秘书长、福州市吴华瑞副市长、上海铁路局傅钦华副局长、福州铁路分局陈德儒总工程师协调站房改造的有关工作。福州市要把火车站站房改建项目纳入市政工程,多承担一些责任,多做一些工作。项目前期费用由福州铁路分局垫付,省计委给予适当支持。

5.项目进度。争取在3—4月份,部、省领导对福州火车站站房改建有明确意见;二季度确定站房改建方案并上报立项;9月份高架部分动工,不影响电气化工程建设进度。

福建省人民政府关于研究福州火车站站房改造有关问题会议纪要

〔2001〕104号

5月18日上午,受黄小晶副省长委托,卢增荣副秘书长主持召开专题会议,研究福州火车站站房改造有关问题。现纪要如下:

会议认为,福州火车站是我省重要的交通客运站,也是福州市主要的对外开放窗口,对站房的改造是十分必要的,地方有关部门和福州铁路分局要共同努力,密切配合,加快前期工作。

会议议定:(一)福州火车站站房按最高聚集人数5000人的规划建设;(二)站房总建筑面积2.5万平方米(不含站房以外的地下车库、广场及高架交通部分);(三)交通组织坚持“以人为本,方便旅客出行”,采用“高进低出”的分离式进出站方式;(四)站房改造总投资待设计审查后确定。要通过优化设计和严格实行工程招标努力降低造价。站房改造的实际投资由铁道部和福建省各承担50%。福建省出资部分由省、市各承担50%,省出资部分请省计委会同省财政厅研究后报省政府确定。

福建省人民政府专题会议纪要

〔2002〕39 号

关于研究温福铁路福建段走向规划设计及福州火车站站房改造工程有关问题会议纪要

3 月 8 日上午，黄小晶常务副省长主持召开专题会议，听取铁道部第四勘察设计院（以下简称铁四院）关于温福铁路和福州火车站站房改造工程设计工作情况汇报。现纪要如下：

一、关于温福铁路福建段走向规划设计问题。

会议认为，铁四院根据福州、宁德市经济和社会发展情况以及地方发展规划，在征求地方意见的基础上，对温福铁路福建段线路走向方案进行优化和完善，线路走向方案和车站分布基本上满足地方发展规划要求。会议原则同意温福铁路福建段现有走向规划设计方案。但对宁德市车站的标准等级要做进一步论证，要考虑地方经济和社会的发展潜力和趋势，合理规划，分期实施，尤其是主体建筑应满足今后扩建需要。

会议强调，各项工作都要按照确保今年 12 月前开工建设的要求倒排工作计划。设计部门要组织力量，加快"工可""初设"等各项工作进度，省、市有关部门要积极予以配合。投资概算要准确合理，工程建设需要缴纳的有关税费应按国家有关规定进行测算。同时，要进行优化设计，通过招投标降低工程造价。福州市要尽快组织工作班子，配合设计单位做好各项工作。关于闽江桥位通航标准、二线预留等需要省里协调的问题，由省重点办牵头抓紧协调确定。

二、关于福州火车站站房改造工程。

要对站房设计方案作进一步论证，通过优化设计，建成投资省、功能强、档次高的一流站房。福州火车站是福州市的重要形象工程，市里应加强领导，积极配合搞好站房改造工程建设，请福州火车站站房改造工程指挥部尽快向福州市委、市政府汇报站房改造工程设计方案。人防建设问题请省重点办牵头协调解决。各有关部门和单位要加快各项工作进度，确保 2002 年 5 月份开工建设。

福建省发展计划委员会关于印发温福铁路跨闽江、白马海、田螺湾、鳌江通航标准协调会纪要的通知

闽计基础〔2002〕114 号

各有关单位：

2002 年 7 月 19 日，省计委在福州主持召开了温福铁路跨闽江、白马河、田螺湾、鳌江通航标准协调会。现将会议纪要印发给你们，请各有关单位按照会议纪要精神做好各项工作，积极推进项目前期进展，争取早日动工建设。

附件:关于温福铁路跨闽江、白马河、田螺湾、鳌江通航标准协调会纪要。

二〇〇二年七月二十二日

关于温福铁路跨闽江、白马河、田螺湾、鳌江通航标准协调会纪要

2002年7月19日,省计委谢兰捷副主任在福州主持召开温福铁路跨闽江、白马河、田螺湾、鳌江通航标准协调会,省重点办、省交通厅、省建设厅、省港航局、省铁总公司、福州铁路分局、福州市政府及有关部门、宁德市政府、铁道部第四勘察设计院等(下简称铁四院)单位的领导及专家参加会议。会上,铁四院介绍了温福铁路跨越相关江河的桥梁设计情况,各单位都充分发表了意见,经过讨论,达成共识,现将会议主要意见纪要如下:

一、关于闽江通航标准问题。

会议认为,闽江通航标准问题关系到温福铁路的福州接轨方案和福厦铁路福州南站的规划及布局,应尽快协调解决。各单位应从全省经济发展的大局出发,综合考虑铁路建设及船运发展的需要,寻找最佳的结合点。会议要求:

1.请铁四院结合各单位的要求及温福铁路工可评审的意见,根据不同的通航标准,进一步做好温福铁路福州接轨方案的技术经济比较。由福州市港务局负责,省交通厅、港航局、港务集团公司积极配合提供相关准确的数据。铁四院应在8月4日前提交设计比较方案。

2.福州铁路南站是将来沿海铁路大通道重要的中转和始到站。请福州市政府结合福州南站的设置,抓紧研究南站城市交通枢纽规划和市政工程配套问题。

二、关于其他江河的通航标准问题。

1.白马河特大桥:同意铁四院的桥下净空24米,主跨为2×120米的设计方案,但要求主跨桥孔应与主航道相对应,有利于海轮通行。

2.田螺湾特大桥:原则同意铁四院关于该桥与高速公路桥同净高、同跨度、间距50米以内的设计方案。铁四院在出施工图时,应与港航部门在技术上进一步衔接。

3.鳌江特大桥:同意铁四院的设计方案。

福建省发展计划委员会

二〇〇二年七月十九日

中华人民共和国铁道部
福建省人民政府

铁计函〔2004〕800号

铁道部 福建省政府
关于加快福建铁路建设有关问题的会议纪要

（二〇〇四年十二月十七日）

为进一步加快福建省境内铁路建设，扩大铁路运输能力，促进地区经济社会可持续发展，2004年12月17日铁道部与福建省人民政府就福建境内铁路建设有关问题进行了会谈，现纪要如下：

一、按照"构筑快速通道，完善区域路网，改造既有线路，配套港口支线"的总体规划思路，部、省双方共同努力，合力推进福建境内铁路建设，为建设对外开放、协调发展、全面繁荣的海峡西岸经济区提供强有力的基础保证。在今明两年及"十一五"期间，开工建设温福铁路、福厦铁路、厦深铁路（福建段）、龙厦铁路以及江西向塘至福建福州港、湄洲湾港铁路等项目。加快研究建设其他相关新线、港口铁路支线及既有线路扩能改造项目，大幅度提高运输能力和服务质量。

二、2004年开工建设温福铁路（福建境内段）。按部、省协商精神，福建省安排资本金13.0亿元，沿线地方政府负责征地拆迁工作。福建省境内段征地综合单价按16000元/亩、拆迁按300元/平方米标准列入概算，不足部分由地方政府负责补足，经双方认可后另计入股份。

三、2005年开工建设福州至厦门铁路，2006年开工建设厦门至深圳铁路（福建段）。铁道部负责筹集建设资金，福建省沿线地方政府负责征地拆迁并承担相关费用，征地拆迁补偿费用按国家有关规定确定，并经双方认可后作为福建省资本金入股。

四、根据路网建设、地方经济发展及运输需要，部、省合资建设龙岩至厦门铁路，2006年开工建设。铁道部负责组织建设并承担工程费用，福建省负责征地拆迁并承担相关费用，征地拆迁补偿费用经双方认可后作为福建省资本金入股。

五、铁道部支持福建省提出的福州港、湄洲湾经福建中部至江西向塘的铁路项目。该项目纳入铁路"十一五"规划，合资建设，福建境内段部、省各出50%资本金，"十一五"期间组织建设。

六、福建省支持外福、鹰厦铁路等既有线改造项目，地方政府负责征地拆迁工作。征地拆迁补偿费用综合单价按征地每亩1.3万元，拆迁按每平方米260元的标准列入概算，不足部分由地方政府解决。

七、对福建省提出的其他未纳入《中长期铁路网规划》的宁德经浙江龙泉至衢州、长汀至永安铁路项目，部、省双方将共同做好规划研究，对条件成熟项目纳入铁路发展规划，适时建设。

八、部、省合资建设的铁路项目，依照《中华人民共和国公司法》组建规范的合资铁路公司进行运作。同时为有效配置福建省境内铁路资源，加速福建铁路建设和发展，部、省同意共同推进福建境内铁路管理体制改革。

九、福建境内铁路项目建设用地有关手续由福建省有关部门负责办理。为加快铁路建设,保证工程顺利进行,福建省在改费、地方料价等方面提供优惠政策。对电力、水电、航运、公路、通信、广播线路迁改和文物保护等,地方政府负责协调有关单位和部门给予积极配合。铁路建设要与城镇总体规划相衔接,预留用地纳入城镇规划。

十、铁道部和福建省建立铁路建设协商工作机制,由部、省主要领导挂帅,分管领导负责,部、省有关部门参加,组成联合工作小组,并常设办事机构,共同研究决策铁路建设的重大问题,推进福建省铁路建设与发展。

中华人民共和国铁道部

福建省人民政府

铁计函〔2004〕849号

铁道部 福建省政府关于加快温福铁路建设工作协调会议第一次会议纪要

(二〇〇四年十二月二十三日)

为落实《铁道部、福建省政府关于加快福建铁路建设有关问题的会议纪要》(铁计函〔2004〕800号)精神,保证温福铁路(福建段)建设顺利进行,2004年12月23日铁道部与福建省在福州就温福铁路(福建段)建设有关问题召开第一次工作协调会,现纪要如下:

(一)加快组建规范的温福铁路(福建段)合资公司。铁道部确定南昌铁路局为铁路路方出资者代表,福建省确定福建省地方铁路开发总公司为省方出资者代表,依照《中华人民共和国公司法》加快组建规范的合资铁路公司,争取2005年春节前合资公司正式成立,注册挂牌。

(二)征地拆迁补偿标准双方认定的前提。征地拆迁补偿费用按照国家有关法律、法规和福建省制定的法规规章和实施办法执行。据此计算的超出每亩16000元,每平方米300元的征地拆迁费用另计入地方股份。

(三)关于工程总体进度安排。温福铁路(福建段)工期4.5年,从2004年12月24日开始计算。铁道部第四勘察设计院于2004年12月底前交付全部线路征地图,并按时提供设计文件;2005年上半年全线开始交付土地,保证工程建设需要,年底前完成征地拆迁工作。

(四)关于建设资金安排。温福铁路(福建段)2004年安排投资计划5000万元,2005年计划安排工程建设资金25.5亿元。部、省双方按资本金比例首先安排资本金到位14.5亿元(含注册资本金),今明两年铁道部注入资本金11.5亿元,福建省注入资本金3亿元,其余建设资金11.5亿元由本公司贷款解决,双方按股比担保。温福铁路(福建段)建设资本金根据工程进度从2005年起分4年逐步到位。

(五)关于优惠政策。

温福铁路建设的有关税费按国家有关规定执行，福建省政府将温福铁路列为省重点建设项目，享受优惠政策。地方政府和有关部门做好各项服务和协调工作，全力支持工程建设，创造良好的施工环境。

在温福铁路建设实施过程中，为了便于部、省双方沟通和协调有关问题，建立具体工作协调机制。

福建省人民政府专题会议纪要

〔2005〕109号

关于研究福厦铁路控制性工程开工建设有关工作的会议纪要

会议听取福厦铁路4个控制性工程9月底开工建设有关准备工作进展情况的汇报，研究确定了主要节点完成的时间，进一步明确责任单位。现纪要如下：

一、开工时间。按倒计时安排，开工典礼时间初步确定在9月28—30日的某天上午。

二、开工地点。福州、莆田、泉州、厦门各选1个控制性工程先行动工，即福州的黄晶岭隧道、莆田的木兰溪特大桥、泉州的朋山隧道、厦门的后溪大桥。

三、工作计划和责任单位。按照9月底开工的目标，当前要重点做好以下工作。

（一）土地报批工作。争取9月20日前（最迟不超过9月25日）获得国土资源部对土地预审报告和4个控制性工程开工建设用地的批复。具体时间计划为：9月5日前沿线4个设区市政府要将先行动工的工程用地报批材料送省国土资源厅，省国土资源厅汇总审核后于9月8日派专人报送国土资源部。这项工作由省国土资源厅负责，包括督促相关设区市报送材料、征地拆迁标准和方案以及跟踪落实国土资源部审批等。东南沿海铁路福建公司、省地铁公司配合。

（二）征地拆迁工作。征地、拆迁补偿标准按照新的标准执行。根据部、省协商议定的原则，征地补偿标准由省国土资源厅审核批准，拆迁补偿标准由省建设厅负责审核批准。征地、拆迁工作分别由省国土资源厅、建设厅指导、督促沿线设区市同步开展工作，确保9月25日前完成，提供建设用地。

（三）属省内审批权限的，省有关部门要特事特办。其中，防洪影响论证报告由省水利厅负责，确保9月5日前批复；林地征用审批由省林业厅负责，确保开工需要。

（四）东南沿海铁路福建公司具体负责：(1)9月5日前拿到铁道部初步设计文件批文，保证4个开工点建设用地的报批。(2)9月25日前拿到开工批文，并完成工程施工、监理单位招投标工作，施工进场。(3)开工典礼前一天完成会场布置。

（五）控制性工程开工的总体协调工作由省发改委、重点办负责，有关单位密切配合，各司其职，积极主动，靠前服务，遇到问题及时报告，及时协调，确保如期顺利开工。

（六）开工典礼方案由省政府办公厅牵头负责，9月5日前拟订方案送审。东南铁路福建公司、地铁总公司、重点办配合，做好开工典礼前的各项准备工作。开工典礼现场布置、费用和施工用电等由省重点负责协调落实。

四、省直有关单位及沿线各设区市人民政府要按照以上工作安排,细化工作计划,指定专人负责,确保按时完成每个节点的工作。

福建省人民政府专题会议纪要

〔2005〕154 号

关于研究温福铁路建设有关专题会议纪要

11 月 16 日上午,苏增添副省长主持召开省政府专题会议,听取省重点办关于温福铁路福建段建设情况汇报,就温福铁路征地拆迁等有关问题进行研究。现纪要如下:

会议认为,铁道部、福建省领导十分重视温福铁路建设,对温福铁路建设提出了明确要求。经过有关各方的共同努力,温福铁路征迁工作以及工程建设取得了进展,但完成投资与计划目标相比,还有较大差距。会议强调,各有关单位要增强全局观念、增强紧迫感和责任感,加强工作力量,密切配合,认真研究解决存在问题,共同推进征地拆迁、工程建设等工作,确保按期、保质、保量完成建设任务。

会议同意省发展改革委、重点办 11 月 4 日牵头协调的有关意见,进一步明确如下:

一、福州市、宁德市要按照省政府关于温福铁路资本金省内拼盘方案以及向省政府的承诺,积极筹集铁路建设资金,根据温福铁路建设进度同步落实到位资本金和征地拆迁资金。要千方百计加快征地拆迁进度,尽快交地,确保施工队伍进得去,能展开施工面,争取今年多完成工作量。

二、关于临时用地问题。温福铁路建设应严格执行国家有关土地政策,尽量节约用地。东南沿海铁路福建公司和福州市、宁德市应根据有关法律法规规定,尽快协商建立临时用地的租用机制。根据实际情况,会议议定,除已经签订协议的弃土场用地外,其他的临时用地,施工单位先按省政府规定的同类地征地补偿标准的 50%向福州市、宁德市国土资源部门交纳临时用地复耕押金,该押金严禁挪作他用。临时用地的租金及作物补偿费用由施工单位按福建省临时用地管理办法中的相关规定办理。施工结束后,如施工单位将临时用地恢复到可耕种条件的,经验收后由市国土资源部门将相应的押金退还给施工单位;不能恢复耕种条件的,应按该地块所属地类的永久征用补偿费用标准进行补偿,由地方政府负责征用,施工单位和地方政府各按 50%的分摊比例共同承担征用补偿费用,地方政府承担的补偿费用计入温福铁路股比。

三、关于征迁工作经费,温福铁路的征迁工作经费按照全部征迁费用的 4%计算,为确保征迁工作的顺利进行,由东南沿海铁路福建公司和福州、宁德两市政府先垫付 1000 万元作为征地拆迁工作经费,其中东南沿海铁路福建公司承担 500 万元,其余 500 万元由福州市、宁德市政府按征迁概算比例分摊。东南沿海铁路福建公司承担的 500 万元按征迁概算比例分别拨付给福州市、宁德市指挥部，福州市、宁德市政府承担的工作经费应同步拨付到位，两市指挥部应及时足额将征地拆迁工作经费拨付给沿线县(市、区)负责征地拆迁的单位。

四、关于福州市房屋拆迁工作中货币安置补偿部分执行标准问题。鉴于目前福州市在温福铁路拆迁中的房屋拆迁许可证尚未办理，为此，温福铁路(福州段)房屋拆迁货币安置补偿标准应按福州市新出台的城市房屋拆迁货币安置补偿价格指导意见执行，由省建设厅根据福州市政府的要求，尽快审核确认福州市关于调整温福铁路房屋拆迁货币安置补偿费用的标准。

五、关于铁路沿线建设中的电力问题。由省电力公司负责协调当地电力部门，本着积极支持铁路建设的态度，主动与项目单位沟通配合，抓紧做好沿线各相关用电点的电力设施建设。电力设施建设涉及的土地、林地问题要严格按照国家和省有关规定办理，地方有关部门不能任意提高赔偿标准。

六、关于宁德车站的土方问题。鉴于宁德市的实际情况，宁德车站25米等高线以上的土方挖掘费用由东南沿海铁路福建公司承担，具体变更手续由东南沿海铁路福建公司按规定办理。同时，宁德市政府应立即制止东侨开发区施工单位在站场内的取土施工。

七、关于特殊建筑物赔偿事宜。鉴于需拆迁征用的特殊建筑物的情况各不相同，由东南沿海铁路福建公司和地方政府，共同组成谈判班子，与特殊建筑物的所有权人进行商谈，争取按最低价格赔偿。对于征地拆迁中的边角用地，应根据现场情况，实事求是地予以个案处理。

八、关于施工设计。设计单位要加强对铁路沿线的现场勘察，优化设计，尽量避免因铁路建设造成河道堵塞内涝等情况，现场施工中如发现可能造成影响的，要及时调整设计。

九、福州市、宁德市政府要高度重视，加强与建设单位、施工单位、监理单位的配合，为温福铁路建设创造良好的施工环境。

十、请省重点办会同省铁办、东南沿海铁路福建公司尽快赴宁德市召开温福铁路宁德段工程建设现场调度会议，重点协助宁德市抓紧解决工程施工建设急需用地。省铁办要派得力人员会同东南沿海铁路福建公司组成工作组进驻宁德，及时沟通协调解决地方在征地拆迁以及施工队伍在工程建设中遇到的、急需省里协调解决的问题。

附录三　表彰名录

1996 年

1996 年福建省劳模

福州客运段　傅本珠

1996 年上海铁路局标兵

邵武机务段　郭文煌
永安机务段　吴成祖
永安车辆段　姚闽永
永安铁路医院　卓玉凤

1996 年上海铁路局标兵班组

永安车务段西洋车站
福州车辆段福京三包
永安电务段岭头信号工区

1996 年上海铁路局先进生产(工作)者

南平车务段　吴永章
邵武车务段　王守庆
永安车务段　谢学云
龙岩车务段　李秀江
漳州车务段　范喜明
福州东站　蒋蕙榕
来舟车站　潭石宝
三明车站　张海良
漳平车站　张开富
厦门车站　张海泉
福州车站　司徒黎明
福州客运段　傅本珠
福州机务段　蔡宜清
邵武供电段　傅诗建
漳平供电段　吕基建
福州水电段　钟　毅
厦门水电段　黄晓强
福州车辆段　郑庆清
福州工务段　余　标
邵武工务段　林建天
永安工务段　吕尚芋
漳平工务段　陈洪棋
漳平工务段　陈德和
厦门工务段　李仁才
邵武大修段　薛亚发
福州电务段　林荣彬
邵武电务段　张胜利
厦门电务段　简生林
福州建筑段　陈吓名
福州生活管理段　黄主恩
漳平铁路中学　唐秀珍
福州铁路中心医院　马陈创
福州工程段　贾文明
福州铁路公安处　方长华
福州铁路分局机关　王秋荣

1996 年上海铁路局先进班组

南平车务段闽侯车站
福州机务段东风型 1484 机车组
漳平工务段城门线路工区
邵武车务段药村站
邵武机务段韶山型 646 机车组
厦门工务段钢轨探伤工区

永安机务段韶山型200机车组
永安电务段岭头信号工区
龙岩车务段苏坂站
漳平机务段韶山型4027机车组
永安建筑段厦门检修工区
漳州车务段郭坑车站运转三班
福州生管段来舟行车公寓
福州东站货运车间内勤组
永安铁路第二小学语数教研组
来舟车站运转一班
永安车辆段修车车间轮轴组
永安铁路医院放射科
厦门北站运转一班
福州工务段南平双塔桥梁工区
福州车站客运二班
邵武工务段职教室
福州客运段福京九组
永安工务段五十四养路工区

1996年上海铁路局红旗党支部

福州生管段永安管理站党支部
永安车务段永安站运转车间党支部
邵武机务段工厂党支部
龙岩车务段龙岩北站党支部
福州铁路公安处顺昌站派出所党支部
福州车站客运车间党支部
福州机务段运转第二党支部
福州工务段福州线路领工区党支部
南平车务段闽侯站党支部
邵武车务段拿口站党支部
邵武线路大修段二队党支部
永安机务段检修第一党支部
三明车站装卸党支部
永安工务段沙县养路领工区党支部
漳平车站运转车间党支部
厦门水电段永安电力领工区党支部
厦门电务段厦门车间党支部
福州客运段福京四组“三乘一体”党支部
福州客运段福沪五组“三乘一体”党支部
福州客运段武夷号“三乘一体”党支部

1996年上海铁路局优秀共产党员

方长华　张菊芳　韩福生　陈锦新
李正英　傅本珠　朱赛金　罗禄华
吕水恭　李广平　唐红英　敖定祺
何春生　陆道权　何在理　肖作棠
周玉幸　张添富　吴杰生　任祖明
邓　鲁　蔡进福　刘祥虎　吕基建
朱金海　张海泉　唐治宗　陈明生
杨朝清　宋建红　陈吓名　陈钟华
陈锡荣　马和秀　李魁明　林　耕
王永泉　李德基　陈　勇　陈友斌
林宣永　谢学云　赖庆平　曾炎官
洪碧云　徐金溪　郑荣明　李清机
杨建民　徐永光　林振贵　吴来传
俞昌营　张昌藩　王子胜　刘德官
赵渊墩　李香秋　张官生　卢超英
肖昌东　许炳福　唐献文　吴宝剑
胡月武　许荣辉　李祖兴　魏唐跃

1997年

1997年铁道部“火车头”奖杯获得单位

永安电务段岭头工区

1997年铁道部“火车头”奖章获得者

邵武车务段　王守庆

永安机务段　吴成祖
永安车辆段　姚闽永
漳平工务段　陈德和
福州电务段　林荣彬
永安铁路医院　卓玉凤

1997 年福建省先进基层党组织
漳州车务段

1997 年福建省优秀共产党员
陈洪棋

1997 年福建省优秀党务工作者
俞昌营

1998 年

1998 年全国优秀人民警察
王财源

1998 年福建省五一劳动奖章获得者
张子浅　陈吓名　丁　榕

1998 年铁道部劳动模范
丁　榕

1998 年福建省、铁道部优秀人民警察
官志平　王勤学　揭桂明

1998 年铁道部"火车头"奖杯先进集体
邵武工务段邵武养路工区

1998 年铁道部"火车头"奖章获得者
刘丽萍　王伟宏　林天枝　陈由伟　薛亚发

1998 年铁道部抗洪抢险先进个人
黄焕忠　王龙海　林升峰　李德基

1998 年铁道部抗洪抢险"火车头"奖章获得者
黄焕忠　王龙海　李德基　林升峰

1998 年上海铁路局标兵班组
永安车务段永安站运转一班
永安机务段韶山型 200 机车组
福州车辆段轮轴二班
福州工务段水口桥梁工区

1998 年上海铁路局先进标兵
张海泉　林秉跃　沈奕新　姚闽永　蒋慧蓉

1998 年上海铁路局先进班组
南平车务段浦后站
邵武车务段峡阳站
福州东站货运车间内勤班
来舟车站运转三班
厦门车站厦北运转三班
福州车站贵宾室
福州客运段一队一组
福州机务段东风型 1484 机车组
邵武机务段韶山型 504 机车姐
漳平机务段韶山型 4027 机车组
漳平供电段电机组
邵武供电段设备车间内燃组
厦门水电段郭坑配电工区

永安车辆段漳平列检所一班
邵武工务段机工一分队
永安车辆段漳平列检所一班
邵武工务段机工一分队
永安工务段五十四线路工区
漳平工务段青滩线路工区
厦门工务段金山路基工区
福州电务段古田信号工区
永安电务段永安信号工区
福州铁路中学语文教研组
邵武铁路医院内科
福州铁路公安处光泽站派出所

1998 年上海铁路局先进生产者

王惠铨　刘光华　林火才　俞雪钦
肖亨强　郑　坚　张菊芳　许联群
傅本珠　陈文锦　郭文煌　雷　斌
苏光德　戴世勇　夏良明　钟德利
宋建红　苑广敬　杨青春　林兆明
陈德和　肖昌东　林宝庆　陈宜平
尤慧珍　苏渊纯　李　葵　陆福桃
陈荔琴　岳玉军　林善华　何在理
梁清仙　曹树旺　苏恢朝　陈丽娜

1998 年上海铁路局集体企业先进班组

福州东站劳服总公司生活服务公司
邵武工务段劳服公司厦门北装卸队、邵武分队吊机班
邵武车务段劳服总公司邵武站供饭盒组

1998 年上海铁路局集体企业先进生产(工作)者

张建全　戚小妹　黄祥兴　陈　芳
唐　忠　韩凤琴　马建国

1998 年上海铁路局红旗党支部

永安车务段三明装卸党支部
永安车辆段工厂党支部

1998 年上海铁路局先进基层党组织

福州建筑段党委
邵武供电段党委

1998 年上海铁路局先进党支部

邵武大修段二队党支部
邵武机务段工厂党支部
永安车务段永安站运转车间党支部
漳州车务段漳州站党支部
福州铁路公安处顺昌站派出所党支部
厦门电务段厦门电务车间党支部
福州机务段机关党支部
福州东站货运车间党支部
永安机务段检修车间第二党支部
邵武车务段邵武站客运党支部
邵武工务段峡阳养路领工区党支部
漳平供电段永安供电领工区党支部
厦门水电段永安检修车间党支部
福州工务段古田线路领工区党支部
南平车务段闽侯站党支部
龙岩车务段苹林站党支部
福州客运段福沪五组“三乘一体”党支部
福州站客运党支部
永安工务段青州线路领工区党支部

1998 年上海铁路局优秀共产党员

林　耕　郑　来　许依题　张菊芳
方长华　丁　榕　周德仁　张瑞荣
林宝庆　蔡桂荣　顾昌贵　许联群
徐光生　陈吓名　吴瑞娟　贾文明

吴秋旺　陈锡荣　丁可炊　陈谟武
李广平　王山海　王忠森　彭柳林
郭文煌　陈水光　朱资生　林校纯
何在理　毛建辉　龙魁银　谢学云
王果灵　黄进兴　曾凡浩　腾义中
郑赐福　杨才兴　王永增　钱华新
许锦章　陈永林　蔡进福　吕基建
陈思源　吴来传　张海泉　范大勇
黄伯清　徐永光　刘锦兴

1998 年上海铁路局优秀党务工作者

黄培祥　陈洪生　张志坚　许炳福
叶汉声　陈洪棋　陈良水　叶喜平
东国华　陈北京　唐献文　岳德喜
许喜今　陈荣春　杨德根　梁杨慧

1998 年上海铁路局廉洁勤政先进个人

陈洪棋　何在理

1999 年

1999 年中国优秀青年卫士

福州铁路分局公安处　丁　榕

1999 年全国第十届十大杰出青年

福州铁路分局公安处　丁　榕

1999 年福建省五一劳动奖状获得单位

福州车辆段轮轴工班

1999 年福建省五一劳动奖章获得者

苏渊纯　张海泉　陈文锦

1999 年福建省先进基层党组织

邵武供电段党委

1999 年福建省优秀党员

陈　斌

1999 年铁道部“火车头”奖杯获得单位

永安车务段永安车站运转一班

1999 年铁道部“火车头”奖章获得者

蒋慧榕　许联群　林秉跃
沈奕新　何在理

1999 年铁道部先进基层党组织

永安机务段党委

1999 年铁道部优秀党员

张海泉　许喜今

1999 年上海铁路局标兵班组

永安车务段西坑车站
厦门车站客服车间问讯处
邵武机务段 SS3644 机车组
永安机务段 SS3281 机车组
永安车辆段永安列检所一班
邵武工务段卫闽养路工区
厦门工务段金山路基工区
永安电务段西洋信号工区
永安铁路医院放射科

1999 年上海铁路局先进标兵

林平超　张海泉　夏良明　吴成祖
雷　斌　宋建红　苑广敬　朱庆臣
苏渊纯　曹树旺

1999 年上海铁路局先进班组

南平车务段浦后车站
南平车务段樟湖坂车站
邵武车务段峡阳车站
邵武车务段邵武站客运四班
邵武车务段顺昌站运转班组
永安车务段永安站运转一班
永安车务段三明站货运五班
漳州车务段郭坑站运转四班
漳州车务段梅水坑站
漳州车务段厦门北站货运内勤班
福州东站货运内勤发送班
福州东站装卸作业所吊机二班
来舟车站运转二班
漳平车站客运一班
福州车站客服部客运二班
福州客运段整备车间加水班
福州客运段福京八组
福州客运段福沪五组
福州客运段武夷号一组
福州客运段收入检查室
福州机务段 DF43685 包乘组
福州机务段检修车间辅配组
邵武机务段教育科
邵武机务段检修车间质检组
永安机务段 SS3274 机车组
永安机务段检修电子组
漳平机务段 SS34027 机车组
漳平机务段电力行修组
福州水电段资溪电力工区
厦门水电段永安给水工区
邵武供电段邵武接触网工区
漳平供电段永安接触网工区
福州车辆段轮轴工班
福州车辆段来舟列检下发二班
福州车辆段库检综合工班
永安车辆段修车车间铆甲组
福州工务段西芹线路工区
福州工务段水口桥梁工区
邵武工务段财务科
邵武工务段邵武桥梁机械化工区
永安工务段五十四线路工区
永安工务段永安桥梁工区
厦门工务段机械化养护二分队
邵武大修段一队龙口班
福州建筑段南平领工区水电工区
永安建筑段技术室
福州电务段古田信号工区
邵武电务段程控室
厦门电务段漳平信号工区
福州生管段来舟行车公寓
邵武铁路医院外科
福州铁路中心医院外科
福州铁路公安处厦门派出所
福州铁路公安处来舟派出所
福州工程段一队厦门东湖施工组
福州铁路第二小学行政组

2000 年

2000 年全国劳动模范

漳平机务段　王伟宏

2000 年全国总工会五一劳动奖章获得者

永安车辆段　姚闽永

2000年福建省劳动模范

福州工程公司　杨炯华

厦门电务段　苏渊纯

2000年福建省五一劳动奖状获得单位

永安机务段SS281机车组

厦门工务段钢轨探伤工区

厦门车站运转四班

2000年福建省五一劳动奖章获得者

福州车辆段　宋建红

永安机务段　吴成祖

福州铁路工程总公司　林校纯

2000年铁道部"火车头"奖杯获得单位

厦门工务段金山路基工区

2000年铁道部"火车头"奖章获得者

永安车务段　林平超

福州水电段　夏良明

漳平机务段　雷　斌

福州车辆段　宋建红

永安工务段　朱庆臣

福州工程公司　庄春国　郑瑞斌

2000年上海铁路局先进标兵

漳州车务段　张海泉

福州站　刘伯群

福州机务段　陈文锦

永安机务段　吴成祖

福州车辆段　宋建红

邵武工务段　肖世生

永安电务段　熊建雄

福州中心医院　彭艳涛

厦门派出所　卓草建

福州铁路小学　刘国英

2000年上海铁路局标兵班组

福州站客运二班

邵武车务段峡阳车站

邵武机务段SS646机车组

永安机务段SS0281机车组

永安车辆段修车车间外制动组

厦门工务段钢轨探伤工区

厦门电务段信号中修队

福州公安处光泽站派出所

永安医院妇产科

分局调度所一班

2000年上海铁路局先进生产(工作)者

福州东站　杨朝伟　陈元柱　林　平

福州站　张菊芳

来舟站　盛汉生　张　笋　朱启武

漳平站　杨　光　黄国闽

厦门站　蔡　冰　陈　静

邵武车务段　陈光钱　张玉萍　杨天生　安　明　顾娟琴　郑建德　袁光胜

南平车务段　李广平　唐红英　王香林　杨沿彩　王惠铨

永安车务段　陈伯顺　刘金辉　李皖闽　杨振发　邵梧桐　赵玉金　黄昆明

漳州车务段　王忠来　张忠友　李山福　陈萍宗　匡　锋　戴以智

福州客运段　朱赛金　黄世忠　俞奉勤　李树欣　刘聪越　陈阳春　王志斌　李玉玲　郑　飞

王西塔　郑　勇　林辅顶
邵武机务段　叶大志　白文生　姚忠勇
王尚武　刘胜科　王桂珠
福州机务段　陈　斌　陈　辉　马世忠
王跃进
永安机务段　任宝荣　刘炳书　曹中银
王征杰　郑明卫
漳平机务段　王伟宏　叶建馨　傅文生
何敦寿
福州水电段　陈泰宁　钟文龙　夏良明
厦门水电段　张德锢　高志林
邵武供电段　何春生　刘平华　苏向军
漳平供电段　郑东方　卢奕华　吕基建
福州车辆段　王升金　王统团　张根华
陈友源　石　健
永安车辆段　姚闽永　朱旺根　李邵军
郑庆清　谢希聪
福州工务段　徐平平　刘国华　叶家兴
王锐俊　周福生　翁友华
邵武工务段　俞松林　高明生　冯昭日
王少康　谭布生
永安工务段　蔡进福　王建新　汪志英
罗全金
厦门工务段　杨春发　张书杭　郭海满
邓柏荣　李宝川
邵武大修段　肖昌东　颜文勇
福州建筑段　陈乃武　何阿丕
永安建筑段　黄天卫　李爱武
邵武电务段　张堂忠　张立勇
福州电务段　林子晖　余家勋　林德良
永安电务段　杨文强
厦门电务段　丁　华　黎献勇　陆修旺
福州生管段　林幼妹　黄林真
刘艳岚　鲍建芳

分局党校　林鸿祺
分局技校　孙可玉
分局职校　张家祥
邵武材料厂　周　敏
邵武轨枕厂　徐诗华
永安材料厂　许天从
三明机修厂　李新援
沙县采石场　贺昌平
郭坑工修厂　朱金海
邵武医院　范建树
福州医院　黄雅玲
永安医院　陈丽娜　谢红斌
福州防疫站　汪志辉
厦门疗养院　刘美基
公安处　丁　榕　吴贻安
曹树旺　赖新文
永安铁路一小　陈志金
漳平铁中　林松敏
分局干部部　闵越民
分局调度所　吴锦绒
分局局办　王根源
分局宣传部　万　千
基建分处　柯国裕
机务分处　赵朝蓬
财务分处　杨贞金
多经中心　翁绳惠　林敏杰
厦门园林所　薛永辉
福州设计院　胡永堂
福州工程段　李天勇
永安一公司　王剑明
永安一公司　王恒发
漳平二公司　郑军锋
漳平二公司　林文贵
南平三公司　杨　冲

南平三公司　叶盛旺
福州四公司　蔡经德
福州四公司　陈铭凯
电务公司　姚俊杰　徐　龙
龙岩水泥厂　王书国
上海项目部　黄维锋
梅坎项目部　陈春好
安全质量部　刘传标

2000 年上海铁路局先进班组

福州东站装卸作业所叉车日班
福州东站货运内勤发送班
来舟站来舟运转一班
漳平站客运一班
厦门站运转四班
邵武车务段邵武站客运四班
邵武车务段拿口车站
南平车务段大箬车站
南平车务段大目埕车站
永安车务段永安站运转一班
三明站客运二班
永安装卸作业维修组
漳州车务段郭坑运转四班
漳州车务段杏林货运内勤班
漳州车务段梅水坑站
福州客运段福京一组
福州客运段福沪五组
福州客运段旅游一组
福州客运段加水班
福州客运段教育科
邵武机务段检修车间电子组
邵武机务段党委办公室
福州机务段 DF43688 机车组
福州机务段材料科
永安机务段检修车间电子组
永安机务段党委办公室
漳平机务段 SS4027 机车组
漳平机务段检修车间自停组
福州水电段邵武二级给水工区
厦门水电段永安水道工区
邵武供电段来舟接触网工区
漳平供电段郭坑接触网工区
福州车辆段轮轴工班
福州车辆段厦京二包
永安车辆段来舟站修所
福州工务段西芹线路工区
福州工务段水口桥梁工区
邵武工务段卫闽养路工区
邵武工务段光泽线路作业队
邵武工务段光泽路基工区
永安工务段青滩养路工区
永安工务段桂口路基工区
厦门工务段金山路基工区
邵武大修段一队新排班
福州建筑段南平领工区水电工区
永安建筑段永安二工区
邵武电务段光泽信号工区
福州电务段无线测试二工区
永安电务段西洋信号工区
福州生管段来舟行车公寓
邵武医院内科
福州中心医院内科
福州铁路公安处福州看守所
福州铁中初三年级
永安铁中语数教研组
永一公司上海项目部一分处
漳平二公司机械公司钳工班
南平二公司芜湖项目部二分部

福州四公司外福项目部四分部
福州电务公司通信项目部

2000 年上海铁路局红旗党支部

永安机务段检修车间第二支部
邵武大修段二队党支部
永安车务段三明装卸党支部
永安车辆段工厂党支部

2000 年上海铁路局先进基层党组织

永安机务段党委
邵武供电段党委
电务工程公司党委

2000 年上海铁路局先进党支部

邵武机务段工厂党支部
福州东站货运车间党支部
福州机务段机关党支部
福州工务段古田线路领工区党支部
福州车辆段检修车间党支部
福州铁路公安处光泽站派出所党支部
分局党委组织部党支部
南平车务段古田站党支部
来舟站运转三班党支部
邵武车务段邵武站客运党支部
邵武电务段综合党支部
邵武供电段顺昌供电车间党支部
永安车务段永安运转车间党支部
永安工务段青州线路领工区党支部
永安铁路医院厦门分院党支部
漳平机务段运转车间党支部
漳州车务段漳州站党支部
厦门站客运服务车间党支部
厦门工务段华安路基领工区党支部
厦门电务段厦门电务车间党支部
厦门水电段永安检修车间党支部
福州第一工程公司萧甬线项目经理部党支部

2000 年上海铁路局优秀共产党员

丁　榕　林　耕　高建忠　叶木荣
方晓平　张菊芳　刘锡坤　黄茂华
何在理　吴添喜　陈　斌　徐平平
陈岩松　韩奎光　陈荣耀　林宝庆
蔡桂荣　张诚兴　陈伯顺　张德铜
王建盛　罗富生　黄墀才　陈国顺
张海泉　张瑞婷　关　辰　熊建雄
张添富　江　勇　程福旦　林善华
黄天卫　吴建安　李金聪　金三红
吴云中　杨　萍　王玉棋　蔡祖和
唐红英　肖亨强　江　波　李赐忠
卢　斌　王忠淼　彭柳林　雷　斌
吕基建　郭文煌　肖世生　杨春明
邓仕银　云　林　吴健美

2000 年上海铁路局优秀党务工作者

陈恒官　张书铭　沈铁锋　唐献文
张卿明　林海青　张同庆　肖昌东
许炳福　陈荣春　陈榕江　郑礼福
许喜今　叶汉生　吴志宏　庄严成
李贵水　戚　磊　齐保平

2001 年

2001 年全国铁路优秀人民警察

福州公安处闽清车站派出所　曹树旺

福州公安处厦门车站派出所　卓草建

2001 年福建省五一劳动奖状获得单位

福州东站货运车间内勤发送班

2001 年福建省优秀共产党员

福州水电段　王建盛

2001 年福建省先进基层党组织

永安机务段党委

2001 年铁道部优秀共产党员

福州车站派出所　丁　榕

2001 年铁道部"火车头"奖杯获得单位

邵武机务段韶山型 646 机车组

2001 年铁道部先进基层党组织

邵武大修段二队党支部

2001 年铁道部优秀团干部标兵

永安机务段　谢　中

2001 年铁道部技术能手

福州机务段　姚清水

永安机务段　阙永荣

2001 年上海铁路局先进标兵

永安车务段　林小萍

邵武车务段　赵玉莲

福州站　刘伯群

漳平机务段　林志斌

永安机务段　黄观寅

永安车辆段　蒋俊奇

邵武工务段　何建川

厦门电务段　张臻达

福州站派出所　林　武

福建铁建集团　魏立发

2001 年上海铁路局先进生产(工作)者

福州东站　王华荣　吴启乐　陈元柱　张　铭　占秀明

福州站　陈　兰

来舟站　林学斌　韦顺景

漳平站　张锡镕　姚志文

厦门站　王志勇　蔡　冰

邵武车务段　魏京生　伍尚松　吴日升　蔡　彬　郭松奇

南平车务段　陈金水　杨国宝　蔡克樟　吴文政　陈文固

永安车务段　林秉跃　来童福　徐张福　谢学云　邓传寿　李皖闽

漳州车务段　张海泉　徐永光　陈志纵　纪亚婴　匡　锋　许泗坤　陈春晖

福州客运段　高晓晶　陈阳春　张文忠　林仰清　张福生　李树欣　杨桂闽　郑飞龙　李玉玲　俞奉勤　徐景贵　黄飞臻　吴宝健　张　宁

邵武机务段　李　忠　张文锦　孙样生　熊武峰　祝忠联　于　涛

福州机务段　陈文锦　林贺元　李凤卿
　　　　　　王惠敏　吴盛标
永安机务段　唐大为　林增发　卢跃辉
　　　　　　黄春增　温成加
漳平机务段　宋建江　何进兴　莫孙国
　　　　　　李海涛
福州水电段　唐予荫　曹忆苏　张智贤
　　　　　　张建厦
厦门水电段　黄伯清　柴清泉
邵武供电段　邹福春　汪旭华　张必利
漳平供电段　苏光德　江源奋　林文良
福州车辆段　宋建红　王升金　赵永祥
　　　　　　石　健　陈志成　梁　飞
永安车辆段　姚闽永　吴　平　丁光建
　　　　　　韩伟能
邵武工务段　高明生　邱道泽　王和清
　　　　　　肖世生　王锦弟
福州工务段　吴培荣　徐平平　陈建荣
　　　　　　苑广敬　曹成升　王小斌
永安工务段　万天明　潘忠勇　王建新
　　　　　　曾炎官　黄水金
厦门工务段　杨春发　刘爱民　李万年
　　　　　　李宝川　任万和
邵武大修段　肖昌东　沈绍颂
福州建筑段　林晋平　王伟东
永安建筑段　邓友桂　李爱武
福州电务段　蒙林金　石清州　陈忠忠
厦门电务段　乐　宁　李志彬
福州生管段　郭胜华　陈闽芳　张永青
　　　　　　叶天宝
分局党校　孔丽琴
分局技校　王　剑　梁　成
邵武材料厂　李宝诚
邵武轨枕厂　余　铭
永安材料厂　许天从
沙县采石场　杨义农
郭坑工修厂　黄新民
邵武医院　范建树
福州医院　李福珍　倪聪花
永安医院　谢红斌　陈丽娜
福州防疫站　陈加旺
厦门疗养院　叶　峰
福州公安处　林志平　王笑峰　林玉山
　　　　　　黄思成
永安铁一小　牟晓芳
福州铁中　林锦梅
福铁实小　周亮君
调度所　吴锦绒
安监室　杨木山
办公室　陈　彪
基建分处　盛其平
运输分处　沈维金
人事分处　陈荣赛
多经中心　翁绳惠　许祥坤
厦门园林所　武宪芳
勘测设计院　胡永堂
工程公司　黄　斌　谢振华　王顺芳
　　　　　张福荣　杨春明　张维承
　　　　　陶建国　杨　冲　何福生
　　　　　陈邦晋　陈铭凯　陈周富
　　　　　肖家英　谢志杰　曾华军
　　　　　姜建国　俞永坤　温裕洪

2001 年上海铁路局优秀共产党员

分局机关　林　耕　张建年　郑　香
　　　　　施昌明　张建华　陈　忠
　　　　　郑象丰　许依题
福州公安处　丁　榕　吴贻安　卓草建

曹树旺　陈善珉　林玉山
甘洋和　苏久财
福州车站　张菊芳　王　威　田　榕
方东梅　李　军　张　勇
林诗生
福州机务段　陈　斌　柴万发　余深松
吴盛标　张国友　杨政协
福州工务段　成根涛　余　标　徐平平
卢　杰　苑广敬
福州电务段　林宝庆
福州车辆段　许云榕　王升金　林文柱
许闽生
福州客运段　黄世忠　李树欣　郭明宗
李玉玲　王西塔　郭恩河
陈立仁　俞奉勤
福州水电段　王建盛　张明孝　宋建乎
福州建筑段　罗富生　黄成利
福州生管段　崔建平　陈荔琴
福州医院　郑君仪　贾建民
福州防疫站　邱福东
福州铁中　蔡　勤
分局党校　敖定祺
分局职校　许瑜英
福州技校　雷高照
多经中心　王能勤　曾能文
铁建集团　林剑忠　孙文平　肖方锦
黄清水　李天勇　王积兴
詹文芳　江如辉
福州设计院　黄水木
南平车务段　王惠铨　冯声和　宋孝纯
赵平安　陈　丰
来舟车站　谷祥义　张世藏
邵武办事处　张世明
邵武车务段　顾　毅　李大明　张　晖
彭柳林　方国榕
邵武机务段　钱佳郎　温和恭　郭文煌
祝忠联　杨晓健
邵武工务段　危建明　肖世生　曾纪桥
沈国华　熊大岗
邵武电务段　周成贵
邵武大修段　沈绍颂　叶木荣　肖昌东
邵武供电段　陈小平　林　兵　林建生
黄　斌
邵武材料厂　李大亮
邵武轨枕厂　张必华
邵武医院　邓闽龙　何在理
邵武铁中　黄莲英
永安办事处　许我新
永安车务段　杨振发　钱筱琴　王瑞华
王果灵　李皖闽　许喜今
谢　健
永安机务段　黄春增　李良德　彭和茂
黄贵云　王永界　杨　辉
永安工务段　张宗议　李绍明　慕玉亭
林兆明　林锦全　陈国顺
永安电务段　肖永胜
永安车辆段　李光荣　陈振成　徐荣清
柯福寿　陈丽华
永安建筑段　曹建明　张　明
永安医院　梁小平　陈丽娜
永安材料厂　庄海猛
永安铁中　陈志金
沙县采石场　杜关志
三明机械厂　李新援
厦门办事处　陈新民　许锡龙
漳平车站　沈榕清　万艳兵
漳平机务段　张高国　林瑞福　陈永林
吴朝晖

漳平供电段　黄小雄　李力荣
漳平铁中　耿福林
厦门车站　方晓平　戴庆生　张忠话
厦门工务段　苏恢朝　张书杭　吴添喜
　　杨春发　李宝川
厦门电务段　王苏安
厦门水电段　刘晓军　黄禄军　杨建民
　　张德錩
厦门疗养院　吴伟胜
厦门林管所　陈大锋
厦门铁中　陶勇梅
漳州车务段　张海泉　叶文容　刘立新
　　陈平宗　李湘平
郭坑修制厂　江　勇
武夷山公司　林志良　龙彩虹　丁兴平
　　黄新平　陈伟乐
泉州公司　徐金良　宋金香　刘兴富
　　李培峰　曾荣祥
龙岩公司　何汉雄　郭律良　胡仁荣
　　林火财　卢　斌　张荣华

2001 年上海铁路局标兵班组

福州东站货运内勤发送班
来舟站运转二班
邵武机务段韶山 646 机车组
福州站贵宾室
永安车辆段修配车间轴承组
福州工务段西芹线路工区
厦门电务段西洋信号工区
邵武铁路医院外科
福州铁路公安处厦门车站派出所
福建铁建集团福州电务工程公司通信光缆接续班

2001 年上海铁路局先进班组

福州东站装卸作业所叉车日班
漳平站运转车间四班
厦门站运转车间四班
邵武车务段峡阳车站
邵武车务段邵武站客运四班
邵武车务段和顺车站
南平车务段浦后车站
南平车务段古田车站
永安车务段永安站运转一班
永安车务段三明站货运五班
永安车务段城头车站
漳州车务段前场车站
漳州车务段郭坑车站运转三班
漳州车务段厦门北站运转一班
福州客运段福京三组
福州客运段厦京二组
福州客运段福沪三组
福州客运段武夷一组
福州客运段漳平乘务室
邵武机务段检修车间电子组
福州机务段东风 1484 机车组
福州机务段办公室
永安机务段韶山 0281 机车组
永安机务段检修车间电子组
永安机务段安全管理科
漳平机务段韶山 4043 机车组
漳平机务段检修车间制动组
福州水电段高压试验工区
厦门水电段厦门电力工区
邵武供电段闽清接触网工区
漳平供电段教育科
福州车辆段检修车间轮轴工班
福州车辆段乘务车间福沪二包

永安车辆段来舟列检所到达二班
邵武工务段光泽养路领工区作业队
邵武工务段光泽路基工区
邵武工务段劳动人事科
福州工务段绿水路基工区
永安工务段桂口路基工区
永安工务段麦园青滩线路工区
厦门工务段金山路基工区
厦门工务段机械整修二分队
邵武大修段三队架子车工班
福州建筑段南平领工区水电工区
永安建筑段永安整修二工区
福州电务段光泽信号工区
福州生管段来舟行车公寓
福州铁路中心医院内科一区
永安铁路医院厦门分院
福州铁路公安处光泽车站派出所
永安铁路中学初三年段
邵武铁路小学语文教研组
分局调度所三班
福建铁建二公司机械公司西宁线工班
福建铁建三公司杨冲作业队

2001 年上海铁路局先进党支部

福州公安处福州看守所党支部
光泽派出所党支部
分局安全监察室党支部
分局党委办公室党支部
福州车站运车车间党支部
福州东站装卸车间党支部
福州机务段机关党支部
福州机务段检修车间第二党支部
福州工务段福州线路领工区党支部
福州工务段古田线路领工区党支部
福州电务段福州电务车间党支部
福州车辆段检修车间党支部
厦门客技站党支部
福州客运段福京一组党支部
福州客运段厦京二组党支部
福州客运段福宁一组党支部
福州水电段机关第一党支部
福州水电段邵武水电领工区党支部
福州建筑段福铁华林建筑工程队党支部
福州生管段来舟行车公寓党支部
福州医院临床第二党支部
多经中心厦门华铁党支部
福州技校第一党支部
福州铁中机关党支部
铁建集团第一工程公司上海一分处党支部
第二工程公司龙海项目经理部党支部
电务工程公司电力项目部党支部
福州设计院勘测队党支部
南平车务段浦后站党支部
南平车务段古田站党支部
南平车务段大目埕站党支部
来舟车站运转四班党支部
邵武车务段顺昌站党支部
邵武站客运党支部
邵武机务段工厂党支部
邵武机务段运用车间第一党支部
邵武供电段顺昌供电车间党支部
邵武供电段南平供电车间党支部
邵武工务段光泽养路领工区党支部
邵武工务段邵武养路领工区党支部
邵武电务段邵武信号党支部
邵武大修段二队党支部
邵武医院门诊党支部

邵武铁中机关党支部
邵武材料厂业务党支部
邵武轨枕厂砂石车间党支部
永安车务段三明站客运党支部
永安车务段永安站运转党支部
永安车务段高砂站联合党支部
永安机务段燃整车间党支部
永安机务段运转车间第一党支部
永安机务段检修车间第二党支部
永安工务段青州线路党支部
永安工务段探伤领工区党支部
永安电务段永安信号车间党支部
永安车辆段修车车间党支部
永安车辆段来舟列检一场党支部
永安建筑段机关党支部
永安医院厦门分院党支部
永安铁中教工党支部
三明机械厂现场党支部
漳平车站运转车间党支部
漳平机务段运转车间党支部
漳平机务段检修车间党支部
漳平供电段沙县供电车间党支部
厦门车站售票车间党支部
厦门工务段漳平线路党支部
厦门工务段华安路基领工区党支部
厦门电务段厦门电务车间党支部
厦门水电段机关党支部
漳平水电领工区党支部
厦门疗养院第二党支部
漳州车务段漳州站党支部
漳州车务段杏林站党支部
漳州车务段前场站党支部
郭坑修制厂机关党支部
武夷山公司列检党支部
武夷山公司建瓯工电党支部
泉州公司泉州站党支部
泉州公司感德工务车间党支部
龙岩公司岩桥隧党支部
龙岩公司龙岩站党支部
龙岩公司铁山洋站党支部

2002 年

2002 年福建省女职工标兵

邵武车务段　赵玉莲

2002 年铁道部“火车头”奖杯获得单位

福州车站客运服务部贵宾室

2002 年铁道部先进女职工

永安车务段　王瑞华

2002 年上海铁路局先进标兵

福州机务段　曹　章
永安机务段　唐大为
邵武工务段　何建川
福州工务段　苑广敬
厦门派出所　吴贻安

2002 年上海铁路局先进生产(工作)者

刘卫士　李皖闽　杨振发　赵玉莲
黄　滨　冯建芳　陈金水　张海泉
王世饮　靳　婷　郭晓东　余国庆
马华德　刘平华　丁建椿　林建文
陈春安　杨春发　徐德强　杨宏山
周玉幸　郑希胜　江龙根　龙敏秀
陈洪生　江　勇　黄天卫　吴乐颖

陈遵灵　陈加旺　陈祥权　张松生
陶建国　郭自力　甘洋和　龙彩虹

2002 年上海铁路局优秀共产党员

甘洋和　张　明　周锦军　王　威
林胜标　傅水新　徐平平　熊诒跃
王彩勇　韩晓树　林玉珍　陈华振
贾建民　邱海涛　翁绳惠　李　斌
李广乎　谷祥义　邹文亮　张文锦
肖世生　徐德强　何在理　刘　新
王树兴　唐大为　林锦全　吴　平
黄天卫　刘建中　陈丽娜　胡月武
陈四清　张锡熔　方晓平　吴添喜
郑宝卫　张德镅　张海泉　曾荣祥
黄新平　张松生　卢　军　黄　斌
郭添华　叶民群　陈铭凯　李天勇
陈双授　颜振聪　黄　龙

2002 年上海铁路局优秀党务工作者

俞昌营　陈秋金　黄伯清
许炳福　陈良宗　徐建荣
余根淇　许喜今　钟再昌
李力荣　林海青　雷　敏
韩慧敏　王和清　叶天水
刘钦曙　杨从华　齐保平

2002 年上海铁路局标兵班组

厦门站运转四班
永安机务段 SS281 机车组
永安工务段桂口路基工区

2001—2002 年度上海铁路局先进班组

福州站客运服务部贵宾室
漳平站运转车间三班
永安车务段三明站货运五班
邵武车务段邵武站客运四班
来舟站运转四班
南平车务段古田站
福州东站货运车间内勤到达班
漳州车务段利水站
漳平机务段 SS34041 机车组
邵武机务段检修车间机械组
福州机务段 DF4-1484 机车组
福州水电段检修车间试验工区
邵武供电段古田接触网工区
厦门工务段金山路基工区
邵武工务段资溪路基工区
福州工务段水口桥梁工区
厦门电务段厦门信号工区
福州电务段古田信号工区
永安车辆段修配车间配件组
福州福铁华林建筑工程有限公司
福州公安处福州看守所
邵武铁路医院外科
永安铁中高三年级

2002 年上海铁路局集体企业系统先进班组

永安车辆段劳动服务公司车辆修制组
邵武铁路橡胶制品厂硫化四班

2002 年上海铁路局先进基层党组织

厦门水电段党委
福州东站党委
福建铁建集团电务工程公司党委

2002 年上海铁路局红旗党支部

永安车务段三明装卸党支部
永安车辆段修车车间党支部

永安机务段检修车间第二党支部
邵武大修段二队党支部
漳州车务段漳州站党支部
邵武机务段工厂党支部

2002 年上海铁路局先进党支部
邵武供电段顺昌供电车间党支部
来舟站运转二班党支部
福州工务段福州线路领工区党支部
福州东站樟林站党支部
福州公安处光泽站派出所党支部
邵武车务段顺昌站党支部
厦门站行包车间党支部
永安工务段沙县线路领工区党支部
漳平机务段检修车间党支部
厦门水电段永安检修车间党支部
厦门电务段厦门电务车间党支部
福建铁建集团龙岩水泥公司生产车间党支部
福建铁建集团第二工程公司多经党支部
福建铁建集团第三工程公司修配厂党支部

2003 年

2003 年全国五一劳动奖章获得者
永安机务段　吴成祖

2003 年全国优秀人民警察
漳州站派出所　卓草建

2003 年福建省五一劳动奖状获得单位
福州站贵宾室

2003 年福建省五一劳动奖章获得者
福州铁路分局　黄桂章
铁建(集团)公司　韩家英
漳平机务段　傅光全

2003 年福建省先进基层党组织
福州供电段党委
福州机务段党委

2003 年福建省三八红旗手标兵
福州站　蒋旭云

2003 年福建省优秀党务工作者
邵武大修段　薛金峰

2003 年铁道部“火车头”奖杯获得单位
永安工务段桂口路基工区

2003 年铁道部“火车头”奖章获得者
福州站　王　威
永安机务段　赵晓阳
漳州车务段　瞿　雄
永安车辆段　陈友成
福州公安处　曹树旺
福州卫生防疫站　陈加旺

2003 年铁道部优秀人民警察
福州站派出所　徐建群

2003 年上海铁路局“十大工人发明家”
永安机务段　吴成祖

2003 年上海铁路局“职工技术创新能手”
福州水电段　张元启　王彩勇

2003 年上海铁路局先进标兵

福州东站　张安民

福州车站　王　威

永安机务段　赵晓阳

漳平机务段　付光全

漳州车务段　瞿　雄

福州工务段　马水生

永安工务段　陈春安

厦门电务段　叶平国

三明机械厂　邓正煌

福州公安处　曹树旺

2003 年上海铁路局先进生产(工作)者

福州客运分公司　李树欣　刘聪越　范　伟　谢　雯　陈忠俊　齐国南　徐晓燕　王　兰　陈祥德　夏志英　陈正良

福州东站　刘建发　黄　兴　傅家焕　黄书源

福州站　杨　薇

来舟站　林学斌　蔡海勇

漳平站　姜　飞　倪连清

厦门站　王志勇　郑毅宁

邵武车务段　赵玉莲　吴日异　王国伟　郭祚林　王建平　王中强

南平车务段　杨国宝　陈　丰　梁翠英　杨朝荣　林金明

永安车务段　谢学云　林秉跃　王树兴　黄昆明　谢　健　王殿羊　曹永利

漳州车务段　林霁华　兰玉华　刘锦义　林国政　郭剑明　高元新

邵武机务段　吴廷志　苏元集　谢勤勇　尤添水　李明棣　种德顺

福州机务段　陈　辉　陈文锦　林　鸿　李凤卿　陈春生

永安机务段　杨金才　唐大为　江培阳　关永春　卢跃辉

漳平机务段　周朝晖　胡天生　高　勇　李德顺

福州水电段　王育才　丁建椿　顾昌贵　陈文杰

厦门水电段　苏　龙　柯万财

福州供电段　杨信泉　林建新　王　坚

漳平供电段　陈四清　吴燕斌　吴承泉

福州车辆段　黄如福　周建忠　池洪亮　黄万华　周秉坤　何世勇

永安车辆段　陈友成　陈琛锋　胡建辉　王锡平　邱红卫

邵武工务段　张建铭　危建麟　季秉财　高明生　邱道泽　陈建忠

福州工务段　戴东南　苑广敬　齐国焱　曹成升　王汉光

永安工务段　王建新　洪德顺　李绍明　杨立勤

厦门工务段　徐诗华　李仁才　林顺德　林文质　林开辉

邵武大修段　薛亚发　沈绍颂

福州建筑段　林晋平　管晓波

厦门建筑段　赵金友　李德雄

福州电务段　李德迎　林德良　陈　勇

厦门电务段　郭柏万　钟洪生

福州生管段　楚绪霞　林依峰　林　群　李宗庆

分局技校　敖民华　李　锦

邵武材料厂　徐德连

邵武轨枕厂　余　铭
永安材料厂　许天从
沙县采石场　江　波
郭坑修制厂　黄新民
福州中心医院　李宝贵　李福珍
杨赛琼
福州防疫站　朱连标
厦门疗养院　姚幼云
福州公安处　柯志强　王　卫　高体章
黄　敏
分局机关　林建荣　陈必行　吴建华
薛　茵　徐　吴　朱悦敏
陈　杰　赵中林

2003 年上海铁路局标兵班组

福州客运分公司第一车队八组
漳平站货运室商检班
永安车务段三明站运转一班
永安机务段 SS 型 281 机车组
漳平机务段 SS 型 4027 机车组
福州车辆段检修车间配件二班
永安工务段桂口路基工区
厦门工务段线路领工区东一工区
厦门电务段厦门信号中修队
福州铁路公安处邵武站派出所

2003 年上海铁路局先进班组

福州客运分公司厦京车队二组
福州客运分公司福沪三组
福州客运分公司第四车队一组
福州客运分公司福宁五组
福州客运分公司计划财务部
福州东站运转车间二班
福州东站装卸作业所叉车日班
福州车站运转车间二班
来舟车站运转三班
厦门站运转车间四班
邵武车务段峡阳车站
邵武车务段邵武站客运四班
邵武车务段光泽站货运室
南平车务段江板车站
南平车务段西芹车站
永安车务段永安站运转一班
永安车务段上房山车站
漳州车务段郭坑车站运转四班
漳州车务段厦门装卸作业所维修组
漳州车务段前场车站
邵武机务段 SS 型 646 机车组
邵武机务段检修车间制动组
福州机务段运转车间 SSG 型 0533 机车组
福州机务段办公室
永安机务段检修车间电子组
永安机务段 DF 型 1188 机车组
漳平机务段检修车间电气组
福州水电段安装队
厦门水电段永安检修车间电机组
福州供电段拿口接触网工区
漳平供电段设备检查科
永安车辆段来舟列检所到达二班
永安车辆段修车车间外制动组
福州车辆段库检车间库检一工班
邵武工务段光泽线路作业队
邵武工务段光泽路基工区
邵武工务段峡阳线路领工区
永安工务段 60 线路工区
福州工务段闽清线路工区
福州工务段水口桥梁工区
厦门工务段华安桥隧领工区

邵武大修段二队一班
福州建筑段华林建筑工程有限公司
厦门建筑段技术室
福州电务段华侨信号工区
福州生管段来舟行车公寓
福州铁路中心医院肿瘤科
福州铁路公安处永安站派出所
分局机关调度所二班

2003 年上海铁路局先进基层党组织

福州供电段党委
福州机务段党委
漳平站党委
福州站党委
福州东站党委
福州工务段党委
永安铁路中学党委
邵武医院党委
龙岩铁路有限责任公司党委
铁建第三工程公司党委

2004 年

2004 年全国五一劳动奖章获得者

永安机务段　吴成祖

2004 年全国铁路劳动模范

福州站　王　威
福州车辆段　宋建红
漳州车务段　瞿　雄

2004 年福建省五一劳动奖章获得者

福州铁路分局　黄桂章
漳平机务段　傅光全

2004 年铁道部“火车头”奖章获得者

福州站　王　威
永安机务段　赵晓阳
漳州车务段　瞿　雄
福州公安处　曹树旺

2005 年

2005 年全国劳动模范

永安机务段　吴成祖
福州机务段　王新华

2005 年铁道部“火车头”奖杯获得单位

永安车务段
永安工务段沙县路桥领工区
南昌电务段信丰信号工区
鹰潭机务段 DF4B3918 机车组

2005 年铁道部“火车头”奖章获得者

永安机务段　黄春增
福州水电段　丁建椿
福州生活段　陈闽芳
福州车辆段　巫茂华
福州车辆段　池洪亮
福州车辆段　丁　勇

编 后 记

2007 年 8 月,《福建省志·铁路志(1996—2005)》编纂工作启动,南昌铁路局成立以局长和党委书记为主任的编纂委员会,编辑室设在南昌铁路局档案史志室。

编辑室按照首轮修志经验和程序,先收集资料,编纂资料长编,借鉴首轮《福建省志·铁路志》的目录、内容、体例,收集福州铁路分局、上海铁路局等铁路年鉴,再将有关福建省铁路建设、运输和管理等内容延引成篇,于 2010 年完成资料长编。是年 9 月,福建省方志委吕秋心、林春花等指导南昌铁路局修志工作,要求加快进度,进入志稿试写阶段。2011 年 3 月9 日完成试写稿;9 月完成总纂稿,同时请福建省方志委吕秋心、林春花等到南昌铁路局指导并审稿。2014 年 3 月,福建省方志委俞杰副主任和省志辅导处林浩、林位芳、孙众超等到南昌铁路局召开审稿会,对各章节提出修改意见。编辑室根据审稿会的意见修改志稿,于同年 8 月形成送审稿报福建省方志委。9 月,在福州召开一审评议会,福建省方志委俞杰副主任和省志辅导处张国珍、孙众超等参加会议并提出修改意见,经编辑室认真修改后,交福建省方志委二审。2016 年 8 月,在南昌铁路局召开二审评议会,福建省方志委林浩副主任和省志辅导处李升荣、孙众超等参加评审会议并提出修改意见。同年 11 月,经编辑室认真修改充实后,形成验收稿,送交福建省方志委审定验收。12 月底,福建省方志委组织召开审定验收会,对志稿提出进一步修改完善意见。会后,编辑室组织人员认真修改核实,完善志稿。经福建省方志委审核通过验收后,于 2017 年 12 月底交付出版。

《福建省志·铁路志(1996—2005)》的编纂,凝聚着编写人员的辛勤劳动和南昌铁路局各部门人员的全力配合,在编写、修改、审定过程中,受到了福建省方志委的大力支持和热情指导。在此,谨向支持编纂的各级领导、专家学者、修志同仁和社会各界人士表示衷心感谢。

编　者

2017 年 12 月